判例憲法 第3版

大石　眞・大沢秀介〈編〉

Constitutional Law: Selected Cases

有斐閣

第3版はしがき

　本書は、主として最高裁判所の判例を取り上げつつ憲法の全体像を的確に描くという意図の下に編まれた、初学者のための憲法概説書である。

　すなわち、本書はまず、最高裁の憲法判例を中心的な素材とするところに特色をもっている。しかしながら、最高裁の判例を取り上げるといっても、日本国憲法の施行以来積み重ねられた判例はかなりの数に上る。そこで本書では、憲法の生きた姿を映し出すという観点からとくに重要と思われるもの100件を精選することによって、憲法というものの基本的な枠組みをしっかり修得することができるように努めた。

　次に本書は、最高裁の判例を中心的な素材としつつも、憲法の全体像を描くことに主眼を置くもので、ここに第二の特色がある。憲法の全体像という意味は、憲法の基本的な考え方や憲法上の基本的論点を踏まえたうえで憲法問題を的確に位置づけることにある。そのため構成としては、憲法の意味・解釈などを取り扱う**第Ⅰ部**に続いて、基本権と権利保障のあり方に焦点を当てた**第Ⅱ部**、そして統治の原理と組織を対象とする**第Ⅲ部**から成るものとし、それぞれ必要な解説を付すとともに、判例を配置することによって、憲法について組織立った体系的な考え方を身につけることができるよう配慮した。

　さらに本書は、初学者を主な読者対象とする概説書としての性格を与えられている。どのような学問分野であれ、初学者にとって大事なことは、その領域に踏み込んでいくのに必要不可欠な基本知識をしっかり修得することである。その分野に対する基本的理解がなければ、どれほど微に入り細を穿った議論を展開しようとも、ひとを充分納得させるだけの論点を組み立て、立論を進めることはできない。その意味で本書は、百科全書的な叙述に陥り、初学者を広い樹海に投げ出す結果になるような愚は避けようと心を砕いたつもりである。

このように、本書は、法学部・法科大学院における憲法の初学者を主な読者として想定し、一般的な憲法書で登場する基本的論点をほぼカバーすることができるよう配慮したものである。と同時に、憲法問題に関心を持たれる一般の方々の勉学意欲にも応えられるよう、とかく難解になりがちな専門用語を平易に説明するなど充分意を用いたつもりである。

　ここに述べた私どもの意図と趣旨をよりよく理解していただけるよう、別に「**本書の使い方**」(xxi頁)を記した。参考にしていただければ、幸いである。

　本書は、日頃から交流のある研究者仲間の有機的な連携と協力を得て、初めて成り立ったものである。けれども、ここに至るまでの過程は、そうしたことばから想像されるような生易しいものではなかった。本書の初版を上梓するのに、すでに、企画の初めから数えると2年以上、計5回を超える会合をもち、そのたびに取り上げるべき判例や論点、あるべき構成・配置などについて相互に忌憚のない意見を交換したが、この第3版に向けた検討作業でも同じような過程を経ている。その意味で、編者としては、多忙な時間を割いて会合に駆けつけ、熱心に議論に参加して長い時間を共にしてくださった執筆者各位に、ここに改めて深甚の謝意を申し上げる次第である。

　また、編者としては、的確な刊行方針を示してわれわれを鼓舞してくださった、有斐閣書籍編集第一部京都編集室の一村大輔氏と大原正樹氏の見事な采配に脱帽すると同時に、深謝の気持ちを伝えたい。お二人による簡にして要を得た連絡と会議進行、それに克明な記録がなければ、私どもの編集作業がこのように順調に進むことはなかったであろう。

　本書第2版の刊行に際しては、とくに同編集室の大原氏が多大な尽力を惜しまれなかったが、この第3版を上梓するについては、同じ編集室の栁澤雅俊氏の献身的な労力に負うところが少なくなかった。ここに特記し、執筆者諸氏とともに篤くお礼を申し上げる次第である。

2016年（平成28年）2月12日

大石　眞・大沢秀介

執筆者紹介

*五十音順

■ 編　　者

大石　眞（おおいし　まこと）　　【担当】第Ⅰ部：第1章　第Ⅱ部：第4章
　　1974年　東北大学法学部卒業
　　現職　京都大学名誉教授

大沢　秀介（おおさわ　ひでゆき）　【担当】第Ⅱ部：第2章第1節・第2節
　　1975年　慶應義塾大学法学部卒業　　第Ⅲ部：第1章、第6章
　　現職　国士舘大学法学部特任教授、
　　　　慶應義塾大学名誉教授、武蔵
　　　　野大学客員教授

■ 執　筆　者

新井　誠（あらい　まこと）　　【担当】第Ⅱ部：第1章第4節・第5節、
　　1995年　学習院大学法学部卒業　　第6章第5節～第7節、第9章　第Ⅲ
　　現職　広島大学大学院人間社会科学　部：第3章第2節、第4章
　　　　研究科実務法学専攻教授

上田　健介（うえだ　けんすけ）　【担当】第Ⅰ部：第3章第1節　第Ⅱ部：
　　1997年　京都大学法学部卒業　　第6章第4節**1**～**9**　第Ⅲ部：第2章、
　　現職　上智大学法学部教授　　　第5章第1節・第3節・第4節

尾形　健（おがた　たけし）　　【担当】第Ⅰ部：第2章　第Ⅱ部：第7章、
　　1996年　千葉大学法経学部卒業　　第8章　第Ⅲ部：第3章第1節・第3節、
　　現職　学習院大学大学院法務研究科　第5章第2節
　　　　教授

小谷　順子（こたに　じゅんこ）　【担当】第Ⅱ部：第1章第1節～第3節、
　　1994年　慶應義塾大学法学部卒業　　第2章第3節、第3章、第5章　第Ⅲ
　　現職　静岡大学人文社会科学部教授　部：第8章

田近　肇（たぢか　はじめ）　　【担当】第Ⅰ部：第3章第2節　第Ⅱ部：
　　1995年　京都大学法学部卒業　　第6章第1節～第3節・第4節**10 11**　第
　　現職　近畿大学法学部教授　　　Ⅲ部：第7章、第9章

iii

目 次

*「百」は『憲法判例百選 I・II（第6版）』の、「判」は『憲法判例（第7版）』（ともに有斐閣）の判例番号である。

第3版はしがき　i
執筆者紹介　iii
主な参考文献　xviii
略　語　表　xx
本書の使い方　xxi

第 I 部　憲法と憲法判例

第1章　憲法の意味と法源 ―― 2
第1節　「憲法」とはなにか ―― 2
1. 「憲法」の由来と用法　2
2. 憲法秩序としての「憲法」　3
3. 立 憲 主 義　4

第2節　憲法法源の種類 ―― 4
1. 主要な憲法法源　4
2. 憲法判例の変更と憲法秩序の変化　7
   - 判例1　全農林警職法事件　[百II 146・判III-7-24]　8

第3節　憲 法 改 正 ―― 9
1. 憲法改正手続　9
2. 憲法改正限界の問題　10

第4節　憲法と条約 ―― 10
1. 国内法と国際法　10
2. 人権条約と憲法秩序　11
3. 人権条約の裁判規範性　13
   - 判例2　接見制限事件　13

第2章　憲法の解釈 ―― 15
第1節　憲法解釈のあり方 ―― 15

目　次

　　1 憲法解釈とは　*15*
　　2 憲法解釈のあり方　*16*
　第 2 節　憲法解釈をめぐる諸問題 …………………………………… *17*
　　1 判例と立法　*17*
　　　判例 3 尊属殺重罰規定事件　［百Ⅰ 28・判Ⅲ-3-13］　*17*
　　2 憲法と法律解釈　*19*
　　　判例 4 土地収用法事件　［百Ⅰ 107］　*19*

第 3 章　法令の解釈 ────────────────── *21*
　第 1 節　国法と条例 …………………………………………………… *21*
　　　判例 5 徳島市公安条例事件　［百Ⅰ 88・判Ⅲ-4-21・判Ⅲ-6-4］　*23*
　第 2 節　合憲解釈原則 ………………………………………………… *25*
　　1 合憲解釈原則　*25*
　　2 憲法判断回避原則　*28*
　　　判例 6 恵庭事件　［百Ⅱ 170・判Ⅵ-22］　*28*

第Ⅱ部　基本権と権利保障

第 1 章　総　　論 ──────────────────── *32*
　第 1 節　国民の地位、権利、人権 …………………………………… *32*
　　1 人権、基本的人権、基本権　*32*
　　2 基本権の類型　*32*
　第 2 節　基本権の享有主体 …………………………………………… *34*
　　1 国　　民　*34*
　　2 未成年者　*34*
　　3 天皇　皇族　*35*
　　4 外 国 人　*35*
　　　判例 7 マクリーン事件　［百Ⅰ 1・判Ⅲ-1-2］　*36*
　　5 法 　人　*38*
　　　判例 8 八幡製鉄事件　［百Ⅰ 9・判Ⅲ-1-3］　*39*
　　　判例 9 南九州税理士会事件　［百Ⅰ 39・判Ⅲ-1-4］　*40*

第3節　私人間における基本権保障……………………………………41
- **1** 私人間における基本権侵害　*41*
- **2** 学説と判例　*42*
  - **判例10** 三菱樹脂事件　［百Ⅰ10・判Ⅲ-1-8］　*42*

第4節　特殊な関係………………………………………………………44
- **1** 「特別権力関係」論　*44*
- **2** 公　務　員　*45*
  - **判例11** 猿払事件　［百Ⅰ13・判Ⅲ-4-49］　*45*
- **3** 刑事施設被収容者（受刑者など）　*47*

第5節　基本権保障の限界と例外………………………………………48
- **1** 基本権保障の一般的限界──「公共の福祉」論　*48*
- **2** 「公共の福祉」論と司法審査基準　*49*
- **3** 基本権保障の「例外」　*50*

第2章　包括的基本権―――――――――――――――――――52

第1節　包括的基本権とはなにか………………………………………52
- **1** 包括的基本権の意義　*52*
- **2** 憲法上の根拠としての憲法13条　*53*

第2節　幸福追求権………………………………………………………53
- **1** 幸福追求権の意義　*53*
- **2** 人格的利益説と一般的自由説　*54*
- **3** 幸福追求権から導き出される人権　*56*
  - **判例12** 輸血拒否事件　［百Ⅰ26・判Ⅲ-2-12］　*57*
  - **判例13** 京都府学連事件　［百Ⅰ18・判Ⅲ-2-6］　*61*
  - **判例14** 前科照会事件　［百Ⅰ19・判Ⅲ-2-5］　*64*

第3節　適正手続…………………………………………………………66
- **1** 適正手続と憲法　*66*
- **2** 適正な行政手続　*66*
  - **判例15** 成田新法事件　［百Ⅱ115・判Ⅲ-4-16・判Ⅲ-6-8］　*67*
- **3** 保障の内容　*69*
  - **判例16** 川崎民商事件　［百Ⅱ119・判Ⅲ-6-13］　*70*

目　次

第3章　平 等 原 則―――――――――――――――――73
第1節　差別的取扱い………………………………………73
1 平等の概念　*73*
2 差別的取扱いの禁止　*74*
3 合理的な区別　*75*
　判例17 東京都管理職試験判決　［百Ⅰ5・判Ⅲ-3-4］　*76*
4 後段列挙事由　*77*
　判例18 国籍法判決　［百Ⅰ35・判Ⅲ-3-15］　*79*
5 積極的差別是正措置　*80*
第2節　私生活の平等――家族…………………………81
1 家族制度　*81*
2 夫婦の平等　*81*
　判例19 再婚禁止期間事件　*82*
3 嫡出子と嫡出でない子の区別　*84*
　判例20 非嫡出子相続分差別事件　［百Ⅰ29・判Ⅲ-3-14］　*85*

第4章　人身の自由―――――――――――――――――87
第1節　刑事裁判制度の基本原則………………………87
1 人身の自由と安全の確保　*87*
2 罪刑法定主義と派生原理　*88*
第2節　憲法的刑事手続…………………………………89
1 刑事手続と憲法典　*89*
2 適正刑事手続　*90*
　判例21 第三者所有物没収事件　［百Ⅱ112・百Ⅱ194・判Ⅲ-6-2］　*91*
3 迅速な裁判を受ける権利　*92*
　判例22 高田事件　［百Ⅱ121・判Ⅲ-6-20］　*95*
4 自己帰罪拒否特権――不利益供述強要の禁止　*96*
　判例23 交通事故報告義務事件　［百Ⅱ122・判Ⅲ-6-28］　*97*
5 自白に関する証拠法則　*99*
6 二重処罰の禁止　*100*
　判例24 追徴金併科事件　［百Ⅱ127］　*101*
第3節　現行刑事手続の問題……………………………*102*

1 逮捕と令状主義　*102*
　　　判例25 森林法違反事件　［百Ⅱ 116・判Ⅲ-6-9］　*103*
　　　判例26 狭山事件　［判Ⅲ-6-10］　*104*
　　2 接見交通権と犯罪捜査権　*105*
　　　判例27 接見交通指定事件　［百Ⅱ 125・判Ⅲ-6-26］　*107*
　　3 住居等の捜索と令状主義　*108*
　　　判例28 ポケット所持品検査事件　［判Ⅲ-6-15］　*110*

第5章　私生活の自由 ―――――――――――――――――――112
第1節　通信の秘密 ………………………………………………… *112*
　　1 通信の秘密とは　*112*
　　2 通信の秘密の保障内容・範囲　*113*
　　3 電話傍受　*114*
　　　判例29 電話傍受事件　［百Ⅰ 64・判Ⅲ-4-63］　*114*
　　4 インターネットと通信の自由　*115*
第2節　家族の保護 ………………………………………………… *116*
　　1 婚姻の自由　*116*
　　2 家族と公権力　*117*
　　　判例30 人身保護請求事件　*118*
第3節　居住の自由 ………………………………………………… *119*
　　1 居住・移転の自由　*119*
　　2 海外移住の自由　*120*
　　　判例31 帆足計事件　［百Ⅰ 111・判Ⅲ-5-1］　*121*
　　3 住居の不可侵　*123*

第6章　精神的自由 ―――――――――――――――――――――124
第1節　思想・良心の自由 ………………………………………… *124*
　　1 思想・良心の意義　*124*
　　　判例32 謝罪広告事件　［百Ⅰ 36・判Ⅲ-4-1］　*125*
　　2 思想・良心の自由の内容　*126*
　　3 思想・良心の自由の限界　*127*
　　4 公務員関係と思想・良心の自由　*128*

　　　　　　　　　　　　　　　　　　　　　　　　　目　　次

　　判例33 国歌斉唱事件　［百Ⅰ40・判Ⅲ-4-4］　*129*
　　5　私人間関係と思想・良心の自由　*130*
第2節　信教の自由……………………………………………………*131*
　　1　歴史的背景　*131*
　　2　「宗教」の意義　*131*
　　3　信教の自由の内容　*132*
　　4　信教の自由の限界　*133*
　　5　信教の自由と政教分離原則との調整　*134*
　　判例34 剣道受講拒否事件　［百Ⅰ45・判Ⅲ-4-9］　*135*
　　6　宗教的人格権　*136*
　　判例35 自衛官合祀事件　［百Ⅰ47・判Ⅲ-4-7］　*136*
　　7　信教の自由と宗教法人　*138*
　　判例36 宗教法人オウム真理教解散事件　［百Ⅰ42・判Ⅲ-4-8］　*139*
第3節　政教分離原則…………………………………………………*140*
　　1　政教関係の類型と日本国憲法　*140*
　　2　政教分離原則の内実　*141*
　　3　政教分離規定の法的性格　*141*
　　4　国及びその機関による宗教的活動の禁止　*142*
　　判例37 津地鎮祭事件　［百Ⅰ46・判Ⅲ-4-10］　*143*
　　判例38 愛媛玉串料事件　［百Ⅰ48・判Ⅲ-4-13］　*145*
　　5　特権付与の禁止　*146*
　　判例39 箕面忠魂碑事件　［百Ⅰ51・判Ⅲ-4-11］　*147*
　　6　宗教団体による政治上の権力の行使の禁止　*149*
第4節　表現の自由……………………………………………………*149*
　　1　表現の自由とは　*149*
　　2　事前規制　*152*
　　判例40 札幌税関事件　［百Ⅰ73・判Ⅲ-4-60］　*152*
　　判例41 北方ジャーナル事件　［百Ⅰ72・判Ⅲ-4-31］　*154*
　　3　明確性の原理　*156*
　　判例42 徳島市公安条例事件　［百Ⅰ88・判Ⅲ-4-21・判Ⅲ-6-4］　*157*
　　4　内容規制　*159*
　　判例43 チャタレー事件　［百Ⅰ56・判Ⅲ-4-26］　*160*
　　判例44 「悪徳の栄え」事件　［百Ⅰ57・判Ⅲ-4-27］　*161*

- **判例45** 岐阜県青少年保護育成条例事件　［百Ⅰ55・判Ⅲ-4-58］　*163*
- **判例46** あん摩師等の広告制限事件　［百Ⅰ59・判Ⅲ-4-33］　*166*
- 5　内容中立規制　*169*
  - **判例47** 大阪市屋外広告物条例事件　［百Ⅰ60・判Ⅲ-4-42］　*169*
- 6　報道の自由　*171*
  - **判例48** 博多駅TVフィルム事件　［百Ⅰ78・判Ⅲ-4-35］　*172*
- 7　取材の自由　*173*
  - **判例49** 西山記者沖縄密約事件　［百Ⅰ80・判Ⅲ-4-37］　*174*
  - **判例50** NHK記者取材源秘匿事件　［百Ⅰ75・判Ⅲ-4-38］　*177*
- 8　編集権　*179*
  - **判例51** サンケイ新聞意見広告事件　［百Ⅰ82・判Ⅲ-4-40］　*180*
- 9　放送の自由　*181*
  - **判例52** 生活ほっとモーニング事件　*183*
- 10　名誉権と表現の自由　*184*
  - **判例53** 夕刊和歌山時事事件　［百Ⅰ68・判Ⅲ-4-29］　*186*
- 11　プライバシー権と表現の自由　*188*
  - **判例54** 少年犯罪推知報道事件　［百Ⅰ71・判Ⅲ-1-7］　*190*
  - **判例55** 「石に泳ぐ魚」事件　［百Ⅰ67］　*192*

第5節　集会・結社の自由　*193*

- 1　集会の自由　*193*
  - **判例56** 泉佐野市民会館事件　［百Ⅰ86・判Ⅲ-4-17］　*194*
  - **判例57** 東京都公安条例事件　［百ⅠA4・判Ⅲ-4-20］　*197*
- 2　結社の自由　*198*

第6節　学問の自由　*199*

- 1　保障の意義　*199*
- 2　保障の限界　*200*
  - **判例58** 東大ポポロ事件　［百Ⅰ91・判Ⅲ-4-64］　*201*
- 3　先端科学技術研究の規制と「学問の自由」　*202*

第7節　教育の自由　*203*

- 1　保障の意義　*203*
  - **判例59** 旭川学力テスト事件　［百Ⅱ140・判Ⅲ-7-14］　*203*
- 2　教育と国家　*205*
  - **判例60** 第一次教科書検定事件　［百Ⅰ93］　*206*

判例61 伝習館高校事件　［百Ⅱ141］　*207*
　　3　親の教育の自由　*208*

第7章　経済的自由　　　　　　　　　　　　　　　　　　　　211
第1節　契約の自由と勤労者の権利……………………………………*211*
　　1　契約の自由　*211*
　　2　勤労者の権利　*212*
　　　判例62 三井美唄労組事件　［百Ⅱ149・判Ⅲ-7-17］　*213*
第2節　職業選択の自由……………………………………………………*215*
　　1　職業選択の自由の意義　*215*
　　2　職業選択の自由の制約　*215*
　　3　規制の合憲性判断　*216*
　　　判例63 小売市場事件　［百Ⅰ96・判Ⅲ-5-7］　*217*
　　　判例64 薬局距離制限事件　［百Ⅰ97・判Ⅲ-5-10］　*218*
　　　判例65 公衆浴場適正配置規制事件　［百Ⅰ94・判Ⅲ-5-8］　*221*
第3節　財産権の保障………………………………………………………*222*
　　1　財産権保障の意義　*222*
　　2　財産権の制限と違憲審査　*223*
　　　判例66 森林法共有林分割請求事件　［百Ⅰ101・判Ⅲ-5-13］　*224*
　　3　損失補償の意義　*225*
　　　判例67 農地改革事件　［百Ⅰ106・判Ⅲ-5-20］　*227*

第8章　国務請求権　　　　　　　　　　　　　　　　　　　　　　*230*
第1節　生存権保障……………………………………………………*230*
　　1　生存権登場の背景　*230*
　　2　生存権の法的権利性　*231*
　　　判例68 堀木訴訟　［百Ⅱ137・判Ⅲ-7-6］　*233*
　　3　政治部門の裁量とその統制　*233*
　　　判例69 生活保護学資保険事件　*235*
第2節　教育の条件整備……………………………………………………*237*
　　1　教育における国家の役割　*237*
　　2　義務教育の無償　*237*

第3節　国家賠償請求権……………………………………………… *238*
 1　国家賠償請求権の意義　*238*
 2　国家賠償請求権をめぐる問題　*239*
  判例70　郵便法事件　［百Ⅱ138・判Ⅲ-8-18］　*241*

第4節　裁判を受ける権利 ………………………………………… *243*

第9章　参　政　権 ―*244*

第1節　参政権の内容 ………………………………………………… *244*
 1　直接的参政権　*244*
 2　間接的参政権――解職請求権　*245*
 3　その他の参政権――請願権　*246*

第2節　選挙権・被選挙権 ……………………………………… *246*
 1　選挙権の法的性格　*246*
 2　選挙権をめぐる諸問題　*247*
  判例71　在外邦人選挙権事件　［百Ⅱ152・判Ⅲ-8-5］　*248*
  判例72　外国人地方選挙権事件　［百Ⅰ4・判Ⅲ-3-3］　*249*
 3　被　選　挙　権　*250*

第Ⅲ部　統治の原理と組織

第1章　統治の基本原理 ―*254*

第1節　権力分立原理 ……………………………………………… *254*
 1　自由主義的原理としての権力分立原理　*254*
 2　権力分立原理の内容の多様性　*255*
 3　日本国憲法と権力分立　*256*
  判例73　苫米地事件　［百Ⅱ196・判Ⅵ-21］　*257*

第2節　法の支配 …………………………………………………… *258*
 1　法の支配のねらい　*258*
 2　法の支配と法治主義　*258*

第3節　国民主権 …………………………………………………… *259*
 1　国民主権の原理の意義　*259*

2　権力性の契機と正統性の契機　*259*
　　　3　有権者団としての国民の権能　*260*
　　　4　代表民主制と国民　*261*

第2章　政　　　党 ————————————————*262*
第1節　政党の憲法上の位置づけ ………………………*262*
第2節　政　党　法　制 …………………………………*264*
　　　1　選挙制度との関係　*264*
　　　2　政治資金規正との関係　*265*
第3節　政党の自律性 ……………………………………*266*
　　判例74　共産党袴田事件　［百Ⅱ189・判Ⅵ-4］　*266*
　　判例75　日本新党除名事件　［百Ⅱ160・判Ⅵ-5］　*267*

第3章　選　挙　制　度 ————————————————*269*
第1節　選挙制度のあり方と憲法 ………………………*269*
　　　1　選挙制度の基本原則　*269*
　　　2　選挙制度のあり方　*271*
　　　3　憲法上の問題　*273*
　　判例76　衆議院議員選挙制度事件　［百Ⅱ157②・判Ⅲ-8-9Ⅱ判決］　*273*
　　判例77　参議院議員選挙制度事件　［百Ⅱ159①・判Ⅲ-8-10］　*275*
第2節　投票価値の平等 …………………………………*276*
　　　1　平等選挙の原則　*276*
　　　2　衆議院議員選挙の選挙区定数不均衡問題　*277*
　　判例78　衆議院議員定数不均衡事件　［百Ⅱ158］　*277*
　　　3　参議院議員選挙の選挙区定数不均衡　*279*
　　判例79　参議院議員定数不均衡事件　*280*
第3節　選挙運動をめぐる諸問題 ………………………*282*
　　　1　選挙運動の規制　*282*
　　判例80　戸別訪問禁止事件　［判Ⅲ-4-55］　*283*
　　　2　選挙の公正性確保と選挙運動　*285*
　　判例81　拡大連座制事件　*287*

第4章 国会 — 289

第1節 国会の組織と構成 — 289
1 国権の最高機関 289
2 両院制 290

第2節 国会議員 — 291
1 国会議員の地位 291
　判例82 選挙公約違反事件 292
2 議員の権能 293
3 議員の身分保障と特権 293
　判例83 病院長自殺事件 ［百Ⅱ176・判Ⅳ-6］ 295

第3節 国会の権能と活動 — 296
1 「唯一の立法機関」の意味 296
2 委任立法 298
　判例84 猿払事件 ［百Ⅰ13・判Ⅲ-4-49］ 299
　判例85 農地法施行令事件 300
3 国会の権能 301
4 国会の活動 304

第4節 議院の権能 — 307
1 議院自律権 307
　判例86 警察法改正無効事件 ［百Ⅱ186・判Ⅳ-7］ 308
　判例87 国民投票法案不受理事件 309
2 国政調査権 309

第5章 政府 — 312

第1節 議院内閣制 — 312
1 議会と政府との関係 312
2 日本国憲法が定める議会と政府との関係 313

第2節 天皇 — 314
1 象徴としての天皇 314
2 国事行為 316
　判例88 覚せい剤取締法事件 ［百Ⅱ209・判Ⅴ-5］ 317

第3節 内閣 — 319

目　次

　　1　内閣の権限　*319*
　　2　内閣の組織　*322*
　　　判例89 ロッキード事件　［百Ⅱ 180・判Ⅴ-3］　*323*
　　3　内閣の活動と責任　*326*
　第4節　行 政 組 織……………………………………………………… *326*
　　1　府　と　省　*326*
　　2　府と省の内部組織　*328*
　　3　独立行政委員会　*329*

第6章　裁　判　所 ─────────────────────── *331*
　第1節　裁判所の組織と権能…………………………………………… *331*
　　1　裁判と司法　*331*
　　2　裁判所の組織　*332*
　　3　特別裁判所の設置と行政機関による終審裁判の禁止　*332*
　　4　最高裁判所の構成と権能　*333*
　　5　下級裁判所の裁判官　*334*
　　6　最高裁判所規則制定権　*335*
　　7　最高裁判所裁判官の国民審査　*335*
　第2節　司法権の独立…………………………………………………… *336*
　　1　司法権の独立の意義　*336*
　　2　裁判官の独立　*336*
　　3　裁判官の身分保障　*337*
　　　判例90 寺西判事補事件　［百Ⅱ 183・判Ⅵ-13］　*337*
　第3節　司法権の概念…………………………………………………… *339*
　　1　司法権の意味　*339*
　　2　法律上の争訟の意味　*339*
　　　判例91 警察予備隊違憲訴訟　［百Ⅱ 193・判Ⅵ-17］　*340*
　第4節　司法権の限界…………………………………………………… *342*
　　1　憲法上の明示的限界と国際法上の限界　*342*
　　2　憲法解釈による限界　*342*
　　　判例92 板まんだら事件　［百Ⅱ 190・判Ⅵ-2］　*345*
　第5節　違憲審査制……………………………………………………… *347*

xv

1 違憲審査制の類型　*347*
　　2 違憲審査制の基本的立場　*348*
　　3 憲法訴訟の諸問題　*349*
　　　判例93 在宅投票制事件　［百Ⅱ197・判Ⅲ-8-4］　*350*
　第6節　裁判の公開の意義……………………………………*354*
　　　判例94 レペタ法廷メモ事件　［百Ⅰ77・判Ⅲ-4-41］　*355*
　第7節　国民の司法参加と裁判員制度…………………………*357*
　　1 国民の司法参加　*357*
　　2 裁判員制度の内容　*358*
　　　判例95 裁判員制度違憲訴訟　［百Ⅱ181・判Ⅵ-14］　*358*

第7章　財　　政　　　　　　　　　　　　　　　　　*360*
　第1節　財政民主主義……………………………………………*360*
　第2節　租 税 制 度………………………………………………*361*
　　1 租税法律主義　*361*
　　　判例96 旭川国保事件　［百Ⅱ203・判Ⅶ-3］　*361*
　　2 課税作用に対する憲法的制約　*363*
　　　判例97 大島訴訟　［百Ⅰ32・判Ⅲ-3-9］　*363*
　第3節　国費の支出・債務負担・財産の管理処分……………*364*
　　1 国費の支出等に対する国会の統制　*364*
　　2 宗教団体への公金支出等の禁止　*365*
　　　判例98 砂川政教分離訴訟(空知太神社事件)　［百Ⅰ52・判Ⅲ-4-14］　*366*
　　3 慈善・教育・博愛事業に対する公金支出　*367*
　第4節　予 算 制 度………………………………………………*368*
　　1 予　　算　*368*
　　2 予算の国会議決の形式　*369*
　　3 予算の審議　*370*
　　4 予算の拘束力　*372*
　　5 予 備 費　*372*
　第5節　決　　　算………………………………………………*373*

第8章　地 方 自 治　　　　　　　　　　　　　　　　*374*
　第1節　地方自治制度……………………………………………*374*

- **1** 地方自治制度 *374*
- **2** 地方自治の本旨 *375*
- **3** 地方公共団体 *376*
  - **判例99** 特別区長公選廃止事件 ［百Ⅱ207・判Ⅷ-1］ *377*
- **4** 地方公共団体の組織 *379*

第2節　条例制定権 ……………………………………………… *380*
- **1** 地方公共団体の権能 *380*
- **2** 条例制定権の法的性格と範囲 *381*
- **3** 条例の地域的効力 *382*
  - **判例100** 新潟県条例違反事件 ［百Ⅰ87・判Ⅲ-4-19］ *382*
- **4** 条例制定権の限界 *382*
  - **判例101** 奈良県ため池条例事件 ［百Ⅰ103・判Ⅲ-5-15］ *383*

第3節　財政自主権 ……………………………………………… *385*
- **1** 財政自主権 *385*
- **2** 財源移譲 *385*

第9章　平和主義 ―――――――――――――――― *387*

第1節　平和主義と憲法 ………………………………………… *387*
- **1** 平和主義の理念 *387*
- **2** 第9条成立の経緯 *388*

第2節　自衛権と憲法9条 ……………………………………… *388*
- **1** 個別的自衛権 *388*
- **2** 第9条の解釈 *389*
- **3** 政府見解の動き *391*
- **4** 集団的自衛権 *391*
- **5** 自衛隊の組織・活動に関する原則 *392*
- **6** 外国軍隊の駐留 *393*
  - **判例102** 砂川事件 ［百Ⅱ160・判Ⅱ2］ *393*

第3節　自衛隊の海外派遣 ……………………………………… *394*
- **1** 国連平和維持活動への参加 *394*
- **2** 国際平和支援法 *395*

判例索引　*397*

事項索引　*408*

主な参考文献

(a) 古典的な概説書・註釈書

清宮四郎『憲法Ⅰ（第3版）』（有斐閣、1979年）
小嶋和司『憲法概説』（良書普及会、1987年。復刊、信山社、2004年）
佐々木惣一『改訂 日本國憲法論』（有斐閣、1954年、復刊2002年）
佐藤 功『憲法（新版）上・下』（有斐閣、1983年・1984年）
宮澤俊義（芦部信喜補訂）『全訂 日本国憲法』（日本評論社、1978年）

(b) 現在入手可能な概説書

芦部信喜（高橋和之補訂）『憲法（第7版）』（岩波書店、2019年）
阿部照哉『憲法（改訂）』（青林書院、1991年）
市川正人『基本講義 憲法（第2版）』（新世社、2022年）
伊藤正己『憲法（第3版）』（弘文堂、1995年）
岩間昭道『憲法綱要』（尚学社、2011年）
浦部法穂『憲法学教室（第3版）』（日本評論社、2016年）
大石 眞『憲法概論Ⅰ』（有斐閣、2021年）、『憲法概論Ⅱ』（同、2021年）
大沢秀介『憲法入門（第3版）』（成文堂、2003年）
阪本昌成『憲法理論Ⅰ（補訂第3版）』（成文堂、2000年）、『憲法理論Ⅱ・Ⅲ』（同、1993年・1995年）
佐藤幸治『日本国憲法論（第2版）』（成文堂、2020年）
渋谷秀樹『憲法（第3版）』（有斐閣、2017年）
渋谷秀樹＝赤坂正浩『憲法1・2（第8版）』（有斐閣、2022年）
初宿正典『憲法2 基本権（第3版）』（成文堂、2010年）
高橋和之『立憲主義と日本国憲法（第5版）』（有斐閣、2020年）
辻村みよ子『憲法（第7版）』（日本評論社、2021年）
戸波江二『憲法（新版）』（ぎょうせい、1998年）
戸松秀典『憲法』（弘文堂、2015年）
長尾一紘『日本国憲法（全訂第4版）』（世界思想社、2011年）
野中俊彦ほか『憲法Ⅰ・Ⅱ（第5版）』（有斐閣、2012年）
長谷部恭男『憲法（第8版）』（新世社、2022年）
樋口陽一『憲法（第4版）』（創文社、2021年）
松井茂記『日本国憲法（第4版）』（有斐閣、2022年）

毛利透ほか『憲法Ⅰ・Ⅱ（第3版）』（有斐閣、2022年）

(c) 註釈書・判例集・憲法集など

浅野一郎＝杉原泰雄監修『憲法答弁集』（信山社、2003年）

大石　眞＝石川健治編『憲法の争点』（有斐閣、2008年）

宍戸常寿＝曽我部真裕編『判例プラクティス憲法（第3版）』（信山社、2022年）

初宿正典＝辻村みよ子編『新解説　世界憲法集（第5版）』（三省堂、2020年）

杉原泰雄編『新版　体系憲法事典』（青林書院、2008年）

高橋和之編『新版　世界憲法集（第2版）』（岩波書店、2012年）

戸松秀典＝今井功編著『論点体系　判例憲法1～3』（第一法規、2013年）

戸松秀典＝初宿正典編著『憲法判例（第8版）』（有斐閣、2018年）

野坂泰司『憲法基本判例を読み直す（第2版）』（有斐閣、2019年）

長谷部恭男編『注釈日本国憲法(2)・(3)』（有斐閣、2017年・2020年）

長谷部恭男ほか編『憲法判例百選Ⅰ・Ⅱ（第7版）』（有斐閣、2019年）

樋口陽一ほか『憲法Ⅰ～Ⅳ』（青林書院、1994～2004年）

本書のコピー、スキャン、デジタル化等の無断複製は著作権法上での例外を除き禁じられています。本書を代行業者等の第三者に依頼してスキャンやデジタル化することは，たとえ個人や家庭内での利用でも著作権法違反です。

略語表

■法令名

主な法令略称は以下の通りである。その他の法令は、有斐閣『六法全書』の略称に依拠した。

憲	日本国憲法（昭和21年）	地自	地方自治法（昭和22年法律67号）
明憲	大日本帝国憲法（明治22年）	地公	地方公務員法（昭和25年法律261号）
憲改	日本国憲法の改正手続に関する法律（憲法改正手続法。平成19年法律51号）	国賠	国家賠償法（昭和22年法律125号）
		刑訴	刑事訴訟法（昭和23年法律131号）
国会	国会法（昭和22年法律79号）	自由権規約	
公選	公職選挙法（昭和25年法律100号）		市民的及び政治的権利に関する国際規約（昭和54年条約7号）
裁	裁判所法（昭和22年法律59号）		
内	内閣法（昭和22年法律5号）	日米安保条約	
行組	国家行政組織法（昭和23年法律120号）		日本国とアメリカ合衆国との間の相互協力及び安全保障条約（昭和35年条約6号）
国公	国家公務員法（昭和22年法律120号）		

■判例関係

最大判(決)	最高裁判所大法廷判決（決定）	行集	行政事件裁判例集
最一判(決)	最高裁判所第一小法廷判決（決定）	集民	最高裁判所裁判集 民事
		高民	高等裁判所民事判例集
	＊最二判(決)、最三判(決)も同様	高刑	高等裁判所刑事判例集
高判(決)	高等裁判所判決（決定）	下民	下級裁判所民事裁判例集
地判(決)	地方裁判所（決定）	下刑	下級裁判所刑事裁判例集
		訟月	訟務月報
民集	最高裁判所民事判例集	裁時	裁判所時報
刑集	最高裁判所刑事判例集	判時	判例時報
		判タ	判例タイムズ

本書の使い方

「学問に王道なし」といわれる。しかし、多くの人には時間的な制約も存在する。そこで、あらかじめ本書を用いて憲法を学習する際の効果的な方法について述べておきたい。それは、一言でいえば「3回、3通り」の気持ちで本書に目を通してほしいということである。

まず、本書全体に目を通すことによって、憲法の骨格や現在の憲法で問題となっていることを確認してもらいたい。憲法は、条文数こそ少ないものの、国家の基本法という性格上、そのカバーする領域は広範に渡る。したがって、最初から事細かに理解することは困難である。しかし、しっかりした全体イメージを持つことは重要である。本書は、書名の通り憲法判例の紹介部分がかなりの割合を占めているが、各判例の意味・問題点、ほかの判例との関連などについては本文中で触れられているので、最初は判例の細かい部分よりも憲法の全体イメージを摑むことを優先して読んでもらいたい。

次に、自ら摑んだ憲法イメージをもとに、文中で 判例x として 事 実 判 旨 とともに載せられている憲法判例を、そのイメージの中に埋め込む形で理解するようにして本書にあたってもらいたい。本書に掲載されている憲法判例は精選されたものであり、今後の憲法の学習にとって重要なものばかりである。それら憲法判例の多くは、複数の条文や論点に関わるものであり、相互に深く関連しあっている。したがって、それら判例の理解に際しては、自分の憲法イメージだけに頼ることなく、本書を読んでそこでの憲法判例の位置づけを十分に参照してもらいたい。本書では、そのために判例を1箇所で紹介するだけでなく、ほかの箇所で引用する場合には簡単に別の説明箇所を参照できるように「○○事件 判例x 」としてある。

いままであげてきたことを実践すれば、憲法に対する理解は相当深まったものとなるはずである。もっとも、読者の中には、試験その他の理由で憲法をさらに深く学びたいと考えている人がいるであろう。本書では、そのような人のために、二つのことを用意している。

まず判例をより詳細に理解したい人のために、『憲法判例』（有斐閣）や『憲法判例百選』（有斐閣）の参照箇所を目次・索引に掲載している。『憲法判例』で判決文の内容をより詳細に知ることが可能であり、また『憲法判例百選』で判例に対する学説の立場を知ることができよう。大いに活用していただきたい。つぎに、本書で引用された見解や学説をさらに理解したい人のために、各章末で現在容易に入手可能でかつ有益と思われる参考文献を掲げておいた。

　読者は、いまあげた判例や学説に関する文献を読む過程で、本書と異なる立場を見出す場合があるかもしれない。そのときには、比較の対象として、本書に3度目のチャレンジをしてほしい。そのことによって、本書の憲法に対する見方もより明らかになるとともに、読者の憲法理解も、たとえ本書に批判的な立場をとる結果になるにせよ、よりしっかりとした基礎の上に形成されることになろう。筆者一同、本書がそこまで使用されることを切に望んでいる。

CONSTITUTIONAL LAW:
SELECTED CASES

第Ⅰ部　憲法と憲法判例

1　Constitution and Constitutional Cases

第Ⅰ部
第1章 憲法の意味と法源

　ここでは、まず、「憲法」や「立憲主義」という言葉がなにを意味するか、憲法秩序を形づくる法源にはどのようなものがあるかといった古典的な問題を検討する。ついで、憲法改正手続法と憲法改正権限との関係はどのようにとらえられるか、近年とくに重要性を増してきている人権条約は憲法上どのように位置づけられるかといった最近の問題点について、検討を加える。

第1節　「憲法」とはなにか

1　「憲法」の由来と用法

　(1) 翻訳語としての憲法　「憲法」という日本語は、民法・刑法・商法といったことばと異なり、特定の法分野を表すものではなく、また、明治前期に外国語の Constitution, Verfassung を翻訳して成立したことばである。
　そのため「憲法」は、その外国語に含まれる本来のニュアンスを引き継いでいるが、これにもいろいろな用法がある。(a)規範の存在形式が成文か不文かに関わりなく、およそ国政の組織や内容に関する基本的な原理・規範又はその全体を表す実質的意味の憲法、(b)同じく成文か不文かに関わりなく、とくに「立憲主義」という特定の思想を内容とする国政上の基本的な原理や規範又はその全体を表す近代的意味の憲法、(c)特定の国家において、表題・内容・効力の点から「国の根本法」と位置づけられる特定の制定法を表す形式的意味の憲法、といった使われ方である。
　(2) それぞれの用例　このうち、(a)実質的意味の憲法は国家がある限り必ず存在するが、そうした国政上の規範や原理は、たんに憲法典だけでなく憲法

附属法と呼ばれる多くの法令の中にも見出される（**第2節 1**(4)参照）。

しかし、(b)近代的意味の憲法は、どこでも存在するわけではなく、立憲民主主義の二つの要素——権利保障の理念と権力分立の原理——を備えたものでなくてはならない。フランスの1789年人権宣言16条が、「権利の保障が確保されず、権力分立も定められていない社会は、およそ憲法をもつとはいえない」と定めたのは、その代表例である。

また、(c)形式的意味の憲法は、例えば「大日本帝国憲法」という表題、「ドイツ連邦共和国基本法」のような内容・効力による場合であり、「イギリスに憲法は存在しない」（トックヴィル『アメリカの民主政治』）と言われるのも、その意味である。

2　憲法秩序としての「憲法」

これとは別に、「憲法」という用語は、①個々の憲法規範又は憲法命題それ自体を示す場合（憲法法規）と、②憲法規範又は憲法命題の複合体からなる統一的全体を示す場合（憲法秩序）がある。しばしば説かれる「成文憲法・不文憲法」あるいは「軟性憲法・硬性憲法」という区別は、後者の憲法秩序について言われるものである。

(1)　成文憲法・不文憲法　　まず、この対比は、憲法秩序を形づくる多くの憲法規範が成文化されているかどうかを基準としている。したがって、成文憲法体制だからといって不文の憲法法規が存在しないというわけではなく、また、不文憲法体制だからといって制定法が存在しないというわけでもない。

現に、不文憲法体制の代表国であるイギリスにおいても、古くからの司法的先例や国政上の慣習が憲法秩序の基本部分を形づくるとはいえ、1701年の王位継承法、1911年の議会法、1998年の人権法、2005年の統治構造改革法に代表されるような議会制定法が次第に多くなりつつある。

(2)　軟性憲法・硬性憲法　　また、この対比は、既存の憲法秩序の変更が緩やかに行われるかどうかを基準とするもので、特定の憲法典や制定法について、その改正手続が難しいかどうかを示すわけではない。もっとも、イギリスのような緩やかな発展を遂げてきた国を除けば、現代では成文化された硬性の憲法秩序が多く、「憲法典」という形の制定法が特別の重要性をもつことになる。

3 立憲主義

　先に述べた近代的意味の憲法にあっては、「立憲主義」という特定の思想を内容とする国政秩序でなくてはならない。そもそも「立憲主義」とは、文字通りには、憲法を定め、これに則って国政を運営することを意味するが、その前提となる「憲法」をどのように考えるかによって、その意味はまったく違ってくる。もし、それが形式的な憲法典を指すとすれば、憲法典の内容がどんなに専制的な内容であろうとも、それに則した国政のあり方は立憲主義に叶ったものになるであろう。

　そこで、伝統的に強調されたのは、国政の内容が国民の権利保障とそのための権力分立の原理という二つの要素を備えるものでなくてはならないということであった。しかし、現在では、そうした要素に加えて、最高法規性をもつとともに合憲性審査制をそなえた憲法典を土台として国を運営する方法などと説かれることがある。もちろん、これでは立憲主義の母国であるイギリスを度外視することになって疑問がないではないが、そうした憲法典を有することが、今日の憲法・立憲主義というものを考える場合の「典型的な姿」であることに、異論はないであろう。

第2節　憲法法源の種類

1　主要な憲法法源

　(1) 憲法法源の意味　法源とは、しばしば、裁判官が裁判をするに際し、拠りどころとすることのできる法規範の形式と説かれる。しかし、国政上の規範を問題とする憲法の場合、必ずしも具体的な裁判とは結び付かないことも多い（**第Ⅲ部第6章第3節**参照）。したがってここでは、具体的な事案を規律すべき法規範の発見根拠となる素材を「法源」ととらえ、憲法法源とは、憲法法規を発見し又は認識するための素材となる形式を表すものと解する。

　ここにいう「憲法」は、先に述べた実質的意味の憲法——国政の組織・内容・手続に関する基本的な原理や規範——を指すが、これを含んだ主な法源と

しては、以下に述べる憲法典・憲法判例・憲法附属法・自律的規則・条約などがある。

　(2)　**憲法典**　これは、国政に関する基本的規範を体系的・網羅的に規律しようとする単一の制定法を指す。一般に成文憲法体制の場合には、重要な国政上の規範はそこに定められることが多く、それが憲法の主な法源となる。通常の制定法とは異なり、一般に、制定の経緯や趣旨を述べた「前文」のほか、具体的な条規を詳しく定めた「本則」、施行時期や経過規定などを示す「附則」から構成されている。この本則と附則は当然に具体的な裁判規範としての性格をそなえているが、前文がそうした性格をもつと解すべきかどうかは争いがある（例、いわゆる平和的生存権。**第Ⅲ部第9章第1節1参照**）。

　憲法典の内容としては、通常、①国政上の理念、②統治機構に関する規範（統治組織規範）、③権利保障に関する規範（権利保障規範）、④国際関係などに関する規定がある。他方、効力の面では、憲法典は「国の最高法規」として、国家機関に権限を付与する実質的最高性（授権規範性）をそなえるとともに、国内法として最も強い形式的効力をもつ。

　この最高法規としての意味は、国民と国家との関係を一般的に規律するところにあり、国民相互の関係を直接に規律するものではない。したがって、個々の国民の行為は、原則として違憲・合憲といった法的評価になじまないのに対し、国の法令は憲法典に違反することができず、憲法典の条規に反する国家行為は原理的に「効力を有しない」ものとされる（憲98条1項参照）。

　(3)　**憲法判例**　これは、最高裁判所が具体的事件において示した憲法解釈をいい、違憲審査制をともなうときは（憲81条参照）、司法部による有権解釈として憲法典に準ずる形式的効力をもつと考えられる（**第Ⅲ部第6章第5節参照**）。

　本来「憲法判例」としての効力をもつのは最高裁の判断のみであり、地方裁判所や高等裁判所などの下級審の憲法判断はそれに当たらない。下級審は全国に数多くあり、それらの個々の憲法判断が憲法判例として位置づけられると、統一的な憲法上の規律を維持することができないからである。また、判例としての意味をもつ最高裁の憲法判断は、具体的事件の解決に必要なもの——判決の理由の中で示される違憲・合憲の判断に不可欠な部分——に限られる（これ

もっとも、憲法判例がとくに意味をもつのは権利保障規範をめぐってであり、実際、人権関係の判例は相当数に上っている。というのも、現行の訴訟制度は原則として個人の具体的な権利に対する侵害を要件とするものとされており、これを前提とすると、統治組織規範に対する違反などをめぐって訴訟が提起され、最高裁の憲法判断が示されるといった事態は、あまり考えられないからである。

なお、憲法判例を変える必要があるときは、最高裁自身の判例変更のほか憲法改正という途もあるが、これらについては後述する（判例変更は**2**を、憲法改正は**第3節**を参照）。

(4) 憲法附属法　これは、通常の議会制定法に属する規範でありながら、実質的意味の憲法に属する規範を含んでいるものをいう。日本国憲法は、「この憲法を施行するために必要な法律の制定」を憲法施行の日よりも前に行うことができるとしたが（憲100条2項参照）、そうした制定法（例、公職選挙法・国会法・内閣法・国家行政組織法・財政法など）は当然に憲法附属法としての意味をもつ。

憲法附属法は、憲法典に次ぐ法律としての形式的効力をもつが、憲法秩序を形づくる上での役割は大きい。というのも、憲法典の中に実質的憲法規範が盛り込まれなかったり、憲法典の規定のしかたが簡略だったりすると、その分だけ重要になるからである。その結果、憲法典の条項はまったく変わらないのに、憲法秩序のあり方は憲法附属法の制定・改廃によって変わってくる、といった事態も考えられる。

(5) 自律的規則　これは、国会両議院・司法裁判所のような憲法上の独立機関によって自主的に定められる運営準則をいう。こうした独立機関の運営準則を詳しく定める憲法典は少なく、また、憲法附属法の規定も十分でないときは、その自律の手続準則が国政運用上大きな意義をもち、実質的意味の憲法を含むことになる。とくに両院制議会の場合、議会制定法（法律）で院内事項を定めることは、両院制の原理や権力分立の趣旨にも反することになる（**第Ⅲ部第4章第4節1**参照）。

日本国憲法の場合、議院自律権の表現としての議院規則や議院先例（憲58条

参照）及び議院手続準則と、司法権の独立を表す最高裁判所規則（同77条参照）が、憲法秩序を形づくる要素として位置づけられる（**第Ⅲ部第6章第1節6**参照）。多くの憲法概説書が議院規則・議院先例や最高裁判所裁判事務処理規則にまで言及するのは、その意味においてである。

(6) 条 約　これは、もともと国家間の権利義務や法的関係を規律する国際法上の形式をいう。しかし、国際人権規約（自由権規約・社会権規約）、女子差別撤廃条約や人種差別撤廃条約に代表される人権条約のように、とくに国政上の基本的規範に関係する条約が、憲法所定の手続を経て公布されると（憲7条1号、61条、73条3号参照）、国内法的効力を認められ、憲法の法源になる。

この場合、国内法化された条約がどのような効力を有するか、条約に対する違憲審査は可能か、現行の訴訟制度において「憲法の解釈の誤りがあることその他憲法の違反があること」（民訴312条1項）と同視し、人権条約違反を上告理由とみることができるかといった問題があるが、これについては後述する（**第4節**参照）。

(7) 条 理　特殊な法源として憲法上の条理がある。これは国政の運用に関する不文憲法上の規範をいい、法の一般原理と言われることもある。いわゆる議員定数不均衡訴訟において最高裁が、法律の明文規定を超える「一般的な法の基本原則」が存在することを認め、これを適用して具体的事案の適切な解決を図ったのは、その代表例である（最大判昭和51・4・14）。

2　憲法判例の変更と憲法秩序の変化

前記のように、一度成立した憲法判例を変える必要があるときは、最高裁自身による判例変更又は国会の改正提案をうけた国民投票による憲法改正という二つの途があるが、前者の憲法判例の変更があったときは、実質的意味の憲法が変化することになる。

実際、公務員の労働争議を禁止する法律の合憲性が争われた事件において、最高裁は、当初一律禁止を合憲としていた判例を変更して処罰要件に絞りをかける合憲限定解釈を採用したが（全逓東京中郵事件〔最大判昭和41・10・26〕及び都教組事件・全司法仙台事件〔いずれも最大判昭和44・4・2〕参照）、後の全農林警職法事件**判例1**において、この解釈を不当として判例変更を行い、再び一律

禁止を合憲とする判例を確立している。

こうした判例変更については、憲法改正が容易でないことから緩やかに認める考え方が有力であるが、一方では、その影響の大きさを考え、安易に行うべきでないとする批判もある（全農林警職法事件 判例1 の反対意見参照）。

判例1　全農林警職法事件

（最大判昭和48年4月25日刑集27巻4号547頁）

事　実　農林省（当時）職員で組織する全農林労組は、警察官職務執行法の改正に反対する統一行動の一環として、正午出勤を指令するとともに職場集会への参加を慫慂した。この方針に沿って、統一行動日には農林省玄関前で就労阻止活動（ピケッティング）が行われ、組合員約3000人が参加する勤務時間内集会も開かれた。そのため、組合幹部のあおり行為などが国公法98条5項で禁止された違法な争議行為に当たるとして、同法110条1項17号違反に問われた。

判　旨　「国公法98条5項、110条1項17号の解釈に関して、公務員の争議行為等禁止の措置が違憲ではなく、また、争議行為をあおる等の行為に高度の反社会性があるとして罰則を設けることの合理性」は認められる。「公務員の行なう争議行為のうち、同法によつて違法とされるものとそうでないものとの区別を認め、さらに違法とされる争議行為にも違法性の強いものと弱いものとの区別を立て、あおり行為等の罪として刑事制裁を科されるのはそのうち違法性の強い争議行為に対するものに限るとし、……あおり行為等につき、争議行為の企画、共謀、説得、慫慂、指令等を争議行為にいわゆる通常随伴するものとして、国公法上不処罰とされる争議行為自体と同一視し、かかるあおり等の行為自体の違法性の強弱または社会的許容性の有無を論ずることは、いずれも、とうてい是認することができない」。「このように不明確な限定解釈は、かえつて犯罪構成要件の保障的機能を失わせることとなり、その明確性を要請する憲法31条に違反する疑いすら存する」。

いわゆる全司法仙台事件の判決は「本判決において判示したところに抵触する限度で、変更を免れない」。

5人の裁判官の意見　「最高裁判所が最終審としてさきに示した憲法解釈と異なる見解をとり、右の先例を変更して新しい解釈を示すにあたつては、その必要性および相当性について特段の吟味、検討と配慮が施されなければならない。けだし、憲法解釈の変更は、実質的には憲法自体の改正にも匹敵するものであるばかりでなく、最高裁判所の示す憲法解釈は、その性質上、その理由づけ自体がもつ説得力を通じて他の国家機関や国民一般の支持と承認を獲得することにより、

はじめて権威ある判断としての拘束力と実効性をもちうるものであり、このような権威を保持し、憲法秩序の安定をはかるためには、憲法判例の変更は軽々にこれを行なうべきものではなく、その時機および方法について慎重を期し、その内容において真に説得力ある理由と根拠とを示す用意を必要とするからである」。

第3節　憲法改正

1　憲法改正手続

　日本国憲法は、施行後半世紀以上経った今日に至るまで一度も改正されていないが、憲法96条は、①各議院の特別多数決による国会の発議・提案、②国民投票による承認、③天皇による公布という三段階の手続を定めている。この憲法改正のあり方については、その発議要件・手続などを定める国会法改正をも内容とした憲法改正手続法——日本国憲法の改正手続に関する法律（平成19年法律51号）——によって詳しく定められている。

　これによれば、まず、①憲法改正原案を発議し又はこれに対する修正動議を提出するには、衆議院では議員100人以上、参議院では50人以上の賛成を必要とする（国会68条の2、68条の5）。憲法改正原案は、国会両議院に設けられた憲法審査会によっても提出できる（同102条の7）。

　また、②国民投票については、憲法改正案に対する賛成が、賛成・反対の投票を合算した「投票総数の2分の1を超えた場合」、つまり有効投票の過半数に達したときに、憲法96条にいう「国民の承認があったもの」とみなされる。そして、③総務大臣を経由して中央選挙管理会の通知を受けた内閣総理大臣は、「直ちに当該憲法改正の公布のための手続」を執るものとされる（憲改126条）。

　国民投票の表決権者は、「日本国民で年齢満18年以上の者」とされ（同3条。但し、平成30年6月までに行われる国民投票については、なお満20歳以上とされている。平成26年法律75号参照）、最近の公職選挙法の改正（平成27年法律43号）によって、国会議員、地方自治体の長及び地方議会の議員の選挙権もそれに統一された（**第Ⅲ部第3章第1節1参照**）。

2 憲法改正限界の問題

(1) 限界論と無限界論　憲法96条所定の改正手続は、国民主権の発動方法を定めるものであるが、それについては、(a)一定の内容的な限界があるとする限界論と、(b)内容上の限界はとくにないとする無限界論とが対立している。しかも、前説が示す限界の内容も一様ではなく、国民主権の原理・人権尊重主義・平和主義を限界と説くもの、現行憲法との同一性・憲法改正手続規定をそれだと説くものなどがある。

しかし、人権尊重・平和主義・同一性などの具体的内容は必ずしも明らかではない。また、こうした憲法改正限界論は、憲法改正権限の理解としても大きな問題を含んでいる。

(2) 国民主権の表れとしての憲法改正権　日本国憲法は必ず国民投票を行うことを定め、国会両議院の特別多数決による提案をくつがえす効果まで認めている（憲96条）。したがって、現行憲法における憲法改正権限は、単なる国会の権限でなく、国会が提案した改正案に対して国家機関としての国民（公民団）が主権者として表決権を行使するものと理解される。

そうすると、憲法改正に限界があるとする議論は、国民の自由な決定権を認めないことを意味し、原理的に国民主権の考え方と矛盾する——いわば後世代の国民を前世代の国民に従属する存在とする——ことになる。したがって、憲法改正権限については、国民主権の原理以外には特段の限界はないと考えるべききであろう。

第4節　憲法と条約

1 国内法と国際法

(1) 一元論・二元論・等位理論　最高法規とされる憲法や国会制定法（法律）などの国内法と国家間の取極めである国際法とがどのような関係に立つかについては、いろいろな考え方がある。

伝統的には、(a)国際法と国内法は、もともと単一の法体系に属するものであ

って、その間の規範の抵触はいずれかの法規範が優位し、他方の規範は無効になるという上位・下位の関係によって解決されると説く一元論と、(b)国際法と国内法とは、それぞれ法的主体・制定手続・内容実現などの点から独立・無関係の法体系をなすものであり、国際法の内容がそのまま国内法として通用することはないと説く二元論との対立がある。近年では、これに加えて、(c)国際法と国内法は、それぞれ固有の規範体系として抵触・優劣関係は生じないものの、国際法上の義務に適合する行動を国内で行うことができない「義務の衝突」については、国際法上の賠償などの国家責任を負うというかたちで調整が図られるとする等位理論（調整理論）もある。

このうち、国際法を国内で適用するためにはあらかじめ国内法秩序への受容又は変型が行われるという各国の現実や、国際司法裁判所に代表される国際司法機関の判例と一致するのは、(b)二元論と解されているが、最近では、両者の調整は国内法に従うことを説く等位理論も有力に主張されている。

(2) **憲法優位説・条約優位説**　最高裁判所は、旧日米安保条約（昭和27年条約6号）の合憲性が問題視された砂川事件において、司法権の限界が議論された時、条約に対する違憲審査が可能という前提に立ったうえで、そうした国の存立の基礎に重大な関係をもつ条約については、「一見極めて明白に違憲無効な場合を除き」司法審査権の範囲外であると説いたことがある（砂川事件 判例102 参照）。

こうした留保は、上記の諸説のうち憲法優位の一元論に立つものとも解することができるが、憲法と条約との矛盾・抵触がみられる場合の解決策を積極的に示したわけではない。他方、本来的に国際法事項に属するもの（領土の画定など）や「確立された国際法規」（憲98条2項）を内容とする条約については、国際法優位の一元論が説得力をもっている。

2　人権条約と憲法秩序

(1) **条約の国内法化**　先に述べたように、条約は、もともと国家間の権利義務や法的関係を規律する国際法上の形式であるから、そのまま国内法上の規範として援用されたり、通用したりすることはない。

けれども、サンフランシスコ平和条約や日米安保条約など国政の基本秩序に

かかわるものは当然として、前に記した国際人権規約（自由権規約・社会権規約）、女子差別撤廃条約、人種差別撤廃条約、児童権利条約に代表される人権条約のような国際的取極めも、憲法所定の手続（憲61条、73条3号）を経て締結され、国内法の一形式として「条約」という形で公布されると（同7条1号参照）、国内法的効力を認められて施行される。その意味で人権条約は、とくに国政上の基本的規範に関係する内容をもつとして、憲法法源の一つに数えられる（**第2節 1**参照）。

実際、ここに掲げた各種の規約や条約は、いずれも憲法所定の手続を経たものとして、日本の憲法秩序の一部をなしている（自由権規約は昭和54年条約7号、社会権規約は同年条約6号、女子差別撤廃条約は昭和60年条約7号、児童権利条約は平成6年条約2号、人種差別撤廃条約は平成7年条約26号）。

(2) 国内法化された条約の効力 国内法化された条約は、法律と同等以上の形式的効力をもつと考えられている。けれども、その条約がとくに「確立された国際法規」（憲98条2項）——公海自由の原則や外国国家の主権的行為については法廷地国の民事裁判権が免除されるとする原則など、一般に承認され、実施されている国際慣習法を指す——を内容とするものである場合に、どのような効力を有すると考えるべきであろうか。この点については、(a)憲法と法律との間にあると一般的に解するもの（政府見解）と、(b)憲法と同等以上のものと解する立場がある。

他方、国内法化された人権条約、とくに自由権規約については、現行の訴訟制度において「憲法の解釈の誤りがあることその他憲法の違反があること」（民訴312条1項）と同一視し、人権条約に対する違反を上告理由とみることができるか、という訴訟法上の問題が議論されることがある。

(3) 人権条約と「留保」 人権条約の内容によっては、各国の権利保障規定との抵触を引き起こすこともあるが、この場合には、人権条約の承認に際して、各国政府による「留保」又は「解釈宣言」といった措置がとられることになる。実際、人種差別的な宣伝や人種差別的団体への加入などを犯罪として処罰することを求めた人種差別撤廃条約4条(a)・(b)の規定について、日本国政府は、外務省告示によって留保措置をとっている。

そうした留保はヨーロッパ諸国では行われなかったが、この背景には、表現

の自由や結社の自由などに関する理解の違いが横たわっているように思われる。ただ、興味ぶかいことに、差別などの煽動（せん）となる人種的憎悪の唱導を禁止する旨を定めた自由権規約20条については、日本政府はそのような留保をしていない。

3 人権条約の裁判規範性

(1) 自動執行条約　国内法化された人権条約といっても、その諸規定がすべて直ちに裁判所が適用しうるものになるとは限らない。そこで定められた権利・義務の内容が明確であって、立法による補足的な実施措置をとくに必要としない条項については、自動執行的な性質をもつもの（self-executing）として、国内裁判所によって直接に適用されることになる。

(2) 裁判規範性の意味　この点でしばしば議論されるのは、国際人権規約（自由権規約）の諸規定が裁判規範性を有するかという問題である。もっとも、この「裁判規範性」ということの意味については、(a)それ自体として具体的権利の根拠としうることを示す場合（いわゆる直接適用）と、(b)国内法の解釈に際して解釈基準又は補強材料として援用しうることを表す場合（いわゆる間接適用）とがあり、両者は区別して議論する必要がある。

これまでの裁判例として、(a)直接適用については、指紋押捺（おうなつ）制度を自由権規約7条にいう「品位を傷つける取扱い」との関係で論じた控訴審判決（大阪高判平成6・10・28）があり、(b)間接適用についても、接見時間の制限を自由権規約14条に含まれている「武器対等の原則ないし当事者対等の原則」との関係で取り扱った控訴審判決（高松高判平成9・11・25）がある。ここでは、自由権規約14条違反が主張された後者の上告審を取り上げるが、判決文は簡単にその主張をしりぞけている。

判例2　接見制限事件

（最一判平成12年9月7日判時1728号17頁）

事実　ある刑務所で受刑中の者が提起した民事訴訟事件——移監前に拘禁されていた拘置所で違法な措置を受けたなどとして提起した国家賠償訴訟——の訴訟代理人である弁護士が、刑務所長によって違法に接見を妨害され、訴訟の打合

せができなかったことにより精神的苦痛を被ったとして、受刑者とともに、国に対し損害賠償を求めた。その中で受刑者らは、その民事事件の訴訟代理人と接見する権利は、憲法及び自由権規約で保障された権利であり、それを広く制限する旧監獄法施行規則121条・127条は無効であると主張した。

判　旨　「接見時間を30分以内と定めた監獄法施行規制（以下「規則」という。）121条本文の規定及び接見には監獄職員の立会いを要する旨を定めた規則127条1項本文の規定が憲法13条及び32条に違反するものでないことは、最高裁昭和……45年9月16日大法廷判決……同58年6月22日大法廷判決……同25年2月1日大法廷判決……の趣旨に徴して明らかである。また、右各規定が、市民的及び政治的権利に関する国際規約14条に違反すると解することもできない。右と同旨の原審の判断は、是認することができる」。

参 考 文 献

芦部信喜『憲法学Ⅰ』(有斐閣、1992年) 1～139頁

大石眞『憲法秩序への展望』(有斐閣、2008年) 1～56頁

小嶋和司「憲法と憲法典について」「憲法典」「憲法改正の限界」同『憲法学講話』(有斐閣、1982年、復刊2007年) 1頁、30頁、288頁

佐藤幸治『立憲主義について』(左右社、2015年)

宍戸常寿「法秩序における憲法」安西文雄ほか『憲法学の現代的論点（第2版）』(有斐閣、2009年) 27頁

高橋和之『立憲主義と日本国憲法（第3版）』(有斐閣、2013年) 8～37頁

林知更「憲法と立憲主義」安西文雄ほか『憲法学の現代的論点（第2版）』(有斐閣、2009年) 55頁

第Ⅰ部
第2章　憲法の解釈

憲法の意味を理解するには、その解釈という作業が必要となる。解釈は、法律学のどの分野においても不可欠なことであるが、憲法の解釈については、他の分野のものと比べ、いくつか注意すべき点もある。

第1節　憲法解釈のあり方

1 憲法解釈とは

　私たちは、ある社会のできごとについて、それが人間にとってどのような意味をもつか、ということを考えることがある。これは、そのできごと（社会事象）のもつ意味を明らかにしようとするものであって、これもまた一つの解釈である（社会事象の解釈）。しかしながら、法の解釈とは、こうした作業と同じではない。例えば、ある子どもがその父親を殺傷した場合、この行為が人のどのような心理状態に基づくのか、あるいは、社会においてどのような意味をもつか、といったことを考えることと、この行為が刑法の規定の適用によってどのように処罰されるか、ということは異なる。後者は、ある行為が法に照らしてどのような意味をもつか、ということを考えるものであって、法の解釈はまさにこれにあたる。憲法も法律学の対象であるから、これらをふまえると、憲法解釈とは、憲法に関する規範が法としてもつ意味を明らかにする精神活動、ということができる。

　憲法解釈には、次の二つの次元があることが指摘されている。①憲法典・憲法判例・憲法附属法など、憲法法源（**第1章**参照）すべてを対象とするもの（「実質的憲法観」とされる）と、②最高法規としての憲法典のみを対象とするも

の（「形式的憲法観」とされる）、である。しばしば②のみが憲法解釈として把握されがちであるが、①を念頭におきつつ、体系的・論理的な立論を可能とする憲法解釈が重要となる。また、これと関連して、憲法が最高法規性を有すること（憲98条1項参照）、法秩序が統一性をもつべきこと、立法機関が有する立法権は尊重されるべきことなどから、法律の解釈方法としては、法律の文言は常に憲法に適合するように解釈されなければならないという原則があてはまる、とされる（合憲解釈の原則。**第3章第2節**参照）。

2　憲法解釈のあり方

　憲法解釈には、そのあり方（方法）についても議論がある。憲法典についていえば、他の法令に比べ、規定の内容が一義的に明確でない場合も多い。このため、解釈の方法としては、次のようなものが指摘されてきた。①憲法の条文や文言の意味を、文法的・語源学的に明らかにしようとする文言解釈（文理解釈）。②法令の制定者の意図を探り、法の意味を明らかにしようとする歴史的解釈。③法令に表現され、客観化された意思を探求しようとして、条理などに従い総合的に把握しようとする論理的・体系的解釈。④法に内在する目的や価値を探求し、それを指導理念として解釈しようとする目的論的解釈。そして、⑤関連する社会的事実を検討し、これに重要性をおく解釈姿勢をとる社会学的解釈である。

　また、憲法解釈は、解釈主体によっても次元が異なりうることに注意が必要である。つまり、①憲法の規範内容を明らかにすることを目的として、一般に必要とされる能力を持つ者が行う場合もあれば、②ある発生した事実の処理に関して、法の定めるところを明らかにすることを目的とする場合も考えられる。①の場合、例えば学説の解釈がそうであるように、特に主体は限定されず、誰でも解釈をなしうるが、②については、一般には解釈主体は国家機関とされ、その判断は有権的解釈と位置づけられる。②についてはさらに、どの国家機関が行うかによっても相違があり、仮に裁判所が有権的解釈権を有するとしても、下級裁判所と最高裁判所とではその解釈のもつ意味に違いが生ずることもありうる（裁判所法4条は、上級審の裁判所の裁判における判断は、その事件について下級審の裁判所を拘束するとしている）。

このように、多様な解釈のあり方が考えられるが、いずれにしても、憲法解釈一般については、①憲法や憲法附属法等の文言の明示的な意味、②法令制定者の意図、③問題となる憲法やその他の法令の各規定が有する目的・価値、④先例（裁判例）、⑤政策的配慮や社会的道徳等、といった点に留意すべきことが指摘される。

第2節　憲法解釈をめぐる諸問題

1　判例と立法

　日本国憲法は、最高裁判所を頂点として裁判所に違憲審査権を認めているが（憲81条、76条3項等。また最大判昭和25・2・1参照）、裁判所による憲法解釈権と、他の政治部門（国会・内閣その他行政機関）との関係も問題となりうる。現行法では、最高裁判所が法律・命令などが憲法に反するとの裁判をしたときは、その要旨を官報に公告し、かつ、その裁判書の正本を内閣に送付することとされている。法律が憲法に反すると判断されたときは、その裁判書を国会にも送付する（最事規14条）。このように、現行法制は、最高裁の違憲判断について、国会などがそれに応じるべく適切に対処すべきことを期待している、ということができる。しかしながら、最高裁によって違憲とされた法令が、長きにわたって国会の対応をみない場合もあり、その例として、刑法の尊属殺重罰規定をめぐる事案がある。この規定は、判例3で違憲とされたが、その後も国会はこの規定を見直さず、刑法の口語化を目的とする1995年の刑法改正において（平成7年法律91号）、尊属殺人罪を含むすべての尊属加重規定が削除され、やっとのことで立法的対応がはかられている。

判例3　尊属殺重罰規定事件
（最大判昭和48年4月4日刑集27巻3号265頁）

事　実　被告人は、満14歳になった頃に実父に犯され、やがて実母とも別居し実父と夫婦同様に暮らすほかない状況となり、実父との間に子をもうけるという境遇にあった。被告人は、29歳の時、職場の同僚との結婚を考え、その旨を

実父に打ち明けたところ、実父は被告人を手放すのを厭い、被告人の外出阻止や脅迫虐待を行うに至った。ある晩被告人は、泥酔した実父から口汚く罵られ、ついにかかる境遇から逃れようとして実父を絞殺したため、尊属殺人の罪で起訴された。本件では、刑法旧200条の尊属殺規定が憲法14条に反しないかが争点となった。

刑法旧200条　自己又ハ配偶者ノ直系尊属ヲ殺シタル者ハ死刑又ハ無期懲役ニ処ス

判旨　「憲法14条1項は、国民に対し法の下の平等を保障した規定であつて、同項後段列挙の事項は例示的なものであること、およびこの平等の要請は、事柄の性質に即応した合理的な根拠に基づくものでないかぎり、差別的な取扱いをすることを禁止する趣旨と解すべきことは、当裁判所大法廷判決……の示すとおりである」。「刑法200条の立法目的は、尊属を卑属またはその配偶者が殺害することをもって一般に高度の社会的道義的非難に値するものとし、かかる所為を通常の殺人の場合より厳重に処罰し、もって特に強くこれを禁圧しようとするにあるものと解される。……被害者が尊属であることを犯情のひとつとして具体的事件の量刑上重視することは許されるものであるのみならず、さらに進んでこのことを類型化し、法律上、刑の加重要件とする規定を設けても、かかる差別的取扱いをもってただちに合理的な根拠を欠くものと断ずることはでき」ない。しかしながら、刑罰加重の程度によっては差別の合理性を否定する場合がありうる。「……尊属殺の法定刑は、それが死刑または無期懲役刑に限られている点（現行刑法上、これは外患誘致罪を除いて最も重いものである。）においてあまりにも厳しいものというべく、上記のごとき立法目的、すなわち、尊属に対する敬愛や報恩という自然的情愛ないし普遍的倫理の維持尊重の観点のみをもってしては、これにつき十分納得すべき説明がつきかねるところであり、合理的根拠に基づく差別的取扱いとして正当化することはとうていできない」。

なお、**判例3**に至るまでにも、尊属殺規定は波瀾万丈の運命を辿った。判例は当初、尊属殺人・傷害致死等が重罰であるのは子の親に対する道徳的義務を特に重視したものとして、尊属傷害致死罪規定（刑法旧205条2項）を合憲としたが、違憲とする少数意見とこれに反対する意見とで激しい応酬があった（最大判昭和25・10・11）。その直後の事案で尊属殺規定を合憲とした最高裁は、この判例を引用ししつつも、カッコ書きで、刑法旧200条の刑が「厳に失する

の憾みがないではない」と疑問を付した（最大判昭和 25・10・25）。その後、刑法 200 条の適用を排除する解釈がとられたこともあったが（例えば最大判昭和 32・2・20）、 判例 3 でついに違憲とされた。しかしここでも裁判官の間で意見は対立し、①多数意見は、 判　旨 のように、立法目的（尊属への敬愛・報恩という自然的情愛・普遍的倫理の維持尊重）は合憲としながら、法定刑が死刑または無期懲役に限る点であまりに厳しいために違憲としたのに対し、②刑法 200 条が尊属殺という特別の罪を定めることがそもそも違憲であるとする意見、③同条が尊属殺を規定する点でも刑を加重する点でも合憲とする反対意見とに分かれた。

2　憲法と法律解釈

先にふれたように（第 1 節■）、法律の文言は、常に憲法に適合するよう解釈されなければならない（合憲解釈の原則）。このため、法令解釈に際しては、憲法の解釈とも適合的で、かつ整合性のある解釈をとることも求められる。

判例 4　土地収用法事件

（最一判昭和 48 年 10 月 18 日民集 27 巻 9 号 1210 頁）

事　実　原告らが所有していた土地について、これが都市計画の街路用地と決定され、鳥取県知事は、土地収用法に基づき土地取得のための協議を原告らと行ったが、不調となったため、本件土地を収用すべく、都市計画法に基づく建設大臣（当時）の裁定を経て、鳥取県収用委員会に本件土地の損失補償について裁決申請をした。しかし、同委員会が示した損失補償額が低額であったため、原告らはありうべき額の支払い等を求めて提訴した。鳥取県知事は、都市計画法に基づく都市計画における計画道路については、建築基準法によって建物建築等の制限が課されるが、これは土地所有権に内在する制約であって憲法 29 条 3 項による補償を要しないことから、損失補償額は建築制限を受けている土地の価格として評価すべきものであり、収用委員会による損失補償額はこれを考慮したものであって適正なものである、などと主張した。

判　旨　「おもうに、土地収用法における損失の補償は、特定の公益上必要な事業のために土地が収用される場合、その収用によつて当該土地の所有者等が被る特別な犠牲の回復をはかることを目的とするものであるから、完全な補償、すなわち、収用の前後を通じて被収用者の財産価値を等しくならしめるような補償

をなすべきであり、金銭をもつて補償する場合には、被収用者が近傍において被収用地と同等の代替地等を取得することをうるに足りる金額の補償を要するものというべく、土地収用法72条（昭和42年法律第74号による改正前のもの。以下同じ。）は右のような趣旨を明らかにした規定と解すべきである。そして、右の理は、土地が都市計画事業のために収用される場合であつても、何ら、異なるものではなく、この場合、被収用地については、街路計画等施設の計画決定がなされたときには建築基準法44条2項に定める建築制限が……課せられているが、前記のような土地収用における損失補償の趣旨からすれば、被収用者に対し土地収用法72条によつて補償すべき相当な価格とは、被収用地が、右のような建築制限を受けていないとすれば、裁決時において有するであろうと認められる価格をいうと解すべきである。なるほど、法律上右のような建築制限に基づく損失を補償する旨の明文の規定は設けられていないが、このことは、単に右の損失に対し独立に補償することを要しないことを意味するに止まるものと解すべきであり、損失補償規定の存在しないことから、右のような建築制限の存する土地の収用による損失を決定するにあたり、当該土地をかかる建築制限を受けた土地として評価算定すれば足りると解するのは、前記土地収用法の規定の立法趣旨に反し、被収用者に対し不当に低い額の補償を強いることになるのみならず、右土地の近傍にある土地の所有者に比しても著しく不平等な結果を招くことになり、到底許されないものというべきである」。

憲法29条3項にいう損失補償請求について、法令に補償を請求しうる規定がなくとも直接憲法29条3項を根拠として補償請求をなしうると解されているが（河川附近地制限令事件。最大判昭和43・11・27。また**第Ⅱ部第7章第3節**も参照）、この解釈を前提とすると、あるケースについて損失補償の定めが法令上ない場合でも、この憲法解釈と整合するよう、法令の趣旨を明らかにすることも求められる。**判例4**は、そうした試みの一例といえる。

参　考　文　献

山下純司ほか『法解釈入門』（有斐閣、2013年）

佐藤幸治ほか『法律学入門（第3版補訂版）』（有斐閣、2008年）

第Ⅰ部
第3章　法令の解釈

第2章では憲法の解釈のあり方について考えたが、この章では法令の解釈のあり方を検討する。国内法の世界では、最高法規である憲法を頂点として様々な種類の制定法が存在する。これらの関係をどう考えるのか、とくに地方公共団体の条例と、国の法令との関係について、**第1節**で考える。また、制定法は常に憲法に適合するよう解釈されなければならない。これを合憲解釈原則といい、憲法裁判では裁判所もこの原則に従うべきものとされる。**第2節**では、この原則の例として合憲限定解釈という解釈方法について考える。

第1節　国法と条例

　第1章でみたように、憲法は国の最高法規であって、国内法秩序には憲法の下に様々な形式の制定法が存在する。まず、国会が制定する「法律」がある（憲41条、59条）。「法規」と呼ばれる一定の内容の法規範は、必ず法律で定めなければならないとされている（**第Ⅲ部第4章第3節**参照）。

　また、政府の諸機関も規範を定めるが、これを総称して「命令」という。命令の代表的なものは、内閣が制定する政令（同73条6号）である。日本国憲法には書かれていないが、内閣の下にある通常の行政機関が、内閣府令（内閣府7条3項）、省令（行組12条1項）、外局規則（同13条1項）を定め、また独立行政委員会といわれる行政機関も、公正取引委員会規則（独禁76条）、国家公安委員会規則（警12条）などの規則を定める。これらの命令には、本来は法律で定めるべき事項について法律の委任を受けて定めるもの（「受任命令」「委任命令」）と、法律を執行するためのもの（「執行命令」）がある。法律と命令で互い

第Ⅰ部　第3章　法令の解釈

の内容が食い違う事態が生じた場合には法律の内容が正しいものとして取り扱われ、これに矛盾する命令は違法、無効とされる（このような優劣関係を指して「法律が命令に優位する」などといわれる）。

さらに、両議院（衆議院、参議院）が定める「議院規則」（憲58条2項）、最高裁判所が定める「裁判所規則」（同77条1項）という形式の法もある。この議院規則や裁判所規則と法律とでどちらが優位するかについては、議院自律権や司法権の独立との関係から議論がある（**第Ⅲ部第4章第4節**、**第Ⅲ部第6章第1節**参照）。

このように、国の法（国法）の形式には様々なものがあるが、さらに、地方公共団体には地方議会の定める「条例」が存在する（同94条）。地方公共団体は、憲法によって直接に独自の権能を与えられ（同92条、94条）、公選の議会や首長といった機関を設けることが予定されている組織であって（同93条）、国の行政機関の下部組織ではない。それゆえ、地方公共団体の制定する条例は、政府の諸機関が定める命令（政令や省令など）とは異なり、むしろ国会が定める法律に準じた、自主立法と考えるべきであるというのが通説である（**第Ⅲ部第8章第2節**参照）。

もっとも、条例は「法律の範囲内で」定めなければならない（同94条）。この点、地方自治法14条1項は、「法令に違反しない限りにおいて……条例を制定することができる」と定めるが、ここでは法律のみならず政府の諸機関が定める命令も、法律と一体のものとして取り扱っている。そこで条例と法令との関係が問題となるが、最高裁は **判例5** で、両者の趣旨、目的、内容及び効果を比較して矛盾抵触の判断を行うべきとし、両者の規律する事項が重複している場合でも、規律の目的が異なるときや、規律の目的が同一であっても法令の趣旨が全国一律の規律を要求するものではなく地方の実情に応じた規律を認めるものであるときには、条例は法令と矛盾するものではないという基準を打ち立てた。そのうえで、道路交通法は地方公共団体が道路使用特別行為等に対して地方の実情に応じた規律を行うことを認めていると解釈して、徳島市公安条例は道路交通法に違反しないと結論づけた。

判例5 徳島市公安条例事件

(最大判昭和50年9月10日刑集29巻8号489頁)

事　実　被告人は、集団示威行進に参加したが、途中、先頭集団が蛇行進をした際、自らも蛇行進をし、また先頭列外付近で笛を吹くなどして集団行進者が交通秩序の維持に反する行為をするよう煽動したとして、道路交通法77条3項、119条1項13号違反及び徳島市公安条例3条3号、5条違反で起訴された。

徳島市公安条例（正式には「集団行進及び集団示威運動に関する条例」昭和27年徳島市条例3号）
第3条　公安委員会は前条の規定による申請があつたときは、集団行進又は集団示威運動の実施が公共の安寧を保持する上に直接危険を及ぼすと明らかに認められる場合の外は、これを許可しなければならない。但し、次の各号に関し必要な条件をつけることができる。
　……
　三　交通秩序維持に関する事項
第5条　……第3条第1項但し書等の規定による条件……に違反して行なわれた集団行進又は集団示威運動の主催者、指導者又は煽動者は、これを1年以下の懲役若しくは禁錮又は5万円以下の罰金に処する。

判　旨　「普通地方公共団体の制定する条例が国の法令に違反する場合には効力を有しないことは明らかであるが、条例が国の法令に違反するかどうかは、両者の対象事項と規定文言を対比するのみでなく、それぞれの趣旨、目的、内容及び効果を比較し、両者の間に矛盾牴触があるかどうかによつてこれを決しなければならない。例えば、ある事項について国の法令中にこれを規律する明文の規定がない場合でも、当該法令全体からみて、右規定の欠如が特に当該事項についていかなる規制をも施すことなく放置すべきものとする趣旨であると解されるときは、これについて規律を設ける条例の規定は国の法令に違反することとなりうるし、逆に、特定事項についてこれを規律する国の法令と条例とが併存する場合でも、後者が前者とは別の目的に基づく規律を意図するものであり、その適用によつて前者の規定の意図する目的と効果をなんら阻害することがないときや、両者が同一の目的に出たものであつても、国の法令が必ずしもその規定によつて全国的に一律に同一内容の規則を施す趣旨ではなく、それぞれの普通地方公共団体において、その地方の実情に応じて、別段の規制を施すことを容認する趣旨であると解されるときは、国の法令と条例との間にはなんらの矛盾牴触はなく、条例が国の法令に違反する問題は生じえないのである」。

これを道路交通法と公安条例とについてみると、「集団行進等について、道路交通秩序維持のための行為規制を施している部分に関する限りは、両者の規律が

併存競合している」。しかし、「道路交通法77条1項4号は、同号に定める通行の形態又は方法による道路の特別使用行為等を警察署長の許可によつて個別的に解除されるべき一般的禁止事項とするかどうかにつき、各公安委員会が当該普通地方公共団体における道路又は交通の状況に応じてその裁量により決定するところにゆだね、これを全国的に一律に定めることを避けているのであつて、このような態度から推すときは、右規定は、その対象となる道路の特別使用行為等につき、各普通地方公共団体が、条例により地方公共の安寧と秩序の維持のための規制を施すにあたり、その一環として、これらの行為に対し、道路交通法による規制とは別個に、交通秩序の維持の見地から一定の規制を施すこと自体を排斥する趣旨まで含むものとは考えられ」ない。道路交通秩序維持のための規制が、道路交通法と公安条例とで重複している場合でも「両者の内容に矛盾抵触するところがなく、条例における重複規制がそれ自体としての特別の意義と効果を有し、かつ、その合理性が肯定される場合には、道路交通法による規制は、このような条例による規制を否定、排除する趣旨ではなく、条例の規制の及ばない範囲においてのみ適用される趣旨のものと解するのが相当であ」る。

徳島市公安条例は「それ自体として独自の目的と意義を有し」「合理性を肯定することができる」。内容においても道路交通法の趣旨を妨げるようなものを含んでおらず、条例違反に対する刑罰が道路交通法違反よりも重くなっているが、これも「条例によって集団行進等について別個の規制を行うことを容認しているものと解される道路交通法が、右条例においてその規制を実効あらしめるための合理的な特別の罰則を定めることを否定する趣旨を含んでいるとは考えられないところであるから」条例が無効であるとすることはできない。

このような法律の解釈は、条例が自主立法としての性質を有していることに配慮して、条例が法律に矛盾抵触して無効となるような事態をできるだけ避けようとするものであるということもできる。

他方、河川法で規制の対象から外されている普通河川を規制対象とする高知市河川管理条例について、「河川法は、普通河川については、適用河川又は準用河川に対する管理以上に強力な河川管理は施さない趣旨である」との解釈に基づき、「条例の規定は可能な限り法律と調和しうるように合理的に解釈されるべき」であるとして、条例の規定が河川法の趣旨に適合するような解釈を施さなければ無効になると判断した事例もある（最一判昭和53・12・21）。

第2節　合憲解釈原則

1　合憲解釈原則

(1) 合憲解釈原則の内容と根拠　憲法裁判では、事実行為が憲法に違反しないかが問題とされることもあるが、多くの場合、法律や条例といった法令が憲法に違反しないかが問題とされる。ただ、法令の規定は、その読み方によって違う意味で理解されることがあり、また、ある文言が指示している対象を広くも狭くも理解できるということがある。それゆえ、法令が憲法に違反しないかを判断するためには、まず、その規定を解釈し、その意味内容を明らかにする必要がある。

法令の規定を解釈する際には、常に憲法に適合するように解釈しなければならない。これを合憲解釈原則という。この原則は、憲法が国の最高法規であること（憲98条参照）、法秩序は整合的なものでなければならないこと、憲法に適合する解釈ができるのにそれ以外の解釈をことさらに採用して法令を違憲・無効とするのは、これを定めた立法府への尊重を欠くことになることなどを根拠として認められる。また、裁判所が法令の合憲解釈を行う結果、違憲判決が避けられることから、合憲解釈原則は、すぐ後で触れる「憲法判断回避原則」に含めて、事件の解決に必要な限りでの憲法判断という付随的違憲審査制（**第Ⅲ部第6章第5節**参照）の帰結であると説かれることもある。

合憲解釈のうち、法令の文言を広く解すると違憲となり、狭く解すると合憲となるというときは、狭い意味に限定した解釈をとるという手法を、合憲限定解釈という。

(2) 合憲解釈の例　合憲限定解釈の手法が用いられた例として、都教組事件（最大判昭和44・4・2）をあげることができる。本件では、争議行為を禁止し、そのあおり行為を処罰の対象としている地方公務員法37条1項及び61条4号が憲法28条等に反しないかが争われた。最高裁は、これらの規定について、文字通りに広く解釈すれば違憲の疑いがあるが、争議行為・あおり行為ともに違法性の強い場合に限って処罰する趣旨であるという限定解釈を施して、憲法

に反しないとしている。

　最高裁はまた、福岡県青少年保護育成条例事件（最大判昭和60・10・23）、札幌税関事件 判例40 、成田新法事件 判例15 、泉佐野市民会館事件 判例56 でも合憲限定解釈の手法を用いている。

　さらに近時の例として、国家公務員法110条1項19号・102条1項が刑事罰をもって国家公務員の政治的行為を制限していることの合憲性が争われた堀越事件（最二判平成24・12・7。**第Ⅱ部第1章第4節2**を参照）があげられる。本件で、最高裁は、「〔国公法〕102条1項の文言、趣旨、目的や規制される政治活動の自由の重要性に加え、同項の規定が刑罰法規の構成要件となることを考慮すると、同項にいう『政治的行為』とは、公務員の職務の遂行の政治的中立性を損なうおそれが、観念的なものにとどまらず、現実的に起こり得るものとして実質的に認められるものを指し」、禁止される行為の類型の具体的な定めを委任された人事院規則の規定も、「公務員の職務の遂行の政治的中立性を損なうおそれが実質的に認められる行為の類型を規定したものと解すべきである」と、禁止される政治的行為の範囲が限定されるように国家公務員法及び人事院規則の規定を解釈している。

　これらの判例はいずれも、国民の権利・利益を制約する法令の規定を広く解釈すると違憲の疑いがある場合に、その規定を憲法に適合するよう限定的に解釈した事例である。これに対し、国民に権利・利益を付与する法令の規定が問題となる場合、その規定全体を違憲・無効とすると、そもそも権利・利益を与える根拠がなくなってしまうため、やや特殊な合憲解釈が行われることがある。

　国籍法判決 判例18 で、最高裁は、国籍法（旧）3条1項の規定が「日本国民である父の嫡出でない子であって、その後父母の婚姻によって嫡出子の身分を取得した者」と「日本国民である父から出生後に認知されたにとどまる嫡出でない子」とを区別していることは憲法14条1項に違反すると判示した。ただ、この場合、国籍法（旧）3条1項全体を違憲・無効とすると、国籍取得を認める根拠となる規定がなくなってしまうことから、最高裁は、「父から出生後に認知されたにとどまる子についても」、「父母の婚姻により嫡出子たる身分を取得したことという部分を除いた同項所定の要件が満たされる場合に、届出により日本国籍を取得することが認められる」（傍点筆者）という「同項及び同

法の合憲的で合理的な解釈」をすることによって、原告の救済をはかっている。

(3) 合憲解釈の限界　合憲限定解釈は、違憲になるかもしれない広汎な法文の意味を限定して法令を「救う」手法であるが、これが行きすぎて無理な合憲限定解釈がなされると、法律の予見機能が失われ、法令の合憲性についての厳密な検討がおろそかになる危険もある。それゆえ、これが許されるためには、その限定解釈が法令の文言と立法目的から判断して合理性をもつものでなければならない。とりわけ、精神的自由を制約する法令については、違憲に解釈される余地のある法令の存在自体がこの自由に対してもたらす萎縮効果を考慮して、この手法を用いることには慎重でなければならないとされる。

どのような場合であれば、表現の自由を制約する法令の規定に限定解釈を施すことが許されるのかについて、最高裁は、札幌税関事件 判例40 において、①「規制の対象となるものとそうでないものとが明確に区別され、かつ、合憲的に規制し得るもののみが規制の対象となることが明らかにされる場合」で、かつ、②「一般国民の理解において、具体的場合に当該表現物が規制の対象となるかどうかの判断を可能ならしめるような基準をその規定から読みとることができる」場合に限られると判示したことがある。

精神的自由を制約する条例について合憲限定解釈をすることの是非が争われた近時の例として、広島市暴走族追放条例事件（最三判平成19・9・18）がある。この条例では、「暴走族」を定義する2条7号が社会通念上の暴走族以外の集団も含まれうる文言となっており、また、一定の行為の禁止及びそれに対する中止・退去命令を定める16条及び17条も社会通念上の暴走族以外の者の行為にも及びうる文言となっていた。その結果、この事件では、これらがその文言通りに適用されると、規制の対象が広範囲に及び、集会の自由（憲21条）が不当に制約されることになるのではないかということが争われたのである。

これらの規定について、最高裁は、「規定の仕方が適切ではな」いとしつつも、「本条例の全体から読み取ることができる趣旨、さらには本条例施行規則の規定等を総合すれば、本条例が規制の対象としている『暴走族』は、本条例2条7号の定義にもかかわらず、暴走行為を目的として結成された集団である本来的な意味における暴走族の外には、服装、旗、言動などにおいてこのような暴走族に類似し社会通念上これと同視することができる集団に限られるもの

と解され、したがって、市長において本条例による中止・退去命令を発し得る対象も、……本来的な意味における暴走族及び上記のようなその類似集団による集会が、本条例16条1項1号、17条所定の場所及び態様で行われている場合に限定される」という限定解釈を施して、集会の自由を不当に侵害するものとはいえないと判示している。

2 憲法判断回避原則

先にも触れたように、日本国憲法が定める違憲審査制は、司法裁判所による付随的違憲審査の制度であって、具体的な事件においてその解決に必要な限りで違憲審査が行われるというところに特徴を有する。そうしたところから、具体的事件の解決が、憲法以外の法令の解釈やその他の理由で可能な場合には、法令に対する憲法判断を行うことは避けるべきであるという、憲法判断回避原則が説かれる。

憲法判断回避原則は、先の合憲解釈原則と一見似ているが、合憲解釈が違憲判決を避ける手法であるのに対し、憲法判断回避原則は、文字通り憲法判断そのものを回避すべきとする原則である点に違いが存する。

この憲法判断回避原則が用いられた例として、つぎの事件をあげることができる。

判例6 恵庭事件
（札幌地判昭和42年3月29日下刑9巻3号359頁）

事 実 北海道千歳郡恵庭町（現・恵庭市）にある陸上自衛隊島松演習場付近の酪農民らは、爆音等による乳牛の被害（早流産や乳量の減少等）に関して自衛隊に補償を求めたが認められなかった。その後、牧場との境界線付近での射撃訓練に際しては事前連絡をする旨の紳士協定が成立したが、1962年（昭37）12月11日、事前の連絡なしにカノン砲2門の砲撃が開始された。被告人らは、現場に行って抗議したが射撃が続行されたので、着弾地点等との連絡のために敷設されていた電話線を数ヶ所切断したところ、自衛隊法121条違反で起訴された。これに対し、被告人らは、同条を含む自衛隊法全体ないし自衛隊の存在そのものが憲法9条、前文等の諸条項や平和主義の理念に反し、自衛隊法121条は違憲無効であると主張した。

第2節　合憲解釈原則

> **判旨**　被告人らの切断した本件通信線は、自衛隊法 121 条にいう「『その他の防衛の用に供する物』に該当しないものというのが相当である」。
>
> 「弁護人らは、……自衛隊法 121 条を含む自衛隊法全般ないし自衛隊等の違法性を強く主張しているが、およそ、裁判所が一定の立法なりその他の国家行為について違憲審査権を行使しうるのは、具体的な法律上の争訟の裁判においてのみであるとともに、具体的争訟の裁判に必要な限度にかぎられることはいうまでもない。このことを、本件のごとき刑事事件にそくしていうならば、当該事件の裁判の主文の判断に直接かつ絶対必要なばあいにだけ、立法その他の国家行為の憲法適否に関する審査決定をなすべきことを意味する」。
>
> 「したがつて、……被告人両名の行為について、自衛隊法 121 条の構成要件に該当しないとの結論に達した以上、もはや、弁護人ら指摘の憲法問題に関し、なんらの判断をおこなう必要がないのみならず、これをおこなうべきでもない」。

ただ、この原則も絶対的なものではない。学説上一般に、違憲審査権を付与された裁判所は憲法保障的機能を果たすことも期待されているから、事件の解決に必要がない場合であっても、事件の重大性、違憲状態の程度、判決が及ぼす影響の範囲などに照らしてその裁量で憲法判断に踏み切ることができると説かれている。実際、最高裁判所自身、必ずしも憲法判断回避原則を厳格に守っているわけではなく、事件の解決に必要とはいえない憲法判断を行った例も存在する（例えば、皇居前広場事件に関する最大判昭和 28・12・23、朝日訴訟に関する最大判昭和 42・5・24）。

参 考 文 献

青井秀夫「制定法の解釈」同『法理学概説』（有斐閣、2007 年）451 頁

五十嵐清『法学入門（第 4 版）』（悠々社、2015 年）

田中成明「法のしくみと運用」佐藤幸治ほか『法律学入門（第 3 版補訂）』（有斐閣、2008 年）155 頁

田中成明「法の解釈」同『法学入門』（有斐閣、2005 年）167 頁

高橋和之「憲法判断回避の準則」同『憲法判断の方法』（有斐閣、1995 年）53 頁

林修三『法令解釈の常識』（日本評論社、1975 年）

第Ⅱ部　基本権と権利保障

CONSTITUTIONAL LAW: SELECTED CASES

II Fundamental Rights and the Protection of Rights

第1章 総論

　日本国憲法では、「国民の権利及び義務」と題した第3章において、様々な権利や自由を列挙して保障している。これらの権利や自由は、自然人たる国民に保障されていることは明らかだが、外国人や法人等にも保障されるものなのか。ここでは、憲法上の権利や自由の保障に関する基本事項を確認したうえで、その保障の及ぶ対象者について検討し、さらに、公権力以外の主体による権利侵害が生じた場合の憲法の役割、公権力と特殊な関係にある主体の権利保障などの問題について検討する。

第1節　国民の地位、権利、人権

1　人権、基本的人権、基本権

　人権とは多義的な用語であり、ときには道徳的・倫理的な意味で用いられることもあるが、法的な文脈では、人間が自律的に人格をもって生きるために欠かせない権利や自由を人権と呼ぶことが多い。諸外国では、このような権利や自由を基本権と呼ぶことも多く、とくに、憲法上で具体的に保障される権利や自由のみを基本権と称する説も有力である。日本国憲法では、ポツダム宣言において「基本的人権（fundamental human rights）」の尊重の確立が求められたことを受け、11条及び97条で基本的人権という語を用いている。

2　基本権の類型

（1）**国家と国民の関係**　憲法上の基本権を類型化する方法は多様であるが、ここでは、国家に対する国民の地位と、国民に対する国家の義務という点に着

目して、以下のように自由権、国務請求権、参政権の三つに分類する。

(2) **自由権、国務請求権、参政権**　歴史を遡ると、当初重視されたのは自由権である。国家の統治に服する地位にとどまっていた国民が、自らの自由な生活領域への国家の介入を排除すること、すなわち、国家の不作為義務の貫徹を求めたのである。このような自由権は、19世紀までの自由主義国家において参政権と並んで最も重要なものと位置づけられた。自由権の具体例としては、人身の自由、私生活の自由、精神的自由、経済的自由などがあげられる。

これに対し、国務請求権とは、統治に服する地位にある国民が、自らの利益を得るために、国家に対し、国家の果たすべき義務の遂行を求める権利である。具体的には、国家賠償請求権、裁判を受ける権利などが、この類型に該当する。20世紀前半になると、生存権を始めとした、国民の生活保障に関わりのある権利が主張されるようになり、このような権利を保障する社会国家が登場するようになった。

一方、参政権とは、国民が単なる統治に服する地位にとどまらず、能動的に統治に参加する地位・能力をもつための権利であり、おおむね19世紀以降の憲法で保障されている。参政権の具体例としては、直接的参政権である公務就任権、間接的参政権である選挙権・解職請求権などがあげられる。

(3) **類型化の限界**　基本権については、上記のような類型化がなされる一方で、**第2章**以降で述べる通り、複数の類型の特徴をあわせもつ権利や自由も多く、すべてを明快に分類できるものではない点に注意することが必要である。また、自由と並んで唱えられることの多い「平等」は、個人の権利や自由として位置づけるよりもむしろ、他者との関係を均等にすることを求める「原則」として位置づけるべきものである。

(4) **国民の義務**　国民の義務は、国家の統治に服する地位にあるがゆえに生じるものである。日本国憲法では、国民の一般的な義務として、憲法上の権利・自由の濫用を禁止するとともに、これらを公共の福祉のために利用すべきであると規定する（憲12条）。また、具体的な義務として、自らの保護する子に普通教育を受けさせる義務（同26条）、勤労の義務（同27条）、納税の義務（同30条）を規定している。

第2節　基本権の享有主体

1　国　　民

　憲法の基本権保障は、国民を念頭に置いたものである。日本国憲法では、第3章が「国民の権利及び義務」と題されているほか、基本的人権の総則的規定といわれる10条、11条、12条でも「国民」という語が用いられていることから、日本国民がこれらの権利や自由を享有することは明らかである。

　日本国民たる要件、すなわち国家の構成員としての資格である国籍を取得する要件は、国際法上、各国の自由裁量に委ねられると考えられている。日本国憲法10条は、この条件を法律で定めるものと規定しており、最高裁によると、同条は、要件の設定に際し、国家の歴史的事情、伝統、政治的・社会的・経済的環境等の種々の要因を考慮に入れる必要があることから、要件の設定を立法裁量に委ねる趣旨のものであるとしている（国籍法判決　判例18）。なお、国籍を有する国民と外国人との間には、以下にみる権利や自由の保障の有無の差違を始めとして、国家との関係で大きな差があるため、どのような要件の下で国籍を付与するかは重要な問題である。

　憲法10条を受けて国籍の取得及び喪失の要件を定めるのは国籍法である。同法は、日本国籍の取得に関し、親の国籍を基準にする血統主義を原則としており、子は、父か母のいずれかが日本国民である場合に日本国籍を取得する（国籍2条、3条）。また、日本国内に一定期間居住する外国人は、法定要件を満たせば帰化によって日本国籍を取得することができる（同4条～10条）。

2　未　成　年　者

　日本国民は原則的に日本国憲法に規定されたすべての基本権を享有するゆえ、未成年者であろうとも、基本権の享有主体性を有する。しかし、未成年者については、心身ともに発展途上にあり、成人に比べて判断能力も未熟な存在であることから、権利の性質に応じた一定の制約が正当化されると解される。

　とくに参政権については、政治に参加する能力を有することが前提となるこ

とから、日本国憲法は、選挙権を成年者のみに限定する（憲15条3項）。これを受け、公職選挙法では、国政及び地方選挙の選挙権を有する者を20歳以上の国民に限定してきた。しかし、2007年（平19）に成立した日本国憲法の改正手続に関する法律で、18歳以上の国民が国政選挙の投票権を得るよう関係諸法を改正することを条件として（憲改附則3条）、国民投票の投票権を18歳以上の国民に付与し、さらに、2015年（平27）に成立した公職選挙法等の一部を改正する法律（平成27年法律43号）で、国政及び地方選挙の選挙権を付与する年齢を18歳以上に引き下げた（ただし、施行は公布から1年後）。

一方、私法上は、20歳を成年と定め（民4条）、行為能力を獲得する年齢とする（ただし、平成27年法律43号では民法の成年年齢の引下げの検討も要求）。また、婚姻可能な年齢については、男18歳、女16歳と定める（同731条）。さらに、一定の職業に就くためには成年年齢に達していることを条件とするなど（医師3条ほか）、年齢に応じた自由権の制約が課される。

このような制約は、すべての者が未成年期を通過するという点において、性別や人種等の理由に基づく制約とは根本的に異なるとも言われる。もっとも、未成年者の基本権の制約についても、制約される権利の性質や、各年齢における発達の程度に照らして、必要最小限度の制約のみ許されると理解されている。

なお、青少年保護を目的とした条例による有害図書の販売規制の問題については、岐阜県青少年保護育成条例事件 判例45 を参照のこと。

3 天皇・皇族

通説では、天皇・皇族も国民に含まれると解し、天皇・皇族の基本権の享有主体性を原則的に肯定しているが、憲法が天皇の国政に関する権能を否定しているという特殊性に照らし、参政権の享有は否定している。また、憲法が世襲による象徴天皇制を採用していることに照らし、職業選択の自由、外国移住の自由、婚姻の自由、国籍離脱の自由等が制約されるものと考えられている。

4 外 国 人

日本国籍を有しない者、すなわち外国人も、基本権の享有主体性を有する。その理由は、基本権が国家の存在なくとも成立する前国家的な性格をもつ点に

加え、憲法前文を中心とした国際協調主義の思想、国際法による人権保障の傾向の高まりなどに照らし、外国人の基本権享有主体性を全面的に否定することに妥当性が見出せないためである。

このように外国人の基本権享有主体性を一般的に肯定したうえで、通説・判例では、個々の具体的な基本権規定の外国人への適用については、各基本権の性質を吟味して、外国人への保障の有無を個別に判断すべきとする。この性質説を明示した判例がマクリーン事件 判例7 である。

判例7 マクリーン事件

（最大判昭和53年10月4日民集32巻7号1223頁）

事　実 米国国籍のマクリーン氏は、語学学校の教師として雇用されることを条件に1年間の在留許可を受けて入国したが、入国直後に語学学校を退職して他の機関に就職したほか、ベトナム反戦運動に参加した。その後、在留期間の更新を申請したところ、法務大臣は、在留期間中の無届転職と政治活動とを理由として、旧出入国管理令21条3項（現・出入国管理法21条3項）の「在留期間の更新を適当と認めるに足りる相当の理由」に欠けるとして、不許可処分を行った。マクリーン氏は、本件処分が政治活動を理由とした不利益処分であり、憲法14条、19条、21条等に違反し、法務大臣の裁量権の範囲を逸脱して違法であると主張して、本件処分の取消しを求めた。一審は請求を認めたが、二審がこれを覆したため、マクリーン氏が上告した。

判　旨「憲法第3章の諸規定による基本的人権の保障は、権利の性質上日本国民のみをその対象としていると解されるものを除き、わが国に在留する外国人に対しても等しく及ぶものと解すべきであり、政治活動の自由についても、わが国の政治的意思決定又はその実施に影響を及ぼす活動等外国人の地位にかんがみこれを認めることが相当でないと解されるものを除き、その保障が及ぶものと解するのが、相当である。しかしながら、……外国人の在留の許否は国の裁量にゆだねられ、わが国に在留する外国人は、憲法上わが国に在留する権利ないし引き続き在留することを要求することができる権利を保障されているものではなく、ただ、出入国管理令上法務大臣がその裁量により更新を適当と認めるに足りる相当の理由があると判断する場合に限り在留期間の更新を受けることができる地位を与えられているにすぎないものであり、したがつて、外国人に対する憲法の基本的人権の保障は、右のような外国人在留制度のわく内で与えられているにすぎないものと解するのが相当であつて、在留の許否を決する国の裁量を拘束するま

での保障、すなわち、在留期間中の憲法の基本的人権の保障を受ける行為を在留期間の更新の際に消極的な事情としてしんしゃくされないことまでの保障が与えられているものと解することはできない」。

このように最高裁は、権利の性質上外国人には認められないものを除き、外国人にも基本権保障が及ぶことを確認した。

そこで、性質説に立って検討をすると、まず、マクリーン事件でみられたような国民国家の国家主権と外国人の権利保障の対立関係が問題となる。具体的には、国家の出入国管理の権限と外国人の出入国の自由との対立関係である。外国人の入国の自由は国際慣習法上からも保障されないが（最大判昭和32・6・19）、出国の自由は原則として保障される（最大判昭和32・12・25）。再入国の自由については、最高裁は保障されないと述べているが（最一判平成4・11・16、最二判平成10・4・10）、学説では、日本に定住する外国人の再入国の自由は出国の自由に対応する憲法上の権利であるとするものもある。

参政権は、外国人には原則的に保障されない。国籍は国家の構成員たる資格であることから、外国人に国政の参政権を保障することは、むしろ国民主権に違反するともいいうる。この文脈において、国政選挙のみならず地方選挙の選挙権も国民のみに限定する公職選挙法の規定を、憲法上どのように理解すべきかが議論となる。判例は、国民主権の原則の下、外国人に国政選挙の選挙権を付与することはできないとする禁止説をとりつつ、地方選挙の選挙権は立法府の判断で付与しうるとする許容説をとる（外国人地方選挙権事件 判例72）。また、公務就任権については、現行法では外務公務員の国籍要件（外公7条）等の例外を除き、一般の国家公務員及び地方公務員の就任に関する国籍要件はない。しかし、公権力の行使や国家意思の形成に参加する職務に就くには日本国籍を必要とするとした内閣法制局の見解が示されており、これを受け、国家公務員の採用試験に関する規則は、受験資格を日本国籍者に限定している（人事院規則8-18第8条1項3号）。一方、地方公務員についても法律上の国籍要件はないが、地方公共団体によっては採用試験の受験資格を外国人に認めるところもある。判例は、公権力の行使にあたる管理職への昇任試験の受験資格を日本国籍保持者に限定した地方自治体の人事制度を合憲と判断している（東京都管理職

試験判決 判例17 ）。

　精神的自由権や経済的自由権については、外国人にも原則的に日本国民と同等の保障が及ぶと考えられるが、すでに述べた通り、マクリーン事件では参政権的な性格を有する政治的活動は制約される場合もあると認めた。一方、国務請求権については、判例では、外国人に対する社会保障の適用に関しては立法府の裁量に委ねるとしているが（最一判平成元・3・2、最三判平成13・9・25）、学説では、財政事情の許す範囲で外国人にも社会保障を及ぼすことが望ましいとする説も有力である。現行の社会保障制度の実務では、適法に滞在する外国人を公的医療保険や公的年金制度の対象としているほか、永住資格等を有する外国人については生活保護の支給も認める運用をしている（**第8章第3節**も参照）。

5　法　　人

　日本国憲法の基本権保障は、個々の自然人に及ぶのみならず、日本国内で設立された内国法人にも及ぶものとされる（八幡製鉄事件 判例8 ）。本来、基本権は自然人の権利であるが、経済や社会の発展にともない人間の様々な活動が複雑化した結果、共通の目的をもつ人々が集団で行動する場面が増えたことから、法人などの団体にも基本権が及ぶと考えられるようになっている。

　法人の享有する基本権の範囲については、通説・判例とも性質説をとっている。生命や身体に関する自由、婚姻の自由、生存権、選挙権など、性質上、自然人のみに認められる権利や自由は法人には保障されないが、その他の基本権は、つぎのように原則的に法人にも保障されると考えられる。

　まず、財産権、営業の自由、居住・移転の自由などの経済的自由権に加え、裁判を受ける権利、国家賠償請求権などの国務請求権、さらに、適正手続の保障や法の下の平等などは法人にも保障されると考えられる。また、精神的自由権については、法人の目的や性格に照らし、例えば報道機関の報道の自由、学校法人の教育の自由、宗教法人の信教の自由などは保障されるものと考えられている。最高裁も、博多駅TVフィルム事件 判例48 において、報道機関たるテレビ局が基本権の享有主体であることを認めたうえで議論を展開している。

　営利を目的とした株式会社が政治的活動の自由の保障を受けるのかどうかという点が争われたのが、つぎの八幡製鉄事件 判例8 である。

判例 8 　八幡製鉄事件

（最大判昭和 45 年 6 月 24 日民集 24 巻 6 号 625 頁）

事　実　八幡製鉄株式会社の代表取締役が、会社を代表して、ある政党に政治資金 350 万円を寄付した。これに対し、同社の株主が、当該寄付行為は同社の目的として定款に定められた「鉄鋼の製造および販売ならびにこれに附帯する事業」の範囲外であるゆえに、同社は当該寄付を行う権利能力を有しないと主張し、同金額を会社に返還するよう求めた。東京地裁はこの訴えを認めたが、東京高裁が一審判決を取り消したため、株主が上告した。

判　旨　「会社が、納税の義務を有し自然人たる国民とひとしく国税等の負担に任ずるものである以上、納税者たる立場において、国や地方公共団体の施策に対し、意見の表明その他の行動に出たとしても、これを禁圧すべき理由はない。のみならず、憲法第 3 章に定める国民の権利および義務の各条項は、性質上可能なかぎり、内国の法人にも適用されるものと解すべきであるから、会社は、自然人たる国民と同様、国や政党の特定の政策を支持、推進または反対するなどの政治的行為をなす自由を有するのである。政治資金の寄附もまさにその自由の一環であり、会社によつてそれがなされた場合、政治の動向に影響を与えることがあつたとしても、これを自然人たる国民による寄附と別異に扱うべき憲法上の要請があるものではない」。

「政党への寄附は、事の性質上、国民個々の選挙権その他の参政権の行使そのものに直接影響を及ぼすものではないばかりでなく、政党の資金の一部が選挙人の買収にあてられることがあるにしても、それはたまたま生ずる病理的現象に過ぎず、しかも、かかる非違行為を抑制するための制度は厳として存在するのであつて、いずれにしても政治資金の寄附が、選挙権の自由なる行使を直接に侵害するものとはなしがたい」。会社の資金寄付のもたらす「弊害に対処する方途は、さしあたり、立法政策にまつべきことであつて、憲法上は公共の福祉に反しないかぎり、会社といえども政治資金の寄附の自由を有するといわざるを得」ない。

判例 8 は、政治的行為の自由について、自然人たる国民と同等に法人たる会社にも認められると述べた。しかし、これには批判もあり、例えば、政治的自由に直結した精神的自由や参政権は本来は自然人に固有のものであるがゆえに、法人とその構成員である個人の自由との対立が生じている場面において、法人の自由を個人のそれと同等に認めることは適当でないなどと論じられる。

第Ⅱ部　第1章　総　　論

判例8 の後、法人の政治的活動の自由と構成員の思想・良心の自由との関係について同事件の射程を限定したのが、つぎの南九州税理士会事件 **判例9** である。税理士は税理士会への加入を義務づけられているものであるが（強制加入制）、税理士会が一部の会員の意に反する政治的活動を行ったことから、税理士会の政治的活動の自由と会員の思想・信条等の自由とをいかに調整すべきかが争点となった。

判例9　南九州税理士会事件

（最三判平成8年3月19日民集50巻3号615頁）

事　実　南九州税理士会は、税理士法改正運動の資金とするために各会員から特別会費を徴収したうえで、政治資金規正法に基づく政治団体に寄付した。同会会員は、本件寄付は法人の目的範囲外の行為として無効であると主張し、特別会費の納入義務のないことの確認を求めたが、一審で認容されたものの二審で覆されたため上告した。

判　旨　税理士「法が税理士会を強制加入の法人としている以上、その構成員である会員には、様々な思想・信条及び主義・主張を有する者が存在することが当然に予定され……会員に要請される協力義務にも、おのずから限界がある。特に、政党など規正法上の政治団体に対して金員の寄付をするかどうかは、選挙における投票の自由と表裏を成すものとして、会員各人が市民としての個人的な政治的思想、見解、判断等に基づいて自主的に決定すべき事柄であるというべきである。なぜなら、政党など規正法上の政治団体……に金員の寄付をすることは、選挙においてどの政党又はどの候補者を支持するかに密接につながる問題だからである」。

「公的な性格を有する税理士会が、このような事柄を多数決原理によって団体の意思として決定し、構成員にその協力を義務付けることはできない」。

強制加入団体とその会員の利益が衝突した事件として、ほかに、群馬県司法書士会事件がある（最一判平成14・4・25）。同事件では、群馬県司法書士会が、阪神・淡路大震災で被災した兵庫県司法書士会に3000万円の復興拠出金を寄付するために各会員から負担金を徴収する総会決議をしたため、一部の会員が同決議の無効性を主張した。最高裁は、復興拠出金の寄付は司法書士会の目的の範囲を逸脱しているとはいえず、同会が強制加入団体であることを考慮して

も、会員の政治的・宗教的立場や思想・信条の自由を侵害するものではないと述べた。なお、強制加入団体ではないものの事実上脱退の自由の制約される地域自治会（いわゆる町内会）が、各種募金・寄付金にあてるために年会費を増額する決議を行ったことが、一部の会員の意思に反するとして公序良俗に反するか否かが争われた事件において、最高裁は、当該決議は会員の思想・信条の自由を侵害するものであり無効と判断した原審からの上告を棄却した（大阪高判平成19・8・24、最一決平成20・4・3）。

第3節　私人間における基本権保障

1　私人間における基本権侵害

　憲法の基本権保障は、従来、私人が私人の権利を侵害するという状況に対して、意味をもたないと考えられてきた。つまり、近代憲法は、公権力を拘束することで国民の権利や自由を最大限に守ることを目標とするものであるから、憲法の基本権保障によって禁じられるのは、国家や地方自治体などの公権力による私人に対する基本権侵害に限られると理解されてきた。また、近代憲法を支える個人の尊厳や自由主義の理念の下では、自律的な主体である私人の自由な活動領域を確保することが重視され、私人相互の関係には国家は介入しないことが求められてきた。このような理解の下、私人が私人の権利や自由を侵害した場合は、憲法上の基本権保障は意味をもたないと考えられてきたのである。

　しかし、資本主義の進展にともない、私人の間における経済的・社会的な格差が拡大するにつれ、私人間の問題を当事者間の解決に委ねることの妥当性が問われる場面が生じるようになった。例えば、社会的権力と呼びうる巨大な私的組織が一般個人の重要な憲法上の権利を侵害した場合に、私的自治の原則の下では、非力な個人が社会的権力と直面して自らの権利回復をはからなければならない。しかし、このような権利回復は現実には困難であり、結果として、公権力によるものではないにせよ、権利侵害の状態が放置されることになり、憲法の基本権保障の理念が損なわれることになる。

　このような事態に対処して憲法の基本権保障の理念を実現するために、一義

的には、私人間の権利や自由を調整するための法律を制定することが求められる。しかし、法制定が行われないこともあり、その場合に憲法上の権利や自由の保障を私人間の問題に応用することの可否が論争となった。

2 学説と判例

　無適用説は、憲法は国家と国民との関係を規律するものであるとする従来の枠組みを重視し、私人間の権利侵害の防止は国会の立法に委ねるべきであり、憲法の基本権規定を私人間に適用することは不適当であるとする。これに対し、直接適用説では、憲法の諸原則は社会の全領域において実現されるべきであるなどとして、憲法の基本権規定は私人間にも直接に適用されるとする。しかし、直接適用は私的自治の原則の否定になりうるうえ、基本権保障の歴史的背景を捨象するものであり、このような直接適用を認めることは国家権力から守られるべき権利としての本来の基本権の意味を希薄化するおそれがあるゆえ、通説・判例は間接適用説をとっている。

　間接適用説では、公序良俗に反する法律行為を無効とする民法90条や、不法行為による損害賠償責任を定めた709条などの条項を解釈する際に、憲法の基本権規定の趣旨を反映させるという形で、憲法を間接的に私人間に適用する。つまり、民法90条であれば公序良俗すなわち社会秩序を維持するために必要な倫理的規範とはなんたるかを検討する際に、また、民法709条であれば法的保護に値する利益とはなんたるかを検討する際に、憲法上の基本権保障の理念を取り込むのである。例えば、私人の行為が、一般的な倫理的規範や従来の私法上の利益に違反しているとまでいえなくとも、それが憲法の基本権規定の保護する法的利益に反するのであれば、民法のこれらの条項に反すると解釈されることになる。最高裁は、つぎの三菱樹脂事件 判例10 において、間接適用説を採用したと考えられている。

判例10　三菱樹脂事件

（最大判昭和48年12月12日民集27巻11号1536頁）

（事　実）　Xは大学卒業後、3ヶ月の試用期間を条件にY社に採用されたが、採用時に提出した身上書に大学に在学中に積極的に学生運動を行ったことを記載し

なかったほか、面接試験において学生運動に参加しなかったと虚偽の回答をしたことが理由となり、試用期間満了時に本採用を拒否された。そこで、Xは、本採用拒否は無効であると主張して提訴した。一審、二審はXの主張を認めたため、Yが上告した。

【判旨】憲法の基本的人権の保障は、「もつぱら国または公共団体と個人との関係を規律するものであり、私人相互の関係を直接規律することを予定するものではない。……憲法上の基本権保障規定をそのまま私人相互間の関係についても適用ないし類推適用すべきものとする」解釈は当をえていない。

「もつとも、私人間の関係においても、相互の社会的力関係の相違から、一方が他方に優越し、事実上後者が前者の意思に服従せざるをえない場合があり、このような場合に私的自治の名の下に優位者の支配力を無制限に認めるときは、劣位者の自由や平等を著しく侵害または制限することとなるおそれがあることは否み難いが」、そのような場合、「立法措置によつてその是正を図ることが可能であるし、また、場合によつては、私的自治に対する一般的制限規定である民法1条、90条や不法行為に関する諸規定等の適切な運用によつて、一面で私的自治の原則を尊重しながら、他面で社会的許容性の限度を超える侵害に対し基本的な自由や平等の利益を保護し、その間の適切な調整を図る方途も存するのである」。

「企業者は、……経済活動の一環としてする契約締結の自由を有し、自己の営業のために労働者を雇傭するにあたり、いかなる者を雇い入れるか、いかなる条件でこれを雇うかについて、法律その他による特別の制限がない限り、原則として自由にこれを決定することができるのであつて、企業者が特定の思想、信条を有する者をそのゆえをもつて雇い入れることを拒んでも、それを当然に違法とすることはできない」し、「その他これを公序良俗違反と解すべき根拠も見出すことはできない」。

最高裁は、間接適用説を採用すると述べつつも、弱者たる労働者の思想・良心の自由と大企業の経済活動の自由とを同程度に考慮したうえで後者を優先しているため、結果としては無適用説に近い判決になっているとの批判もある。その後、最高裁は、私立大学の学生が政治活動等を理由として退学処分を受けた事件においても、間接適用説をとりつつ、学生の自由よりも私立大学の自由を優先させ、退学処分は社会通念上合理的であるとして処分の違法性を認めなかった（昭和女子大事件。最三判昭和49・7・19）。

一方、最高裁は、従業員の定年年齢を女55歳、男60歳と定めていた私企業の就業規則の合法性が争われた事件において、「就業規則中女子の定年年齢を男子より低く定めた部分は、専ら女子であることのみを理由として差別したことに帰着するものであり、性別のみによる不合理な差別を定めたものとして民法90条の規定により無効である」と判断した（最三判昭和56・3・24）。また、最高裁は、入会権者の資格要件を原則的に男子孫のみに限定していた入会部落の慣習について、「性別のみによる不合理な差別として民法90条の規定により無効」と判断した（最二判平成18・3・17）。

第4節　特殊な関係

1　「特別権力関係」論

(1) 意　義　基本権論では、公権力と一般国民との間で権利がどのように保障されるのかをめぐり議論がされる。この関係を「一般権力関係」という。これに対して、国民の中でも公権力との関係で特殊な地位にある人の場合、一般人とは異なる特別な権利制限が許容される可能性があることが伝統的に議論されてきた。この関係を「特別権力関係」という。

特別権力関係は、従来、①公権力が、特殊な関係にある私人に対して包括的な支配権を有し、②その特殊な関係にある私人の有する一般国民としての基本権を公権力が法律の根拠なく制限でき、③当該関係内部での公権力の行使について原則的に司法権は及ばない、といった性質があると説明されてきた。

(2) 批　判　しかし、現在では、この理論は国家権力への絶対的服従を私人に義務づけるためのものであって、国民主権を基盤とした基本権保障や法治主義の徹底が求められる現行憲法の下では妥当でないとする考え方、もしくは従来の考え方に修正を加えて、より基本権保障がなされるよう理解すべきとする考え方が、学説での圧倒的な理解となっている。こうした特別権力関係に否定的な学説によれば、公権力との関係で私人が特別な地位にある場合でも、そこで制限される可能性のある基本権を個別具体的に吟味し、いかなる基本権がいかなる理由でどの程度制約されるのかを考えることが求められる。

第 4 節　特殊な関係

(3) 対　象　特別権力関係には、人々が自発的にその地位につく場合と、他律的にその地位に置かれる場合とがある。前者の具体例としては公務員、後者の具体例としては刑事施設被収容者があげられる。

2　公　務　員

(1) 政治的行為の制限　公務員の基本権制約としては、その政治的行為の制限が問題となる。国家公務員法 102 条や地方公務員法 36 条には、公務員の政治的行為の制限規定が設けられている。なお国家公務員法では、いかなる政治的行為がその対象となるかの設定を人事院規則に委ねている（委任立法については、**第Ⅲ部第 4 章第 3 節 2** を参照）。そこで対象となる国家公務員の政治的行為には、政党などの政治団体への勧誘（人事院規則 14-7 第 6 項 6 号）や、機関紙や刊行物の発行や配布（同項 7 号）、政治的目的を有する文書や図画などの発行や掲示・配布（同項 13 号）などが含まれる。そして、これらを行うことが、すべての一般職国家公務員について一律に、勤務時間内外において全面的に禁止されている。これらを行った場合には、懲戒処分（国公 82 条）や、3 年以下の懲役または 100 万円以下の罰金（同 110 条 1 項 19 号）に処せられる。

　こうした制限は、公務員個人の基本権の侵害となるかどうかが問題となる。これに関する重要な事件が、猿払事件 **判例11** である。この事件では、他の一般国民が享受する政治活動や表現の自由といった基本権を公務員も同様に享受しうるかどうかが争点となった。この事件の下級審判決で裁判所は、「全体の奉仕者」である公務員は、それらの自由の行使に、ある程度の制約があることはやむをえないとしても、それらの自由の重要度に鑑みるならば、その制約は必要最小限でなければならず、本件の場合、その必要最小限度の制約を超えるとして違憲とした（旭川地判昭和 43・3・25、札幌高判昭和 44・6・24）。しかし、最高裁は **判例11** で、下級審とは異なる判決を下したのである。

判例11　猿 払 事 件
（最大判昭和 49 年 11 月 6 日刑集 28 巻 9 号 393 頁）

事　実　北海道宗谷郡猿払村の郵便局勤務の現業公務員 Y が、1967 年（昭 42）の衆議院議員総選挙にあたり、日本社会党公認候補の選挙ポスターを掲示したり、

掲示の依頼をして配布するなどした。Yの当該行為が、国家公務員法102条1項及び人事院規則14-7第5項3号や6項13号の禁止行為に該当するとして、国家公務員法110条1項19号に基づき起訴された。これにつき一審の旭川地裁、二審の札幌高裁はYを無罪としたことから、検察側が上告した。

判旨　「憲法21条の保障する表現の自由は、民主主義国家の政治的基盤をなし、国民の基本的人権のうちでもとりわけ重要なものであり、法律によつてもみだりに制限することができないものである。そして、およそ政治的行為は、行動としての面をもつほかに、政治的意見の表明としての面をも有するものであるから、その限りにおいて、憲法21条による保障を受けるものであることも、明らかである」。

しかしながら、「憲法15条2項の規定からもまた、公務が国民の一部に対する奉仕としてではなく、その全体に対する奉仕として運営されるべきものであることを理解することができる」となれば、「公務のうちでも行政の分野におけるそれは、憲法の定める統治組織の構造に照らし、議会制民主主義に基づく政治過程を経て決定された政策の忠実な遂行を期し、もっぱら国民全体に対する奉仕を旨とし、政治的偏向を排して運営されなければならないものと解されるのであつて、そのためには、個々の公務員が、政治的に、一党一派に偏することなく、厳に中立の立場を堅持して、その職務の遂行にあたることが必要となる」。

「すなわち、行政の中立的運営が確保され、これに対する国民の信頼が維持されることは、憲法の要請にかなうものであり、公務員の政治的中立性が維持されることは、国民全体の重要な利益にほかならないというべきである。したがつて、公務員の政治的中立性を損うおそれのある公務員の政治的行為を禁止することは、それが合理的で必要やむをえない限度にとどまるものである限り、憲法の許容するところであるといわなければならない」。

判例11で最高裁は、公務員の政治的行為の禁止に関する合憲性をめぐり、①禁止の目的の正当性、②その目的と禁止される政治的行為との合理的関連性、③禁止することで得られる利益とそれにより失われる利益との衡量、という三つの観点から検討して、その一律禁止を合憲と判断した。この判決に対しては、そこで示される制約の根拠では、およそすべての公務員の政治的行為が禁止目的と関係することになり、「特別権力関係」論から脱し切れていないのではないかといった批判がある。また本事件では、公務員の政治活動が問題となって

いることから、これを表現の自由の優越的地位の観点から違憲審査をすべきで、その意味で厳格な審査が行われてよいところ、本判決では、禁止目的と禁止行為との間に「合理的関連性」があればよいとする、いわゆる「合理的関連性の基準」を採用し合憲とした点にも批判がある。

その後、猿払事件最高裁判決との対比で注目されたのが、公務員による政治活動（政党機関紙の配布）に関する国公法違反が問題となった堀越事件最高裁判決（最二判平成24・12・7）、宇治橋事件最高裁判決（最二判平成24・12・7）である。両事件で最高裁は、猿払事件最高裁判決で示された「公務員の政治的中立性を損うおそれのある」行為という禁止される政治的行為の枠組みにつき、「公務員の職務の遂行の政治的中立性を損なうおそれ」が「実質的に認められる」行為というように組み替えた。これにより堀越事件では、当事者である公務員が管理職的地位にはないこともふまえ、当該事件における被告人の行為はそれに該当せず被告人が無罪とされ、他方、宇治橋事件では、当事者である公務員が管理職的地位にあった事情も考慮され、有罪とされた。

(2) 労働基本権の制限 公務員の労働基本権をめぐっては、ストライキなどの争議行為の制限が問題とされる。これについては、かつて全逓東京中郵事件最高裁判決（最大判昭和41・10・26）や都教組事件最高裁判決（最大判昭和44・4・2）が、公務員の労働基本権の制限について厳格な条件を示したことが注目された。しかしその後、判例変更が行われ、一律かつ全面的制限を積極的に合憲とした全農林警職法事件 判例1 が示された。それ以降、その流れに立つ判断が続いている。

公務員の労働基本権は現在でも制限されている。とくに、警察職員、消防職員、海上保安庁職員、刑事収容施設職員（以上、地公52条5項、国公108条の2第5項）、自衛隊員（自衛64条）については、団結権、団体交渉権、争議権といったいわゆる労働三権すべてが法律で制限されている。

3 刑事施設被収容者（受刑者など）

刑事施設に収監されている刑事施設被収容者（受刑者、死刑確定者、未決拘禁者、留置施設の被留置者など）は、公権力との関係で一定の場に他律的に置かれる。これらの人々を収監する目的は、受刑者の場合には矯正や教化、未決拘禁

者の場合には逃亡や証拠隠滅の防止などにあるが、拘禁時の秩序維持などを理由にこれまで基本権が大幅に制約されてきた。とくに旧監獄法やその施行規則では、新聞の閲覧や、信書の発・受信、接見などが厳しく制限されてきた。

たしかに刑事施設内での秩序維持のためには、一定の基本権制限がやむをえないこともある。しかし、被収容者もまた、基本権の享有主体であることに変わりはなく、その本来の目的以外の権利制約が必要以上に認められるわけではない。とくに未決拘禁者の場合には、推定無罪原則からしても、その権利制約には一定の配慮が必要であろう。近年では、受刑者等の処遇に関する新たな法改正が行われ、旧来の監獄法から「刑事収容施設及び被収容者等の処遇に関する法律」（平成17年法律50号）という名称へと改められ、現在に至っている。

第5節　基本権保障の限界と例外

1　基本権保障の一般的限界——「公共の福祉」論

(1) 学説の変遷　基本権は十分に保障されなければならないとしても、そこには一定の限界がある。これについて日本国憲法は、「公共の福祉」（憲12条、13条、22条、29条）という文言を用いて一定の基本権制約を認めている。この「公共の福祉」をめぐっては、これまで様々な議論が展開されてきた。

まず、初期に展開されたのが、憲法13条に「公共の福祉に反しない限り」基本権が尊重されるとあることから「公共の福祉」は人権の外にあるとし、すべての権利が一般的に制約されると考える説であった（一元的外在制約説）。これに対して、憲法22条や29条に「公共の福祉」という文言があることに注目し、財産権や職業選択の自由などの制約を積極的に認めながら、精神的自由権を中心とするその他の基本権の制約は認めないようにするために、12条や13条の法的効果を形式的に理解する説がみられた（二元的内在・外在制約説）。しかし、以上のような学説に対しては、それぞれ厳しい批判が展開された。

(2) 現在の状況　その後、基本権制約原理を他者加害の制限や基本権の実質的公平の確保などに求め、基本権の性質に応じて、基本権内在的な制約の範囲を確定させるべきとする説が通説的見解となった（一元的内在制約説）。この

説では、「公共の福祉」の内容が、①人々の自由権を実質化するために必要な最小限の規制だけを認める「自由国家的公共の福祉」と、②人々の社会権などを保障するために経済的自由などを規制することを認める「社会国家的公共の福祉」とに分類された。

　もっとも、こうした見解に対しては批判もみられる。その一つは、従来の通説的見解では、とくに他者加害といった基本権同士の衝突に「公共の福祉」の制約理由を求めるが、それ以外の制約理由もありうるのではないかといったことに起因する。例えば自己決定権に関しては、「自己加害」から人々（とくに、未成年者や高齢者）を保護するパターナリスティックな制約が求められるとされるが、そうした制約がすべて問題かどうかが問われる。さらに、基本権制約の原理として、安全や道徳をあげることがすべて不当かといった議論もある。

2　「公共の福祉」論と司法審査基準

(1)　**比較衡量論**　「公共の福祉」論では、基本権制約が許される程度の客観的基準を確立できるかどうかが一つの課題である。これをめぐっては、とりわけ、「公共の福祉」による基本権制約の基準を、司法審査の場面でどのように確立するのかが模索されてきた。

　そこで検討されたのが、比較衡量（利益衡量）論である。これは一定の権利制限により得られる利益と失われる利益とを比較し、前者の利益が大きい場合にはその制約を合憲とし、そうでない場合には違憲とする考え方である。この考え方は、実際にいくつかの最高裁判決（博多駅TVフィルム事件 **判例48** や、いわゆる全逓東京中郵事件〔最大判昭和41・10・26〕）で用いられ、その後も登場した（「よど号」ハイジャック新聞記事抹消事件〔最大判昭和58・6・22〕など）。

　しかし、この考え方では、「一定の権利制限により得られる利益」が個人的な利益よりも社会的な利益のことと考えられることが多く、結果的にあらゆる権利制約を認める方便として用いられる可能性も否定できない。そこで、さらなる制約の客観化を求める作業が続けられた。そのような中で登場してきたのが、二重の基準論である。

(2)　**二重の基準論**　二重の基準論とは、とりわけ自由権を精神的自由と経済的自由とに分類し、前者への制約について、より厳格な基準を用いて合憲性

審査を行うという思考方法である。精神的自由をより重要視しその制約を最小限にすべきと考える理由には、①民主政の過程を健全なものにするためには、人々の発言の自由といった精神的自由の確保が不可欠である（また、これを一度失うと、民主政の過程の中で回復するのは大変困難である）が、一方の経済的自由はそれほどまでのことはいえず、また福祉国家的な観点からすれば一定の制約は望ましいこともありうる点、②実際に裁判所が権利制約の当否を判断するとなると、精神的自由に関する制約はより判断しやすいものの、経済的自由に関する制約には立法や行政による複雑な経済政策が関わっており、裁判所にはそれを十分判断する能力が備わっていないこともある点、があげられる。

　二重の基準論は、憲法学における憲法訴訟論で非常に大きな地位を占めることになったものの、これに対する有力な批判もみられる。その一つには、二重の基準論における経済的自由をめぐる、積極目的規制と消極目的規制との関係の相対化の議論がある。さらに、そもそもなぜ精神的自由が経済的自由よりも保護されなければならないのかを原理的に再考する議論もみられる。

3　基本権保障の「例外」

　憲法論では、以上のような基本権の限界問題のほかに、戦争や内乱、災害により通常の方法では対応できない場合の、危機状態における憲法秩序のあり方を問い、そこでの基本権のあり方について考えることがある。その場合、非常事態を想定した例外状態における権利制約について具体的に決めることになる。こうした手法は、諸外国の憲法（ドイツ基本法115a条以下など）に導入されているが、日本国憲法にそういった明文規定はない。そこで、こうした非常事態への対応のための最小限の基本権制限を憲法上の当然の法理とみる学説もあるが、これには批判もある。

　すでにみたように、日本では憲法上の明文規定はないが、近年の「武力攻撃事態等における国民の保護のための措置に関する法律」（平成16年法律112号）が、一定の緊急事態における国民の権利・自由の制限を定めている。もっとも、その第5条1項では、「国民の保護のための措置を実施するに当たっては、日本国憲法の保障する国民の自由と権利が尊重されなければならない」とし、また2項では「前項に規定する国民の保護のための措置を実施する場合において、

第5節　基本権保障の限界と例外

国民の自由と権利に制限が加えられるときであっても、その制限は当該国民の保護のための措置を実施するため必要最小限のものに限られ、かつ、公正かつ適正な手続の下に行われるものとし、いやしくも国民を差別的に取り扱い、並びに思想及び良心の自由並びに表現の自由を侵すものであってはならない」と規定されるように、慎重な権利制限の方法がとられる必要がある。

参　考　文　献

安念潤司「『外国人の人権』再考」芦部信喜先生古稀祝賀『現代立憲主義の展開(上)』（有斐閣、1993 年）163 頁

君塚正臣『憲法の私人間効力論』（悠々社、2008 年）

小山剛『基本権保護の法理』（成文堂、1998 年）

佐藤幸治「立憲主義といわゆる『二重の基準論』」芦部信喜先生古稀祝賀『現代立憲主義の展開(上)』（有斐閣、1993 年）3 頁

芹沢斉「未成年者の人権——青少年の成熟度との関連で」同上 227 頁

長谷部恭男『憲法の理性』（東京大学出版会、2006 年）

室井力『特別権力関係論』（勁草書房、1968 年）

第Ⅱ部

第2章　包括的基本権

　ここでは、憲法上保障された個別的権利と憲法13条の関係をどのようにとらえるのか、憲法13条が憲法上明示的に保障されていない権利を包括的に保障するとした場合、その中にどのような権利が含まれるのかを中心にみていく。とくに、いわゆる「新しい人権」の保障根拠とされる幸福追求権と適正手続について取り上げる。

第1節　包括的基本権とはなにか

1　包括的基本権の意義

　憲法上の権利は、18世紀の自由権、20世紀の社会権というように、歴史的な条件の下で一定の原理に基づいて生成・発展し、正当なものとして憲法上保障されるに至ったものである。したがって、憲法に明文で規定された権利は、これまで認められてきた重要な権利を掲げたものにとどまる。日本国憲法は、制定後これまで改正されたことはないが、その間にも日本の社会・経済構造は大きく変化し、憲法上の権利としてプライバシーの権利をはじめとして、多くの「新しい人権」の保障が求められてきた。このうち、プライバシー権については、その後の高度情報化社会の進展に伴って、現在憲法上の権利として認められるに至っているが、それは憲法改正によって明文で憲法上の権利として定まったものではなく、判例つまり裁判所の憲法解釈によって認められるに至ったものである。

　人権の歴史的・原理的性格からみて、憲法制定後に憲法上の権利として保障されることは当然ありえよう。憲法上明文では保障されていないが、個人にとって不可欠で憲法上保護されるべきと考えられる権利・自由を包摂する具体的

な憲法上の権利を包括的基本権という。この包括的基本権の憲法上の根拠規定とされるのが、憲法13条後段の「生命、自由及び幸福追求に対する国民の権利」つまり幸福追求権である。

2 憲法上の根拠としての憲法13条

憲法13条後段は、アメリカ独立宣言に由来するものであるが、憲法制定当初は憲法が保障する権利の総称とされ、憲法上の個別的権利・自由は14条以下で保障されると解する立場が有力であった。しかし、1969年（昭44）の京都府学連事件 判例13 を契機に、幸福追求権から具体的権利性を有する憲法上の権利を導き出せるか否かが論じられるようになり、学説も憲法13条を包括的基本権の根拠規定として認めるようになった。

もっとも、憲法13条は「すべて国民は、個人として尊重される」とする前段と、「生命、自由及び幸福追求に対する国民の権利については、公共の福祉に反しない限り、立法その他の国政の上で、最大の尊重を必要とする」と定める後段からなっているため、両者の関係をどのようにみるかについて争いがある。通説は憲法13条後段を根拠としてとらえるが、同条後段は憲法上の権利・自由に対する公共の福祉による制約可能性にかかわるものであって、一般的な行動の自由を保障するにとどまり、個人の自律を保障する「切り札」としての権利は、同条前段の「個人の尊重」にその根拠が求められるとする見解も有力に主張されている。

第2節　幸福追求権

1 幸福追求権の意義

幸福追求権を包括的基本権の根拠規定としてとらえた場合に、個別的権利の領域と幸福追求権の領域との関係をどのように考えるかが重要となる。この点について、通説は個別的権利と幸福追求権との関係を特別法と一般法の関係に立つと理解し、まず個別的権利が適用された後に、補充的に幸福追求権が適用されるとしている。

また、幸福追求権は憲法上明文で定められていない「新しい人権」の法的根拠ではあるが、それは種々の「新しい人権」を包摂する基底的権利である。したがって、幸福追求権そのものを直接主張する根拠として用いても認められにくい。そこで、幸福追求権から派生する「新しい人権」を、幸福追求権を基礎として根拠付けられた憲法上の権利として主張していくことになる。ただ、その場合に「新しい人権」が憲法上の権利に値するか否かの判断は、裁判所の解釈に委ねられることになる。新しい人権として認められるためには、少なくとも憲法上明文で定められている個別的権利と同程度といえる権利としての具体性と個別性が求められよう。

2 人格的利益説と一般的自由説

(1) **それぞれの内容**　幸福追求権について、もうひとつ考えなければならないのは、その保障範囲である。この点に関して、学説は人格的利益説と一般的自由説とに分かれる。人格的利益説は、自律的な個人が人格的に生存するために必要不可欠と考えられる権利・自由によって保護されるべき法的利益は、憲法上の権利として保障されるべきだとするものである。これに対して、一般的自由説は、幸福追求権とは現実生活の中での人間の行為一般の自由をさすとするものである。

この二つの説は、人権の主体としての個人に対する異なる理解に立っている。人格的利益説は、人権の主体としての個人を、理性的で自律的な生活を営みうるものとしてとらえる。憲法が13条前段で「すべて国民は、個人として尊重される」とし、その基本的価値として個人の尊厳を重視し、個人の人格に最高の価値を認めようとしており、それを受けて13条後段が包括的権利としての幸福追求権を保障していると解するのである。これに対して、一般的自由説は、個人をその限られた能力の中で試行錯誤を繰り返しながら生き方を模索する人間としてとらえ、そのために広く行動の自由を確保するべきであるとする。そのために、人格的利益説では保障されないとされる権利・自由も幅広く保障されるべきだと考えるのである。

(2) **二つの説に対する批判**　人格的利益説に対しては、そもそも「人格」とは何を意味するのか不明確であり、それがある種道徳的な意味合いを持つと

すれば、道徳的な側面以外の人間の多様な活動の存在を無視するものであるという批判が向けられる。実際、そのような不明確さの結果、人格的利益説をとる論者の中でも、髪型の自由ないし服装の自由を人格的自律と強く結びつくと見るか否かで、見解の相違が存在する。

一方、一般的自由説に対しては、保障される自由の範囲が過度に広いものとなり、人を殺す自由も主張されかねないおそれがあること、そのため「人権のインフレ化」の可能性が生じるとともに、幸福追求権から派生する個別的権利の保障の弱体化を招きかねないという批判がある。もっとも、一般的自由説はそれらの批判に対して、他者加害の禁止や「公共の福祉に反しない限り」という条件を付することによって、保障される自由の範囲を制限しうるとし、さらに、「公共の福祉に反しない限り」は個別的権利に対するものであって、一般的自由の範囲を制限するものではないという反論を行っている。

(3) 二つの説の相違と関係　もっとも、人格的利益説と一般的自由説の相違は、見た目ほど大きいものではない。たしかに、人格的利益説に立つ場合に、個別的権利が保障範囲に含まれるのは、それが個人の人格的生存にとって不可欠なものとされるからであり、その保障範囲は広くないように見える。ただし、人格的利益説も幸福追求権から派生する権利として、ライフスタイルの自由などを内実とする自己決定権を認めており、その保障される自由の範囲は一見したところより幅広いものとなっている。

また、権利侵害に対する合憲性の判断についても、その相違は思ったほど大きなものではない。たしかに、人格的利益説においては、個人の人格的生存にとって不可欠な権利に対する侵害は、厳格にその合憲性が審査されるが、一般的自由説も人格との結びつきに応じて、権利侵害に対する審査密度の濃淡が比例して変化するからである。さらに、人格的利益説の場合には、保障範囲に含まれない権利についても、個人の人格的生存を十全なものとするために、公権力による恣意的な規制については、適正手続、平等原則、比例原則に反しないかを問う緩やかな審査が行われる。

これらの点を考慮すると、人格的利益説と一般的自由説の相違は曖昧なものといえる。そこで、最近の有力説は人格的利益説と一般的自由説は異なるレベルの問題であり、憲法13条は両者を同時に保障しているとして、両説を統一

的に理解しようとする。すなわち、憲法13条は人格的利益説のいう人格的利益にかかわる憲法上の権利を保障するとともに、一般的自由説のいう国家による恣意的な活動の禁止ということによって、国民の自由が違憲的に侵害されないように客観的に保障するものととらえる。このように解すると、憲法上の権利が侵害された場合と一般的な自由が侵害された場合の違憲性の判断は、異なるものとされることになる。また、この説によれば、新しい人権として考慮し検討すべきものは、人格的利益にかかわる憲法上の権利として主張されているものに限られることになる。

3 幸福追求権から導き出される人権

(1) **具体的な基本権の種類** 人格的利益説に立てば、幸福追求権から導き出される権利とは「人格的生存に不可欠な権利」となるが、具体的な権利として、ここでは①自己決定権、②プライバシー権や名誉権などの人格的価値そのものにまつわる権利（名誉権については、表現の自由との関係で後述する。**第6章第4節10**）、③適正な処遇を受ける権利の三つに分けて見ることにしたい。

(2) **自己決定権** 自己決定権とは、一般に個人の人格的生存に関する重要な私的事柄について、公権力から干渉されることなく、各自が自律的に決定できる権利である。これらは、現代の管理社会化の進行に伴って生じる、個人の主体性に基づく判断の必要性を背景に主張されている。ここでいう個人の人格的生存にとって重要な私的事柄が、何を意味するかは必ずしも明確ではないが、一般に①自己の生命・身体の処分にかかわる事柄、②家族のあり方についての事柄、③リプロダクションにかかわる事柄、④自己のライフスタイルにかかわる事柄が含まれるといわれ、かなり広いものである。具体的には、①について、治療拒否、尊厳死などの問題が、②について、結婚、子どもの養育、同性愛などの問題が、③について、妊娠中絶、避妊などの問題が、そして④について、髪型や服装などの身じまいの問題があげられる。

さらに、一般的自由説の立場に立てば、賭博（最大判昭和25・11・22）、喫煙（最大判昭和45・9・16）、個人的飲酒のための酒造（最一判平成元・12・14）などの私的事柄も含まれることになるが、人格的利益説の立場からは、これらの私的事柄は、憲法上の権利としての自己決定権とはほとんどかかわらないものと

見られよう。

　これまで自己決定権の中心に位置するものとされてきたのは①と②であるが、③に関するものとして、アメリカの連邦最高裁が下した、女性は子どもを生むか否かを自律的に決定する権利を有するとした判決があげられる。このアメリカの判決は、わが国での自己決定権をめぐる議論にきっかけを与えたものとして重要であり、判決の根拠としてプライバシー権があげられていることから、わが国では広義のプライバシー権として理解されている。

　①に関する重要な事件として、エホバの証人の信者が、その明示的な意思に反して手術中輸血が行われたために、自己決定権を侵害されたとして、損害賠償を求めた事件があげられる（輸血拒否事件 判例12）。

判例12　輸血拒否事件

（最三判平成12年2月29日民集54巻2号582頁）

事　実　原告は、「エホバの証人」の信者であって、宗教上の信念から、いかなる場合にも輸血を受けることは拒否するという固い意思を有していたが、悪性の肝臓血管腫に罹患したため、無輸血手術を受けることができる医療機関を探し、無輸血手術で知られる国の運営する病院に入院した。しかし、その病院では「エホバの証人」の信者の意見をできる限り尊重するが、輸血以外に救命手段がない事態に至ったときは、患者や家族の許否にかかわらず輸血するという方針をとっていた。原告やその家族は、病院で肝臓の腫瘍を摘出する手術を受ける前から、医師に対して、原告は輸血を受けることができないことを伝え、輸血をしなかったために生じた損傷について責任を問わないとする原告とその夫の署名する免責証書を医師らに渡した。これに対し、医師らは前述の方針を説明せず、手術に臨んだ。手術中、出血量が多く輸血をしない限り原告の生命の維持は不可能であると判断し、医師らは輸血を行った。これに対して、原告は医師の説明不足により自己決定権が侵害されたとして、損害賠償などを医師らと国に求めた。第一審は請求を棄却したが、控訴審は請求を一部認容した。そのため、国が上告した。

判　旨　医師が、「医療水準に従った相当な手術をしようとすることは、人の生命及び健康を管理すべき業務に従事する者として当然のことであるということができる。しかし、患者が、輸血を受けることは自己の宗教上の信念に反するとして、輸血を伴う医療行為を拒否するとの明確な意思を有している場合、このような意思決定をする権利は、人格権の一内容として尊重されなければならない」。そして、原告が「宗教上の信念からいかなる場合にも輸血を受けることは拒否す

るとの固い意思を有しており、輸血を伴わない手術を受けることができると期待して」入院したことを医師らが知っていたという事実関係の下では、病院の輸血に関する方針を説明して、手術を受けるか否かを原告自身の意思決定に委ねるべきであった。

　本件において、医師は病院の輸血に関する方針を説明せず、手術を行い輸血を行った。そうすると、医師らは輸血の方針の説明を怠ったことにより、原告が「輸血を伴う可能性のあった本件手術を受けるか否かについて意思決定をする権利を奪ったものといわざるを得ず、この点において同人の人格権を侵害したものとして、同人がこれによって被った精神的苦痛を慰謝すべき責任を負うものというべきである」。

　本件判決は、自己決定権としての治療拒否の自由を正面から認めるものではなく、ただ、宗教上の信念の強い患者の場合に自己の医療行為に関する決定を「人格権の一内容」として認め、本件では医師が義務として行うべき説明を怠ったことにより、当該決定の権利を奪ったとして、不法行為責任を認めた。

　つぎに、自己決定権の②に関して、最高裁は夫婦同姓を定める民法750条の合憲性が争われた事件で、「現行の法制度の下における氏の性質等に鑑みると、婚姻の際に『氏の変更を強制されない自由』が憲法上の権利として保障される人格権の一内容であるとはいえない」から、同規定は憲法13条に違反しないと判示している（最大判平成27・12・16）。

　④の自己のライフスタイルにかかわる自己決定が、具体的に何をさすのかは、学説でも見解が一致しているわけではない。例えば、中学生や高校生の髪型や服装の自由などは、ライフスタイルの自由に含まれるといわれるが、実際には憲法上の権利とまではいえず、在学関係の中で学校当局の広い裁量権を前提に、懲戒権の行使のあり方が問われているにとどまる場合が多い。ただ、社会的に合法と認められている行為を校則で規制する場合には、そこで制約される権利の性質などによって裁量権の縮小がありうる。判例は、バイクの免許を取らない、乗らない、買わない、という「バイク三ない原則」を定める私立高校の校則の合憲性が争われた事件（「バイク三ない原則」違反事件。最三判平成3・9・3）で、私立学校の校則に憲法は直接適用されないとした上で、学校側に裁量の逸脱はないとする判断を下しているが、そこでは教育目的との関連性が重視され

ていると見られる（なお、同旨の判決として修徳高校パーマ退学事件。最一判平成8・7・18）。

(3) プライバシーの権利　「新しい人権」として判例によって実質的に認められたと考えられているのが、プライバシー権である。人格的利益説の立場からは、公的な生活にかかわらない私的領域の尊重は、個人が人格的に生存するために必要不可欠な利益であるといえる。このような利益は、部分的には通信の秘密（憲21条2項）や住居の不可侵（同35条）によっても保障されているが、プライバシー権は個別的権利として憲法上明文で定められていないため、「新しい人権」として保障されるべきか否かが議論されてきた。

伝統的なプライバシーの権利とは、19世紀半ばにアメリカで権利として観念されるようになった、「一人で放っておいてもらう権利」に端を発している。それは、私法上の権利として判例上確立した「私事をみだりに公開されない権利」を意味していた。アメリカでこのようなプライバシーの権利が提唱されるようになった背景には、著名人の私事をゴシップ専門の新聞などが暴露することが日常化したために、それに対抗する権利が必要とされたという事情が指摘されている。その後、アメリカでは1960年代にプライバシー権は国家に対する憲法上の権利として認められるようになった。

わが国でプライバシーの権利をめぐる議論が行われるきっかけとなったのは、三島由紀夫の小説『宴のあと』の中でモデルとされた元政治家が、プライバシーの侵害であるとして争った事件（東京地判昭和39・9・28）である。この事件で東京地裁は、プライバシーの侵害に対し法的な救済が与えられるためには、公開された内容が、①私生活上の事実またはそれらしく受け取られるおそれのある事柄であること、②一般人の感受性を基準にして公開を欲しないであろう事柄であること、③人々に未だ知られていない事柄であること、の三つの要件を示した。

わが国では、『宴のあと』のように私小説の伝統から実在するモデルを題材にした小説が多く、そこではモデルとされた人物のプライバシー権と小説家の表現の自由の調整が問題となることが、しばしば見られる。その際、プライバシー権侵害に対する救済手段として、損害賠償請求に加えて差止請求が認められるか否かが争われてきた。最近の例としては、後述する小説「石に泳ぐ魚」

事件 判例55 が、代表的な事件としてあげられる。

　その後、プライバシーの権利については、対公権力の関係においてもこのような伝統的・古典的な「一人で放っておいてもらう権利」として主張されるものという理解から、高度情報化社会の中で、自己に関する情報がその意思に反して公権力によって収集・利用・管理されないように自らコントロールするという、自己情報コントロール権としての把握へと変化してきている。

　プライバシー権をこのような自己情報コントロール権としてとらえる場合には、伝統的なプライバシー権のように、公権力に対し自己に関する情報の公開の禁止を求める自由権的側面ばかりではなく、公権力に対してプライバシーの保護を積極的に請求していくという側面も重視されることになる。具体的には、①本人の意思に反する個人情報の収集・開示の禁止という自由権的側面に加えて、本人による他者保有の自己情報の閲覧・訂正・削除請求という請求権的側面があるということである。そのため、これらの請求を行うためには、法律や条例によって具体的権利として認められる必要がある。そのことに関する法律として行政機関個人情報保護法があり、また各地方自治体では、個人情報保護条例が制定されている。このように、自己情報コントロール権におけるプライバシーのとらえ方では、公的な領域と私的な領域が交錯していることを認識する必要がある（(4)参照）。

　(4) 自己情報コントロール権　　プライバシーの権利は、アメリカでは前述のように、避妊や堕胎などの私的な生活領域における自己決定権としてとらえる傾向も示されてきた。これに対し、わが国では徐々に高度情報化社会の進展に随伴する形で、「自己に関する情報をコントロールする権利」（自己情報コントロール権）という意味で用いられることが多くなった。ただ、判例はプライバシー権を認知しつつあるが、なおプライバシーの権利について明確な定義付けをするには至っていない。そのため、プライバシー権について現在でも学説の中には、伝統的な理解と最近の自己情報コントロール権的理解の二つに区別して論じる立場も見られる。たしかに、伝統的プライバシーと公的領域を含めた自己に関する情報との区別は、あまり明瞭ではない。例えば、前科は公的なものとされるが、判例は伝統的なプライバシーの要件との関連を重視して、みだりに前科等に関わる事実を公表されないことは、「法的保護に値する利益」

に当たると判示している（「逆転」事件。最三判平成6・2・8）。ただ、最近は、プライバシー権を自己情報コントロール権として構成しようとする学説が、有力になりつつある。たしかに、今日プライバシー権が重要性をもつのは、公権力が本人の意思に基づくことなく、私人の情報を収集・保有・目的外利用・第三者への提供を行う場合であり、その点で、自己情報コントロール権としてプライバシー権をとらえる必要が高いといえる。

まず、公権力による情報の収集に関する事件として、警察によるデモ参加者の写真撮影の合憲性が争われた京都府学連事件 判例13 があげられる。

判例13 京都府学連事件

（最大判昭和44年12月24日刑集23巻12号1625頁）

事 実 被告人は、京都府学連主催のデモ行進に参加し、先頭列外に立って行進していたが、警察官は、その状況が京都府公安委員会の付した許可条件に違反すると判断し、歩道上からその違法な行進状況と違反者を確認するため、デモ行進の先頭状況を写真撮影した。被告人はこれに激しく抗議し、警官に無視されると所持していた旗竿で警官に全治1週間の負傷を負わせ、傷害及び公務執行妨害罪で起訴された。被告人は、本件写真撮影行為は肖像権の侵害であり、適法な職務行為に当たらないと争ったが、第一審で有罪の判決を受け、控訴審でも訴えを棄却されたため、最高裁に上告した。

判 旨 憲法13条は、「国民の私生活上の自由が、警察権等の国家権力の行使に対しても保護されるべきことを規定している」。「そして、個人の私生活上の自由の一つとして、何人も、その承諾なしに、みだりにその容ぼう・姿態（以下「容ぼう等」という。）を撮影されない自由を有する」。「これを肖像権と称するかどうかは別として、少なくとも、警察官が、正当な理由もないのに、個人の容ぼう等を撮影することは、憲法13条の趣旨に反し、許されない」。しかし、「個人の有する右自由も、国家権力の行使から無制限に保護されるわけでなく、公共の福祉のため必要のある場合には相当の制限を受けることは同条の規定に照らして明らかである」。「犯罪を捜査することは、公共の福祉のため警察に与えられた国家作用の一つであり、警察にはこれを遂行すべき責務がある」。

「次のような場合には、撮影される本人の同意がなく、また裁判官の令状がなくても、警察官による個人の容ぼう等の撮影が許容される」。「すなわち、現に犯罪が行なわれもしくは行なわれたのち間がないと認められる場合であつて、しか

も証拠保全の必要性および緊急性があり、かつその撮影が一般的に許容される限度をこえない相当な方法をもつて行なわれるときである。このような場合に行なわれる警察官による写真撮影は、その対象の中に、犯人の容ぼう等のほか、犯人の身辺または被写体とされた物件の近くにいたためこれを除外できない状況にある第三者である個人の容ぼう等を含むことになつても、憲法13条、35条に違反しないものと解すべきである」。その点で本件写真撮影は適法な職務行為であったといえる。

　最高裁は、この事件ではじめて憲法13条の具体的権利性を認めた。本判決は、憲法13条を根拠に、肖像権と称するかどうかは別として「何人も、その承諾なしに、みだりにその容ぼう・姿態を撮影されない自由」を、憲法上の権利として有することを認めた上で、その自由も公共の福祉の観点から相当の制限を受けることがあり、犯罪捜査のために必要のある場合には、撮影される本人の同意がなく、また裁判官の令状がなくても、一定の要件が満たされる場合には、警察官による写真撮影が許されるとした。なお、最高裁はその後「私生活上の自由の一つとして、何人もみだりに指紋の押なつを強制されない自由を有する」ことを認めた（外国人指紋押捺拒否事件。最三判平成7・12・15）。

　つぎに、直接公権力がかかわるものではないが、私立大学が外国国賓の講演にあたって出席した学生個人からその同意を得ずに収集した学籍番号、氏名、住所及電話番号の情報について、警察の要請を受け所管の警察署に提出した点につき、学生らがプライバシーを侵害されたとして損害賠償を求めた事件があげられる。最高裁は、それら情報は個人識別のための単純情報であって秘匿されるべき必要性は高くないが、「プライバシーに係る情報として法的保護の対象」になるとし、大学側が無断でそれら情報を警察に開示した行為は、情報の適切な管理についての合理的な期待を裏切るものとして、不法行為責任を認めた（早稲田大学講演会参加者名簿事件。最二判平成15・9・12）。

　さらに、公権力による私生活に関する情報の収集・利用・管理に関して、警察により道路に設置されている自動車ナンバー自動読取装置（Nシステム）が、肖像権を侵害しているとして争われた下級審の事件があげられる。判決は、Nシステムの目的は正当であり、また撮影及び自動車ナンバーの記録、保存は手

段として相当であると判示した（東京高判平成 21・1・29）。

　個人情報の収集・利用・管理について、自己情報コントロール権の立場から問題となるのは、情報が公権力により第三者にみだりに開示または公表され、プライバシー権が侵害される場合である。この点で住民基本台帳法に基づき導入された住民基本台帳ネットワーク（住基ネット）が、住民基本台帳上の本人確認情報（氏名、生年月日、性別、住所、住民票コード、変更情報）について、行政機関が相互に本人確認のために管理・利用することを可能としていることに対して、個人情報を住基ネットに提供することによって、プライバシー侵害の具体的危険性を発生させるものであるとして、損害賠償と住民票コードの削除を求めた事件（住基ネット訴訟。最一判平成 20・3・6）がある。

　最高裁は、憲法 13 条により「個人の私生活上の自由の一つとして、何人も、個人に関する情報をみだりに第三者に開示又は公表されない自由を有するものと解される」とした上で、本人確認情報は秘匿性の高い情報とはいえないとした。さらに続けて判決は、住基ネットのシステム上の欠陥等により外部から不当にアクセスされるなどして、本人確認情報が容易に漏洩する具体的危険性はないこと、本人確認情報の目的外利用等は、懲戒処分または刑罰をもって禁止されていることなど、本人確認情報の適切な取扱いを担保するための制度的措置を講じていることから、プライバシー侵害の具体的危険が生じているとはいえないとして、住基ネットを合憲とした。

　このような判例に対し、最近の有力な学説は、行政機関によるデータベース構築が個人の活動に萎縮効果や不安を与え、さらに民主主義などの社会公共的利益を損なう可能性があり、その結果プライバシー権の核心である人格的自律と私生活上の平穏を害するおそれが大きいことから、システムの構造自体が情報の漏洩や不正アクセスを許さないものか否かを審査すること（構造審査）が重要であるとする。

　このような構造審査との関係で、マイナンバー法に基づき 2016 年（平 28）1 月から利用が開始されているマイナンバー制が重要である。マイナンバー制は、行政の効率化や国民の利便性の向上を目的に、住民票を有する全員に一生変わらない 12 桁の番号を付して、その番号にさまざまな分野での個人情報を関連づけて情報を管理し、本人確認のために活用しようとするものである。利

用の対象とされている分野は社会保障、税、災害対策であり、さらに預金口座、メタボ健診などに適用されることが決まっており、将来的には教育や自動車運転免許などの分野への拡大が検討されている。

このようなマイナンバー制に対しては、メリットが指摘される一方、住基ネットの住民票コードとは異なり一生変更できないこと、民間機関も利用できること、行政機関によるデータマッチング・名寄せが行われることなどから、プライバシーを侵害するとの批判がなされている。このような危険性に対して、政府は制度面では特定個人情報保護委員会が監視・監督を行うなどとし、またシステム面では個人情報の分散管理などの保護措置を講じるとしている。さらに、2017年（平29）1月から自分の個人情報がどのようにやりとりされているかを自身で確認できるマイナポータルを設けるとしている。

自己情報コントロール権の立場からは、マイナンバー制に対して、それが預金口座や病歴などにかかわる分野で利用されることから、プライバシー権の核心にある人格の自律に大きな影響をあたえる可能性があるものとして、厳格な審査基準の適用が求められよう。さらに構造審査を行う場合にも厳格に行うことが求められよう。

公権力による個人情報の開示・第三者提供が、プライバシー権を侵害するとして争われた事件として、弁護士会による前科照会に対して市が行った弁護士に対する前科回答がプライバシーを侵害するとして、損害賠償などが求められた前科照会事件 判例14 があげられる。

判例14　前科照会事件

（最三判昭和56年4月14日民集35巻3号620頁）

（事実）原告は、自動車教習所の指導員であったが、地位保全仮処分命令により仮に従業員たる地位にあった。これに関し教習所から委任を受けた弁護士が、弁護士法23条の2に基づき、弁護士会を通じ京都市の区役所に前科犯罪歴の照会をしたところ、区役所から原告には前科歴があるとの回答を得た。そこで、教習所は、原告に前科があること、前科を秘匿して入社した経歴詐称を理由に予備的解雇を通告した。これに対し、原告は、京都市に対し、区長の回答によりプライバシーなどを侵害されたこと、区長が前科照会に回答したことには過失があったことなどを理由に、損害賠償を求めた。第一審は請求を棄却したが、控訴審は、

区長の行為は違法であったとして、損害賠償を一部認容した。これに対し、京都市が上告した。

(判旨)「前科及び犯罪経歴（以下「前科等」という。）は人の名誉、信用に直接にかかわる事項であり、前科等のある者もこれをみだりに公開されないという法律上の保護に値する利益を有するのであつて、市区町村長が、本来選挙資格の調査のために作成保管する犯罪人名簿に記載されている前科等をみだりに漏えいしてはならないことはいうまでもない」。「前科等の有無が訴訟等の重要な争点となつていて、市区町村長に照会して回答を得るのでなければ他に立証方法がないような場合には、裁判所から前科等の照会を受けた市区町村長は、これに応じて前科等につき回答をすることができるのであり、同様な場合に弁護士法23条の2に基づく照会に応じて報告することも許されないわけのものではないが、その取扱いには格別の慎重さが要求されるものといわなければならない」。本件において、「弁護士の照会申出書に『中央労働委員会、京都地方裁判所に提出するため』とあつたにすぎないというのであり、このような場合に、市区町村長が漫然と弁護士会の照会に応じ、犯罪の種類、軽重を問わず、前科等のすべてを報告することは、公権力の違法な行使にあたると解するのが相当である」。

最高裁はこの事件で、「前科及び犯罪経歴は人の名誉、信用に直接かかわる事柄であり、前科等のある者もこれをみだりに公開されないという法律上の保護に値する利益を有する」から、区役所が弁護士会の求めに漫然と応じて前科等のすべてを報告をする場合には、公権力の違法な行使に当たるとして、弁護士会からの前科情報の照会について慎重な対処を求めた。

(5) 審査基準とプライバシー固有情報及び外延情報 このように公権力による個人のプライバシーに関する情報の収集・開示・第三者提供がプライバシー権を侵害しているか否かを判断する違憲審査基準の適用にあたって、争われているプライバシー情報の内容によって合憲か違憲かの判断基準が変わりうる場合が考えられる。通説はこの点に関して、個人のプライバシーに関する情報を、個人の道徳的自律の存在に直接かかわるもの（プライバシー固有情報）とかかわらない外的事項に関する個別的情報（プライバシー外延情報）に区別し、前者の制約については後者の制約に比べて、より厳格な違憲審査基準を適用すべきとする。その立場によれば、前科などのいわゆるセンシティブ情報を含むプライバシー固有情報と比べ、指紋のようなプライバシー外延情報は、その制

約の合憲性は緩やかに判断されることになる。最高裁も、すでに述べた外国人登録法の定める指紋押捺(おうなつ)制度の合憲性が争われた外国人指紋押捺事件で、「指紋は、指先の紋様であり、それ自体では個人の私生活や人格、思想、信条、良心等個人の内心に関する情報となるものではない」として、指紋押捺制度の合憲性を緩やかな「合理性」の基準により合憲と判示した。

第3節　適正手続

1　適正手続と憲法

近代憲法は、基本権保障をその内容として盛り込み、公権力を拘束する。一方、刑事司法過程における捜査・逮捕・拘禁や、行政上の目的のための諸規制などのように、公権力が個人の基本権を制約せざるをえない場面もある。そのため、近代憲法は、公権力が個人の自由や権利を制約する際に、適正な手続（due process）に従わなければならないという原則を採用している。この原則は適正手続の保障と呼ばれ、古くは1215年のイギリスのマグナ・カルタの中ですでに「逮捕・監禁等は同輩による合法的裁判または国法による場合のみ許される」との趣旨の規定として表れていた。その後、1787年のアメリカ合衆国憲法では、正当な法の手続によらずに生命・自由・財産を剥奪することを禁止するなど、適正手続の保障は、近代憲法に欠かせない原則として各国の憲法に取り込まれるようになった。

日本国憲法では、とくに刑事手続には権利や自由の大幅な制約がともなうことから、31条で生命・自由の剥奪及刑罰の賦課に際して法定手続に従うことを一般的に要求したうえで、32条から39条において、刑事手続における各種権利を詳細に規定している。なお、ここでは適正な行政手続について述べ、適正な刑事手続の保障に関しては**第4章**で述べる。

2　適正な行政手続

(1) 行政手続　　行政の活動のなかには、行政の圧倒的な権限と権威を背景として人々の自由や権利を制約するものもある。戦前の行政法体系の下では、

行政が一方的・権力的に活動することが当然とされており、国民は行政の活動により生じた損害に関して行政の責任を追及することができなかった。一方、戦後の行政法体系では、行政の活動には法律の根拠が必要とされ、行政手続の透明性・公正さが重視されるようになったほか、国家賠償及び損失補償などの国家補償の制度が整えられている。

(2) 憲法上の根拠 　適正手続の保障は、国家による基本権制約の内容面の適正を求めるのみならず、手続面の適正を求めることにより、基本権保障を手続面も含めて実効化しようとするものであり、権利や自由の保障についての基本原則として位置づけられる。しかし、日本国憲法には行政手続の適正を明文で保障する規定がないことから、行政手続の適正を求める根拠を憲法上のどの条文に求めるのかが議論となる。最高裁は、つぎの成田新法事件 **判例15** において、憲法31条が適正手続の一般的保障の根拠規定となりうることを示した。

判例15　成田新法事件

（最大判平成4年7月1日民集46巻5号437頁）

事　実　新東京国際空港の安全確保に関する緊急措置法（現・成田国際空港の安全確保に関する緊急措置法）3条1項は、規制区域内の建築物その他の工作物が多数の暴力主義的破壊活動者の集合のために用いられるおそれのある場合に、当該工作物の所有者等に対して運輸大臣（現・国土交通大臣）が工作物使用禁止命令を発することができる旨を定めている。規制区域内に空港建設反対派のための建造物を所有・管理・占有していた者が、同法に基づく工作物使用禁止命令を発せられたことから、同法及び同法に基づく本件命令が憲法31条に反すると主張し、当該命令の取消請求訴訟を提起した。

判　旨　「憲法31条の定める法定手続の保障は、直接には刑事手続に関するものであるが、行政手続については、それが刑事手続ではないとの理由のみで、そのすべてが当然に同条による保障の枠外にあると判断することは相当ではない。しかしながら、同条による保障が及ぶと解すべき場合であっても、一般に、行政手続は、刑事手続とその性質においておのずから差異があり、また、行政目的に応じて多種多様であるから、行政処分の相手方に事前の告知、弁解、防御の機会を与えるかどうかは、行政処分により制限を受ける権利利益の内容、性質、制限の程度、行政処分により達成しようとする公益の内容、程度、緊急性等を総合較量して決定されるべきものであって、常に必ずそのような機会を与えることを必

要とするものではないと解するのが相当である」。

「本法3条1項に基づく工作物使用禁止命令により制限される権利利益の内容、性質は、前記のとおり当該工作物の三態様における使用であり、右命令により達成しようとする公益の内容、程度、緊急性等は、前記のとおり、新空港の設置、管理等の安全という国家的、社会経済的、公益的、人道的見地からその確保が極めて強く要請されているものであって、高度かつ緊急の必要性を有するものであることなどを総合較量すれば、右命令をするに当たり、その相手方に対し事前に告知、弁解、防御の機会を与える旨の規定がなくても、本法3条1項が憲法31条の法意に反するものということはできない」。

このように、最高裁は、行政過程における適正手続の根拠を憲法31条の規定に求めうると述べており、学説でも、憲法31条の準用または類推適用を唱える見解が多い。しかし、他方で、31条に根拠を求めることに対する批判も強い。第一に、憲法31条は、刑事手続に関する32条以降の規定の先頭に置かれているうえに、同条の文言は明らかに刑事手続のみを想定していることから、同条を行政手続に類推的に適用しうると解釈するのは困難である。また、行政過程よりも刑事司法過程の方が重大な基本権侵害が生じやすいという事情を前提として、憲法31条はとくに刑事手続の厳格な適正さを要求するものだと理解するならば、同条を制限的な形で行政手続に適用することは、刑事手続における同条の保障を弱めるおそれもあり、不適当であるといいうる。

そこで、適正手続の保障については、憲法13条を根拠とする説が有力に唱えられる。同条が「生命、自由及び幸福追求に対する国民の権利」を最大限に保障していることに照らし、適正手続を一般的に保障するものと解したうえで、明文規定のない行政手続の適正については同条が保障すると解するのである。

(3) 憲法上の保障の内容　今日の行政の活動は、広範囲に及ぶうえにその活動形態も多様であることから、すべての行政の活動に刑事手続と同程度の適正を求めることは困難であるし、網羅的な共通の手続を設けることも困難である。最高裁も、成田新法事件 判例15 において、憲法上の適正手続の保障は行政手続に完全に及ぶものではないとしているように、行政手続における適正手続の保障の具体的内容については、個別の検討を要する。

3 保障の内容

(1) 憲法13条と行政手続 行政手続の適正さの根拠を憲法13条に求める場合、行政手続の適正とは、行政手続が法で定められることに加え、その手続が個人の尊重に適した内容をもつことが求められる。このような要請は、行政の活動の中でも深刻な基本権侵害の可能性の高い活動の場合に、とくに重要となる。以下、そのような場面を中心に述べる。

(2) 身体の拘束と令状主義 緊急性を有する行政目的のために行政が個人の身体や財産に対して実力を行使することがあるが、このような実力行使のうち、身体の拘束をともなうものについては、刑事手続における令状主義との関係で、いかなる適正手続が保障されるべきかが問題となる。具体的には、警察官職務執行法に基づく警察官による要援護者等の保護のほか（警職3条）、精神保健法や感染症予防法に基づく措置入院等（精神29条、感染症19条）が問題となる。

このような身体拘束については、令状なしとはいえ、法律上の根拠が存することや、緊急の必要性をともなうことなどを理由として、その一般的な合理性を認める見解もあるが、いずれも基本権侵害の生じる可能性が極めて高いものであることから、その手続の適正さを十分に確保することが重要である（**第5章第3節**参照）。

(3) 行政調査 行政はまた、行政行為等を行うための予備調査として、関係者に対して書類等の提出を求めたり、事業所や家宅等に立ち入って身体や書類等を強制的に調査したりする。このような行政調査の例として、現行法では、警察官による職務質問等（警職2条）、税務職員による質問調査（所税234条）、消防職員による立入検査（消防16条の48）等を規定している。行政調査の過程では、刑事司法過程における場合と同様に様々な権利制約が生じうるし、行政調査によって得られた証拠に基づいて刑事訴追される可能性があるのであれば、行政手続における適正の確保が重要となる。最高裁は、川崎民商事件 **判例16** において、一般論として、住居・書類・所持品に対する侵入・捜索・押収についての令状主義（憲35条1項）と、不利益供述の強要の禁止（同38条1項）は行政手続にも及びうることを肯定したうえで、つぎのように判示した。

判例16 川崎民商事件

(最大判昭和47年11月22日刑集26巻9号554頁)

事　実　所得税確定申告の調査を担当する税務署の職員が、調査対象の団体の財政を担当していた被告人の自宅店舗において、調査のための帳簿書類等を検査しようとしたところ、被告人が検査を拒んだことから、被告人は所得税法違反で起訴された。被告人は、所得税法旧70条10号、12号、63条の規定は、裁判所の令状なしの強制検査であるゆえに憲法35条1項に反するとともに、検査・質問で明らかになる事実によって刑事責任を追及される可能性もあるにもかかわらず黙秘を認めないゆえに憲法38条1項に反するなどと主張した。

判　旨　当該検査は、「もっぱら、所得税の公平確実な賦課徴収のために必要な資料を収集することを目的とする手続であつて、その性質上、刑事責任の追及を目的とする手続ではない」。また、当該検査で明らかになる事実によって刑事責任を追及される可能性もあるが、「そうであるからといつて、右検査が、実質上、刑事責任追及のための資料の取得収集に直接結びつく作用を一般的に有するもの」とはいえない。さらに、「強制の度合いは、それが検査の相手方の自由な意思をいちじるしく拘束して、実質上、直接的物理的な強制と同視すべき程度にまで達して」いない。当該検査は、「国家財政の基本となる徴税権の適正な運用を確保し、所得税の公平確実な賦課徴収を図るという公益上の目的」を有しており、その「目的、必要性にかんがみれば、右の程度の強制は、実効性確保の手段として、あながち不均衡、不合理なものとはいえない」。

「憲法35条1項の規定は、本来、主として刑事責任追及の手続における強制について、それが司法権による事前の抑制の下におかれるべきことを保障した趣旨であるが、当該手続が刑事責任追及を目的とするものでないとの理由のみで、その手続における一切の強制が当然に右規定による保障の枠外にあると判断することは相当ではない。しかしながら、前に述べた諸点を総合して判断すれば、旧所得税法70条10号、63条に規定する検査は、あらかじめ裁判官の発する令状によることをその一般的要件としないからといつて、これを憲法35条の法意に反するものとすることはでき」ない。

憲法38条1項は、刑事手続における供述の強制を禁じるものであるが、「純然たる刑事手続においてばかりではなく、それ以外の手続においても、実質上、刑事責任追及のための資料の取得収集に直接結びつく作用を一般的に有する手続には、ひとしく及ぶものと解するのを相当とする。しかし、旧所得税法70条10号、12号、63条の検査、質問の性質」は、前述の検査の性質と同様であると認めら

れる以上、「右各規定そのものが憲法38条1項にいう『自己に不利益な供述』を強要するものとすることはでき」ない。

　このように、最高裁は、本件のような検査の手続の適正の根拠を、刑事手続に関する憲法35条及び38条1項に求めつつも、本件については「直接的物理的な強制」とまではいえないと述べたうえで、両条違反には当たらないと述べた。一方、最高裁は、国税犯則取締法に基づく質問調査が問題となった事件において、調査手続が実質的には刑事捜査としての機能を有すると述べて、憲法38条1項の供述拒否権の保障が及ぶと判示している（最三判昭和59・3・27）。

(4) 所持品検査　所持品検査のうち、刑事捜査にともなう強制処分として行われるものについては憲法35条の令状主義が適用されるが、犯罪予防・鎮圧を目的とした行政処分として行われる所持品検査について、いかなる適正手続が求められるのかが議論となる。具体的には、警察官職務執行法2条1項に基づく職務質問に付随して行われる所持品検査が問題となる。最高裁は、本人の承諾のない所持品検査については、「限定的な場合において、所持品検査の必要性、緊急性、これによつて害される個人の法益と保護されるべき公共の利益との権衡などを考慮し、具体的状況のもとで相当と認められる限度においてのみ、許容される」と述べている（最三判昭和53・6・20）。学説は、このような判例の考え方を概ね支持しているが、実務の現状に対しては批判も多い。

(5) 行政処分と適正手続　行政が個別具体的な処分を行う場合の手続も、適正であることが求められる。行政手続法では、行政庁の許認可等を求める申請について、許認可等の審査基準の明示（行手5条）、拒否処分の理由の提示（同8条）を定めているほか、不利益処分については、処分基準の明示（同12条）、処分理由の明示（同14条）に加え、聴聞・弁明の機会の付与（同13条）を定めている。

　ここで重要なのは、聴聞・弁明の機会の保障である。これは、行政が不利益処分を行う場合に、当事者に弁解と防御の機会を与えなければならないとする原則である。このような機会の保障は、憲法上の明文規定はないものの、刑事手続に関しては、憲法31条に含まれるものと解されている（第三者所有物没収事件 判例21）。一方、行政手続における聴聞・弁明の機会の保障について、最

第Ⅱ部　第 2 章　包括的基本権

高裁は、憲法 31 条に根拠を求めつつも、処分の内容・理由等を総合的に衡量したうえで適用の有無を判断すべきだと述べているにとどまっている（成田新法事件 判例15）。行政手続法でも、不利益処分に際する聴聞・弁明の機会の付与を原則として定めつつも、適用除外を定めており、学校等で教育上の目的で生徒等に対して行われる処分、刑務所・拘置施設等で収容目的の達成のために行われる処分、公務員に対して行われる処分等については、適用除外となる（行手 3 条）。

参 考 文 献

大沢秀介「適正手続条項と行政手続」笹田栄司ほか『ケースで考える憲法入門』（有斐閣、2006 年）243 頁

阪本昌成『プライヴァシー権論』（日本評論社、1986 年）

佐藤幸治『現代国家と人権』（有斐閣、2008 年）

種谷春洋「生命・自由および幸福追求権」芦部信喜編『憲法Ⅱ　人権（1）』（有斐閣、1978 年）129 頁

戸波江二「自己決定権の意義と範囲」法学教室 158 号（1993 年）36 頁

樋口範雄『続・医療と法を考える――終末期医療ガイドライン』（有斐閣、2008 年）

松井茂記「自己決定権」長谷部恭男編著『リーディングズ現代の憲法』（日本評論社、1995 年）57 頁

棟居快行『人権論の新構成』（信山社、2008 年）

『現代の法 14　自己決定権と法』（岩波書店、1998 年）

第Ⅱ部
第3章　平等原則

　日本国憲法では、第14条1項で法の下の平等を一般的に保障すると同時に、他の条項において、華族制度の廃止、夫婦の平等、選挙の平等などを個別に保障している。憲法14条の法の下の平等は、個人の権利・自由というよりはむしろ、他者との関係で個人を平等に扱うことを求める「原則」である。ここでは、憲法14条に焦点を当て、同条の保障する平等の内容を確認したうえで、同条の禁じる差別について検討する。

第1節　差別的取扱い

1　平等の概念

　中世の身分制社会を打ち破ることになった市民革命においては、すべての人は平等で自由な存在として生まれるものであるとされ、国家はすべての人を平等に扱わなければならないと主張された。そして、市民革命以降、「自由と平等」は近代憲法の中核的価値として位置づけられてきた。今日、法の下の平等は各国の憲法で保障されるとともに、世界人権宣言や各種の差別撤廃条約においても保障されており、日本国憲法14条の法の下の平等もその流れの中に位置づけられる。

　当初の平等の概念は、国家がすべての人々に対して均等に権利や自由を付与し、社会の多様な自由競争への平等な参加の機会を保障するということを意味していた。このような平等の概念は形式的平等（機会の平等）と呼ばれる。しかし、経済分野の自由競争が進むにつれて個人の間の格差が生じ、とくに産業

革命にともないその格差が飛躍的に拡大するにつれ、もはや形式的平等の保障だけでは格差は解消されないことが明らかになった。そこで、なんらかの措置を講じることで格差を縮小・解消し、実質的に平等な状態（結果の平等）を実現すべきであるとする考え方が登場した。この実質的平等の理念は、近代諸国の憲法でも社会権の保障という形で導入されるようになり、その具体化として様々な社会保障政策が講じられるようになった。

しかし、実質的平等の実現には強者の自由の制約が不可欠であることから、実質的平等と自由とは究極的には両立しえない。また、実質的平等の実現のためには弱者と強者を区別して前者を優遇する必要があり、人々を区別して取り扱うという点において形式的平等の緩和を意味することになる。したがって、憲法14条は実質的平等の理念を尊重することを求めつつも、形式的平等を保障するものであると考えられている。

なお、憲法14条の法の下の平等の保障は、立法府の制定した法を行政府が平等に適用することを要求するのみでなく、立法府の制定する法の内容自体が平等であることも要求するものであると理解されている。

2　差別的取扱いの禁止

憲法14条の法の下の平等は、国家がいついかなるときも個々の人間の差異を一切無視して全員を均一に取り扱うこと、すなわち絶対的平等を要求するものだとは考えられていない。絶対的平等の概念下では、例えば成人のみに選挙権を付与することも、高所得者の税率を高くする累進課税制度も、各々年齢や所得による差別として憲法違反になり、非現実的である。

最高裁によると、憲法14条が禁じるのは国家による不合理な差別的取扱いであり、個別の事情に応じた合理的な区別であれば許されるとされる（町職員待命事件。最大判昭和39・5・27）。このように考えると、例えば年齢に基づく区別であれば、選挙権の制限、飲酒・喫煙の制限、自動車運転免許取得の制限などは、事柄の性質に応じた合理的な区別として合憲と考えられる。年齢に基づく区別に関して、最高裁は、高齢の町職員から順に人員削減の対象としたことの合憲性が争われた事件において、これを定員超過の職員の削減を目的として様々な事情を考慮してなされた措置であるとして、年齢に基づく不合理な差別

ではないと判断した（町職員待命事件）。また、租税制度をめぐる問題では、累進課税制度や、土地や建物等の所有者のみに課される固定資産税等も合憲であると考えられよう。なお、最高裁は、給与所得者に適用される税制が事業所得者のものと比べて不利であると主張された事件において、両者の所得の差を考慮して構築された税制であり、著しく不合理ではないがゆえに合憲であるとしている（大島訴訟 判例97 ）。

一方、最高裁が不合理な区別と認定して違憲判断を下した例もある。尊属殺人を他の殺人と区別して刑を加重した刑法200条（現・削除）の合憲性が争われた事件において、最高裁は、通常の殺人の法定刑が懲役3年以上（現・5年以上）であるのに対して、尊属殺人は死刑と無期懲役という極めて重い刑に限られていることは、あまりにも厳しいものであり「合理的根拠に基づく差別的取扱いとして正当化することはとうていできない」とした（尊属殺重罰規定事件 判例3 ）。また、国籍法判決 判例18 、非嫡出子相続分差別事件 判例20 、再婚禁止期間事件 判例19 などでも、最高裁は、法律上の区別的取扱いが合理性を欠いていると述べて合憲性を否定している。

これらの最高裁の判例からは、合憲性の審査基準が合理的な区別であるか否かに置かれていることは読み取れるのだが、具体的にどのような要件が整った場合に合理的な区別と判断されるのかについては、さらなる検討を要するゆえ、以下、この点についてみていきたい。

3 合理的な区別

憲法14条の「法の下の平等」とは、「成年者には法律上投票権が付与されているのに、未成年には付与されていない」というように、なんらかの具体的な権利や自由が他者との比較で十分に保障されていない場合に問題となるものである。つぎの東京都管理職試験判決 判例17 は、地方公共団体の職員の昇任試験について、受験資格を日本国籍者に限定することの合憲性が争われた事件である。最高裁は、外国人の受験資格を認めない管理職昇任制度について、つぎのように述べて合理的理由に基づくものであると判断した。

第Ⅱ部　第3章　平等原則

判例17　東京都管理職試験判決

(最大判平成 17 年 1 月 26 日民集 59 巻 1 号 128 頁)

事　実　東京都に保健婦として採用された外国人が、後に管理職昇進選考試験の受験を希望したところ、日本国籍を有しないことを理由に受験を認められなかったことから、都に対して慰謝料を請求した。なお、都の管理職には、重要な決定権限をともなわない専門的職種もあったが、管理職昇任試験は職種を区別せずに実施していた。二審は、すべての職種で一律に日本国籍を要求する制度の下で外国籍者の受験機会を奪うことは違法と判断したため、都が上告した。

判　旨　地方公務員のうち、公権力の行使や重要な施策決定を行う者またはこれに参加する者（公権力行使等地方公務員）は、「住民の生活に直接間接に重大なかかわりを有する」職務を担うゆえ、国民主権の原理に基づき、原則として日本国籍者が就任することが想定されている。そして、「外国人が公権力行使等地方公務員に就任することは、本来我が国の法体系の想定するところではない」。

地方公共団体が、公権力行使等地方公務員とそれ以外の職とを区別せずに「一体的な管理職の任用制度を構築して人事の適正な運用を図ることも、その判断により行うことができるものというべきである」ゆえに、そのような任用制度の下で「日本国民である職員に限って管理職に昇任することができることとする措置を執ることは、合理的な理由に基づいて日本国民である職員と在留外国人である職員とを区別するものであり」、憲法 14 条 1 項に違反しない。

本件の場合、当時の都の任用制度は「管理職に昇任すれば、いずれは公権力行使等地方公務員に就任することのあることが当然の前提とされていた」のであって、「公権力行使等地方公務員の職に当たる管理職のほか、これに関連する職を包含する一体的な管理職の任用制度を設けているということができる」。よって、都が本件任用制度を「適正に運営するために必要があると判断して、職員が管理職に昇任するための資格要件として当該職員が日本の国籍を有する職員であることを定めたとしても、合理的な理由に基づいて日本の国籍を有する職員と在留外国人である職員とを区別するものであり」、憲法 14 条に違反するものではない。

一方、学説では、憲法 14 条違反が主張される事案においては、先に述べた合理的な区別に該当するか否かという点に加え、①誰と誰を区別することが問題となっているのか、②どのような権利や自由に関わる区別が問題となっているのか、という点にも留意すべきとする説が有力である。とくに、精神的自由

や選挙権などの保障の程度に関する区別は、それらの権利や自由の重要性に照らし、不合理な差別と推定すべきだと主張される。

4 後段列挙事由

(1) **判例と学説** いま述べた①の問題に関連して、憲法14条後段は、「人種、信条、性別、社会的身分又は門地」を列挙して、これらに基づく差別的取扱いを禁じるが、これらの事由に基づく区別は、他の区別の場合と異なると考えるべきか。最高裁は、後段列挙事由は単なる例示にすぎないとしており、後段列挙事由による区別も他の事由による区別も、合理的な区別であれば合憲であるとする（町職員待命事件、尊属殺重罰規定事件 判例3 ）。もっとも、最高裁は、ある程度合理的な理由が認められれば合憲とする傾向が強く、前述の大島訴訟 判例97 のように「著しく不合理ではない」程度で合憲とする例もあることから、最高裁の基準は緩やかすぎるとして批判する学説は多い。

学説では、後段列挙事由に意味をもたせようとする見解が有力である。例えば、後段列挙事由に基づく区別は、民主主義の理念の下で最も許されない区別として歴史的に位置づけられたものであるがゆえに、原則的に不合理な差別と推定すべきとされる。このように、後段列挙事由に意味をもたせてこれらに該当する区別を不合理と推定するのであれば、五つの事由を厳密に定義する必要が生じる。以下、五つの後段列挙事由をみていく。

(2) **人 種** 人種とは、肌の色や目鼻等の身体的特徴、民族的・人類学的背景などによって区別されるものである。人種に基づく区別が重要な政治問題となる国は多い。日本では、アイヌ及び在日韓国朝鮮人などに対する差別がこれに該当する。日本は、1995年に人種差別撤廃条約に加入したが、人種に基づく差別を禁じる国内法は制定されていない。

(3) **信 条** 信条とは、個人の社会観、世界観、政治的信息、政治的意見などをさす。雇用関係の分野では、公務員及び民間労働者に関して信条に基づく差別的取扱いが禁止されているが（国公27条、労基3条）、最高裁は、三菱樹脂事件 判例10 において、民間企業が新規採用時に思想・信条に基づく区別を行うことは合法であると述べている。

(4) **性 別** 性別に基づく区別は、世界各国の文化や慣習の中で長らく当

然のものとされ、許容されてきた。日本においても、明治憲法は性別に基づく差別を禁止せず、参政権や民法上の権利能力などを含む女性の権利や自由を否定する法制度が数多く存在していた。これに対し、日本国憲法は、第14条で性別に基づく差別を総論的に禁じると同時に、第44条で選挙権に関する性別に基づく差別を禁止し、さらに第24条1項及び2項では家庭生活と家族制度法制における男女平等を保障した。そして同憲法の制定を受けて戦前の差別的な諸制度は廃止された。

もっとも、男女間の生物学上の差異を理由とした区別は現存する。例えば、刑法177条は女子への強姦のみを刑罰の対象としており、これについて最高裁は、「男女両性の体質、構造、機能などの生理的、肉体的等の事実的差異」に基づいた区別であると述べたうえで、強姦被害者は通常は女性であるゆえに、「社会的、道徳的見地」に立つと女性のみを保護することは合理的であり合憲であるとした（最大判昭和28・6・24）。

また、社会制度や慣習の中に組み込まれた男女間の区別の慣行もある。例えば労働分野においては、労働基準法で性別に基づく賃金等の差別を禁じたものの、採用や昇進等に関して男女を区別する慣行は定着し、このような区別はその時代の一般的な社会慣行として許容されてきた。このような状況を背景にしつつも、最高裁は、企業の男女別定年制の合法性が争われた事件において、「企業経営上の観点から定年年齢において女子を差別しなければならない合理的理由は認められない」と述べて、男女別定年制は民法90条の公序良俗に反すると判断した（日産自動車男女別定年制事件。最三判昭和56・3・24）。なお、今日、雇用関係における男女の差別は、労働基準法及び雇用機会均等法において禁止されている。一方、最高裁は、入会部落の慣習上、入会権者の資格要件を原則的に男子孫のみに限定していたことについても、「性別のみによる不合理な差別」であり民法90条違反で無効と判断した（最二判平成18・3・17）。

このほか、家族における両性の平等については、**第2節**を参照のこと。

(5) **社会的身分**　「社会的身分」は多義的であるがゆえに、その定義が重要となる。最高裁は、これを「人が社会において占める継続的な地位」と定義しているが（町職員待命事件）、有力な学説では、出生によって決定される社会的地位や身分を社会的身分と定義する。いずれの定義の下でも、生まれた子に

ついて、その父母が婚姻している場合は嫡出子と位置づけ、婚姻していない場合は嫡出でない子と位置づけることは、社会的身分に基づく区別に該当する可能性が高い。最高裁は、嫡出性が社会的身分に該当するか否かについては判断していないものの、次の国籍法判決 判例18 と後述の非嫡出子相続分差別事件 判例20 では、嫡出性に基づく区別的取扱いを違憲と判断した。

　日本国籍の取得条件を定める国籍法の下では、母が日本国民で父が外国人の場合は、父母の婚姻の有無にかかわらず、子は出生時に日本国籍を取得する。一方、父が日本国民で母が外国人の場合、父母が婚姻していれば、子は出生時に日本国籍を取得するが、婚姻していない場合は、出生前に父が胎児認知した場合のみ、出生時に日本国籍を取得する。そして、2008年（平20）の法改正以前は、出生後に認知された子については、20歳になるまでに父母が婚姻して準正した場合は、届出により日本国籍を取得できたが（国籍旧3条1項）、父母が婚姻しない場合は日本国籍を取得できなかった。このような制度は、嫡出でない子の認知の時期や父母の婚姻の有無によって日本国籍の取得の可否が決まるものであり、極めて重要な法的地位の取得をめぐる、社会的身分に基づく区別であるといえる。この問題について、最高裁は次のように述べた。

判例18　国籍法判決

（最大判平成20年6月4日民集62巻6号1367頁）

事　実　法律上の婚姻関係にない父（日本国民）と母（外国籍）との間に生まれた子が、出生後に父から認知を受けたことを理由として法務大臣に国籍取得届を提出したものの、国籍取得を認められなかったことから、国籍法旧3条1項の憲法違反を主張し、日本国籍を有することの確認を求めた。第一審は子らの国籍取得を認めたが、第二審がこれを破棄したため、子が上告した。

判　旨　国籍法旧3条　日本国民である父にとって出生後に認知された子については、「日本国民との法律上の親子関係の存在に加え」、父母の婚姻に伴う家族生活を通した「我が国との密接な結び付き」が生じることを要求するものであり、このような立法目的には、「合理的な根拠がある」。しかし、今日、両親の婚姻のみが「日本国籍を与えるに足るだけの我が国との密接な結び付き」を生むとするのは、「家族生活等の実態」に適合しない。

　日本国籍は、国の構成員としての資格であると同時に、基本的人権の保障、公

的資格の付与、公的給付等を受けるうえで意味をもつ重要な法的地位でもある。国籍法旧3条1項の「差別的取扱いによって子の被る不利益は看過し難いものというべきであり、このような差別的取扱いについては、前記の立法目的との間に合理的関連性を見いだし難いといわざるを得ない。とりわけ、日本国民である父から胎児認知された子と出生後に認知された子との間においては、……日本国籍の取得に関して上記の区別を設けることの合理性を我が社会との結び付きの程度という観点から説明することは困難である」。また、「日本国民である母の非嫡出子が出生により日本国籍を取得するにもかかわらず、日本国民である父から出生後に認知されたにとどまる非嫡出子が届出による日本国籍の取得すら認められないことには、両性の平等という観点からみてその基本的立場に沿わない」。

国籍法旧3条が、「上記のような非嫡出子についてのみ、父母の婚姻という、子にはどうすることもできない父母の身分行為が行われない限り、生来的にも届出によっても日本国籍の取得を認めないとしている点は、今日においては、立法府に与えられた裁量権を考慮しても、我が国との密接な結び付きを有する者に限り日本国籍を付与するという立法目的との合理的関連性の認められる範囲を著しく超える手段を採用しているものというほかなく、その結果、不合理な差別を生じさせているものといわざるを得ない」。

本件で最高裁は、日本国民の父と外国人の母との間に生まれ、出生後に父に認知されたにとどまる嫡出でない子について、その国籍取得条件に準正を課すことは憲法14条に反すると述べているが、その一方で、国籍法旧3条1項の規定全体を無効とせずに、同項をこのような子の国籍取得を認めるものと解釈すべきであると述べている（**第Ⅰ部第3章第2節**参照）。

(6) **門　地**　門地とは家柄をさす。これは広義の「社会的身分」に含まれるが、歴史的経緯を踏まえ、憲法14条2項で華族制度を廃止するとともに、同条1項で門地に基づく差別を禁止している。なお、天皇・皇族の存在が問題となりうるが、天皇制は憲法が明文で認めた例外であると解されている。

5　積極的差別是正措置

現実社会の不平等を是正するために、差別を受けてきた集団や不利な立場に置かれた集団に対して、政府が積極的な優遇策を講じることがある。アメリカ

において、公務員の職員採用や公立学校の入学試験に際し、社会的弱者のための特別定員枠や試験の優遇的採点基準を設定する例が多くみられたが、このような積極的差別是正措置は逆差別として形式的平等に違反するとして議論を呼んだ。日本の現行法では、国及び地方公共団体の職員の一定割合について障害者を採用することを求めているほか（障害雇用38条）、内閣府に設置する男女共同参画会議の議員の男女比率の基準を定めている（男女参画基25条3項）。

第2節　私生活の平等——家族

1　家族制度

　明治憲法下の社会は、「家(イエ)制度」と呼ばれる封建的な男性優位の家族制度に特徴づけられており、女性の権利や自由は家庭内においても制約されていた。家制度を定めた当時の民法は、家を統括する戸主に家族の婚姻等の許諾権を与え、戸主の長男が戸主の地位及び家の全財産を相続することなどを定めていたほか、財産取引における妻の無能力を定めていた。さらに刑法では姦通罪を定め、妻が夫以外の男性と性的関係をもつことを刑罰の対象としていた。

　このような家制度の歴史を踏まえ、日本国憲法は、14条1項で法の下の平等を保障するのみでなく、24条で家制度の特徴を否定しつつ、夫婦の私生活における平等を保障した。具体的には、24条1項は、婚姻が両性の合意のみに基づいて成立すること、夫婦が同等の権利を有すること、婚姻が夫婦の相互の協力により維持されるべきであることを保障する。さらに、同2項は、婚姻に関する配偶者の選択、財産権、相続、住居の選定、離婚、婚姻、その他の事項をつかさどる法律が個人の尊厳と両性の本質的平等に立脚して制定されなければならないことを定める。日本国憲法の制定を受け、旧民法は大幅に改正され、新民法では両性の本質的平等に基づく家族制度が規定された。

2　夫婦の平等

(1)　婚姻年齢と再婚禁止期間　　しかし、現行の民法の親族法規定にも憲法14条違反の可能性を指摘されるものがある。婚姻年齢を男18歳、女16歳と

規定した民法731条や、女性のみに離婚後6ヶ月の再婚禁止期間を設けた民法733条は、明文上で男女を区別して扱う。婚姻年齢については、女性の生殖・生理的機能の特性を理由とした区別であると説明されてきたが、それだけでは婚姻年齢を区別する合理的な理由としては不十分であるし、また、仮に伝統的な夫婦間の役割分担を前提とした年齢設定であるならば不合理な区別と考えざるをえない。一方、女性のみに6ヶ月の再婚禁止期間を課す民法733条1項については、つぎの 判例19 において100日を超える部分は違憲であると判断された。

判例19　再婚禁止期間事件
（最大判平成27年12月16日裁判所ウェブサイト）

事　実　Xは、民法733条1項の再婚禁止期間のために再婚が遅れて精神的損害を被ったと主張し、憲法14条1項及び24条2項違反の再婚禁止期間を国会議員が改正しなかったこと（立法不作為）は違法な公権力の行使に当たるとして、国に対して国家賠償法1条1項に基づく訴えを提起した。一審、二審は国家賠償法上の違法性を否定したため、Xは上告した。

判　旨　民法733条1項の「立法の経緯及び嫡出親子関係等に関する民法の規定中における本件規定の位置付けからすると、本件規定の立法目的は、女性の再婚後に生まれた子につき父性の推定の重複を回避し、もって父子関係をめぐる紛争の発生を未然に防ぐことにあると解するのが相当であり……、父子関係が早期に明確となることの重要性に鑑みると、このような立法目的には合理性」が認められる。

　民法772条2項は、婚姻成立の日から200日経過後又は婚姻解消・取消しの日から300日以内に生まれた子を婚姻中に懐胎したものと推定し、同条1項は、妻が婚姻中に懐胎した子を夫の子と推定するのであるから、「計算上100日の再婚禁止期間を設けることによって、父性の推定の重複が回避される」。「夫婦間の子が嫡出子となることは婚姻による重要な効果であるところ、嫡出子について出産の時期を起点とする明確で画一的な基準から父性を推定し、父子関係を早期に定めて子の身分関係の法的安定を図る仕組みが設けられた趣旨に鑑みれば、父性の推定の重複を避けるため上記の100日について一律に女性の再婚を制約することは、婚姻及び家族に関する事項について国会に認められる合理的な立法裁量の範囲を超えるものではなく、上記立法目的との関連において合理性を有する」。

第 2 節　私生活の平等——家族

　　「これに対し、本件規定のうち 100 日超過部分については、民法 772 条の定める父性の推定の重複を回避するために必要な期間ということはできない」。本件規定は、その前身である旧民法規定の立法時には懐胎の有無の確定に 6 ヶ月程度を要したことなどをふまえると、「その当時においては、国会に認められる合理的な立法裁量の範囲を超えるものであったとまでいうことはできない」が、「医療や科学技術が発達した今日においては」、父性の推定の重複する 100 日という「期間に限定せず、一定の期間の幅を設けることを正当化することは困難」である。「婚姻をするについての自由が憲法 24 条 1 項の規定の趣旨に照らし十分尊重されるべきものであることや妻が婚姻前から懐胎していた子を産むことは再婚の場合に限られないことをも考慮すれば」、「本件規定のうち 100 日超過部分は合理性を欠いた過剰な制約を課すもの」であり、憲法 14 条 1 項及び憲法 24 条 2 項に違反する。
　　もっとも、本件立法不作為の国家賠償法 1 条 1 項上の違法性については、平成 7 年の第三小法廷判決でこれを否定したことなどをふまえると、X が離婚した「平成 20 年当時において、本件規定のうち 100 日超過部分が憲法 14 条 1 項及び 24 条 2 項に違反する」ことが「国会にとって明白であったということは困難であ」って、違法ではない。

　このように、多数意見は、立法不作為の国家賠償法 1 条 1 項上の違法性を否定しつつ（立法不作為の違憲審査については 判例93 参照）、本件規定の 100 日超過部分のみを違憲と判断した。もっとも、本判決には、前婚解消時点で懐胎していない女性については 100 日規定の適用除外を認める余地があるという解釈を示す共同補足意見（裁判官 6 名）が付されたほか、100 日以内の部分も含めて本件規定すべてが違憲であるとする意見（裁判官 1 名）及び反対意見（裁判官 1 名）が付されたことに留意すべきである。

　(2)　**夫婦の氏と財産**　　夫婦の氏を統一すべきことを定めた民法 750 条の規定や、婚姻前の財産や婚姻中に単独名義で得た財産をその者単独の財産とする民法 762 条の規定についても、合憲性をめぐる議論がある。これらの条文は男女を区別しない中立的な文言であるが、夫の氏を選ぶ夫婦が大多数を占めている現状や、夫の所得が妻よりも高い傾向が一般的にみられることに照らすと、それぞれ妻に不利な制度になっており憲法 24 条に違反するという見解がある。

最高裁は、夫婦単独財産制の合憲性について、憲法24条が夫婦間の完全に均一な権利を保障するものではないとしたうえで、財産に関する民法上の他の規定とあわせてとらえれば夫婦間に実質上の不平等を生じない配慮がなされているがゆえに憲法24条に反しないとしている（最大判昭和36・9・6）。

　夫婦同氏制については、これが憲法13条の保障する「氏の変更を強制されない権利」及び24条の保障する婚姻の自由等に違反すると主張されて立法不作為による国家賠償が求められた事件において、最高裁の多数意見はこれらの主張を否定した（最大判平成27・12・16）。もっとも、同判決に付された意見（裁判官3名。反対意見の1名も賛同）は、女性の社会進出の進展に伴って社会的・経済的な場面で婚姻前の氏を使用する合理性・必要性が増していると述べたうえで、96％超の夫婦が夫の氏を選択するという「意思決定の過程に現実の不平等と力関係が作用している」ことを配慮せずに夫婦同氏に例外を設けないことは、多くの場合は妻のみに負担を強いることとなり、「個人の尊厳と両性の本質的平等」に立脚した制度とはいえず憲法24条に違反すると述べている。

(3) 生物学上の性差と慣習・道徳上の性差　憲法14条及び24条は夫婦間の平等を保障するが、現実には男女間には生物学上の差異が存在するほか、社会には慣習上や道徳上の夫婦間の役割分担や区別・格差が存在する。そのため、性別に基づく区別の合憲性が問題となり、それが生物学上の差異と慣習や道徳上の男女観の差異との双方を織り交ぜた理由による区別である場合、合憲性の判断は、当該区別の本質をどこに見出すかの微妙な衡量作業に委ねられる。その場合、社会の慣習や現状をどのように認識したうえで、どの程度を判断根拠に取り込むのかが鍵を握ることになろう。

3　嫡出子と嫡出でない子の区別

　家族に関する制度のうち、婚姻した男女の間に生まれた子（嫡出子）と婚姻していない男女の間に生まれた子（嫡出でない子）とを区別して取り扱う諸制度は、近年相次いで違憲と判断された。まず、前述の国籍法判決 **判例18** では、外国人の母と日本人の父との間に生まれた嫡出でない子で、父に出生後に認知されたにとどまる子について、準正を国籍取得の条件とすることの合憲性が争われたが、最高裁は、同法の区別が「子にはどうすることもできない父母の身

分行為」に基づくものであることを強調したうえで、国籍取得という極めて重要な利益に関する不合理な差別であると判断した。そして、嫡出でない子の相続分を嫡出子の2分の1と定めた遺産相続制度（民旧900条4号但書前段）の合憲性については、最高裁は、1995年（平7）に、「法律婚の尊重と非嫡出子の保護の調整を図ったもの」であって合理的理由のない差別とはいえないと判断したが（最大決平成7・7・5）、次の2013年（平25）の事件ではこれを違憲と判断した。

判例20 非嫡出子相続分差別事件

（最大決平成25年9月4日民集67巻6号1320頁）

（**事　実**）2001年（平13）7月にAが死亡し、Aの妻、Aの嫡出子（X。代襲相続人を含む）、及びAの嫡出でない子（Y）が相続人となった。Xが求めた遺産分割の申立てにおいて、Yは、嫡出でない子の相続分を嫡出子の相続分の2分の1と定めた民法旧900条4号但書前段の規定は憲法14条1項に違反すると主張したが、一審、二審ともこの主張を退けたため、特別抗告した。

（**判　旨**）「相続制度を定めるに当たっては、それぞれの国の伝統、社会事情、国民感情」や「その国における婚姻ないし親子関係に対する規律、国民の意識等」を「総合的に考慮した上で」、「立法府の合理的な裁量判断に委ねられ」る。平成7年の大法廷決定は本件規定を合憲と判断したが、考慮すべき上記事項は「時代と共に変遷するものでもあるから、その定めの合理性については、個人の尊厳と法の下の平等を定める憲法に照らして不断に検討され、吟味されなければならない」。

国内では「婚姻、家族の形態」の多様化とそれに対する「国民の意識の多様化」が進み、「本件規定の立法に影響を与えた諸外国の状況も、大きく変化し」、現在、嫡出性によって「相続分に差異を設けている国は、欧米諸国にはなく、世界的にも限られた状況にあ」るほか、我が国の批准した諸条約も出生による差別を禁止し、国連の関連組織である諸委員会が「本件規定を含む国籍、戸籍及び相続における差別的規定を問題にして、懸念の表明、法改正の勧告等を繰り返して」いる。こうした「世界的な状況の推移」をうけ、戸籍への嫡出性の記載や国籍取得に際する嫡出性による区別が廃止され、本件規定の相続分の平等化自体も政府内で検討されている。それでもなお本件規定が改正されないのは「法律婚を尊重する意識は幅広く浸透している」ことも一因だと思われるが、こうした意識等は「法的問題の結論に直ちに結び付く」ものではない。平成7年大法廷決定は

本件規定を合憲としたが、その反対意見、補足意見、及びその後の小法廷の判決・決定をふまえると、「合憲とする結論を辛うじて維持し」てきたといえる。

こうした「種々の事柄の変遷等は、その中のいずれか一つを捉えて、本件規定による法定相続分の区別を不合理とすべき決定的な理由とし得るものではない。しかし、昭和22年民法改正時から現在に至るまでの間の社会の動向、我が国における家族形態の多様化やこれに伴う国民の意識の変化、諸外国の立法のすう勢及び我が国が批准した条約の内容とこれに基づき設置された委員会からの指摘、嫡出子と嫡出でない子の区別に関わる法制等の変化、更にはこれまでの当審判例における度重なる問題の指摘等を総合的に考察すれば、家族という共同体の中における個人の尊重がより明確に認識されてきたことは明らかであるといえる。そして、法律婚という制度自体は我が国に定着しているとしても、上記のような認識の変化に伴い、上記制度の下で父母が婚姻関係になかったという、子にとっては自ら選択ないし修正する余地のない事柄を理由としてその子に不利益を及ぼすことは許されず、子を個人として尊重し、その権利を保障すべきであるという考えが確立されてきているものということができる。以上を総合すれば、遅くとも」本件「相続が開始した平成13年7月当時においては、立法府の裁量権を考慮しても、嫡出子と嫡出でない子の法定相続分を区別する合理的な根拠は失われて」おり、本件規定は遅くとも同時点で憲法14条1項に違反していた。

参 考 文 献

君塚正臣『性差別司法審査基準論』（信山社出版、1996年）
木村草太『平等なき平等条項論』（東京大学出版会、2008年）
辻村みよ子『憲法とジェンダー』（有斐閣、2009年）
戸松秀典『平等原則と司法審査』（有斐閣、1990年）

第Ⅱ部
第4章　人身の自由

　身体の自由は、人間としての諸権利のうち、最も根本的な意味を有するものである。どれほど表現の自由があり、集会の自由があるといっても、公権力によって身柄が拘束され、自由に行動することができなければ、すべて画に描いた餅になってしまうからである。

　そこで、ここでは、自由権の出発点として、国の刑罰権の不当な行使からわれわれの身柄の自由や所持品を保障するための憲法上の原則と権利保障の具体的な内容を検討する。

第1節　刑事裁判制度の基本原則

1　人身の自由と安全の確保

　人身の自由は、身体の安全・不可侵ともいわれ、法の定める正当な理由がない限り、人がその身体を拘束されることのない権利を指すが、この自由を確保することは、人という自由な存在にとって第一義的なものである。そのため、人身の自由のための諸規定は、古典的な憲法典だけでなく、現代的な人権条約においても、必ず自由権条項の冒頭に配列される例になっている。

　人身の自由を確保するため、近代憲法は、①刑罰権の主体を限定して国家に独占させるとともに、②立法部・行政部から独立した司法裁判所に刑罰権を行使させることを大前提としている。このような刑罰権の国家独占と独立した司法権という要請は、すぐ後で述べる罪刑法定主義とともに、人身の自由を確実に確保しようとする近代的な刑事裁判制度の公理に属する。

2 罪刑法定主義と派生原理

(1) 罪刑法定主義 これは、犯罪と刑罰はあらかじめ議会制定法で定めなくてはならないという原理を指し、近代刑法学の創始者、A・フォイエルバッハが定式化した「法律なければ犯罪なし、法律なければ刑罰なし」という標語で示される。この原理は、近代憲法史上、人身の自由を確保するうえで不可欠な刑事裁判制度上の基本原理として位置づけられ、明治憲法も明文でこれを定めていた（明憲23条）。

判例・多数説は、この罪刑法定主義を憲法31条の文理解釈として導き出している。けれども、その原則自体は、立法所管原則を定めた憲法41条やそれを前提とした73条6号からも明らかなように（**第Ⅲ部第4章第3節参照**）、むしろ憲法が当然に予定するところである。したがって、憲法31条以下の諸規定は、むしろそれを前提として、「憲法的刑事法」（**第2節**参照）というかたちで罪刑法定制度に関する国会の裁量を限界づけるという点に、特別の意味をもつと考えられる。

(2) 罪刑の均衡と明確性の原理 罪刑法定主義の内容として、罪刑の均衡及び明確性の原理も含まれると解されている。この考え方は、フランス人権宣言第8条にいう「法律は厳密で明らかに必要な刑罰のみを設けることができる」とする思想を継承したものといえよう。ここに罪刑の均衡とは、不必要に重い刑罰は禁止されるとするもので、刑法旧200条の規定を違憲とした尊属殺重罰規定事件 **判例3** は、この文脈でもとらえることができる。

他方、明確性の原理とは、犯罪構成要件は明確に定められるべきであるとする立法に対する憲法的要請をいい、多くの場合、刑罰法規に対する限定解釈が求められることになる。実際、最高裁判所は、徳島市公安条例事件 **判例5** において、一般論として、処罰規定の告知機能に着目し、「およそ、刑罰法規の定める犯罪構成要件があいまい不明確のゆえに憲法31条に違反し無効であるとされる」ことがありうることを認めた（但し、その事件で問題となった具体的な事案については明確であるとした）。

(3) 派生的な原理 罪刑法定主義のコロラリィとして、刑罰法規の不遡及（事後法の禁止）という原理が導かれる。これは、自由権規約の表現を借りると、

「実行の時に……犯罪を構成しなかつた作為又は不作為を理由として有罪とされることはない」（自由権規約15条1項1文）という一般原理を意味する。

これについても、日本国憲法は、「何人も、実行の時に適法であつた行為又は既に無罪とされた行為については、刑事上の責任を問はれない」（憲39条前段）というかたちで明文を設けている。ここには、自由権規約が述べるように、「犯罪が行われた時に適用されていた刑罰よりも重い刑罰を科されない」（自由権規約15条1項2文）という原則も含まれると解されている。

しかし、刑罰法規の不遡及という原則は、犯罪後に軽い刑罰を科す規定が設けられたときはその利益を受けること、すなわち「軽き新法の遡及」を禁止する趣旨ではない。したがって、「犯罪が行われた後により軽い刑罰を科する規定が法律に設けられる場合には、罪を犯した者は、その利益を受ける」ことになる（同項3文、刑6条参照）。

第2節　憲法的刑事手続

1　刑事手続と憲法典

(1) 憲法的刑事手続の意味　憲法31条から39条までの規定は、憲法的刑事手続（constitutional criminal procedure）を意味する。すなわち、それは、国の刑罰権の不当な行使から人身の自由を確保するために、最高法規としての憲法典に立法作用を含めた国権の行使に対する手続的保障を明記し、立法への制約原理とするとともに、その保障を解除し、自由に対する侵害を認めるための憲法上の要件を定めたものである。

憲法に掲げられた刑事手続規定は、必ずしも現行の刑事訴訟法の体系に沿ったかたちで定められてはいないが、刑事訴訟法にいう捜査手続と公判手続のそれぞれについて、そうした憲法的刑事手続の具体的意味を考える必要がある。

現行憲法所定の手続的保障の大部分は、アメリカ合衆国憲法修正第4条から修正第6条まで及び修正第8条の規定——不合理な捜索・逮捕・押収の禁止、二重の危険の禁止、自己帰罪拒否特権、適正手続、迅速な公開裁判、証人審問権、残虐刑の禁止などを保障したもの——に由来している。しかしながら、ア

メリカ憲法には日本国憲法38条2項のような自白排除法則の規定はなく、憲法31条から39条までの規定の意味も少しずつ異なっている。

(2) 憲法的刑事手続の概観　まず、憲法32条の「裁判所において裁判を受ける権利」の保障については、37条1項においても「公平な裁判所の迅速な公開裁判」が明記されているので、刑事事件の裁判に関する限り、その保障を定める意義は乏しい。したがって、それは、主として民事事件における裁判請求権の保障という点で実際上の意味をもつことになる。

また、憲法33条以下の規定は、人身の自由に対する最小限規制と刑事手続における適正処遇という要請から、主として手続的保障を解除するための要件を厳格に特定しようとするもので、捜査機関による取調べの方法や裁判所を中心とする公判手続などを法定する場合の立法裁量に対する制約となる。具体的には、逮捕及び捜索・押収に関する令状主義（憲33条、35条）、弁護人依頼権とこれに含まれる接見交通権（同34条）及び迅速な公開裁判と証人審問権・弁護人依頼権（同37条）の保障、そして供述に関しての自己帰罪拒否特権（不利益供述拒否権）の保障と自白の証拠能力の排除・証明力の制限（同38条）などがある。刑事手続は、その枠内で法定されることを要求され、その枠を超えたときは憲法違反となるが、その主要内容については順次検討することにしよう。

こうした憲法の刑事手続に含まれる個人を尊重するにふさわしい適正処遇という理念からいって、憲法36条にいう「公務員による拷問及び残虐な刑罰」の禁止は、最小限の適正刑事手続上の要求と考えられる（自由権規約7条参照）。この点で、死刑自体の合憲性及び死刑の執行方法が「残虐な刑罰」に当たらないかと問題視されることもある。しかし、憲法13条及び31条が「生命」を奪われうることを認めている以上、死刑自体が憲法違反になるとは考えがたく（最大判昭和23・3・12参照）、また、絞首刑という執行方法についても残虐なものではないと解されている（最大判昭和30・4・6）。

2　適正刑事手続

(1) 憲法31条の意味　憲法31条は、「何人も、法律の定める手続によらなければ、その生命若しくは自由を奪はれ、又はその他の刑罰を科せられない」と定め、刑事手続を法律で定めるべきことを求めている。これは、単なる

法定手続の保障というより、適正な刑事手続に関する一般条項としての意味をもつと解されている。

すなわち、適正刑事手続としての具体的要件は、憲法33条以下に詳しく明示されているので、刑法・刑事訴訟法その他の刑罰法規・刑事手続の合憲性は、ひとまずそれらの規定に照らして判断されることになる。しかし、その他の法定手続が問題となったときは、憲法31条がその適正さを判断する憲法原理として機能することになる。

この意味で、刑罰の効果を受ける利害関係人に対して事前の告知をおこない、弁解又は防御の機会を保障するかたちで手続への参加権を認めることは、適正刑事手続の基本的要素に属する。したがって、ここに憲法31条それ自体の大きな意味があると考えられる。

(2) 第三者所有物没収事件 こうした適正手続の要求との関連で注目されるのは、第三者所有物没収手続の問題である。すなわち、現行の関税法118条は、密輸に係る犯罪貨物等の没収（刑法9条所定の付加刑。同19条参照）を定めているが、そこでは第三者の所有物を没収する場合の手続要件が示されていない。

そこで最高裁判所は、それまでの判例（最大判昭和35・10・19）をあえて変更し、この第三者についても、「告知、弁解、防禦の機会」を与えることが必要であり、この手続を経ないで第三者の所有物を没収することは、「適正な法律手続」によらない財産権の侵害になると判断した（判例21 参照）。このため速やかに立法措置が講じられ、「刑事事件における第三者所有物の没収手続に関する応急措置法」（昭和38年法律138号）が制定された。

これによって、第三者への告知（没収応措2条）とその参加がない限り没収裁判はできなくなったが（同7条参照）、実際、同法所定の手続を経ることなく覚醒剤を没収した点で法令適用の誤りがあると判断された事例がある（大阪高判平成9・10・15）。

判例21 第三者所有物没収事件

（最大判昭和37年11月28日刑集16巻11号1593頁）

事　実 被告人らは、1954年（昭29）、韓国に貨物を密輸出しようと企て、税関の輸出許可を得ずに、大阪港で貨物を機帆船に積み込み、下関港を出港したか

どで関税法違反に問われ、機帆船と貨物を没収された者であるが、これらの没収物の所有者は不明であり、犯罪が行われることを予め知っていたか否かを確かめることなく、かつ所有者に財産権擁護の機会を与えないで没収を行ったのは、憲法31条・29条1項に違反すると主張して上告した。

判旨 「関税法118条1項の規定による没収は、同項所定の犯罪に関係ある船舶、貨物等で同項但書に該当しないものにつき、被告人の所有に属すると否とを問わず、その所有権を剥奪して国庫に帰属せしめる処分であつて、被告人以外の第三者が所有者である場合においても、被告人に対する附加刑としての没収の言渡により、当該第三者の所有権剥奪の効果を生ずる」。「しかし、第三者の所有物を没収する場合において、その没収に関して当該所有者に対し、何ら告知、弁解、防禦の機会を与えることなく、その所有権を奪うことは、著しく不合理であつて、憲法の容認しないところである」。「第三者の所有物の没収は、被告人に対する附加刑として言い渡され、その刑事処分の効果が第三者に及ぶものであるから、所有物を没収せられる第三者についても、告知、弁解、防禦の機会を与えることが必要であつて、これなくして第三者の所有物を没収することは、適正な法律手続によらないで、財産権を侵害する制裁を科するに外ならない」。「関税法118条1項は、同項所定の犯罪に関係ある船舶、貨物等が被告人以外の第三者の所有に属する場合においてもこれを没収する旨規定しながら、その所有者たる第三者に対し、告知、弁解、防禦の機会を与えるべきことを定めておらず、また刑訴法その他の法令においても、何らかかる手続に関する規定を設けていない」。したがって、「関税法118条1項によつて第三者の所有物を没収することは、憲法31条、29条に違反する」。「かかる没収の言渡を受けた被告人は、たとえ第三者の所有物に関する場合であつても、被告人に対する附加刑である以上、没収の裁判の違憲を理由として上告をなしうる」が、「被告人としても没収に係る物の占有権を剥奪され、またはこれが使用、収益をなしえない状態におかれ、更には所有権を剥奪された第三者から賠償請求権等を行使される危険に曝される等、利害関係を有することが明らかであるから、上告によりこれが救済を求めることができる」。

---

3 迅速な裁判を受ける権利

(1) 憲法37条の意味　憲法37条1項は、「すべて刑事事件においては、被告人は、公平な裁判所の迅速な公開裁判を受ける権利を有する」と定める。

これは、32条にいう「裁判所において裁判を受ける権利」の保障とも重なる部分があり、82条で「裁判の対審及び判決」を「公開法廷」で行うと定めた点とも重なっている。

いずれも、刑事裁判制度の問題としてみると、刑事事件における公判手続のあり方に対する憲法上の要請を表すものである。もっとも、公判手続は、裁判官を中心としつつ、検察官と被告人又は弁護人とにより形づくられる当事者主義の構造を有するものであるから、それぞれの当事者の責任関係もあわせて考える必要がある。

「公平な」裁判所とは、組織・構成などの点から偏りのおそれのないものをいうが（最大判昭和23・5・5参照）、他方、「迅速」という要件に反するかどうかは、その認定がむずかしい。たんに裁判に要した日数の問題ではなく、事件の内容や関係者の事情なども関係するためである。そこで、迅速な裁判を受ける権利の保障は、原則的には、できるだけ訴訟促進を図るべきであるという一般的な要請を表すものと解されている。

なお、憲法37条2項は証人審問権と証人喚問権を、同3項は弁護人依頼権と国選弁護制度を定めたものであるが、証人審問権の保障からいって、被告人側の反対尋問の機会がない手続により得られた供述は、事実認定の基礎にすることができないと考えられる。したがって、自己帰罪拒否特権を消滅させて証言させる「刑事免責制度」を採用していない現行制度の下では、その手続により得られた供述は、証拠とすることができないことになる。この立場から、いわゆるロッキード（丸紅ルート）事件では、嘱託証人尋問調書の証拠能力が否定されている（ロッキード事件 判例89 参照）。

(2) 訴訟法上の意義　その意味で、迅速な裁判は立法措置によって実現することが原則とされる。ただ、具体的な立法措置が講じられていなくても、例外的に、具体的な事件の処理について直接に意味をもつ場合がある。

すなわち最高裁は、例外的に、具体的な事件の処理について被告人の責に帰すべき事由もないのに、「審理の著しい遅延の結果、迅速な裁判をうける被告人の権利が害せられたと認められる異常な事態が生じた場合」に当たるときは、それ以上手続を続行することが適当でないため、非常救済手段を用いることが憲法上要請されると解し、刑事訴訟法上「免訴」判決（刑訴337条参照）で対応

すべきものと判断している（高田事件 判例22 参照）。

その後、必ずしも複雑でない事案において一審・二審を通じて約25年の年月を費やした審理について、迅速な裁判に反すると主張された事例があり（峯山事件）、一審判決の4年後に 判例22 が示されていただけに、上告審の判断が注目された。けれども最高裁は、第一審における被告人の病気などのやむを得ない事情による中断（3年）を除く12年も、実質審議が継続しており、無意味に経過したとは言えないこと、その間に被告人の防御権などの諸利益が著しく害されたとも認められないことなどを理由として、その主張をしりぞけた（最一判昭和55・2・7）。

裁判の迅速化を阻む要因にはいろいろなものがあるが、これまで憲法37条の「迅速な裁判」が問題となった事例についていうと、戦後改革期の混乱や関係者の無自覚に起因する側面があったことも否定できない。

(3) 司法制度改革と裁判迅速化法　近年の司法制度改革のなかで、裁判員制度の創設に伴い、充実した争点及び証拠の整理のための公判前整理手続の創設及び証拠開示手続の拡充等が進められてきた。そうした制度改革の一環として成立した裁判の迅速化に関する法律（平成15年法律107号）は、「第一審の訴訟手続をはじめとする裁判所における手続全体の一層の迅速化を図り、もって国民の期待にこたえる司法制度の実現に資すること」（裁判迅速化1条）を目的とし、具体的には、「第一審の訴訟手続については2年以内のできるだけ短い期間内にこれを終局させ、その他の裁判所における手続についてもそれぞれの手続に応じてできるだけ短い期間内にこれを終局させること」（同2条1項）を目標として、裁判の迅速化を図るものとしている。

このため最高裁は、「裁判所における手続に要した期間の状況、その長期化の原因その他必要な事項についての調査及び分析を通じて、裁判の迅速化に係る総合的、客観的かつ多角的な検証を行い、その結果を、2年ごとに、国民に明らかにするため公表する」ものとされ（同8条1項）、裁判迅速化検証報告書はすでに数回公表されている。その第6回報告書によると、2014年（平26）度中に終了した刑事通常第一審訴訟事件の平均審理期間は3.0ヶ月で、約75％の事件が3ヶ月以内に終了しており、審理期間が2年を超える事件の割合は0.16％となっている。被告人が犯罪事実を認めない否認事件については、審理

期間が長期化する傾向にあり、その平均審理期間は、自白事件のそれ（2.5ヶ月）より長く、8.2ヶ月となっている。

判例22　高田事件

（最大判昭和47年12月20日刑集26巻10号631頁）

事　実　1952年（昭27）に名古屋市内で起きた住居侵入・放火予備・傷害その他一連の事件の罪に問われていた被告人らのうち、上告した28人の審理は、裁判所が別事件との併合審理を希望した弁護側の要望を認め、その結審を待ったため、2年後から中断になり、15年を経て別事件が結審した1969年（昭44）に再開された。こうした長期の審理中断は異常な事態だとする被告人側の主張を一審は認め、公訴時効の完成に準じて免訴を言い渡したが、二審は具体的立法がないことを理由に破棄差戻しにしたため、被告人側が憲法違反・憲法解釈の誤りを主張して上告した。

判　旨　憲法37条1項は、「単に迅速な裁判を一般的に保障するために必要な立法上および司法行政上の措置をとるべきことを要請するにとどまらず、さらに個々の刑事事件について、現実に右の保障に明らかに反し、審理の著しい遅延の結果、迅速な裁判をうける被告人の権利が害せられたと認められる異常な事態が生じた場合には、これに対処すべき具体的規定がなくても、もはや当該被告人に対する手続の続行を許さず、その審理を打ち切るという非常救済手段がとられるべきことをも認めている趣旨の規定であると解する」。迅速な裁判とは、「具体的な事件ごとに諸々の条件との関連において決定されるべき相対的な観念」であり、「具体的な補充立法の措置を講じて問題の解決をはかることが望ましいのであるが、かかる立法措置を欠く場合においても、あらゆる点からみて明らかに右保障条項に反すると認められる異常な事態が生じたときに、単に、これに対処すべき補充立法の措置がないことを理由として、救済の途がないとするがごときは、右保障条項の趣旨を全うするゆえんではない」。

「審理の著しい遅延の結果、迅速な裁判の保障条項によつて憲法がまもろうとしている被告人の諸利益が著しく害せられると認められる異常な事態が生ずるに至つた場合には、さらに審理をすすめても真実の発見ははなはだしく困難で、もはや公正な裁判を期待することはできず、いたずらに被告人らの個人的および社会的不利益を増大させる結果となるばかりであつて、これ以上実体的審理を進めることは適当でないから、その手続をこの段階において打ち切るという非常の救済手段を用いることが憲法上要請されるものと解すべきである」。「被告人らが迅

速な裁判をうける権利を自ら放棄したとは認めがたいこと、および迅速な裁判の保障条項によつてまもられるべき被告人の諸利益が実質的に侵害されたと認められること」から、「第一審裁判所が公判手続を更新した段階においてすでに、憲法37条1項……に明らかに違反した異常な事態に立ち至つていた」。したがって、本件は「被告人らに対して審理を打ち切るという非常救済手段を用いることが是認されるべき場合にあたる」。

---

4 自己帰罪拒否特権──不利益供述強要の禁止

(1) 憲法38条1項の意味 憲法38条1項は、「何人も、自己に不利益な供述を強要されない」ことを保障している。先に述べた拷問の禁止（本節**1**(2)参照）とともに、主として取調べの方法に関する制約を表しているが（但し、証言拒絶権に関する刑訴146条参照）、これによって憲法上禁止されるのは、「自己に不利益な供述」、つまり供述者本人が刑事訴追又は有罪判決を受けるおそれのある供述を強要することである（最大判昭和27・8・6）。

したがって、原則として、氏名などは本条の保障対象にはならないと考えられるが（最大判昭和32・2・20）、現行の刑事訴訟法は、いわゆる黙秘権、つまり自己に不利益かどうかにかかわらず、一切の供述を拒否することができる権利を認めている（刑訴198条2項、311条1項参照）。このように不利益供述拒否権の保障は、供述を得る手続に関するものであるから、道路交通法67条3項所定の呼気検査を拒んだ者を処罰する118条の2の規定には適用されない、と考えられる（最一判平成9・1・30参照）。

なお、自己帰罪拒否特権については、憲法35条の捜索令状主義と同様に（第3節**3**(3)参照）、非刑事手続にも適用されるかどうかが問題とされるが、これについては、**第2章**で取り上げた川崎民商事件 **判例16** を参照されたい。

このように、自己帰罪拒否特権の侵害に当たるのではないかとして、しばしば争われるのは、刑事手続それ自体についてというより、むしろ次に取り上げる行政法規上の届出・申告義務との関係である。

(2) 道交法上の事故報告義務 まず、道路交通法による事故の報告義務の

問題について、最高裁は、同法の前身である道路交通取締法の施行令が定めていた「事故の内容」報告義務が問題視された時、同義務は被害者の救護・交通秩序の回復などのために必要な措置であり、かつ、その「事故の内容」とは事故の客観的内容のことであり、自己の刑事責任を引き起こすような事故原因までは含まれないとの限定解釈を示して、合憲と判断した（交通事故報告義務事件 判例23 参照）。

これは法令に対する合憲限定解釈を施したものとも考えられる（**第Ⅰ部第3章第2節**参照）。けれども、そこで問題視されたのは政令の規定であるから、法律について要請される合憲解釈の原則をそれに適用すべき事案であったかどうかは疑わしい。現行の道路交通法は、「事故の内容」という文言に代えて報告すべき事項を具体的に列挙しているが（道交72条1項後段）、これについても旧法時代の判例がそのまま維持されて、合憲と判断されている（最三判昭和45・7・28、最三判昭和50・1・21など）。

判例23　交通事故報告義務事件

（最大判昭和37年5月2日刑集16巻5号495頁）

事　実　無免許のうえ酒気帯びで自動車を運転していた被告人は、1958年（昭33）、自転車に乗っていた被害者に追突して重傷を負わせ、数時間後に死亡させるにいたったが、その際、被害者を救護し、警察官に事故の報告をするなどの法令所定の措置をとることなく、逃走した。一審も二審も事故報告義務違反を認めたため、道路交通取締法施行令67条2項の「事故の内容」は刑事責任を問われるおそれのある事項も含むから、その報告義務を定めた部分は、憲法38条1項に違反し無効などと主張して上告した。なお、本件は、大法廷が小法廷からの論点回付（最高裁判所裁判事務処理規則9条3項後段にいう手続をさす）を受けたもので、大法廷の判決主文は「上告論旨……はいずれも理由がない」というものであった。

判　旨　道路交通取締法は、道路における危険防止及びその他交通の安全を図ることを目的とし、「事故の発生した場合に……操縦者又は乗務員その他の従業者の講ずべき必要な措置に関する事項を命令の定めるところに委任し……同法施行令……67条は、これ等操縦者、乗務員その他の従業者に対し、その1項において……直ちに被害者の救護又は道路における危険防止その他交通の安全を図るため、必要な措置を講じ、警察官が現場にいるときは、その指示を受くべきことを命じ、その2項において……警察官が現場にいないときは、直ちに事故の内容

及び前項の規定により講じた措置を当該事故の発生地を管轄する警察署の警察官に報告し、かつ……警察官の指示を受くべきことを命じているもので……交通事故発生の場合において、右操縦者、乗務員その他の従業者の講ずべき応急措置を定めている」。同条は、「警察署をして、速に、交通事故の発生を知り、被害者の救護、交通秩序の回復につき適切な措置を執らしめ、以つて道路における危険とこれによる被害の増大とを防止し、交通の安全を図る等のため必要かつ合理的な規定として是認」される。「しかも、同条2項掲記の『事故の内容』とは、その発生した日時、場所、死傷者の数及び負傷の程度並に物の損壊及びその程度等、交通事故の態様に関する事項を指すものと解すべきもの」で、「右操縦者、乗務員その他の従業者は、警察官が交通事故に対する前叙の処理をなすにつき必要な限度においてのみ、右報告義務を負担する」ので、「刑事責任を問われる虞のある事故の原因その他の事項までも右報告義務ある事項中に含まれるものとは、解せられない」。したがって、「令67条2項により前叙の報告を命ずることは、憲法38条1項にいう自己に不利益な供述の強要に当らない」。

(3) **医師法上の異状届出義務** 医師法は、「医師が、死体又は妊娠4月以上の死産児を検案して異状があると認めたときは、24時間以内に所轄警察署に届け出なければならない」と定め（医師21条）、これに違反した医師に50万円以下の罰金を科している（同33条の2）。そこで、死体を検案して異状を認めた医師が、自らにその死因等について診療行為における業務上過失致死等の罪責を問われるおそれがある場合にも、医師法上の届出義務を負うとすることは、憲法38条1項に違反するのではないかと争われたことがある。

これについて最高裁は、本件届出義務について、「警察官が犯罪捜査の端緒を得ることを容易にするほか、場合によっては、警察官が緊急に被害の拡大防止措置を講ずるなどして社会防衛を図ることを可能にするという役割をも担った行政手続上の義務」と解したうえで、「異状死体は、人の死亡を伴う重い犯罪にかかわる可能性があるものであるから……本件届出義務の公益上の必要性は高い」こと、「本件届出義務は、医師が、死体を検案して死因等に異状があると認めたときは、そのことを警察署に届け出るもの」であり、「届出人と死体とのかかわり等、犯罪行為を構成する事項の供述までも強制されるものではない」こと、「医師免許は、人の生命を直接左右する診療行為を行う資格を付

与するとともに、それに伴う社会的責務を課するものである」ことを説き、「このような本件届出義務の性質、内容・程度及び医師という資格の特質と、本件届出義務に関する前記のような公益上の高度の必要性に照らすと、医師が、同義務の履行により、捜査機関に対し自己の犯罪が発覚する端緒を与えることにもなり得るなどの点で、一定の不利益を負う可能性があっても、それは、医師免許に付随する合理的根拠のある負担として許容されるもの」と述べて、違憲主張をしりぞけた（最三判平成 16・4・13）。

ここでは、交通事故報告義務事件 判例23 では必ずしも明らかでなかった要素、つまり業務の性質、資格の性質及び義務の公益上の必要性に着目して、「合理的根拠のある負担として許容される」という視点を明確に打ち出したことが注目される。

5　自白に関する証拠法則

かつて「自白は証拠の王」とされ、その結果、自白を得るための拷問その他の手段が用いられた時代もあったが、そうした事態を根絶しようとするのが自白に関する証拠法則の趣旨である。これには次の二つの原則が含まれている。

(1) **自白排除原則**　憲法38条2項は、「強制、拷問若しくは脅迫による自白又は不当に長く抑留若しくは拘禁された後の自白」について「証拠とすることができない」と定めて、任意性に疑いのある自白や違法な手段で得られた自白を事実認定の基礎とすることができない旨を定めている。これは、自白の証拠能力そのものを否定するものであるが、刑事訴訟法は、その趣旨を拡張して「その他任意にされたものでない疑いのある」自白についても、同様に取り扱うことにしている（刑訴319条1項）。

(2) **自白補強原則**　憲法38条3項は、「自己に不利益な唯一の証拠が本人の自白である場合には、有罪とされ、又は刑罰を科せられない」と定めている。これは、自白の証拠能力それ自体は認めつつ、その証明力を制限しようとするものである。したがって、およそ証拠としての価値を認めない排除原則とは異なり、自白の証明力を制限することによって、自由心証主義（刑訴318条参照）に対する制約を表したものである。

この結果、自白には補強証拠が必要とされることになるが、この補強証拠を

要する「本人の自白」の範囲については、①公判廷における本人の自白も、②共犯者・共同被告人の自白も、そこに含まれない——つまり、補強証拠を要しない——と考えられる。判例も、共犯者・共同被告人の自白は「独立・完全な証明力を有する」ことを述べている（練馬事件。最大判昭和33・5・28）。

もっとも、刑事訴訟法は、「公判廷における自白であると否とを問わず、その自白が自己に不利益な唯一の証拠である場合には、有罪とされない」ことを明記しており（同319条2項）、①の問題については立法的に解決している。

6　二重処罰の禁止

(1) 憲法39条の意味　憲法39条は、「何人も……同一の犯罪について、重ねて刑法上の責任を問はれない」と定めている。これは、同じ犯罪事実について刑事上の責任を重ねて問うことを禁止する原則であり、犯罪行為の反社会性に着目して国家が行為者の刑事責任を問うことに対する憲法上の制約を示している。

したがって、行政上の不利益処分などその他の責任追及とあわせて刑罰を科すことは、二重処罰の禁止に反することにはならないと考えられる。そこで、例えば、脱税者の不正行為の反社会性・反道義性に着目して逋脱犯に対する刑罰を科すと同時に、現行法上の加算税に相当する旧法人税法の追徴税を課すことは、違憲ではないと判断されることになる（追徴金併科事件 判例24 参照）。

以上のように実体的な二重処罰の禁止とみてきた通説的理解に対し、最近、憲法39条は手続的な二重訴追のみを禁止したものとする考え方も有力に主張されている。これによれば、二重処罰の問題は、むしろ憲法31条や36条から要請される罪刑均衡・比例原則の関係で議論されることになる。

(2) 行政上の措置との関係　過少申告・不申告による納税義務違反の事実があれば課せられるとする税法所定の追徴税は、それによる「納税義務違反の発生を防止し、以つて納税の実を挙げんとする趣旨に出でた行政上の措置」である。それを行政手続で課すことは「納税義務違反者の行為を犯罪とし、これに対する刑罰として、これを課する趣旨でない」と解する限り、現行法上の租税逋脱犯の処罰（罰金）と申告義務・納税義務違反に対する制裁としての重加算税（国税通則69条参照）との関係についても、二重処罰の問題にはならない

と考えられる（最二判昭和45・9・11、最三判平成10・10・13〔罰金刑と課徴金との関係〕など参照）。

これと同様に、運転免許停止処分を受けた後に刑事訴追を受け、有罪判決を言い渡されたとしても、運転免許の停止は、刑事制裁の発動ではなく、行政上の処分にほかならない。したがって、重ねて刑事処分を受けたことにならず、憲法39条違反の主張は成立しないことになる（最一判昭和35・3・10参照）。

判例24　追徴金併科事件

（最大判昭和33年4月30日民集12巻6号938頁）

事　実　原告の株式会社が行った1948年（昭23）度分の法人税の納税に対し、所轄税務署長は、所得額の更正を行うとともに、これに対応する追徴税を課したが、これとは別に、当該会社それ自体と総務部長は逋脱犯として起訴され、一審で有罪が確定した。そこで会社側が、追徴税は実質的にみて刑罰であり罰金と同じであるから憲法39条に違反すると主張して、追徴税を含む更正決定の取消しと納付済税額の還付を求めたが、一審・二審ともその主張をしりぞけたことから、上告に及んだ。

判　旨　法人税法（昭和25年法律72号による改正前のもの）43条の追徴税は、「申告納税の実を挙げるために、本来の租税に附加して租税の形式により賦課せられるものであつて、これを課することが申告納税を怠つたものに対し制裁的意義を有することは否定し得ないところであるが、詐欺その他不正の行為により法人税を免れた場合に、その違反行為者および法人に科せられる同法48条1項および51条の罰金とは、その性質を異に」し、「法48条1項の逋脱犯に対する刑罰が『詐欺その他不正の行為により云々』の文字からも窺われるように、脱税者の不正行為の反社会性ないし反道義性に着目し、これに対する制裁として科せられるものであるに反し、法43条の追徴税は、単に過少申告・不申告による納税義務違反の事実があれば、同条所定の已むを得ない事由のない限り、その違反の法人に対し課せられるものであり、これによつて、過少申告・不申告による納税義務違反の発生を防止し、以つて納税の実を挙げんとする趣旨に出でた行政上の措置である」。「法が追徴税を行政機関の行政手続により租税の形式により課すべきものとしたことは追徴税を課せらるべき納税義務違反者の行為を犯罪とし、これに対する刑罰として、これを課する趣旨でないこと明らかである。追徴税のかような性質にかんがみれば、憲法39条の規定は刑罰たる罰金と追徴税とを併科することを禁止する趣旨を含むものでないと解するのが相当であるから所論違憲

の主張は採用し得ない」。

第3節　現行刑事手続の問題

1　逮捕と令状主義

(1)　**犯罪捜査権**　現行法上、捜査機関には、犯罪の鎮圧と予防のために強い権限が認められ、「犯罪があると思料するときは、犯人及び証拠を捜査する」ことができる。そして、「犯罪の捜査をするについて必要があるとき」は、「被疑者の出頭を求め、これを取り調べること」及び「差押、捜索又は検証をすること」ができる。

しかも、必要な場合には、被疑者以外の者——いわゆる参考人——の任意出頭を要求し、取調べを行うこともできる。これと同時に、「罪を犯したことを疑うに足りる相当な理由があるとき」は、逮捕状により逮捕することもできる（以上について、刑訴189条2項、198条1項本文、199条、218条1項、223条など）。

(2)　**憲法33条の意味**　こうした捜査手続においては、当然のことながら、きわめて強い強制力をともなった公権力が行使されることになる。そこで憲法は、犯罪捜査権の実効性を確保するとともに、その濫用や逸脱を防止するために、被疑者の身柄の拘束及び住居・所持品等の捜索といった強制手続に対して厳格な各種の制約を設け、その両面について司法裁判官の発する逮捕状を必要とする令状主義を定めている（憲33条、35条）。

まず、憲法33条は、「何人も、現行犯として逮捕される場合を除いては、権限を有する司法官憲が発し、且つ理由となつてゐる犯罪を明示する令状によらなければ、逮捕されない」と定め、逮捕令状主義の原則を明確にしている。この原則は、捜索令状主義（後記**3**参照）と同様に、「人身の不可侵」や「身体の安全」という実体的な権利保障があることを前提としたうえで、この保障を解除するための手続要件を明示したものである。

ここに「権限を有する司法官憲」とは、司法裁判所の裁判官を意味するが、逮捕状の請求・発付、その記載事項・方式などについては、刑事訴訟法及び刑

(3) **緊急逮捕（刑訴 210 条）の合憲性**　すでにみた憲法 33 条の明文による限り、身柄を拘束されるのは、①裁判官が発した逮捕状のある通常逮捕の場合（刑訴 199 条以下）と、②現行犯逮捕の場合（同 212 条、213 条。いわゆる準現行犯を含む）に限られている。そのため、刑事訴訟法 210 条の定める「緊急逮捕」制度の合憲性がしばしば問題にされる。

これについては、厳格解釈の原則に立った違憲論もないわけではないが、合憲説が多数のようである。もっとも、その理由づけとなると合憲論といっても一様でなく、ⓐ事後の令状請求要件に着目した令状逮捕類似説、ⓑ相当の理由があることを認める合理的逮捕説、ⓒ現行犯逮捕類似説などの諸説に分かれている。これに対し、最高裁判所は、とくに理由を示すことなく同条をそのまま引いただけの合憲論を示すにとどまっている（**判例25**　参照）。

判例25　森林法違反事件

（最大判昭和 30 年 12 月 14 日刑集 9 巻 13 号 2760 頁）

事　実　徳島県の山村で農業を営んでいた被告人は、1949 年（昭 24）、他人の山林内の棕梠皮 710 枚（当時の時価で 920 円相当）を盗んだとして、旧森林法 83 条違反の容疑により自宅で緊急逮捕された。密告を受けて私服で臨んだ警察官による任意同行の求めを拒否し、証拠隠滅・逃亡のおそれがあるとされたためであるが、裁判所の逮捕状は逮捕当日に発付された。被告人は、逮捕状によらず被疑者を逮捕しうることを捜査機関に認めた刑訴法 210 条が憲法 33 条に違反すると主張したが、一審・二審ともにしりぞけられたため上告に及んだ。

判　旨　「刑訴法 210 条は、死刑又は無期若しくは長期 3 年以上の懲役若しくは禁錮にあたる罪を犯したことを疑うに足る充分な理由がある場合で、且つ急速を要し、裁判官の逮捕状を求めることができないときは、その理由を告げて被疑者を逮捕することができるとし、そしてこの場合捜査官憲は直ちに裁判官の逮捕状を求める手続を為し、若し逮捕状が発せられないときは直ちに被疑者を釈放すべきことを定めている。かような厳格な制約の下に、罪状の重い一定の犯罪のみについて、緊急已むを得ない場合に限り、逮捕後直ちに裁判官の審査を受けて逮捕状の発行を求めることを条件とし、被疑者の逮捕を認めることは、憲法 33 条規定の趣旨に反するものではない」。

(4) 別件逮捕の正当性　　この逮捕令状主義との関係では、マス・メディアや報道機関でしばしば取り上げられる「別件逮捕」という捜査方法の合憲性又は正当性が、憲法上の問題になる。すなわち、重大な本件について逮捕・勾留するに足りる証拠がない場合に、より軽微な別件を根拠として逮捕・勾留して取り調べるやり方は、憲法33条の定める令状主義を逸脱するものではないか、という議論である。

しかし、最高裁の判例は、いわゆる狭山事件 判例26 において、社会的事実として一連の密接な関連のある被疑事実については、「別件」捜査は「本件」捜査ともなることを説き、「別件」捜査は違憲ではないとして、そうした捜査手法の正当性を認めている。

判例26　狭山事件

（最二決昭和52年8月9日刑集31巻5号821頁）

事　実　1963年（昭38）、埼玉県狭山市で起きた強盗強姦殺人・死体遺棄事件に関し、捜査機関は、軽微な犯罪で証拠も揃っている窃盗・暴行・恐喝未遂の容疑で被告人を逮捕・勾留（第一次逮捕・勾留）して取調べを行ったが、後日さらに、この軽微な被疑事実と同一事実について再逮捕・勾留した（第二次逮捕・勾留）。これに対し、被告人側弁護人は、第一次逮捕・勾留は、もっぱら証拠の揃っていない「本件」について取調べを行う目的でなされ、第二次逮捕・勾留も軽微な「別件」で逮捕・勾留して取り調べた事実についてなされたもので、一連の逮捕・勾留等は、刑訴法の手続や憲法31条・33条等に違反すると主張して上告した。

判　旨　第一次逮捕・勾留は、その基礎となった被疑事実について逮捕・勾留の理由と必要性があったことは明らかで、「別件」中の恐喝未遂と「本件」は「社会的事実として一連の密接な関連があり、『別件』の捜査として事件当時の被告人の行動状況について被告人を取調べることは、他面においては『本件』の捜査ともなるのであるから、第一次逮捕・勾留中に『別件』のみならず『本件』についても被告人を取調べているとしても……専ら『本件』のためにする取調というべきではなく、『別件』について当然しなければならない取調をしたもの」である。「それ故、第一次逮捕・勾留は、専ら、いまだ証拠の揃つていない『本件』について被告人を取調べる目的で、証拠の揃っている『別件』の逮捕・勾留に名を借り、その身柄の拘束を利用して、『本件』について逮捕・勾留して取調べる

のと同様な効果を得ることをねらいとしたもの」とすることはできない。

「別件」中の恐喝未遂と「本件」とは、「社会的事実として一連の密接な関連があるとはいえ、両者は併合罪の関係にあり、各事件ごとに身柄拘束の理由と必要性について司法審査を受けるべきものであるから、一般に各別の事件として逮捕・勾留の請求が許される」。「第一次逮捕・勾留当時『本件』について逮捕・勾留するだけの証拠が揃つておらず、その後に発見、収集した証拠を併せて事実を解明することによつて、初めて『本件』について逮捕・勾留の理由と必要性を明らかにして、第二次逮捕・勾留を請求することができるに至つたもの」と認められ、「専ら、逮捕・勾留の期間の制限を免れるため罪名を小出しにして逮捕・勾留を繰り返す意図のもとに、各別に請求したもの」ではない。

したがって、「別件」についての第一次逮捕・勾留とこれに続く窃盗、森林窃盗、傷害、暴行、横領被告事件の起訴勾留及び「本件」についての第二次逮捕・勾留は、いずれも適法である。

2 接見交通権と犯罪捜査権

(1) 憲法34条の意味 憲法34条前段は、「何人も、理由を直ちに告げられ、且つ直ちに弁護人に依頼する権利を与へられなければ、抑留又は拘禁されない」ことを保障している。そこで刑事訴訟法も、警察官・検察官などが被疑者を逮捕したときは、「直ちに犯罪事実の要旨及び弁護人を選任することができる旨」を告知すべきことを定めている（刑訴203条、204条）。

この弁護人依頼権は、被疑者の弁護士との接見交通権をも保障したものと解されている。すなわち、接見交通指定事件 判例27 によれば、「憲法34条前段……の弁護人に依頼する権利は、身体の拘束を受けている被疑者が、拘束の原因となっている嫌疑を晴らしたり、人身の自由を回復するための手段を講じたりするなど自己の自由と権利を守るため弁護人から援助を受けられるようにすること」を目的とし、「単に被疑者が弁護人を選任することを官憲が妨害してはならない」というだけでなく、「弁護人を選任した上で、弁護人に相談し、その助言を受けるなど弁護人から援助を受ける機会を持つこと」を保障するものである。この趣旨から、刑訴法39条1項の規定は、「憲法の保障に由来する」と説かれたのである。

(2) 検察官の接見指定権との関係　この点については、しかし、検察官が接見・授受に関する日時・場所を指定できるとする接見指定権（刑訴39条3項）のあり方が、しばしば問題とされてきた。その合憲性が争われた事件において、最高裁判所は、刑事訴訟法の定める接見交通権が憲法34条の保障に由来することを認めたうえで、刑訴法39条は、接見交通権の行使と捜査権の行使との合理的な調整を図ったものとして、合憲と判示した（接見交通指定事件 判例27 参照）。

すなわち判例によれば、「憲法は、刑罰権の発動ないし刑罰権発動のための捜査権の行使が国家の権能であることを当然の前提とするものであるから、被疑者と弁護人等との接見交通権が憲法の保障に由来するからといって、これが刑罰権ないし捜査権に絶対的に優先するような性質のものということはできない。……捜査権を行使するためには、身体を拘束して被疑者を取り調べる必要が生ずることもあるが、憲法はこのような取調べを否定するものではないから、接見交通権の行使と捜査権の行使との間に合理的な調整を図らなければならない」のである。

(3) 初回接見の重要性　この指導的判例で示された「捜査のため必要があるとき」（刑訴39条3項本文）とは、「接見等を認めると取調べの中断等により捜査に顕著な支障が生ずる場合に限られる」との判断を前提として、逮捕直後における弁護人選任のための初回接見を制限したことを違法と判断した国家賠償請求事件（最三判平成12・6・13）があることも、記憶されるべきであろう。

すなわち最高裁は、まず「弁護人を選任することができる者の依頼により弁護人となろうとする者と被疑者との逮捕直後の初回の接見」について、「身体を拘束された被疑者にとっては、弁護人の選任を目的とし、かつ、今後捜査機関の取調べを受けるに当たっての助言を得るための最初の機会であって、直ちに弁護人に依頼する権利を与えられなければ抑留又は拘禁されないとする憲法上の保障の出発点を成すものであるから、これを速やかに行うことが被疑者の防御の準備のために特に重要である」ことを指摘する。

そして、「留置施設の管理運営上支障があるなど特段の事情のない限り、犯罪事実の要旨の告知等被疑者の引致後直ちに行うべきものとされている手続及びそれに引き続く指紋採取、写真撮影等所要の手続を終えた後において、たと

第3節　現行刑事手続の問題

い比較的短時間であっても、時間を指定した上で即時又は近接した時点での接見を認めるようにすべきであり、このような場合に、被疑者の取調べを理由として右時点での接見を拒否するような指定をし、被疑者と弁護人となろうとする者との初回の接見の機会を遅らせることは、被疑者が防御の準備をする権利を不当に制限するもの」と述べて、国家賠償請求のすべてを否定した高裁判決を覆したのである。

判例27　接見交通指定事件

（最大判平成11年3月24日民集53巻3号514頁）

事　実　1987年（昭62）、恐喝未遂の疑いで逮捕・勾留された被疑者の弁護人は、接見を申し入れたが、担当検察官が接見指定書の携行を求めて申入れに応じなかったため、福島地裁郡山支部に準抗告を申し立て、認められたものの、検察官の態度は変わらなかった。そこで、弁護人は地検支部に出向いて接見指定書を受け取ったうえで接見したが、交替した検察官と新たに加わった弁護人との間でも同様のやりとりが続き、両弁護人は接見指定書を受け取ったうえで数回接見した。こうした経緯から、弁護人が、検察官による違法な接見妨害として国家賠償を請求したところ、これを認容した一審判決を二審が破棄したので、捜査機関が接見等を一方的に制限しうる刑訴法39条3項本文の規定は憲法34条前段に違反すると主張して上告した。

判　旨　刑訴法39条は、接見交通権を規定する一方、3項本文で接見交通権の行使につき捜査機関が制限を加えることを認めているが、「この規定は、刑訴法において身体の拘束を受けている被疑者を取り調べることが認められていること……、被疑者の身体の拘束については刑訴法上最大でも23日間……という厳格な時間的制約があること……などにかんがみ、被疑者の取調べ等の捜査の必要と接見交通権の行使との調整を図る趣旨で置かれたものである」。刑訴法39条3項但書は、「捜査機関のする右の接見等の日時等の指定は飽くまで必要やむを得ない例外的措置」であり、「被疑者が防御の準備をする権利を不当に制限することは許されない旨を明らかにしている」。「このような刑訴法39条の立法趣旨、内容に照らすと、捜査機関は、弁護人等から被疑者との接見等の申出があったときは、原則としていつでも接見等の機会を与えなければならないのであり、同条3項本文にいう『捜査のため必要があるとき』とは、右接見等を認めると取調べの中断等により捜査に顕著な支障が生ずる場合に限られ、右要件が具備され、接見等の日時等の指定をする場合には、捜査機関は、弁護人等と協議してできる限

り速やかな接見等のための日時等を指定し、被疑者が弁護人等と防御の準備をすることができるような措置を採らなければならない」。「弁護人等から接見等の申出を受けた時に、捜査機関が現に被疑者を取調べ中である場合や実況見分、検証等に立ち会わせている場合、また、間近い時に右取調べ等をする確実な予定があって、弁護人等の申出に沿った接見等を認めたのでは、右取調べ等が予定どおり開始できなくなるおそれがある場合などは、原則として右にいう取調べの中断等により捜査に顕著な支障が生ずる場合に当たる」。

「被疑者の取調べ等の捜査の必要と接見交通権の行使との調整を図る必要がある」が、①「刑訴法 39 条 3 項本文の予定している接見等の制限は、弁護人等からされた接見等の申出を全面的に拒むことを許すものではなく、単に接見等の日時を弁護人等の申出とは別の日時とするか、接見等の時間を申出より短縮させることができるものにすぎず、同項が接見交通権を制約する程度は低い」。②「捜査機関において接見等の指定ができるのは、弁護人等から接見等の申出を受けた時に現に捜査機関において被疑者を取調べ中である場合などのように、接見等を認めると取調べの中断等により捜査に顕著な支障が生ずる場合に限られ」る。③「右要件を具備する場合には、捜査機関は、弁護人等と協議してできる限り速やかな接見等のための日時等を指定し、被疑者が弁護人等と防御の準備をすることができるような措置を採らなければならない」。以上の点からみて、刑訴法 39 条 3 項本文の規定は、憲法 34 条前段の弁護人依頼権の保障の趣旨を実質的に損なうものではない。

---

3 住居等の捜索と令状主義

(1) 憲法 35 条の意味　憲法 35 条は、「何人も、その住居、書類及び所持品について、侵入、捜索及び押収を受けることのない権利は、第 33 条の場合を除いては、正当な理由に基いて発せられ、且つ捜索する場所及び押収する物を明示する令状がなければ、侵されない」と規定している。

これは、私生活を保護するための不可欠の要素として、「住居等の不可侵」という実体的な権利保障を前提としつつ、とくに刑罰権の行使にかかわる刑事手続との関係についてその保障を解除し、合憲的な侵害を許すための手続的要件として令状主義を示したものと解される。つまり、単なる手続的保障ではなく、そこには、もともと、人の「住居、書類及び所持品について、侵入、捜索

及び押収を受けることのない権利」が想定されていることに注意する必要がある。

　この捜索令状主義の本来的な意味は、一般令状を厳格に禁止し、捜査権の濫用を厳しく戒めるために、各別の令状を求めるところにある。そこで、具体的な捜索について、包括的な差押えに当たる又は一般令状だとして争われることもあるが、違憲主張が認められた裁判例はほとんどない（国税犯則強制調査事件〔最二判平成9・3・28〕、過激派 FD 差押事件〔最二決平成10・5・1〕など）。

　なお、捜索令状主義が非刑事手続——いわゆる行政手続——にも適用されるかという問題がしばしば争われるが、判例上、刑事手続に類似した強制力をともなうものについては、当然適用されると考えられている（川崎民商事件 判例16 参照）。

　(2)　捜索令状を必要としない場合　しかし、この原則に対しては例外も認められ、すぐ後で述べるように、逮捕される場合には、そのための令状がなくても、その場で必要な捜索を行うことができるとされている（刑訴220条参照）。

　つまり、捜査権者は、①令状による通常逮捕の場合はもちろん、②現行犯として逮捕する場合、さらに、③緊急逮捕に際しては、令状なしに、その場で必要な捜索を行うことができることになる。この関連で、緊急逮捕を予定して行われた事前の捜索・押収が問題視された事案について、最高裁は、時間的に接着して逮捕が行われる限り適法である旨判示したことがある（麻薬取締法事件。最大判昭和36・6・7）。

　(3)　違法収集証拠の問題　この捜索令状主義に関してしばしば争われるのは、違法に収集された証拠の証拠能力をどうみるかという問題である。これについては、憲法にも刑訴法にも規定がないので解釈に委ねられており、違法な捜査を防止するためにはそれによって得られた証拠は認めることができないとする絶対的否定説もありうる。しかし最高裁は、捜査機関の違法行為と証拠物の発見との間に事実的な因果関係があることを前提として、令状主義の精神を没却するような重大な違法行為がある場合に証拠能力を否定する、という指導的判例を示している（ポケット所持品検査事件 判例28 参照）。

　実際、その観点から、ひとしく覚醒剤取締関係の事案について、証拠物の発見と警察官の暴行との間には因果関係がないことを理由に証拠能力は認められ

るとした例がある（最三判平成 8・10・29）。しかし、その一方で重大な違法がある逮捕手続の当日に採取した尿について、その「逮捕と密接な関連を有する証拠」であるから証拠能力を否定すべきであり、これに関する鑑定書についても同様に証拠能力を否定すべきものとした判断のあったことが注目される（最二判平成 15・2・14）。

もっとも、この事案は、逮捕時に逮捕状の呈示がなく、逮捕状の緊急執行もされていないという手続的な違法のほか、警察官が「その手続的な違法を糊塗するため……逮捕状へ虚偽事項を記入し、内容虚偽の捜査報告書を作成し、……公判廷において事実と反する証言をしている」といった事情もあって、「本件逮捕手続の違法の程度は、令状主義の精神を潜脱し、没却するような重大なもの」と断罪されたものであった。

判例28　ポケット所持品検査事件

（最一判昭和 53 年 9 月 7 日刑集 32 巻 6 号 1672 頁）

事　実　1974 年（昭 49）10 月深夜、大阪市内の覚醒剤・売春事犯の多い地域をパトロールしていた警察官は、挙動不審の被告人を職務質問し、覚醒剤中毒の疑いから上衣とズボンのポケットを触って中身を提示するよう求めたが、同人は応じようとしなかった。そこで警察官はポケットに手を入れて注射針と粉末を取り出し、これを試薬にかけた結果、覚醒剤であることが確認されたので、覚醒剤不法所持の現行犯で逮捕した。一審・二審とも、警察官が被告人の同意なくポケットから所持品を取り出した行為は、職務質問の限界を超えた違法な捜索・押収に当たるとして、押収物の証拠能力を否定したため、検察官が上告した。

判　旨　刑訴法は、刑事事件につき、公共の福祉の維持と個人の基本的人権の保障を全うしつつ、事案の真相を明らかにし、刑罰法令を適正かつ迅速に適用実現することを目的とする（刑訴 1 条）。違法に収集された証拠物の証拠能力に関しても、この見地から検討すると、刑罰法令を適正に適用実現し、公の秩序を維持するためには事案の真相をできる限り明らかにすることが必要で、「証拠物は押収手続が違法であつても、物それ自体の性質・形状に変異をきたすことはなく、その存在・形状等に関する価値に変りのないことなど証拠物の証拠としての性格にかんがみると、その押収手続に違法があるとして直ちにその証拠能力を否定することは、事案の真相の究明に資するゆえん」ではない。「事案の真相の究明も、個人の基本的人権の保障を全うしつつ、適正な手続のもとでされなければなら」

ず、「ことに憲法 35 条が……住居の不可侵、捜索及び押収を受けることのない権利を保障し、これを受けて刑訴法が捜索及び押収等につき厳格な規定を設けていること、また、憲法 31 条が法の適正な手続を保障していること等にかんがみると、証拠物の押収等の手続に、憲法 35 条及び……刑訴法 218 条 1 項等の所期する令状主義の精神を没却するような重大な違法があり、これを証拠として許容することが、将来における違法な捜査の抑制の見地からして相当でないと認められる場合においては、その証拠能力は否定されるものと解すべきである」。

本件において、「被告人の承諾なくその上衣左側内ポケットから本件証拠物を取り出した……巡査の行為は、職務質問の要件が存在し、かつ、所持品検査の必要性と緊急性が認められる状況のもとで、必ずしも諾否の態度が明白ではなかつた被告人に対し、所持品検査として許容される限度をわずかに超えて行われたに過ぎ」ず、「同巡査において令状主義に関する諸規定を潜脱しようとの意図があつたものではなく、また、他に右所持品検査に際し強制等のされた事跡も認められない」ので、本件証拠物の押収手続の違法は必ずしも重大であるとはいえない。「これを被告人の罪証に供することが、違法な捜査の抑制の見地に立つてみても相当でないとは認めがた」く、本件証拠物の証拠能力は肯定すべきである。

参 考 文 献

市川正人「刑事手続と憲法 31 条」樋口陽一編『講座・憲法学 第 4 巻』（日本評論社、1994 年）197 頁

井上正仁『捜査手段としての通信・会話の傍受』（有斐閣、1997 年）

大石眞「憲法 35 条解釈の再構成——『住居の不可侵』と適正手続保障との間」同『権利保障の諸相』（三省堂、2014 年）264 頁

大石眞「交通事故の報告義務と黙秘権」同『権利保障の諸相』（三省堂、2014 年）348 頁

憲法的刑事手続研究会『憲法的刑事手続』（日本評論社、1997 年）

香城敏麿「黙秘権侵害による自白」同『憲法解釈の法理』（信山社、2004 年）471 頁

佐伯仁志「二重処罰の禁止について」松尾浩也＝芝原邦爾編『刑事法学の現代的状況』（有斐閣、1994 年）275 頁

第Ⅱ部
第5章　私生活の自由

　自由主義国家において、国民は、公的な存在として公的な活動を営むが、同時に、憲法13条に「すべて国民は、個人として尊重される」と規定されるとおり、個人または家族の一員という私的な存在として、私的な生活を営む自由を享受する。したがって、私生活の領域に対する公権力の介入は原則として禁止され、私生活の領域、とくに住居の不可侵の保障が重要となる。私生活に関する自由には、精神的自由、経済的自由、身体の自由などの性格をあわせもったものが多いため、学説による分類にも諸説があるが、ここでは「私生活の自由」という性格に着目し、通信の秘密、家族の自由、居住の自由（居住移転の自由、外国移住の自由、住居の不可侵）について説明する。

第1節　通信の秘密

1　通信の秘密とは

　憲法21条2項後段は通信の秘密を保障する。このような保障は、自己の意見や感情を自由に伝達しうる環境を整えるためのものであり、同項の「通信」には、郵便、電報、電話、インターネットによる通信などが含まれる。通信の秘密は、表現の自由を保障する憲法21条に盛り込まれているが、諸外国の憲法では表現の自由とは別に保障する例も多い。とくに、私的な通信の秘密の保障は、プライバシーの権利や私生活の自由の保障という観点からも極めて重要なものである。この観点に立つと、通信の秘密の保障は、単に通信内容の秘密に及ぶのみでなく、通信の存否の秘密のほか、誰と、誰が、いつ、どの程度の頻度で、どのような形態で通信を行ったのかといった点についても及ぶと考え

られることになる。

2　通信の秘密の保障内容・範囲

(1) **通信の秘密の保障内容**　憲法21条の通信の秘密の保障は二つの内容をあわせもつ。第一は、通信内容や通信の存在の有無について公権力が調査することを禁止するというものであり、第二は、通信に関する事項の漏洩を禁止するというものである。通信の秘密の保障を実効化するため、従来、国家または公社の独占業務であった郵便及び通信に関して法規制が設けられてきた。今日、これらの業務はすべて民営化されたが、依然として、日本郵便株式会社による郵便物の検閲の禁止（郵便7条）、信書の秘密の侵害の禁止（同8条1項）が法律に規定されているほか、電気通信事業者による通信の検閲の禁止（電通事3条）、通信の秘密の侵害の禁止（同4条1項）なども規定されている。また、郵便物と通信に関して、それぞれ郵便業務従事者と電気通信事業従事者は在職中のみでなく退職後に至るまで「知り得た他人の秘密」を漏洩してはならないと規定されている（郵便8条2項、電通事4条2項）。

(2) **通信の秘密の保障範囲**　通信の秘密の保障は公共の福祉による制約を受けるものであり、現行法でも様々な制約が設けられている。例えば、刑事訴訟法に基づくものとして、被告人の発受する郵便物の裁判所による押収（刑訴100条、222条）、被告人の発受する信書の裁判所による検閲及び制限（同81条）があるほか、破産法に基づく破産者宛の郵便物の開封（破82条1項）、関税法に基づく犯則嫌疑者の郵便物の差押え（関税122条）などがある。これらのうち、とくに郵便物の押収については、必要以上の押収を認めるものであるとの批判も強い。

一方、刑事施設に収容された受刑者・未決拘禁者の信書の発受の制限について、最高裁は、未決拘禁者の信書の発受の制限を定めた旧監獄法及び同法施行規則を合憲としたほか（最一判平成6・10・27）、受刑者の信書の発受の制限についても合憲としている（最二判平成10・4・24）。このような信書の制限について、2005年（平17）以降に法整備が行われ、受刑者については「刑事収容施設及び被収容者等の処遇に関する法律」において刑事施設の長による検査が定められ（刑事収容127条）、未決拘禁者については旧監獄法上の制限が維持された

第Ⅱ部　第5章　私生活の自由

（同 135 条）。

3　電話傍受

　通信の秘密の制約については、刑事捜査における検証令状に基づく電話傍受、つまり電話の通話内容を通話当事者の双方の同意を得ずに傍受することの合憲性が問題とされてきた。刑事訴訟法に規定される検証とは、場所・物・人の性質や形状などを人間の五感を用いて感覚的に認識する捜査手法をさしており、検証の実施には、裁判官の発する令状が必要である（刑訴 218 条）。しかし、検証令状に基づく電話傍受については、①会話の存否や声の高低などを聞き取ることは検証に該当するかもしれないが、電話傍受は会話の意味内容を把握して理解することを目的としているゆえに検証に該当しないこと、②対象者に対する令状の事前呈示が事実上不可能であるうえ事後呈示もできないこと、③対象会話を限定しえないため被疑事実と無関係な会話が記録されうること、といった問題点が指摘されてきた。つぎの電話傍受事件 判例29 は、検証令状に基づく電話傍受について、一定の要件の下での実施を認めた事件である。

判例29　電話傍受事件

（最三決平成 11 年 12 月 16 日刑集 53 巻 9 号 1327 頁）

　事　実　覚せい剤取締法違反の嫌疑で、検証の場所、物、内容、期間、方法を特定しつつも被疑者の氏名を不詳とした検証令状に基づく電話傍受が行われ、Xらが起訴されるに至った。Xは、当時、電話傍受は捜査の手段として法律に定められていない強制処分であるから、それを許可する令状の発付及びこれに基づく電話傍受は憲法 31 条、35 条に違反し、ひいては、憲法 13 条、21 条 2 項に違反すると主張した。

　判　旨　「電話傍受は、通信の秘密を侵害し、ひいては、個人のプライバシーを侵害する強制処分であるが、一定の要件の下では、捜査の手段として憲法上全く許されないものではないと解すべきであ」る。「そして、重大な犯罪に係る被疑事件について、被疑者が罪を犯したと疑うに足りる十分な理由があり、かつ、当該電話により被疑事実に関連する通話の行われる蓋然性があるとともに、電話傍受以外の方法によってはその罪に関する重要かつ必要な証拠を得ることが著しく困難であるなどの事情が存する場合において、電話傍受により侵害される利益

の内容、程度を慎重に考慮した上で、なお電話傍受を行うことが犯罪の捜査上真にやむを得ないと認められるときには、法律の定める手続に従ってこれを行うことも憲法上許される」。

本件については、「電話傍受を直接の目的とした令状は存していなかったけれども」、電話傍受の有する検証としての性質、裁判官の事前審査が可能である点、検証許可状において傍受対象の特定が可能である点などにかんがみると、「一定の要件を満たす場合に、対象の特定に資する適切な記載がある検証許可状により電話傍受を実施することは、本件当時においても法律上許されていたものと解するのが相当であ」り、現に、「本件電話傍受は、前記の一定の要件を満たす場合において、対象をできる限り限定し、かつ、適切な条件を付した検証許可状により行われたものと認めることができる」。

検証令状に基づく通信傍受の問題については、1999年（平11）に組織犯罪捜査を主眼においた通信傍受法が制定され、複数人による組織殺人や薬物・銃器の不正取引に関わる犯罪等の重大犯罪の場合に、裁判官の発行する傍受令状による通信傍受が認められたことで、解消されたといえる。学説では、厳格な要件の下での通信傍受を許容する見解が主流であるが、通信傍受法については、組織犯罪対策の重要性を肯定したとしても、傍受の範囲が広範であること、犯罪と無関係な会話を排除するための措置が不十分であること、事後の救済手段が設けられていないことなどから、同法に基づく通信傍受は憲法21条に違反するとの批判も多い。

4 インターネットと通信の自由

郵便や電話といった古典的な通信手段は、発信者が受信者を特定したうえで当該受信者に何らかの情報を伝えるという構造であり、憲法上の通信の秘密の保障も、このような発信者と受信者とのあいだの情報伝達の秘密を守るという形で理解されてきた。通信の秘密の保障を実効化するために電気通信事業者に課された諸義務（電通事3条、4条1項）も、このような理解の下に存在している。よって、電気通信を用いたインターネット上の情報伝達行為であっても、例えば電子メールのように、秘匿性の下で発信者が特定の受信者に対して情報を伝達する構造のものについては、古典的な通信の秘密の保障が及ぶ。

一方、インターネット上の情報伝達行為のうち、ホームページの開設を通した情報発信や、掲示板・ブログ・SNSなどを用いた情報発信などについては、(不特定多数への公開か制限的な公開かの差はあろうが) 公開が前提となるいわゆる「公然性を有する通信」に当たるため、憲法21条2項の「通信」ではなく、同条1項の「表現」に該当すると考えられている。

インターネット上で発信される情報によって名誉やプライバシーを侵害される事例が増加したことに伴い、2001年(平13)には、法益侵害を受けた者が情報発信者の氏名等の開示を請求することのできる制度が導入されている(特定電通賠責4条)。

第2節　家族の保護

1　婚姻の自由

人間が社会において生活する中で、家族・家庭は最小の共同体単位であり、個人が自らの意思に従って婚姻して家庭を築く権利は、私生活の自由の典型といいうる。自由権規約23条1項では、「家族は、社会の自然かつ基礎的な単位であり、社会及び国による保護を受ける権利を有する」と規定する。日本国憲法は、婚姻の自由そのものを明文で保障した規定を有しないが、婚姻に関して定めた憲法24条が婚姻の自由の保障を前提にしていることから、婚姻の自由は憲法24条によって保障されると理解されている。これに対して、婚姻の自由は憲法13条の幸福追求権に包含されるとする見解もある。

婚姻の自由をめぐり、婚姻のための条件を定めた現行民法の諸規定の合憲性が問題となりうる。これらのうち、近親者間・直系姻族間の婚姻の禁止(民734条)は生物学上の理由等から、重婚の禁止(同732条)は社会慣習上の理由等から、未成年者の婚姻への父母の同意(同737条)は未成年保護の必要性から、それぞれ正当性が主張される。一方、婚姻可能な最低年齢の設定(同731条)については、そのような年齢を設定すること自体は生物学的または社会慣習上の正当性が認められるとしても、男女の年齢差については性別に基づく区別という観点から問題があろう(**第3章**参照、夫婦同氏についても同章参照)。

なお、従来、婚姻は、男と女の間で成立するものとされてきたが、近年、欧米諸国では、同性同士の法律婚についても、婚姻関係を結ぶことの社会的及び個人の人格上の重要性に照らして認める動きが広がっている。日本国憲法24条1項は、婚姻は両性の合意のみに基づき成立すると規定するが、同規定の立法趣旨自体は同性婚を排除するものではないと考えられる。

2　家族と公権力

　家族及び家庭に関する事柄への公権力の介入は、原則として排除される。そこで、子の親権をめぐる民法上の諸規定が問題となる。第一に、民法では、未成年者を父母の親権に服するものとしたうえで（同818条）、家庭裁判所に対し、親権の濫用または著しい不行跡を理由として親権の喪失を宣言する権限を付与する（同834条）。このような制度は、公権力による親子の引離しという性格を有するが、子の生命・健康及び生活環境上の利益をはかるためのやむをえない措置であると考えられる。

　第二に、一方の親権者が子の身柄を確保して、他の親権者への引渡しや面会の要求を拒否するという事態が生じた場合に、公権力の関与の可否及び是非が問題となる。今日、子の引渡しや面会を求める法的手段として、①離婚請求にともなう子の引渡請求（人訴32条）が可能であるほか、親権者が継続して婚姻関係にある場合は、②子の監護に関する処分の請求（家事別表第二3項）、または、③不当に身体を拘束された者に対する人身保護請求（人保2条1項）が可能である。これらのうち①と②は家事事件を扱うための機構が整備された家庭裁判所の管轄であるが、③は地方裁判所の管轄であり、人身の自由に対する公権力による不当な侵害を回復することを目的とした人身保護法に基づく請求であることから、家族問題の解決手段としての妥当性を疑問視する見解も有力である。

　最高裁は、子の引渡しの請求を人身保護請求制度に基づいて行うことの可否につき、幼児も同制度の保護の範囲に含まれるとしたうえで、幼児引渡しの請求を可能であるとした（最大判昭和33・5・28）。さらに、その後の事件では、最高裁はつぎのように述べている。

判例30　人身保護請求事件

（最三判平成 5 年 10 月 19 日民集 47 巻 8 号 5099 頁）

事　実　夫婦関係の悪化にともない、夫が 2 人の子を連れて実家で生活するようになり、妻への子の引渡しを拒否したため、妻は子の人身保護請求を行った。原審は、特段の事情がない限り幼児は母親の下で監護・養育されるのが適切であり、かつ子の福祉に適うものであるという前提に立ったうえで、夫婦間に愛情、監護意欲、居住環境についての大差はないものの妻の方が子に長時間接することができる状況にあること、経済面で妻が劣るもののそれは妻の両親からの支援によって補われうることを指摘して、請求を容認したため、夫が上告した。

人身保護規則（昭和 23 年最高裁判所規則 22 号）
第 4 条　法第 2 条の請求は、拘束又は拘束に関する裁判若しくは処分がその権限なしにされ又は法令の定める方式若しくは手続に著しく違反していることが顕著である場合に限り、これをすることができる。但し、他に救済の目的を達するのに適当な方法があるときは、その方法によつて相当の期間内に救済の目的が達せられないことが明白でなければ、これをすることができない。
（注）　人身保護法 2 条 1 項は、「法律上正当な手続によらないで、身体の自由を拘束されている」本人（被拘束者）及び第三者が被拘束者の救済を請求しうることを規定する。

判　旨　「夫婦の一方（請求者）が他方（拘束者）に対し、人身保護法に基づき、共同親権に服する幼児の引渡しを請求した場合には、夫婦のいずれに監護させるのが子の幸福に適するかを主眼として子に対する拘束状態の当不当を定め、その請求の許否を決すべきである」。

「夫婦がその間の子である幼児に対して共同で親権を行使している場合には、夫婦の一方による右幼児に対する監護は、親権に基づくものとして、特段の事情がない限り、適法というべきであるから、右監護・拘束が人身保護規則 4 条にいう顕著な違法性があるというためには、右監護が子の幸福に反することが明白であることを要するものといわなければならない」。

本件においては、夫婦間で「愛情、監護意欲及び居住環境」に大差はないが、経済面では妻は夫よりも「幾分劣る」。したがって、本件では、夫が子を「監護することがその幸福に反することが明白であるということはできない」。「原審は、右に判示した点を十分に認識して検討することなく、単に……3、4 歳の幼児にとっては父親よりも母親の下で監護・養育されるのが適切であるということから、本件拘束に顕著な違法性があるとしたものであって、右判断には人身保護法 2 条、人身保護規則 4 条の解釈適用を誤った違法があ」る。

本判決は、人身保護法に基づく子の引渡しを制限した判決として位置づけられ、本判決中の「顕著な違法性」ないし「明白」性の要件は以後の判例で具体化が図られている（最三判平成6・4・26）。もっとも、別居中の夫婦間における子の監護権をめぐる問題については、「本来、家庭裁判所の専属的守備範囲に属し、家事審判の制度、家庭裁判所の人的・物的の機構・設備は、このような問題の調査・審判のためにこそ存在する家庭裁判所の家事審判に委ねるべきだ」と述べた 判例30 の可部裁判官の補足意見への支持も根強い。

なお、今日の国際社会では、一方の親権者が子の身柄を一方的に拘束することを奪取または誘拐と位置づけている。とくに国際結婚の破綻に伴い一方の親権者が子を連れて自国に帰国してしまうケースの増加に伴い、1980年に「国際的な子の奪取の民事上の側面に関する条約」（ハーグ条約）が締結され、国境を越えて子の奪取があった場合に子を元の居住国に返還すべきこと等が定められた。日本では、2013年（平25）に同条約が国会で承認されるとともに、子の返還命令のための家庭裁判所における裁判手続等を定めた法律（「国際的な子の奪取の民事上の側面に関する条約の実施に関する法律」）が成立した。

第3節　居住の自由

1　居住・移転の自由

(1)　**居住・移転の自由の性格**　個人や家族の私生活を守るためには、住居に関する諸側面に対する公権力の干渉を排除することが重要であるが、中でも、私生活において自らの意思に従って国内の居所・住所を選ぶという居住・移転の自由は基本的なものである。

居住・移転の自由の保障の位置づけについては、諸説がある。当初は、日本国憲法の居住・移転の自由の保障が、職業選択の自由を保障する22条1項に盛り込まれていることに照らし、これを経済的自由として位置づける見解が一般的であった。一方、今日では、居住・移転の自由を精神的自由の前提条件であるとする見解も有力である。つまり、精神的自由を確実に保障するためには、精神的活動を行う場所に自ら赴く自由が保障されている必要があるうえ、人格

形成には幅広い活動範囲が確保されることが必須だからである。しかし、居住・移転の自由の位置づけについては、先に述べた私生活における住居の不可侵に含まれるものと解するべきであろう。

(2) 居住・移転の自由の内容と制限　居住・移転の自由には、居所を自らの意思で決める自由、その居所に居住する自由、居所を変更する自由などが含まれると考えられている。一時的な移動にすぎない旅行も、居住・移転の自由に含まれるとする説が有力である。

現在、居住・移転の自由は広範に認められているが、一部には制約も存在する。それらのうち、防衛大臣による自衛官の居住場所の指定（自衛55条）については、自ら志願する職業である点及び職務の特殊性ゆえに合理的と考えられており、夫婦の同居義務（民752条）や親権者による子の居所の指定（同821条）についても、家族の性質上合理的とされる。一方、特定の疾患等を理由とした居住・移転の自由の制約については、精神障害による自害または他害のおそれを理由とした措置入院（精神29条）や感染症予防法による措置入院（感染症19条）などがあるが、両者とも適切な手続が法定されていることを踏まえ、措置を行わなかった場合に生じる害悪の発生蓋然性に照らして措置入院は合理的であるとされている。

なお、ハンセン病の伝染予防を目的としてその患者を強制隔離することを定めていた旧らい予防法について、熊本地判平成13年5月11日は、同法立法当時の医学界の認識に照らせば隔離は「予防上の必要を超えて過度な人権の制限を課すものであり、公共の福祉による合理的な制限を逸脱していた」と述べた。同判決では、旧らい予防法の隔離政策は人間の「人生のありとあらゆる発展可能性」を大きく損なうものであって、居住・移転の自由の侵害であるのみならず、憲法13条に基づく人格権の侵害であると位置づけた点も注目される。

2　海外移住の自由

(1) 海外移住の自由　憲法22条2項は外国への移住の自由を保障する。2項の保障には、日本から外国に居所を変更して外国に永住する自由が含まれるが、国外への居住・移転については相手国の受け入れが不可欠であり、受け入れの可否は相手国政府の裁量に委ねられることから、憲法22条2項の保障

は、あくまでも日本国外への居住・移転に対する日本側の公権力による干渉を禁止するものであると考えられている。

(2) 海外渡航の自由　一方、海外旅行などの一時的な海外渡航については、憲法上の根拠をめぐって諸説が対立している。学説・判例では、憲法22条2項の海外移住の自由に含まれるとする解釈が優勢であるが、憲法22条1項の移転の自由に含まれるとする説もある。また、一時的な海外渡航は、居住や移転をともなわないことから、一般的な自由の一つとして憲法13条の幸福追求権に保障されるとする解釈も有力である。

海外渡航の自由の保障との関連で憲法上問題となるのが、日本国の出入国に際して旅券（パスポート）の所持を義務づけつつも（入管60条、61条）、旅券の発行に一定の条件を課すとともに発行済みの旅券の返納命令を認める旅券法の諸規定である。現行の旅券法では、旅券発給拒否の対象者として、「外務大臣において、著しく、かつ、直接に日本国の利益又は公安を害する行為を行うおそれがあると認めるに足りる相当の理由がある者」（旅券13条1項7号）を規定する。同条の発券拒否条件については、国際関係や外交政策的見地からの拒否であれば許容されるとする見解や、重大な犯罪行為の行われる蓋然性が高い場合に限定解釈して許容する見解もあるが、条件が漠然かつ不明確であるゆえに文面上違憲であるとする見解が有力である。この点について最高裁はつぎのように述べている。

判例31　帆足計事件

（最大判昭和33年9月10日民集12巻13号1969頁）

事　実　モスクワ（判決文中ではモスコーと表記）で開催される国際会議に招待された帆足計氏は、1952年（昭27）、外務大臣に対してソビエト連邦に渡航するための一般旅券の発給申請を行ったが、外務大臣は旅券法13条1項5号等（現・7号）の趣旨により発給を拒否した。そこで、帆足氏は、旅券法13条1項5号は憲法22条2項に反し、同号に基づく本件処分は無効であると主張し、国家賠償請求を提起した。

判　旨　「憲法22条2項の『外国に移住する自由』には外国へ一時旅行する自由を含むものと解すべきであるが、外国旅行の自由といえども無制限のままに許されるものではなく、公共の福祉のために合理的な制限に服するものと解すべき

である。そして旅券発給を拒否することができる場合として、旅券法13条1項5号が、『著しく且つ直接に日本国の利益又は公安を害する行為を行う虞があると認めるに足りる相当の理由がある者』と規定したのは、外国旅行の自由に対し、公共の福祉のために合理的な制限を定めたものとみることができ、所論のごとく右規定が漠然たる基準を示す無効のものであるということはできない」。

帆足計氏らは旅券法13条1項5号が合憲であったとしても本件での適用が違法であると主張するが、「日本国の利益又は公安を害する行為を将来行う虞れある場合においても、なおかつその自由を制限する必要のある場合のありうることは明らかであるから、同条をことさら所論のごとく『明白かつ現在の危険がある』場合に限ると解すべき理由はない」。

「占領治下我国の当面する国際情勢の下においては、上告人〔＝帆足計氏〕等がモスコー国際経済会議に参加することは、著しくかつ直接に日本国の利益又は公安を害する虞れがあるものと判断して、旅券の発給を拒否した外務大臣の処分は、これを違法ということはできない旨判示した原判決の判断は当裁判所においてもこれを肯認することができる。……たとえ個人の資格において参加するものであつても、当時その参加が国際関係に影響を及ぼす虞れのあるものであつたことは原判決の趣旨とするところであつて、その判断も正当である」。

帆足計氏が旅券申請を行ったのは1952年（昭27）2月25日であり、判決文中にもある通り、当時の日本が占領治下に置かれていたことに留意する必要がある。最三判昭和60年1月22日では、旅券法13条1項5号の「相当の理由」に基づいて発給拒否する場合について、その理由となる事実関係及び適用法規を明示するよう求めるなど、同号に基づく発給拒否の条件を厳格化した。もっとも、先に述べた通り、学説では、海外渡航に不可欠な旅券の発給を行政府の広範な裁量に委ねる旅券法の規定を違憲とする主張が有力である。

発行済みの旅券の返納命令については、2015年（平27）、シリアへの渡航を計画したカメラマンが、旅券法19条1項4号の「旅券の名義人の生命、身体又は財産の保護」の必要性を理由として旅券の返納を命じられたことに対し、渡航の自由や報道の自由の侵害であるという批判が寄せられている（同年、この命令等の取消しを求める訴訟が東京地裁に提起された）。

(3) **国籍離脱の自由**　　憲法22条2項は国籍離脱の自由を保障する。これは、日本国民が自らの意思で日本国籍を離脱する自由を保障するものであり、

当人が他国の国籍を有することが条件とされる（国籍 11 条、13 条）。国籍は、国家による法的保護の基礎となることから、無国籍の状態となることは認められないと理解されているためである。これを受け、国籍法 11 条は、日本国民が自らの志望で外国の国籍を取得したときに日本国籍を喪失することを定める。

一方、同条は、二重国籍の日本国民が外国籍を選択したときに日本国籍を喪失することも規定する。このような重国籍の禁止は、国家による外交的保護や国家への忠誠義務の観点から当然視されてきたが、近年の国際社会では、人間の国家間移動の活発化や国家間の友好関係の促進といった動きを背景に、重国籍を容認する傾向もみられる。

3 住居の不可侵

これまで述べた通り、個人や家族の私生活の保護のためには、住居に関する諸側面に対する自由の保障が不可欠であるが、中でも、住居そのものに対する公権力の干渉を排除することは重要である。このような住居の不可侵の憲法上の根拠となるのは、住居への侵入を原則的に禁じる憲法 35 条である。同条は、住居の不可侵に関する適正刑事手続を定めたものであるが、そこでは住居の不可侵という実体的権利が当然の前提とされている。そして、住居の不可侵を実体的権利としてとらえた場合、刑事上のみでなく行政上の侵害をも排除するものと解することができる。

もっとも、実体的権利としての住居の不可侵は、すでに述べた通り、刑事手続及び行政手続において制約されることがある。このような制約をめぐる問題点のうち、刑事手続に関しては、**第 4 章**、行政手続に関しては、**第 2 章第 3 節**ですでに説明した。

参 考 文 献

井上典之「判例にみる憲法実体論(2)　憲法 13 条と私生活上の自由」法学セミナー 605 号（2005 年）82 頁

大石眞「『住居の不可侵』保障の再構成」法学教室 205 号（1997 年）48 頁

工藤達朗「憲法における婚姻と家族」赤坂正浩ほか『ファーストステップ憲法』（有斐閣、2005 年）145 頁

米沢広一『子ども・家族・憲法』（有斐閣、1992 年）

第Ⅱ部

第6章　精神的自由

　この章では、思想・良心の自由、信教の自由、表現の自由といった精神的自由を取り上げる。精神的自由は、自分の意見や自分が知っている事実などの情報を他者に伝え、また他者からの様々な情報に接することによって自らの思想や信条を形成していくという人間同士のコミュニケーションを保護しようとするもので、人間が自らの人格を形づくっていくために不可欠な自由である。さらに、国民が政治について自分の考えをもち、それを自由に公表することができるということは、**第Ⅲ部**で検討する民主的な政治の仕組みを維持していくための前提条件であるといえよう。

第1節　思想・良心の自由

1　思想・良心の意義

　憲法19条は、思想・良心の自由を保障している。思想・良心の自由は、精神的自由の母体をなすもので、精神的自由に関する規定の基礎法ともいうべき地位を占める。
　ここでいう「思想」及び「良心」について、「良心」は人の精神作用のうち倫理的側面に、「思想」はそれ以外の側面に関わるものと、一応は区別することができるが、一般には、両者をあえて区別する必要はないとされる。これに対し、両者を区別して、「良心の自由」をもって「信仰（信仰選択）の自由」であるとする見解もあるが、日本国憲法は、信仰の自由に関して、19条とは別に20条の規定をおいているので、そのように解することは適切ではない。
　「思想及び良心」を一体的に理解するとして、つぎに、「思想及び良心の自

由」の保障は、人の内心における精神作用全般を対象とするものなのか（広義説）、それとも、世界や人生あるいは政治に関する根本的な信念のような、人格の核心に関わるものの考え方のみを対象とするのか（狭義説）が問題とされる。これが論議されたのが、つぎの事件である。多数意見がどちらの立場をとるのかは必ずしも明らかではないが、藤田八郎裁判官の反対意見は、前者の立場をとり、田中耕太郎裁判官の補足意見は、後者の立場をとっている。

判例32　謝罪広告事件

（最大判昭和31年7月4日民集10巻7号785頁）

事　実　衆議院議員選挙の際に日本共産党の候補者であったYは、ラジオ・新聞を通じて、対立候補Xが副知事在職中汚職をなした事実を公表した。これに対し、Xは、虚偽の事実の公表によって名誉を毀損されたとして、謝罪文の放送及び掲載を求める訴えを提起し、徳島地裁は、公表された事実が「真実に相違して居り、貴下の名誉を傷け御迷惑をおかけいたしました。ここに陳謝の意を表します」という文面の謝罪広告をYの名で新聞紙上に掲載するよう命じた。高松高裁もこれを全面的に支持したので、Yは、このような謝罪広告の強制は良心の自由を侵害するとして上告した。

判　旨　謝罪広告を命ずる判決は、「単に事態の真相を告白し陳謝の意を表明するに止まる程度のものにあつては、これが強制執行も代替作為として民訴733条〔現・民執172条〕の手続によることを得るものといわなければならない。そして原判決の是認したXの本訴請求は、……Yをして右公表事実が虚偽且つ不当であつたことを広報機関を通じて発表すべきことを求めるに帰する。されば少くともこの種の謝罪広告を新聞紙に掲載すべきことを命ずる原判決は、Yに屈辱的若くは苦役的労苦を科し、又はYの有する倫理的な意思、良心の自由を侵害することを要求するものとは解せられない」。

田中耕太郎裁判官の補足意見　憲法19条の「良心」には、「宗教上の信仰に限らずひろく世界観や主義や思想や主張をもつこと」も含まれるが、「謝罪の意思表示の基礎としての道徳的の反省とか誠実さ」は良心に含まれないから、本件は「憲法19条とは無関係であ」る。

藤田八郎裁判官の反対意見　「憲法19条にいう『良心の自由』とは単に事物に関する是非弁別の内心的自由のみならず、かかる是非弁別の判断に関する事項を外部に表現する自由並びに表現せざるの自由をも包含するものと解すべきであり、……本件のごとき人の本心に反して、事の是非善悪の判断を外部に表現せ

しめ、心にもない陳謝の念の発露を判決をもつて命ずるがごときことは、まさに憲法19条の保障する良心の外的自由を侵犯するものである」。

2　思想・良心の自由の内容

　思想及び良心は、それが人の心の中にとどまる限り、そもそもこれを法的に規制するということは考えられない。そうすると、思想・良心の自由を保障することが具体的にどのような効果をもつのかということが問題となる。

　この点、思想・良心を表現する自由が保障されているという見解、あるいは、思想・良心を理由として差別または不利益な取扱いをされないことが保障されているという見解もあるが、それらの問題はそれぞれ、憲法21条の表現の自由、14条の平等原則の問題として考えれば足りる。

　それゆえ、思想・良心の自由の保障は、思想・良心を告白するよう強制されない自由（沈黙の自由）の保障を意味すると理解すべきであろう。したがって、江戸時代にキリスト教徒を摘発するために行われた踏絵のような行為によって、思想・良心を告白するよう強制することは許されない。さらに、強制をともなわない場合であっても、例えば交友関係や所持品、著作物などからその人の思想・良心を推知することも、思想・良心の自由の侵害となるであろう。なお、最高裁は、麹町中学内申書事件（最二判昭和63・7・15）において、「校内において麹町中全共闘を名乗り、機関紙『砦』を発行した。学校文化祭の際、文化祭粉砕を叫んで他校生徒とともに校内に乱入し、ビラまきを行った。大学生ML派の集会に参加している。学校側の指導説得をきかないで、ビラを配ったり、落書をした」などと内申書に記載したとしても、「思想、信条そのものを記載したものでないことは明らか」であり、「思想、信条を了知し得るものではない」と述べているが、学説上、批判が強い。

　さらに、思想・良心の自由の保障は、自己の思想・良心に反する行為を公権力によって強制されない自由の保障をも含む。外国において徴兵制を採用する場合、一般に良心的兵役拒否の制度が認められるのは、思想・良心の自由に対する配慮によるものである。

3　思想・良心の自由の限界

　自己の思想・良心に反する行為を公権力から強制されない自由が保障されるとしても、政治共同体を維持するために公的な強制や義務づけが必要な場合があることは認めざるをえない。例えば、無政府主義思想を信奉しているからといって、納税の義務を免れることはできないであろう。その意味で、思想・良心の自由にも限界があるということができるが、では、どのような強制や義務づけであれば許されないのだろうか。

　すでに 判例32 でみたように、最高裁は、裁判所による謝罪広告掲載命令（民723条）について、「単に事態の真相を告白し陳謝の意を表明するに止まる程度のもの」であれば、「倫理的な意思、良心の自由を侵害することにはならない」と判示した。これに対し、学説上は、単に事実を明らかにして原告の名誉を回復する処置をとるというのならともかく、被告の意に反して「陳謝」の意までをも表明させることの合憲性は疑わしいという見解も主張されている。

　このほか、不当労働行為（労組7条）に対する救済処分として労働委員会が発する「ポスト・ノーティス命令」（同27条の12参照）について、これがかえって使用者の思想・良心の自由を侵害するのではないかという問題が提起されたことがある。というのは、この命令によって掲示すべきとされる文書には、単に使用者の行為が労働委員会によって不当労働行為と認定されたという事実だけでなく、「再びこのような行為を繰り返さないことを誓約します」「深く陳謝します」といった文言が含まれることがあり、これが使用者に対しその意に反して反省等の意思表明を強制するものではないかとも考えられるからである。

　この問題に関しては、そもそも法人である使用者が良心の自由を享有するのかという指摘もあるが、最高裁は、その点をとくに問題にすることなく、ポスト・ノーティス命令は使用者の行為が不当労働行為と認定されたことを関係者に周知徹底させ、同種行為の再発を抑制しようとする趣旨のものであり、「反省等の意思表明を要求することは、……本旨とするところではない」として、ポスト・ノーティス命令が使用者の良心の自由を侵害するという主張をしりぞけている（横浜医療法人事件に関する最三判平成2・3・6）。

4 公務員関係と思想・良心の自由

(1) 憲法尊重擁護義務と思想・良心の自由　日本国憲法の下にあっては、公務員の勤務関係の規律を維持するのに必要かつ合理的な範囲でその権利を制約することが認められるとしても、公務員の勤務関係にも憲法上の権利保障が及ぶというのが大前提である（**第1章第4節**を参照）。それゆえ、公務員の採用に際して、政党への所属関係や政治信条、過去における政治的活動の有無などを申告させることは、結果的にそれらを理由とする差別的な取扱いがなかったとしても、それ自体、思想・良心の自由の侵害となろう。

ただ、憲法99条は、公務員に対し「憲法を尊重し擁護する義務」を課しており、この義務を具体化するため、現行法上、「日本国憲法又はその下に成立した政府を暴力で破壊することを主張する政党その他の団体を結成し、又はこれに加入した者」は公務員の職に就くことができないものとされ（国公38条5号、地公16条5号）、公務員には、日本国憲法を遵守して職務の遂行にあたる旨の宣誓義務が課されている（国公97条及び職員の服務の宣誓に関する政令。また、地方公務員については、地公31条及び各地方公共団体の職員の服務の宣誓に関する条例を参照）。これらの規定が憲法19条に反しないかは一応問題となりうるが、公務員の憲法尊重擁護義務は憲法自身が定めた義務であり、これらの規定もこの義務を具体化するものである限りにおいては、直ちに違憲とはいえないと解されている。ただ、これらの規定が特定の憲法解釈を前提として運用されるような場合には、思想・良心の自由との関係が問題となろう。

(2) 職務命令と思想・良心の自由　公務員は、「その職務を遂行するについて、法令に従い、且つ、上司の職務上の命令に忠実に従わなければならない」（国公98条1項。また、地公32条も参照）が、ある公務員に対し、その思想・良心に反する行為をすることを内容とする職務上の命令がなされた場合、その職務命令はその公務員の思想・良心の自由を侵害しないだろうか。

この点がしばしば問題とされるのが、公立学校の教職員に対して国歌の斉唱に際し、起立・斉唱等を命じる職務命令と教職員の思想・良心の自由との関係である。というのは、「君が代」の歌詞は、平安時代の古今和歌集や和漢朗詠集に起源をもち、もともとは恋人などの長寿を祈る歌だったといわれるが、明

治時代に国歌として歌われるようになってからは、「天皇陛下のお治めになる御代は、千年も萬年もつづいて、おさかえになりますやうに」という意味で理解されていたからである。なお、今日、政府見解は、「君が代」とは「天皇を日本国及び日本国民統合の象徴とする我が国」のことであり、この歌詞は、そうしたわが国の末永い繁栄と平和を祈念したものだと説明している。

この問題について、下級審レベルでは、「宗教上の信仰に準ずる世界観、主義、主張に基づいて、国旗に向かって起立したくない教職員、国歌を斉唱したくない教職員、国歌のピアノ伴奏をしたくない教職員」もおり、懲戒処分をしてまで起立・斉唱等をさせることは、思想・良心の自由を侵害すると判断した裁判例も存在していた（東京地判平成 18・9・21）。しかし、最高裁は、国歌のピアノ伴奏を命じる職務命令について、憲法 19 条に反するとはいえないと判示している（最三判平成 19・2・27）。

そして、国歌斉唱における起立・斉唱を命じる職務命令が憲法 19 条に反しないかについて最高裁が判断を示したのが、つぎの事件である。

判例33　国歌斉唱事件

（最二判平成 23 年 5 月 30 日民集 65 巻 4 号 1780 頁）

事　実　都立高校の教諭であった X は、卒業式における国歌斉唱の際に起立して国歌を斉唱するよう命ずる校長の職務命令に従わなかった。その後、X は、定年退職に先立ち申し込んだ非常勤嘱託員等の採用選考において、東京都教育委員会から、上記不起立行為が職務命令違反等に当たることを理由に不合格とされた。そこで、X は、本件職務命令は憲法 19 条に違反し、X を不合格にしたことは違法であるとして、国家賠償を求める訴えを提起した。

判　旨　「卒業式等の式典における国歌斉唱の際の起立斉唱行為は、一般的、客観的に見て……慣例上の儀礼的な所作としての性質を有する」から、本件職務命令は X の「歴史観ないし世界観それ自体を否定するもの」ではないし、また、「起立斉唱行為は……特定の思想又はこれに反する思想の表明として外部から認識されるもの」ではないから、「本件職務命令は、特定の思想を持つことを強制したり、これに反する思想を持つことを禁止したりするものではなく、特定の思想の有無について告白することを強要するもの」でもなく、「個人の思想及び良心の自由を直ちに制約するもの」ではない。

もっとも、本件職務命令は、X の歴史観ないし世界観に由来する行動と異な

る外部的行為を求めるものであるから、「当該職務命令が個人の思想及び良心の自由についての間接的な制約となる面があ」ることは否定できず、「このような間接的な制約が許容されるか否かは、職務命令の目的及び内容並びに上記の制限を介して生ずる制約の態様等を総合的に較量して、当該職務命令に上記の制約を許容し得る程度の必要性及び合理性が認められるか否かという観点から判断するのが相当である」。

　本件職務命令は、「卒業式という式典における慣例上の儀礼的な所作として国歌斉唱の際の起立斉唱行為を求めることを内容とするものであって、高等学校教育の目標や卒業式等の儀式的行事の意義、在り方等を定めた関係法令等の諸規定の趣旨に沿い、かつ、地方公務員の地位の性質及びその職務の公共性を踏まえた上で、……教育上の行事にふさわしい秩序の確保とともに当該式典の円滑な進行を図るもの」であるから、「思想及び良心の自由についての間接的な制約となる面はあるものの、職務命令の目的及び内容並びに上記の制限を介して生ずる制約の態様等を総合的に較量すれば、上記の制約を許容し得る程度の必要性及び合理性が認められる」。

5　私人間関係と思想・良心の自由

　憲法19条が保護する利益の侵害は、私人の間でも問題とされることがある。例えば、民間企業であっても、従業員の採用に際して、政党への所属関係や政治信条、過去における政治的活動の有無などを申告させるなどの行為は、原則として許されないものと解するべきであろう。ただし、最高裁は、三菱樹脂事件 判例10 において、使用者側の契約締結の自由を理由に、「労働者の採否決定にあたり、労働者の思想、信条を調査し、そのためその者からこれに関連する事項についての申告を求めること」も違法ではないと判示している。

　また、ある団体が特定の政党・政治団体に寄付するため会員に特別会費の納入義務を課すことが、会員の思想・良心の自由を侵害しないかが問題とされることがある。会員に退会の自由のない強制加入団体によるそのような行為が問題とされた事例として、南九州税理士会事件 判例9 が、営利法人によるそのような行為が問題とされた事例として、八幡製鉄事件 判例8 がある。

第 2 節　信教の自由

1　歴史的背景

　憲法 20 条 1 項前段は、信教の自由を保障している。近代の自由主義は、中世の宗教弾圧に対する抵抗から生まれ、信教の自由を確保する必要から人権宣言が作成されるようになったのだといわれることもある（G. イェリネック）。信教の自由は、このように、歴史上極めて重要な意味を有し、各国憲法のひとしく保障するところである。

　明治憲法も、信教の自由を保障していた（明憲 28 条）。しかしながら、その信教の自由の保障は、安寧秩序を妨げず、臣民の義務に反しない限りで認められていたにすぎなかった。とりわけ昭和期に入ってからは、「神社は宗教にあらず」という論理を逆手にとって、神道形式による国家的儀式への参加を公務員に義務づけることが正当化され、さらには一般市民に対しても神社の参拝などが強制された。

　これに対し、1945 年（昭 20）、連合国軍総司令部（GHQ）は、ポツダム宣言 10 項の趣旨を受けて、「思想、宗教、集会及言論ノ自由ニ対スル制限除去」と題する指令（人権指令）及び「国家神道、神社神道ニ対スル政府ノ保証、支援、保全、監督並ニ弘布ノ廃止」と題する指令（神道指令）を発し、信教の自由の確立を要請した。憲法 20 条及び 89 条の信教の自由及び政教分離原則の規定は、このような経緯の下に生まれたのである。

2　「宗教」の意義

　「信教」というのは、文字通りには「宗教を信じること」をいうが、「信教」の語は、明治憲法の「信教ノ自由」の用例にならったもので、「宗教の自由」という意味で理解してさしつかえない。信教の自由によって保護されるためには「宗教」であることを要するが、憲法上「宗教」とはなんであるかは必ずしも明らかではないし、また、法令上も「宗教」を定義する例はない。

　この点に関し、「憲法でいう宗教とは、『超自然的、超人間的本質（すなわち

絶対者、造物主、至高の存在等、なかんずく神、仏、霊等）の存在を確信し、畏敬崇拝する心情と行為』をいい、個人的宗教たると、集団的宗教たると、はたまた発生的に自然的宗教たると、創唱的宗教たるとを問わず、すべてこれを包含するもの」であるとした裁判例がある（名古屋高判昭和46・5・14）。しかし、この宗教のとらえ方は、有神論的（あるいはユダヤ＝キリスト教的な）宗教観に基づく古典的な定義であって、ユダヤ＝キリスト教的な伝統に属しないもの（例えば、神道、仏教）がこれに含まれるのかどうか疑問があるほか、様々な新宗教が存在する今日、それらをも包含しうる定義であるかどうかも疑わしい。それゆえ、信教の自由により保障される「宗教」は、例えば、「人間の究極的関心事（世界の起源、その中における人間の地位、人間の生命の起源、死の意味といった事柄）に解決を与えると信じられている文化体系」のように広く理解する必要があろう。

3　信教の自由の内容

(1) 信仰の自由　　一般に、信教の自由は、①内心における信仰の自由、②宗教的行為の自由、③宗教的結社の自由から成ると説明される。

まず、内心における信仰の自由とは、人が内心において宗教上の信仰をもち、またはもたない自由を意味する。さらに、信仰の自由には、自己の信仰を告白する自由及び告白しない自由が含まれる。内心における信仰の自由の保障は絶対的であり、信仰を告白するよう強制もしくは推知し、または一定の信仰を受け入れるよう強制することは一切許されない。

(2) 宗教的行為の自由　　宗教的行為の自由とは、信仰の命じる行為を外部に表現された形で行う自由を意味する。一般に、宗教的行為の自由には宗教上の儀式を行う自由、布教宣伝の自由、宗教教育の自由などが含まれると説かれるが、これは宗教的行為の典型的なものをあげたにすぎないのであって、信仰の表れであるあらゆる行為の自由が含まれるものと解さなければならない。

また、宗教的行為の自由には、宗教的行為を行わない自由（消極的宗教的行為の自由）が含まれる。憲法20条2項が「何人も、宗教上の行為、祝典、儀式又は行事に参加することを強制されない」と定めているのは、信教の自由に消極的な宗教的行為の自由が含まれることからすれば、当然のことを定めている

にすぎない。ただ、先に触れたように、戦時中に神社参拝などの強制が行われたという過去の経験にかんがみて、とくにこの規定が設けられたのである。

(3) 宗教的結社の自由　最後に、信教の自由には、宗教的結社の自由が含まれる。宗教的結社の自由とは、個人が宗教団体を設立する自由・設立しない自由、宗教団体に加入する自由・加入しない自由、宗教団体の成員にとどまる自由・宗教団体から脱退する自由を意味するほか、宗教団体がその内部的な事柄につき自律的に決定・処理する自由を意味する（最後の点について、**第Ⅲ部第6章第4節**も参照）。

なお、「宗教的結社」ないし「宗教団体」とはなにかについて、宗教法人法は、「宗教の教義をひろめ、儀式行事を行い、及び信者を教化育成することを主たる目的とする」団体であって、「礼拝の施設を備える神社、寺院、教会、修道院その他これらに類する団体」または「団体を包括する教派、宗派、教団、教会、修道会、司教区その他これらに類する団体」であると定義している（宗法2条）。ただ、宗教法人法によるこの定義は、法人格の付与という同法の目的に即した定義であって、憲法上の「宗教団体」はこれよりも広い概念であると解され、したがって、宗教法人法の「宗教団体」ではないが憲法上は「宗教団体」であると認められる団体もありうる。

4　信教の自由の限界

このように、信教の自由の保障は、信仰とその信仰が命じる行為との密接な関連ゆえに、宗教的行為にも及ぶ。しかし、宗教的行為は、内心にとどまらない外部的な表れであるがゆえに、他の自由権の行使と同様に、「公共の福祉」（憲13条）による制約を受ける。なお、自由権規約18条も、「宗教又は信念を表明する自由」が「公共の安全、公の秩序、公衆の健康若しくは道徳又は他の者の基本的な権利及び自由を保護するために必要な」制限に服することを定めている。

この点に関わる判例として、加持祈禱（きとう）事件（最大判昭和38・5・15）がある。本件は、真言宗の僧侶が、少女の精神障害の平癒のため加持祈禱を行ったが、祈禱開始から約4時間後に少女が急性心臓麻痺で死亡したため、傷害致死罪（刑205条）で起訴された事例である。僧侶は、本件祈禱行為は宗教活動である

と主張していたが、最高裁は、「信教の自由の保障も絶対無制限のものではな」く、「一種の宗教行為としてなされたものであったとしても、それが……他人の生命、身体等に危害を及ぼす違法な有形力の行使に当るものであり、これにより被害者を死に致したものである以上、被告人の右行為が著しく反社会的なものであることは否定し得ないところであって、憲法20条1項の信教の自由の保障の限界を逸脱したものというほかはな」いと判示している。

このように傷害致死といった著しく反社会的な結果を招くような宗教的行為を処罰の対象とすることがやむをえないということには異論がないとしても、はたして処罰の対象とすることが許されるのかどうか、慎重な判断を必要とする場合も少なくない。

牧会活動事件（神戸簡判昭和50・2・20）は、キリスト教の牧師が、建造物侵入・兇器準備集合等の事件の犯人として警察が捜査中であった高校生2名を教会施設に宿泊させたところ、犯人蔵匿罪（刑103条）で起訴された事例である。この事件で裁判所は、本件の牧会行為は、「礼拝の自由にいう礼拝の一内容」をなし、「専ら被告人を頼って来た両少年の魂への配慮に出た行為」であって、その目的・手段とも相当なものであったことから、「全体として法秩序の理念に反するところがなく、正当な業務行為として罪とならない」と判断している。

5　信教の自由と政教分離原則との調整

信教の自由は、**第3節**で説明する政教分離原則との関係が問題とされることがある。つまり、国家がすべての者に対し一定の行為を命令または禁止する規制を定めたとき、その規制によって信教の自由（消極的または積極的な宗教的行為の自由）が侵害されると主張する者に対してのみ、その規制の適用を免除するならば、それは、特定の宗教を信仰する者だけを特別扱いすることになり、政教分離原則に反するのではないかという問題が提起されるのである。

ただ、後にみるように（**第3節2**を参照）、憲法は、宗教を否定する無神論的な世界観に立っているわけではなく、宗教がわれわれの社会生活において道徳や基本的な価値観を提供しているという、その社会的価値の承認を大前提としている（その法律上の表現として、教基15条1項を参照）。それゆえ、信教の自由と政教分離原則とが対立するときには信教の自由に配慮して政教分離原則を後

退させる必要がある場合があることを認めなければならない。このことは、刑事施設や病院といった閉鎖的な公的施設で生活する者が宗教活動を希望する場合には、とくに問題となる。例えば、刑事施設で行われる宗教教誨の活動（刑事収容68条）も政教分離原則を理由に許されないとすることは、かえって被収容者の信教の自由を必要最小限度以上に制約することにならないだろうか。

そして、公立学校における信教の自由と政教分離原則との関係が争われたものとして、つぎの事例がある。

判例34　剣道受講拒否事件

（最二判平成8年3月8日民集50巻3号469頁）

事　実　神戸市立工業高等専門学校に在学していた生徒Xは、自らが信じる「エホバの証人」の教義によって格技が禁じられていることを理由に、体育科目の履修において剣道実技に参加することを拒否したところ、必修である体育科目の単位を取得できず、2年続けて原級留置の処分を受けた結果、学則等に従い退学処分を受けた。そこで、Xは、信仰に反する剣道実技への参加を強制し、なんら代替措置をとることなく原級留置・退学の処分をしたことは信教の自由を侵害すると主張して、それらの処分の取消しを求める訴えを提起した。

判　旨　「高等専門学校においては、剣道実技の履修が必須のものとまではいい難」い。他方、「Xが剣道実技への参加を拒否する理由は、Xの信仰の核心部分と密接に関連する真しなもので」、「Xは、信仰上の理由による剣道実技の履修拒否の結果として、他の科目では成績優秀であったにもかかわらず、原級留置、退学という事態に追い込まれたものというべきであり、その不利益が極めて大き」く、本件各処分は、「Xがそれらによる重大な不利益を避けるためには剣道実技の履修という自己の信仰上の教義に反する行動を採ることを余儀なくさせられるという性質を有するものであった」。

「他の学生に不公平感を生じさせないような適切な方法、態様による代替措置を採ること」もできたのであって、「代替措置を採ることによって神戸高専における教育秩序を維持することができないとか、学校全体の運営に看過することができない重大な支障を生ずるおそれがあったとは認められない」。

「代替措置として、例えば、他の体育実技の履修、レポートの提出等を求めた上で、その成果に応じた評価をすることが、その目的において宗教的意義を有し、特定の宗教を援助、助長、促進する効果を有するものということはできず、他の宗教者又は無宗教者に圧迫、干渉を加える効果があるともいえ」ず、憲法20条

3項に違反するということはできない。

「退学処分をしたという上告人〔＝学校長〕の措置は、考慮すべき事項を考慮しておらず、又は考慮された事実に対する評価が明白に合理性を欠き、その結果、社会観念上著しく妥当を欠く処分をしたものと評するほかはなく、本件各処分は、裁量権の範囲を超える違法なものといわざるを得ない」。

現行法上も、社会生活における宗教の意義や価値を尊重して、信教の自由に配慮をしている規定は多い。例えば、民事執行法は、「差し押さえてはならない」動産として「仏像、位牌その他礼拝又は祭祀に直接供するため欠くことができない物」をあげ（民執131条。税徴75条も参照）、建築基準法は、「神社、寺院、教会その他これらに類するもの」はいずれの用途地域においても建築することができるものと定めている（建基48条及び別表第二）。また、刑事訴訟法は、「宗教の職に在る者又はこれらの職に在った者」が「業務上委託を受けたため知り得た事実で他人の秘密に関するもの」について証言を拒むことを認めている（刑訴149条。また、民訴197条及び議院証言4条2項も参照）。

さらに、信教の自由と政教分離原則との合理的な調整が求められた事例として、砂川政教分離訴訟（空知太神社事件） 判例98 も参照されたい。

6 宗教的人格権

信教の自由とは異なる権利として、「宗教的人格権」という権利が主張されることがある。宗教的人格権は、しばしば「静謐（せいひつ）な宗教的環境の下で信仰生活を送るべき法的利益」という意味で用いられるが、要するに、信教の自由が強制による直接的な自由の侵害から国民を守ろうとするものであるのに対し、「間接的にも圧迫を受けない利益」を主張しようとするものである。その意味で、宗教的人格権の主張は、宗教的自由の内容をもっと広く考えようという主張だという説明がなされる。

この宗教的人格権の主張が初めてなされたのが、つぎの事件である。

判例35 自衛官合祀事件

（最大判昭和63年6月1日民集42巻5号277頁）

事　実　キリスト教の信仰者である原告は、自衛隊員の夫が公務中の事故によ

り死亡した後、夫の遺骨を教会の納骨堂に納め、キリスト教の信仰の下に生活していた。ところが、自衛隊の外郭団体である隊友会山口県支部連合会は、夫を含む殉職自衛隊員27名について山口県護国神社の祭神として合祀するよう要望し、自衛隊山口地方連絡部職員の支援を得て、合祀を申請し、原告が合祀を断る旨を申し出たにもかかわらず、祭祀が斎行された。そこで、原告は、隊友会及び国を相手として、政教分離原則違反・宗教的人格権の侵害を理由に精神的損害の賠償を求める訴訟を提起した。第一審は、宗教的人格権は「静謐な宗教的環境の下で信仰生活を送るべき利益」として法的に保護されるべき利益であり、これに対する侵害があったとして、損害賠償請求を認容し、控訴審判決もこれをほぼそのまま支持していた。

（判旨）「人が自己の信仰生活の静謐を他者の宗教上の行為によつて害されたとし、そのことに不快の感情を持ち、そのようなことがないよう望むことのあるのは、その心情として当然であるとしても、かかる宗教上の感情を被侵害利益として、直ちに損害賠償を請求し、又は差止めを請求するなどの法的救済を求めることができるとするならば、かえつて相手方の信教の自由を妨げる結果となるに至ることは、見易いところである。信教の自由の保障は、何人も自己の信仰と相容れない信仰をもつ者の信仰に基づく行為に対して、それが強制や不利益の付与を伴うことにより自己の信教の自由を妨害するものでない限り寛容であることを要請しているものというべきである。このことは死去した配偶者の追慕、慰霊等に関する場合においても同様である。何人かをその信仰の対象とし、あるいは自己の信仰する宗教により何人かを追慕し、その魂の安らぎを求めるなどの宗教的行為をする自由は、誰にでも保障されているからである。原審が宗教上の人格権であるとする静謐な宗教的環境の下で信仰生活を送るべき利益なるものは、これを直ちに法的利益として認めることができない性質のものである」。

　そもそも、宗教的人格権の主張は、憲法13条などから導き出される基本的人権としての主張なのか、それとも、民法上の人格権の一つとしての主張なのか自体、必ずしも明確ではない。さらに、この主張は、間接的に圧迫を受けない利益までをも宗教的人格権の内容に含めようとした結果、この権利によって保護されるべき利益の内容が非常に曖昧なものとなってしまっている。そのため、この事件にみられるように、最高裁も、宗教的人格権の侵害を理由とする損害賠償請求を認めたことはない。

宗教的人格権（あるいは、これに類似する権利）は、その後も、いくつかの裁判で主張されている。例えば、中曾根康弘元首相による靖国神社公式参拝が違憲であると争われた訴訟（大阪高判平成4・7・30）では、当該公式参拝によって、「故人に対し、他人から干渉を受けない静謐の中で、様々な感情と思考を巡らせる自由」あるいは「自己の宗教的、非宗教的立場において、他人から干渉・介入を受けない中で、死を意味づけ、故人に対する思いを巡らせる自由」が侵害されたという主張がなされている。しかし、大阪高裁は、首相の公式参拝が政教分離原則に違反する疑いが強いとしつつも、そのような自由は「法律上保護された具体的権利・利益とは認め難い」として、請求を認めなかった。

また、小泉純一郎元首相の靖国神社参拝が違憲であるとして争われた訴訟（最二判平成18・6・23）でも、「戦没者が靖国神社に祀られているとの観念を受け入れるか否かを含め、戦没者をどのように回顧し祭祀するか、しないかに関して（公権力からの圧迫、干渉を受けずに、）自ら決定し、行う権利ないし利益」が侵害されたという主張がなされたが、最高裁は、「他人が特定の神社に参拝することによって、自己の心情ないし宗教上の感情が害されたとし、不快の念を抱いたとしても、これを被侵害利益として、直ちに損害賠償を求めることはできない」と、そのような主張をしりぞける判決を下している。

7 信教の自由と宗教法人

法人という制度は、自然人以外のもの（団体・財産）に、その独自の社会的価値を認め、一定の範囲で法律上の権利義務の主体とする法的技術であるが、宗教団体もまた、この制度を利用することができる。つまり、「宗教団体が、礼拝の施設その他の財産を所有し、これを維持運用し、その他その目的達成のための業務及び事業を運営することに資するため、宗教団体に法律上の能力を与えること」を目的として宗教法人法が制定され、宗教団体は同法に従って法人格を取得し宗教法人となることができる。

しかしながら、宗教法人は、「公共の福祉」に反する違法な活動を行ってはならないことはいうまでもないほか、法人という制度を利用しようとする限り、その組織・運営などについて法人制度にともなう枠組みに従わなければならない。実際、宗教法人法81条1項は、裁判所による宗教法人の解散命令の制度

を定め、宗教法人が、「法令に違反して、著しく公共の福祉を害すると明らかに認められる行為をしたこと」（1号）のほか、「宗教の教義をひろめ、儀式行事を行い、及び信者を教化育成する」（宗法2条）という「宗教団体の目的を著しく逸脱した行為をしたこと」（2号前段）を解散事由として掲げている。

この解散命令制度の合憲性が問題となったのが、つぎの事件である。

判例36　宗教法人オウム真理教解散事件

（最一決平成8年1月30日民集50巻1号199頁）

事　実　いわゆる松本サリン事件及び地下鉄サリン事件の捜査過程において、宗教法人Yの代表役員及びその幹部が、不特定多数の者を殺害する目的で毒ガスであるサリンの大量生成を企てたことが判明した。そこで、検察官及び東京都知事は、当該行為が殺人予備行為であり、宗教法人法81条1項1号及び2号前段所定の解散命令事由に該当するとして、Yの解散を申し立てた。

判　旨　「〔宗教法人〕法による宗教団体の規制は、専ら宗教団体の世俗的側面だけを対象とし、その精神的・宗教的側面を対象外としているのであって、信者が宗教上の行為を行うことなどの信教の自由に介入しようとするものではな」く、「解散命令は、信者の宗教上の行為を禁止したり制限したりする法的効果を一切伴わない」。

もっとも、「宗教法人に関する法的規制が、信者の宗教上の行為を法的に制約する効果を伴わないとしても、これに何らかの支障を生じさせることがあるとするならば、憲法の保障する精神的自由の一つとしての信教の自由の重要性に思いを致し、憲法がそのような規制を許容するものであるかどうかを慎重に吟味しなければならない」。

「宗教法人の解散命令の制度は、……宗教団体や信者の精神的・宗教的側面に容かいする意図によるものではなく、その制度の目的も合理的であるということができる」。そして、「Yの右のような行為に対処するには、Yを解散し、その法人格を失わせることが必要かつ適切であり、他方、解散命令によって宗教団体であるオウム真理教やその信者らが行う宗教上の行為に何らかの支障を生ずることが避けられないとしても、その支障は、解散命令に伴う間接的で事実上のものであるにとどまる。したがって、本件解散命令は、宗教団体であるオウム真理教やその信者らの精神的・宗教的側面に及ぼす影響を考慮しても、Yの行為に対処するのに必要でやむを得ない法的規制であるということができる。また、本件解散命令は、法81条の規定に基づき、裁判所の司法審査によって発せられたもので

あるから、その手続の適正も担保されている」。

それゆえ、「本件解散命令及びこれに対する即時抗告を棄却した原決定は、憲法20条1項に違背するものではない」。

第3節　政教分離原則

1　政教関係の類型と日本国憲法

「政教分離」という語は、法令上の用語ではなく、憲法のみならず、どの法令でもこの語を用いる例はない。政教分離原則が何と何とを分離しようとする原則なのかについて、わが国では時として、「国家と宗教との分離」、さらには「政治と宗教との分離」が語られることがある。しかし、「政治」や「宗教」といった営みあるいは現象は、社会的な意味づけによって「政治」「宗教」のいずれでもありうるし、両者の要素を同時にもつこともあるのであって（例えば、宗教上の信念から戦争に反対するのは、「宗教」だろうか、それとも「政治」だろうか？）、両者を制度として分離することはできない。

それゆえ、「政教分離」という語は、国家（政権）という制度と宗教団体（教権）という制度との分離を意味するものとして理解すべきであろう。この点、有力な見解は、「国家と宗教との分離」を前提としつつも、政教分離原則にいう「宗教」を、「何らかの固有の教義体系を備えた組織的背景をもつもの」であると限定的にとらえている。この見解は、実質的には、政教分離原則を「国家と宗教団体との分離」ととらえる考え方であるといえよう。

信教の自由の保障が立憲主義諸国の普遍的な憲法原理であるのに対し、政教分離原則は、必ずしも普遍的なものではない。立憲主義諸国においても、国家と宗教団体との関係を憲法上どのように定めるかについては、①ある特定の宗教団体を国教会として定める国教型（イギリス）、②国教会の存在は認めないが、国家と宗教団体との間に一定の協力関係を維持する公認宗教型（ドイツ、イタリア）、③国家と宗教団体の分離を徹底しようとする政教分離型（アメリカ、フランス）、という三つの類型がありうる。

わが国の場合、明治憲法の下で、「国家神道」が事実上の国教の地位に置かれ、神社参拝が「臣民タルノ義務」(明憲28条)として強制されるということがあった。そうした明治憲法時代の経験を踏まえて、日本国憲法には、国・地方公共団体による宗教的活動(憲20条3項)、宗教団体に対する特権付与・宗教団体による政治上の権力の行使(同条1項後段)、宗教団体に対する公金支出・財産供用(同89条)を禁止する規定が設けられており、一般に、日本国憲法は政教分離型を採用しているといわれる。

2 政教分離原則の内実

一口に政教分離原則を採用するといっても、宗教に対してどのようなスタンスをとるかによって、その具体的なあり方は違ってくる。この点、政教分離原則は「国家の非宗教性ないし宗教的中立性を意味する」という説明がなされることがある。しかし、国家の「宗教的中立性」が、複数の宗教が存在することを前提とし、すべての宗教団体に対する平等な取扱いを国家に要求する原理であるのに対し、国家の「非宗教性」は、国家生活からあらゆる宗教的要素を取り除くことを要求する原理であって、両者は区別されるべきものである。

そうすると、日本国憲法が政教分離原則を採用しているというとき、国家の「宗教的中立性」と「非宗教性」のどちらを前提としているのかが問われることになるが、「非宗教性」という原理は、場合によっては信教の自由を抑圧する原理として機能することもあり(例えば、無神論的国家観を標榜した旧ソビエト連邦では、宗教や教会は弾圧または常時監視・統制の対象とされた)、日本国憲法の政教分離規定を解釈する際、これを前提とすることはできないであろう。日本国憲法は、信教の自由を基本的人権として保障していることからも分かるように、宗教というものが人間にとって有する価値を認め、宗教を尊重する立場をとっているからである。

3 政教分離規定の法的性格

政教分離規定の法的性格については、大きく、個人の人権を保障したものと解する説(人権説)と客観法規定と解する説とがあり、後者はさらに、政教分離原則はいわゆる「制度的保障」を定めたものであると解する説(制度的保障

説）と、政教分離原則は個人の信教の自由を完全なものにすることに向けられた制度であると解する説（制度説）とに分けられる。

人権説は、信教の自由の保障は間接的な圧迫をも排除することによって初めて完全なものになるから、政教分離規定は「信仰に関し間接的にも圧迫を受けない権利を保障したもの」であると説くが、人権としての政教分離の具体的内容が明らかでなく、信教の自由との関係も明らかでないという批判がある。

制度的保障説は、かつて通説の地位を占めた考え方であって、後述の津地鎮祭事件最高裁判決 判例37 もこの立場に立っている。しかし、この見解に対しては、近時、国家と宗教団体が結びつく制度の創設を禁ずることにその趣旨をもつ政教分離原則をもって、制度的保障であると解することは適切ではないという批判がなされている。

結局、判例は、政教分離原則が「国家と宗教との分離を制度として保障することにより、間接的に信教の自由の保障を確保」するものであるという意味で、「制度的保障」の語を用いているにすぎないように思われる。そうだとすれば、わざわざ「制度的保障」という概念を用いる必要はなく、有力な見解が説くように、政教分離原則は個人の信教の自由の保障を完全なものにすることに向けられた制度であると理解すれば十分であろう。

4 国及びその機関による宗教的活動の禁止

(1) 完全分離説と限定分離説　憲法20条3項は、国及びその機関が宗教教育その他の宗教的活動をすることを禁止している。ここで「宗教教育」とは、特定の宗教・宗派の布教・宣伝を目的とする教育を意味する（教基15条2項、社教23条2項参照）。一般に、宗教教育は広い意味では、宗派教育・宗教的情操教育・宗教知識教育を含むものとして理解されるが、ここで禁止される「宗教教育」は宗派教育を指すのであって、宗教的情操教育・宗教知識教育までもが禁止されるわけではない。

「宗教的活動」については、特定の宗教・宗派に属する固有の儀式・行事などを執り行うことがこれに当たることはいうまでもないが、一般に、特定の宗教団体によって行われる活動に関与する行為を広く意味するものと解されている。

そして、憲法が「いかなる宗教的活動も」(傍点筆者)という、いわば絶対的な文言を用いていることから、この点を重視して、公権力は宗教と一切関わり合いをもつことができないと説く見解(完全分離説)も存在する。

しかし、**第2節**で触れたように、政教分離原則を機械的に適用した場合、かえって信教の自由が損なわれることがあるほか、常識に反する結果を招くことがある。もともとは特定の宗教に由来するとしても、今となっては一般人にそれを感じさせない程度までに習俗化している行為(例えば、学校の教室にクリスマス・ツリーを飾るような場合)や、公的地位にある者が習俗的側面の強い宗教色のある儀式や葬祭に社会的儀礼の範囲内で参加する行為(例えば、知事・市長などが仏式の葬儀に参列するような場合)までもが政教分離原則によって禁止されていると考えるのは、明らかにいきすぎであろう。また、社寺などの祭礼に際して道路などの混雑を整理するために公的機関が活動することも、これが憲法上禁止されていると考えるのは、適切さを欠くものと思われる。したがって、憲法20条3項の規定は、国民生活の社会的・文化的な諸条件に照らして一定の緩和解釈を行うことが必要であろう(限定分離説)。

(2) 目的効果基準 限定分離説の考え方に立つ場合、憲法上国またはその機関に禁じられる「宗教的活動」とはどのような行為かが問われることになる。この問題に関するリーディング・ケースが、つぎの事件である。

判例37 津地鎮祭事件

(最大判昭和52年7月13日民集31巻4号533頁)

事 実 津市は、神式に則り市体育館の起工式(地鎮祭)を挙行し、神官への謝礼などの費用として7663円を公金から支出した。市議会議員であった原告は、市の行為が憲法20条、89条に違反するとして、地方自治法242条の2(住民訴訟。2002年〔平14〕改正前のもの)に基づき市長に対し、損害賠償を求める訴えを提起した。控訴審は、本件起工式は憲法20条3項にいう宗教的活動に当たり違憲であると判断していた。

判 旨 「政教分離規定は、いわゆる制度的保障の規定であつて、信教の自由そのものを直接保障するものではなく、国家と宗教との分離を制度として保障することにより、間接的に信教の自由の保障を確保しようとするものである」。しかし、「現実の国家制度として、国家と宗教との完全な分離を実現することは、

実際上不可能に近い」。「政教分離原則は、国家が宗教的に中立であることを要求するものではあるが、国家が宗教とのかかわり合いをもつことを全く許さないとするものではなく、宗教とのかかわり合いをもたらす行為の目的及び効果にかんがみ、そのかかわり合いが右の諸条件に照らし相当とされる限度を超えるものと認められる場合にこれを許さないとするものである」。

憲法20条3項にいう宗教的活動とは、「およそ国及びその機関の活動で宗教とのかかわり合いをもつすべての行為を指すものではなく」、「当該行為の目的が宗教的意義をもち、その効果が宗教に対する援助、助長、促進又は圧迫、干渉等になるような行為をいう」。ある行為が宗教的活動に該当するか否かの検討にあたっては、「当該行為の外形的側面のみにとらわれることなく、当該行為の行われる場所、当該行為に対する一般人の宗教的評価、当該行為者が当該行為を行うについての意図、目的及び宗教的意識の有無、程度、当該行為の一般人に与える効果、影響等、諸般の事情を考慮し、社会通念に従つて、客観的に判断しなければならない」。

本件起工式は、「その目的は建築着工に際し土地の平安堅固、工事の無事安全を願い、社会の一般的慣習に従つた儀礼を行うという専ら世俗的なものと認められ、その効果は神道を援助、助長、促進し又は他の宗教に圧迫、干渉を加えるものとは認められないのであるから、憲法20条3項により禁止される宗教的活動にはあたらない」。

本件で、最高裁は、国及びその機関の行為が憲法20条3項によって禁止された「宗教的活動」に当たるかどうかを判断する基準として、「目的効果基準」と呼ばれる基準を採用した。つまり、憲法上、宗教との関わり合いをもつすべての行為が国及びその機関に禁止されるわけではなく、禁止されているのは、「当該行為の目的が宗教的意義をもち、その効果が宗教に対する援助、助長、促進又は圧迫、干渉等になるような行為」に限られるという考え方である。この考え方は、その後、自衛官合祀事件 判例35 、箕面忠魂碑事件 判例39 、愛媛玉串料事件 判例38 でも用いられている。

(3) 目的効果基準の厳格適用 しかし、目的効果基準に対しては、政教分離規定の違反の有無を判断する基準としては曖昧にすぎるのではないかという批判、あるいは、目的効果基準そのものは正しいとしても、最高裁の適用の仕方が緩やかにすぎるのではないかという批判がなされてきた。

第3節　政教分離原則

それに対し、目的効果基準を厳格に適用したといわれるのが、つぎの事件である。

判例38　愛媛玉串料事件

(最大判平成9年4月2日民集51巻4号1673頁)

事　実　愛媛県は、Yが同県知事であった1981年（昭56）から1986年（昭61）までの間に、靖国神社に対して、春秋の例大祭の際に玉串料、献灯料の名目で13回にわたり合計7万6000円を公金から支出し、また、愛媛県護國神社で行われる春秋の慰霊大祭に際し、供物料の名目で、財団法人愛媛県遺族会に対し、9回にわたり合計9万円を公金から支出した。なお、供物料は、県遺族会から県護国神社に献納されている。これに対し、愛媛県の住民であるXらは、この支出行為が憲法20条3項及び89条に違反する違法なものであるとして、地方自治法242条の2（2002年〔平14〕改正前のもの）に基づき、住民訴訟を提起した。

判　旨　（政教分離原則の意義、目的効果基準について、津地鎮祭事件 判例37 、自衛官合祀事件 判例35 の各最高裁判決を引用して詳述したうえで、）「玉串料及び供物料は、例大祭又は慰霊大祭において……宗教上の儀式が執り行われるに際して神前に供えられるものであり、献灯料は、これによりみたま祭において境内に奉納者の名前を記した灯明が掲げられるというものであって、いずれも各神社が宗教的意義を有すると考えていることが明らかなものである」。そして、「一般人が本件の玉串料等の奉納を社会的儀礼の一つにすぎないと評価しているとは考え難い」。「また、本件においては、県が他の宗教団体の挙行する同種の儀式に対して同様の支出をしたという事実がうかがわれないのであって、県が特定の宗教団体との間にのみ意識的に特別のかかわり合いを持ったことを否定することができない。これらのことからすれば、地方公共団体が特定の宗教団体に対してのみ本件のような形で特別のかかわり合いを持つことは、一般人に対して、県が当該特定の宗教団体を特別に支援しており、それらの宗教団体が他の宗教団体とは異なる特別のものであるとの印象を与え、特定の宗教への関心を呼び起こすものといわざるを得ない」。

「県が本件玉串料等を靖國神社又は護國神社に前記のとおり奉納したことは、その目的が宗教的意義を持つことを免れず、その効果が特定の宗教に対する援助、助長、促進になると認めるべきであり、……憲法20条3項の禁止する宗教的活動に当たると解するのが相当である」。

この事件は、政教分離原則違反が争われた裁判で、最高裁が違憲判決を下した初めての事例である。本件では、最高裁の裁判官の中からも、目的効果基準に批判的な意見が示されたが、多数意見は、津地鎮祭事件 判例37 以来の目的効果基準を用いながらも、この基準を厳格に適用することによって違憲の結論に至った。ただ、反面で、この判決に対しては、津地鎮祭事件で最高裁自身が掲げた四つの考慮要素との関係が明らかではないという批判もある。

このほか、国及びその機関の行為が憲法上禁止された「宗教的活動」に当たるのではないかが争われる場面として、内閣総理大臣による靖国神社（公式）参拝の合憲性の問題があるが、この問題について最高裁が憲法判断を行ったことはない。ただ、下級審の裁判例の中には、傍論（**第Ⅲ部第6章第5節❸(10)を参照**）としてではあるが、中曽根元首相による公式参拝について違憲の疑いが強いと述べたものがある（大阪高判平成4・7・30）。また、大阪高判平成17年9月30日及び福岡地判平成16年4月7日も、小泉元首相による参拝について、同じく傍論としてではあるが、憲法20条3項に違反すると述べている（この問題については、**第2節**も参照）。

さらに、現天皇の皇位継承にともなって行われた即位の礼及び大嘗祭に県知事や県議会議長が参列した行為の合憲性が争われた訴訟がある。この問題に関し、最高裁は、天皇の即位に祝意を表す目的で社会的儀礼として即位の礼・大嘗祭に参列する行為は憲法20条3項で禁止された「宗教的活動」に当たらないと判示している（最一判平成14・7・11及び最二判平成16・6・28）。

最後に、市長が神社の大祭奉賛会の発式会に出席して祝辞を述べた行為について、最一判平成22年7月22日は、市長としての社会的儀礼を尽くす目的で行われ、儀礼的行為の範囲にとどまる態様のものであったとして、憲法20条3項に反しないと判示している。

5 　特権付与の禁止

(1) 宗教団体の意義　憲法20条1項後段は、宗教団体への特権付与を禁止している。「特権」とは、一般の国民・団体には認められない特別の利益・地位をいう。ここでいう「宗教団体」と憲法89条前段の「宗教上の組織若しくは団体」との関係について、後者を「宗教の信仰・礼拝ないし普及を目的と

する事業ないし活動」と広くとらえる見解もあるが、両者はともに、宗教法人法上の「宗教団体」(**第2節**を参照)に限らず、宗教活動を行うことを目的として設立された団体を意味するものと理解すればよいであろう。

そして、遺族会が「宗教団体」、「宗教上の組織若しくは団体」に当たるかどうかが争われ、最高裁がそれらの意味を初めて明らかにしたのが、つぎの事件である。

判例39　箕面忠魂碑事件

(最三判平成5年2月16日民集47巻3号1687頁)

事　実　大阪府箕面(みのお)市は、小学校の増改築工事に際して、市遺族会が所有管理する忠魂碑を移転する必要が生じたので、移転用地として7882万円で土地を購入し、忠魂碑を移設するとともに、この土地を遺族会に無償で貸与した。これに対し、同市の住民が市長らを相手に、本件忠魂碑の移設及び敷地の貸与は憲法20条、89条に違反するとして、地方自治法242条の2 (2002年〔平14〕改正前のもの) に基づく住民訴訟を提起した。

判　旨　憲法20条3項に関して、箕面市による土地の購入、旧忠魂碑の移設・再建、市遺族会への土地の無償貸与は、「いずれも、その目的は、小学校の校舎の建替え等のため、公有地上に存する戦没者記念碑的な性格を有する施設を他の場所に移設し、その敷地を学校用地として利用することを主眼とするものであり、……専ら世俗的なものと認められ、その効果も、特定の宗教を援助、助長、促進し又は他の宗教に圧迫、干渉を加えるものとは認められない」。

「憲法20条1項後段にいう『宗教団体』、憲法89条にいう『宗教上の組織若しくは団体』とは、宗教と何らかのかかわり合いのある行為を行っている組織ないし団体のすべてを意味するものではなく、国家が当該組織ないし団体に対し特権を付与したり、また、当該組織ないし団体の使用、便益若しくは維持のため、公金その他の公の財産を支出し又はその利用に供したりすることが、特定の宗教に対する援助、助長、促進又は圧迫、干渉等になり、憲法上の政教分離原則に反すると解されるものをいうのであり、換言すると、特定の宗教の信仰、礼拝又は普及等の宗教的活動を行うことを本来の目的とする組織ないし団体を指す」。

「財団法人日本遺族会及びその支部である市遺族会、地区遺族会は、いずれも、戦没者遺族の相互扶助・福祉向上と英霊の顕彰を主たる目的として設立され活動している団体であって」、「会の本来の目的として、特定の宗教の信仰、礼拝又は普及等の宗教的活動を行おうとするものではな」い。それゆえ、日本遺族会等は、

「特定の宗教の信仰、礼拝又は普及等の宗教的活動を行うことを本来の目的とする組織ないし団体には該当しないものというべきであって、憲法20条1項後段にいう『宗教団体』、憲法89条にいう『宗教上の組織若しくは団体』に該当しない」。

このように、最高裁は、特権の付与や公金支出・財産供与を受ける者が憲法20条1項後段にいう「宗教団体」、憲法89条にいう「宗教上の組織若しくは団体」に当たるかどうかを判断する基準としても、目的効果基準を用いている。しかし、目的効果基準のこのような用い方に対しては、目的効果基準は本来、宗教に関わる公的機関の行為の合憲性を判定するための基準であって、「宗教団体」「宗教上の組織若しくは団体」の意味を画定するためにこれを用いることは「筋ちがい」ではないかという批判がある。

(2) 宗教法人に対する税制上の優遇措置　現行法上、宗教法人は、「公益法人等」に分類され、法人税が原則として非課税とされ（法税4条1項、7条）、その所有する境内地・墓地・境内建物について固定資産税・不動産取得税が免除されるなど（地税348条2項3号・4号、73条の4第1項2号）、各種の優遇措置がとられている。こうした優遇措置に対しては、憲法20条1項後段で禁止された「特権」の付与に当たるのではないか、また、税制上の優遇措置は結局のところ補助金の交付と同じであって、憲法89条前段で禁止された「公金の支出」に当たるのではないかという疑義が提起されている。

多くの見解は、これを合憲と解しているが、その理由は、一様ではない。ある見解は、このような優遇措置が宗教法人のみを対象とするものでなく、公益法人や社会福祉法人、学校法人といった法人に対する優遇措置の一環として行われているものであることをあげ（同一待遇説）、別の見解は、一定の要件をみたす団体に対する利益付与の中にたまたま宗教団体が含まれているにすぎないことをあげる（偶然利益説）。そのほか、憲法は宗教の社会的価値を積極的に認める立場に立っているので、立法政策として優遇措置を講ずることも憲法上許容されるということを理由としてあげる見解もある（宗教尊重説）。

なお、憲法89条前段による宗教団体への公金支出・財産供用の禁止については、**第Ⅲ部第7章第3節2**を参照されたい。

6 宗教団体による政治上の権力の行使の禁止

憲法20条1項後段はまた、宗教団体が「政治上の権力」を行使することも禁止している。ここにいう「政治上の権力」とは課税権や裁判権といった国家が独占すべき統治的権力を意味するというのが、通説である。これに対し、今日では宗教団体が統治権力をもたないことは先進国家においては自明のことであるとして、「政治上の権力」を「政治的権威」あるいは「積極的な政治活動によって政治に強い影響を与えること」と解する見解もあるが、今日でもドイツのように宗教団体が租税徴収権を有する例があることに留意する必要がある。また、この見解によれば、宗教団体の政治活動は禁止・制限されるべきだということになるが、それは、かえって宗教を理由とする差別をすることになり、妥当な解釈とはいえないであろう。

第4節　表現の自由

1 表現の自由とは

(1) **表現の自由の優越的地位**　憲法21条1項は、「言論、出版その他一切の表現の自由」を保障する。「表現」とは、内面で考えたり感じたりしたことを外部に言葉や記号、図画、音、身振りなど他者が認識できる形で表すことである。

表現の自由は、人権の中でもとりわけ重要なものである、すなわち「優越的地位」にあると説かれてきた。その根拠として、①表現を通じて他者と関わり合うことは個人の人格形成・発展にとって欠かせないこと（「自己実現の価値」と呼ばれる）、②政府を批判したり様々な思想や意見を社会に伝えたりすることは民主主義社会の維持・発展にとって欠かせないこと（「自己統治の価値」と呼ばれる）があげられる。①は、人はひとりでは生きていけず、様々なかたちで他人とのコミュニケーションをとることが必要だという認識に基づく。また、②については、とくに時の政府に対する批判的な言論は、政治家が嫌うものであって、過去の歴史の中でもしばしば弾圧されてきたしこれからも規制される

おそれが高いこと、言論の自由は、いったん規制されてしまうと、その規制に対する批判ができなくなるために、取り返しがつかないことも指摘することができる。

このように、表現の自由が優越的地位にあることを理由として、表現の自由に対する規制の合憲性を裁判所が判断する際にその規制が合憲だとされるためにクリアするべき基準は、他の人権——とくに経済的自由——に対する規制の合憲性を判断する場合に比べて厳しく設定するべきだと学説において説かれてきた。これを「二重の基準論」という。具体的な基準の内容は、事前規制か事後規制か、内容規制か内容中立規制か、などによって様々であるが、典型的には、表現の自由に対する規制は、それが合憲だと主張する側が規制の合憲性を説得的に主張、立証できない限りは、原則として違憲だと考えるべきであると考えられている（違憲性推定の原則）。

(2) 情報の自由　「『表現』の自由」という語感から、この人権が保護しようとしているのは、「送り手」が「表現を行う」行為であると考えるのが初学者の素直な第一印象であろう。

しかし、今日、表現の自由を説く際には、「受け手」が表現に込められているもの、すなわち「情報」を受け取る行為が重要視されている。これは、私達の日常生活を振り返ればわかるように、市民が会話などを通じて日常やり取りする情報の源はほとんどマス・メディアが発信する情報であって、市民はもっぱらマス・メディアが発信する情報を受け取る立場に置かれているという認識に基づく。現代社会において一般市民が享受するものとして表現の自由をとらえようとするならば、「受け手」の人権にも表現の自由を拡げて理解する必要があるのである（もっとも、インターネットの発達にともない一般市民も全世界へ向けて情報を発信できるようになってきており、一般市民の立場からも「送り手」の人権としての表現の自由が重要になってきている）。

また、「送り手」の立場からも、より良い、またより多くの情報を提供するためには、取材などを通じて情報を集める行為が重要とされる。こうして、近時の通説的見解では、表現の自由とは、「情報」をキーワードとして、「情報収集権—情報提供権—情報受領権」から構成される、自由な情報の流れを保障する権利（「情報の自由」）であると理解されるに至っている。

(3) 「知る権利」と情報公開制度　表現の自由を「受け手」の立場から再構成する近時の見解においては、「知る権利」という言葉がしばしば登場する。ただ、この用語には様々な意味がある点に注意が必要である。

まず、「知る権利」は、政府に向かって用いられる。ここで言葉の使い方はさらに二つに分けられる。一つは、報道機関は政府関係者を取材して政府の情報を入手する自由（「取材の自由」）をもつが、この自由を導く根拠として、国民の「知る権利」が持ち出される（**6**、**7**とくに博多駅 TV フィルム事件　判例48 を参照）。ここでは、政府に対して、報道機関の取材活動を妨げないことを求める権利（消極的情報収集権）が問題となっている。

もう一つ、「知る権利」の語は、政府に対して、政府の有する情報を市民の請求に基づき出すことを求める権利（積極的情報収集権）の意味で使われる。政府は、取材活動を消極的に規制しないのみならず、情報公開を積極的に実施することが求められるのである。このような情報公開請求権としての「知る権利」（これを「狭義の知る権利」と呼ぶことがある）は、自己に都合の悪い情報を隠す傾向がある政府に対して、そのような情報をも出させる点に意義をもつ。もっとも、情報公開の手続を整備して、公開すべき情報が開示されない場合には裁判所に訴えて公開を命じさせることを可能にする（これを「権利の具体化」などという）には法律の定めが必要である。日本では、1980 年代から地方公共団体で先行して情報公開条例が制定・運用され、国でも、2001 年（平 13）に情報公開法（「行政機関の保有する情報の公開に関する法律」）が制定されている。

さらに「知る権利」は、マス・メディアに向かって用いられることがある。(2)でみたように、現代ではマス・メディアが情報を発信する立場を独占しているという認識に基づき、一般市民はマス・メディアのもつ媒体（例えば新聞の紙面）を利用することを求める権利をもつとして、この権利のことを「知る権利」と呼ぶことがある（**0**(**2**)を参照）。

このように、「知る権利」は多義的な用語であるが、いずれの用法も表現の自由を「受け手」の立場からとらえようとする傾向の表れであるといえる。

ともあれ、表現の自由はとても重要な人権である。しかし、実際には様々な規制が行われてきた。そこで、規制の方法に応じて、その合憲性を判断するために用いられる法理にも様々なものが存在する。以下では、これらの法理を順

2 事前規制

(1) 検閲の禁止　憲法21条2項前段は、「検閲は、これをしてはならない」と定める。検閲という規制方法は、情報が市場に流通する前の段階でこれを阻止するものであるため、情報が受け手の側にまったく届かなくなる点において、表現の自由に対する最も強い制約である。それゆえ、憲法は検閲という規制方法をとくに明文で禁止しているのだと理解できる。判例も、札幌税関事件 判例40 で検閲の絶対的禁止を明らかにした。

判例40　札幌税関事件

(最大判昭和59年12月12日民集38巻12号1308頁)

事　実　原告は、外国の商社に8ミリ映画フィルム、書籍等を注文し、これを郵便で輸入しようとしたところ、函館税関札幌税関支所長から、これらが性交行為等を撮影・掲載したもので関税定率法21条1項3号（現・関税69条の11第1項7号）に定める輸入禁制品に該当する旨の通知を行った。このため、原告はこれらのフィルム、書籍等を国内に持ち込むことができなくなった。原告はこれを不服として函館税関長に異議申立てを行ったが、これを棄却されたので、通知及び異議申立棄却決定の取消しを求めて訴えを提起した。第一審は本件通知及び決定が検閲に当たり、例外的に検閲が許される場合でもないとして、これらを取り消したが、第二審では検閲に当たらないとして一審判決を取り消し、請求を棄却した。そこで原告が上告した。

判　旨　「憲法が、表現の自由につき、広くこれを保障する旨の一般的規定を〔憲法21条〕1項に置きながら、別に検閲の禁止についてかような特別の規定を設けたのは、検閲がその性質上表現の自由に対する最も厳しい制約となるものであることにかんがみ、これについては、公共の福祉を理由とする例外の許容（憲法12条、13条参照）をも認めない趣旨を明らかにしたものと解すべきである」。「憲法21条2項にいう『検閲』とは、行政権が主体となつて、思想内容等の表現物を対象とし、その全部又は一部の発表の禁止を目的として、対象とされる一定の表現物につき網羅的一般的に、発表前にその内容を審査した上、不適当と認めるものの発表を禁止することを、その特質として備えるものを指すと解すべきである」。税関検査は、たしかに、税関長の通知によって、当該表現物に表された

思想内容等の国内での発表の機会を奪うものである。また、「表現の自由の保障は、他面において、これを受ける者の側の知る自由の保障をも伴うものと解すべきところ」、税関長の通知によって、この「知る自由が制限されることとなる」。「しかし、これにより輸入が禁止される表現物は、一般に、国外においては既に発表済みのものであつて、その輸入を禁止したからといつて、それは、当該表現物につき、事前に発表そのものを一切禁止するというものではない」。また、「税関検査は、関税徴収手続の一環として、これに付随して行われるもので」「思想内容等それ自体を網羅的に審査し規制することを目的とするものではない」。さらに、「税関検査は行政権によつて行われるとはいえ、その主体となる税関は、関税の確定及び徴収を本来の職務内容とする機関であつて、特に思想内容等を対象としてこれを規制することを独自の使命とするものではな」い。これらを総合的に考察すると、税関検査は「検閲」に当たらない。

　ここで重要なことは、政府が検閲を行うことは、その理由にかかわらず、絶対に禁止されるという点である。憲法は様々な人権を保障しているが、それは絶対無制限のものではなく、他の人権や社会全体の利益との関係から制限が加えられることも許される。例えば、他人の名誉やプライバシーを害する表現が規制されるという場合である。それゆえ、憲法の学習は、この線引き（「人権の限界」などといわれる）を考えることが中心となる。しかし、検閲という規制方法を政府がとることはいかなる理由があろうとも許されない。これは大変に強い人権保障の形態である。

　もっとも、判例が絶対的に禁止される検閲に含まれるとする公権力の行為は、私たちが一般に思い描くものに比べきわめて狭い範囲のものに限られる。最高裁は、札幌税関事件 判例40 で、検閲とは、①行政権が主体となって、②思想内容等の表現物を対象とし、③その全部または一部の発表の禁止を目的として、④網羅的一般的に、⑤発表前に審査して不適当と認めるものの発表を禁止するものをいうとした。この定義を当てはめた結果、札幌税関事件 判例40 では、税関検査が、主に、問題となったフィルムや書籍等が国外ではすでに発表済みのものであるから⑤の要件をみたさないなどとして、憲法 21 条 2 項前段にいう「検閲」には当たらないとされた。

　また、事前差止めを命じる裁判所の仮処分命令が検閲に当たるかが争われた

事件として北方ジャーナル事件 判例41 がある。

判例41　北方ジャーナル事件

（最大判昭和61年6月11日民集40巻4号872頁）

（事　実）　Xは、「北方ジャーナル」という月刊誌を発行する出版社であるが、昭和54年4月号の同誌に、北海道知事選挙に立候補を予定していたY₁に関する記事を掲載する予定であった。ところが、この記事中のY₁の人物や私生活、行動の描写がY₁の名誉を傷つけるとして、Y₁がこの雑誌の印刷、製本及び販売または頒布の禁止等を求める仮処分申請を行い、裁判所はこれを認める仮処分決定を行った。そこでXは、本件仮処分及びその申請が違法であるとして、Y₁及びY₂（国）に対して、損害賠償を請求した。第一審は、本件記事の内容が真実であることを認めうるだけの証拠は存せず、Y₁の名誉は違法に侵害されているとしたうえで、「事前差止が許されるのは、明らかに名誉毀損に当る行為が行なわれようとしていること及びその名誉毀損行為が行なわれると被害者のうける損失は極めて大きいうえ、その回復を事後にはかるのは不能ないし著しく困難な場合であることがまず肯定できなければならない」が、本件はこの要件をみたすとして、Xの請求を棄却した。第二審も控訴を棄却したのでXが上告した。

（判　旨）　「仮処分による事前差止めは、表現物の内容の網羅的一般的な審査に基づく事前規制が行政機関によりそれ自体を目的として行われる場合とは異なり、個別的な私人間の紛争について、司法裁判所により、当事者の申請に基づき差止請求権等の私法上の被保全権利の存否、保全の必要性の有無を審理判断して発せられるものであつて」「『検閲』には当たらないものというべきである」。

憲法21条1項に違反しないかについて。「表現行為に対する事前抑制は、新聞、雑誌その他の出版物や放送等の表現物がその自由市場に出る前に抑止してその内容を読者ないし聴視者の側に到達させる途を閉ざし又はその到達を遅らせてその意義を失わせ、公の批判の機会を減少させるものであり、また、事前抑制たることの性質上、予測に基づくものとならざるをえないこと等から事後制裁の場合よりも広汎にわたり易く、濫用の虞があるうえ、実際上の抑止的効果が事後制裁の場合より大きいと考えられるのであつて、表現行為に対する事前抑制は、表現の自由を保障し検閲を禁止する憲法21条の趣旨に照らし、厳格かつ明確な要件のもとにおいてのみ許容されうるものといわなければならない」。「出版物の頒布等の事前差止めは、このような事前抑制に該当するものであつて、とりわけ、その対象が公務員又は公職選挙の候補者に対する評価、批判等の表現行為に関するものである場合には、そのこと自体から、一般にそれが公共の利害に関する事項と

いうことができ、前示のような憲法21条1項の趣旨……に照らし、その表現が私人の名誉権に優先する社会的価値を含み憲法上特に保護されるべきであることにかんがみると、当該表現行為に対する事前差止めは、原則として許されないものといわなければならない。ただ、右のような場合においても、その表現内容が真実でなく、又はそれが専ら公益を図る目的のものでないことが明白であつて、かつ、被害者が重大にして著しく回復困難な損害を被る虞があるときは」「例外的に事前差止めが許されるものというべき」である。本件記事は、「到底それが専ら公益を図る目的のために作成されたものということはできず、かつ、真実性に欠けるものであることが……明らかであつた」のであり、またY₁が、本件記事の発行によって事後的には回復しがたい重大な損害を受けるおそれがあったということもできる。結局、本件仮処分は合憲である。

この事件では、仮処分決定は、命令を出す主体が裁判所であるから①の要件をみたさないなどとして、憲法21条2項前段にいう「検閲」には当たらないとされた。これらの事件のほかにも、教科書検定制度や青少年保護育成条例に基づく有害図書の指定制度などが「検閲」に当たるか争われたが、最高裁はいずれもこれを否定している（第一次教科書検定事件 判例60、岐阜県青少年保護育成条例事件 判例45）。

(2) 事前抑制　(1)でみたとおり、税関検査や裁判所による出版差止めは、判例によれば「検閲」に当たらない。しかし、情報が（国内の）市場に流通する前の段階でこれを阻止する事前抑制であって、情報が受け手の側にまったく届かなくなる強い制約である点では検閲と変わりない。

また、事前抑制は、実際に情報が流れる前に公権力がその可否を判断するため、予測に基づいて情報がもたらす弊害を大きく見積もったり、判断に迷う場合に無難な方を選び不許可にしたりするため、実際に情報が流れたならば問題がない場合でもそれが阻止されてしまう可能性が高い。また公権力の判断が恣意的なものになりやすい。

それゆえ、事前抑制の合憲性は、実際に情報が流れた後で処罰などの制裁を与える事後規制の場合と比べて、厳しく審査しなければならない。このことは、北方ジャーナル事件 判例41 によって明確にされた。

すなわち、最高裁は、裁判所による事前差止めは、問題となっている表現が

公共の利害に関する事項についてのものであるならば、原則として許されず、例外として、①表現内容が真実でないことまたは公益目的を欠くことが明白であること、②被害者が重大にして著しく回復困難な損害を被るおそれがあること、という二つの要件をみたすときに限り認められるとした。

その後、最高裁はプライバシー侵害などを理由とする裁判所の事前差止めも認めるに至った（「石に泳ぐ魚」事件 判例55）。なお、集団行進（デモ）に対し、公安条例が公安委員会による許可や公安委員会への届出を要求することがある。デモなどの集団行動も表現の自由に含まれる以上（東京都公安条例事件 判例57）、この許可や届出の要求は事前抑制の一種ということができる。しかし、最高裁は、集団行動は一瞬にして暴徒と化する危険が高いことを強調して、これらの事前抑制を簡単に許容している（東京都公安条例事件 判例57）。

3 明確性の原理

すでに述べたように、憲法31条から導かれる罪刑法定主義の内容として、犯罪構成要件の内容は明確でなければならないという明確性の原理が刑罰法規一般について妥当する（**第4章第1節2**参照）。この明確性の原理は、とくに表現の自由との関係で、刑罰法規に限らず、規制全般に対して強く妥当するといわれる。このことをやや詳しく説明しよう。

刑罰法規は、Aという行為を禁止する際に「Aを行えば（＝要件）Bという不利益を刑罰として科す（＝効果）」という法文の形をとる。ここで、Aの定め方が漠然として不明確であるならば、市民はなにをすれば処罰されるか（逆にいえばなにをしている限りは処罰されないか）判断に困る事態に陥る。その結果、処罰を恐れる市民は、本来であれば処罰されない行為も自粛することになるだろう。これを萎縮効果という。市民の自由を保障するため萎縮効果は最小限にしなければならないので、ここから刑罰法規は明確でなければならないという原理、すなわち「明確性の原理」が導かれる。そしてこの原理を担保するため、刑罰法規の法文が漠然として不明確な場合、裁判所は、目の前の刑事事件への適用を論じるまでもなく、ただちに条文そのものを違憲無効にするべきであると説かれる。このような違憲審査の手法を文面審査という。

明確性の原理は、その刑罰法規がAという行為の禁止により規制する自由が

なんであるかにかかわらず、すべての刑罰法規について求められる要請である。ここでは、刑罰というBの不利益の大きさが人々に与える影響に着目して明確性の原理が説かれる。しかし、表現の自由に対する規制の場合、Bの不利益が刑罰でなくても同様の萎縮効果が働き、本来は可能なはずの表現行為までが自粛されてしまうおそれが高いので、Aの書き方が曖昧であることは許されないとするのである。この背後には、人々は表現活動について（経済活動などと違い）小さな制裁でもそのおそれがあれば行為を差し控えようとするとの——表現の自由は脆くて傷つきやすい人権であるとの——洞察がある。

最高裁は、集団行進（デモ）に対する規制の合憲性が争われた徳島市公安条例事件 判例42 において、明確性の原理を用いて条例に対する審査を行った。

判例42　徳島市公安条例事件

（最大判昭和50年9月10日刑集29巻8号489頁）

事　実　判例5 を見よ。

判　旨　「およそ、刑罰法規の定める犯罪構成要件があいまい不明確のゆえに憲法31条に違反し無効であるとされるのは、その規定が通常の判断能力を有する一般人に対して、禁止される行為とそうでない行為とを識別するための基準を示すところがなく、そのため、その適用を受ける国民に対して刑罰の対象となる行為をあらかじめ告知する機能を果たさず、また、その運用がこれを適用する国又は地方公共団体の機関の主観的判断にゆだねられて恣意に流れる等、重大な弊害を生ずるからであると考えられる」。しかし、一般に法規は、文言の表現力に限界があるうえ、多かれ少なかれ抽象性を有し、刑罰法規も同様であるから、禁止される行為とそうでない行為とを識別する基準といっても、それを読みとるのに合理的な判断を必要とする場合もある。それゆえ、「ある刑罰法規があいまい不明確のゆえに憲法31条に違反するものと認めるべきかどうかは、通常の判断能力を有する一般人の理解において、具体的場合に当該行為がその適用を受けるものかどうかの判断を可能ならしめるような基準が読みとれるかどうかによってこれを決定すべきである」。

「集団行進等は、多数人が集団となつて継続的に道路の一部を占拠し歩行その他の形態においてこれを使用するものであるから」、「交通秩序を必然的に何程か侵害する可能性を有することを免れない」。「本条例は、集団行進等が表現の一態様として憲法上保障されるべき要素を有することにかんがみ、届出制を採用し、

集団行進等の形態が交通秩序に不可避的にもたらす障害が生じても、なおこれを忍ぶべきものとして許容しているのであるから、本条例3条3号の規定が禁止する交通秩序の侵害は、当該集団行進等に不可避的に随伴するものを指すものでないことは、極めて明らかである」。本条例3条3号が集団行進等を行う者が守るべき事項の一つとして「『交通秩序を維持すること』」を掲げているのは、道路における集団行進等が一般的に秩序正しく平穏に行われる場合にこれに随伴する交通秩序阻害の程度を超えた、殊更な交通秩序の阻害をもたらすような行為を避止すべきことを命じているものと解される」。「通常の判断能力を有する一般人が、具体的場合において、自己がしようとする行為が右条項による禁止に触れるものであるかどうかを判断するにあたつて」は、その行為が、秩序正しく平穏に行われる集団行進等に随伴する交通秩序の阻害を生ずるにとどまるか、殊更な交通秩序の阻害をもたらすかを考えることで、「通常その判断にさほどの困難を感じることはないはず」である。

「本条例3条3号の規定は、確かにその文言が抽象的であるとのそしりを免れないとはいえ、集団行進等における道路交通の秩序遵守についての基準を読みとることが可能であり、犯罪構成要件の内容をなすものとして明確性を欠き憲法31条に違反するものとはいえない」。

この事件では、直接には憲法31条の刑罰法規の明確性に反しないか否かが論じられているが、憲法21条との関係からも論じることができたといえよう。

その後、最高裁は、札幌税関事件 判例40 で、上記の通り検閲に当たらないと判断した後、関税定率法21条1項3号（当時）が、輸入禁制品のひとつとして「風俗を害すべき書籍、図画」と定める規定が不明確ではないかとの主張に対して、旧刑法の規定などを参照して、「〔この〕規定を合理的に解釈すれば、右にいう『風俗』とは専ら性的風俗を意味し、右規定により輸入禁止の対象とされるのは猥褻な書籍、図画等に限られるものということができ、このような限定的な解釈が可能である以上、右規定は、何ら明確性に欠けるものではなく、憲法21条1項の規定に反しない」と合憲限定解釈を施して合憲と判断した。ここでは、刑罰ではなく輸入禁制品だとの通知（＝その品物は国内への持ち込みが認められない）が争われたが、憲法21条との関係で明確性の原理が用いられている。

その後、明確性の原理が用いられた事件として、成田新法事件 判例15 や広島市暴走族追放条例事件（最判平成 19・9・18。**第Ⅰ部第 3 章第 2 節 1 (3)**）があげられる。しかし、今までに、表現の自由を規制する法令が明確性の原理に反して無効とされた例は存在しない。

4　内容規制

(1) **総　説**　表現の自由に対する規制の合憲性を考える際に、「事前規制―事後規制」とは異なるもう一つの分類として「内容規制―内容中立規制」という区別がある。内容規制とは、規制が表現の内容そのものに着目してなされるものであり、内容中立規制とは、表現内容に関わりなく表現の時間、場所や方法に着目して行われる規制をいう。内容規制はある特定の内容の表現を網羅的に規制し尽くすため、国民はその内容について知ることができなくなるという点で表現の自由に対する影響が極めて大きく、また政府によって自己に不都合な言論を抑えつけるために利用される危険も大きいため、合憲性が厳しく審査される。これに対し、内容中立規制は、他の場所や方法で表現を行うことは可能であるという点で、表現の自由に対する影響が内容規制に比べれば小さいので、合憲性を比較的緩やかに審査するという違いが生じる。

内容規制は、表現の自由に対する強い制約であるが、他方で、表現内容によっては、それが直ちに他の権利や利益を害することとなるものがあるのも確かである。例えば、犯罪をあおる表現（煽動）、性表現、名誉を傷つける表現、プライバシーの暴露などがあげられる。表現の自由が優越的地位にあるからといって、このような表現まで保護するべきではない。しかし、上でみたように、政府が他の権利や利益を害する表現であると称して自己に不都合な言論を抑えつけるおそれがある以上、内容規制の合憲性は厳しく審査する必要がある。それでは、どのようにして判断するべきか。以下、内容ごとに検討しよう。

(2) **わいせつ表現**　わいせつ表現は一般に多くの人によって不快だと感じられ、昔から国を問わず規制対象とされてきた。現在の日本でも、刑法 175 条 1 項が「わいせつな文書、図画、電磁的記録に係る記録媒体その他の物を頒布し、又は公然と陳列した者は、2 年以下の懲役若しくは 250 万円以下の罰金若しくは科料に処し、又は懲役及び罰金を併科する」と定め、わいせつ表現は処

罰の対象とされている。これは、「わいせつ」という内容に着目して刑罰を科している以上、まさに内容規制である。それゆえ、「わいせつ」とはなにか、また刑法 175 条が憲法 21 条に違反しないかが問題となる。最高裁は、チャタレー事件 判例43 で、戦前の大審院の判例による定義を踏襲して、刑法 175 条を合憲だと判断した。

判例43　チャタレー事件

（最大判昭和 32 年 3 月 13 日刑集 11 巻 3 号 997 頁）

【事　実】　被告人らは、イギリスの作家ロレンスの作品『チャタレー夫人の恋人』を上下 2 冊に分けて翻訳、出版し、それぞれ 8 万部、7 万部を売り上げるベストセラーとなったが、翻訳書の中の 12ヶ所の叙述が問題であり、この翻訳書は「わいせつな文書」に当たるとして、刑法 175 条に基づき起訴された。第一審は被告人らのうち作家を無罪、出版社社長を有罪（罰金 25 万円）とし、控訴審は被告人らをともに有罪（それぞれ罰金 10 万円、25 万円）としたので、被告人らが上告した。

【判　旨】　「〔刑法 175 条の〕猥褻文書（および図画その他の物）とは如何なるものを意味するか。従来の大審院の判例は、『性欲を刺激興奮し又は之を満足せしむべき文書図画その他一切の物品を指称し、従つて猥褻物たるには人をして羞恥嫌悪の感念を生ぜしむるものたることを要する』ものとしており（例えば大正 7 年 6 月 10 日刑事第二部判決）、また最高裁判所の判決は『徒らに性欲を興奮又は刺激せしめ、且つ普通人の正常な性的羞恥心を害し、善良な性的道義観念に反するものをいう』としている〔昭和 26 年 5 月 10 日〕第一小法廷判決、刑集 5 巻 6 号 1026 頁以下）。……我々もまたこれらの判例を是認するものである」。

「著作自体が刑法 175 条の猥褻文書にあたるかどうかの判断は、当該著作についてなされる事実認定の問題ではなく、法解釈の問題である。問題の著作は現存しており、裁判所はただ法の解釈、適用をすればよいのである。……この故にこの著作が一般読者に与える興奮、刺激や読者のいだく羞恥感情の程度といえども、裁判所が判断すべきものである。そして裁判所が右の判断をなす場合の規準は、一般社会において行われている良識すなわち社会通念である」。

「本件訳書が……春本ではなく、芸術的作品であるという理由からその猥褻性を否定することはできない。何となれば芸術的面においてすぐれた作品であつても、これと次元を異にする道徳的、法的面において猥褻性をもっているものと評価されることは不可能ではないからである」。

「憲法の保障する各種の基本的人権についてそれぞれに関する各条文に制限の可能性を明示していると否とにかかわりなく、憲法12条、13条の規定からしてその濫用が禁止せられ、公共の福祉の制限の下に立つものであり、絶対無制限のものでないことは、当裁判所がしばしば判示したところである。……この原則を出版その他表現の自由に適用すれば、この種の自由は極めて重要なものではあるが、しかしやはり公共の福祉によって制限されるものと認めなければならない。そして性的秩序を守り、最少限度の性道徳を維持することが公共の福祉の内容をなすことについて疑問の余地がないのであるから、本件訳書を猥褻文書と認めその出版を公共の福祉に違反するものとなした原判決は正当であ〔る〕」。

『チャタレー夫人の恋人』は、文芸作品であった。判例の考え方は、芸術的・思想的価値が高い本でも、わいせつ性が認められれば、刑法175条の処罰の対象になるというものである。恋愛や性のあり方を論じることは人間の本質に関わるといえる以上、性を描写した芸術的・思想的価値の高い作品が、同時にわいせつ表現にも当たるということはありうることだが、判例によればそのような作品を出版すれば処罰されることになるのである。このような考え方は、その後の「悪徳の栄え」事件 判例44 でも踏襲された。

判例44 「悪徳の栄え」事件

（最大判昭和44年10月15日刑集23巻10号1239頁）

事　実　被告人らは、フランスの作家マルキ・ド・サドの作品『悪徳の栄え』を翻訳、出版したが、翻訳書の中の14ヶ所の叙述が問題であり、もってこの翻訳書は「わいせつな文書」に当たるとして、刑法175条に基づき起訴された。第一審では無罪とされたが控訴審では有罪となったので、被告人らが上告した。

判　旨　「芸術的・思想的価値のある文書であつても、これを猥褻性を有するものとすることはなんらさしつかえないものと解される。もとより、文書がもつ芸術性・思想性が、文書の内容である性的描写による性的刺激を減少・緩和させて、刑法が処罰の対象とする程度以下に猥褻性を解消させる場合があることは考えられるが、右のような程度に猥褻性が解消されないかぎり、芸術的・思想的価値のある文書であつても、猥褻の文書としての取扱いを免れることはできない」。

「以上のような考え方によると、芸術的・思想的価値のある文書でも、猥褻の文書として処罰の対象とされることになり、間接的にではあるが芸術や思想の発

展が抑制されることになるので、猥褻性の有無の判断にあたつては、慎重な配慮がなされなければならないことはいうまでもないことである。しかし、刑法は、その175条に規定された頒布、販売、公然陳列および販売の目的をもつてする所持の行為を処罰するだけであるから、ある文書について猥褻性が認められたからといつて、ただちに、それが社会から抹殺され、無意味に帰するということはない」。

「文章の個々の章句の部分は、全体としての文書の一部として意味をもつものであるから、その章句の部分の猥褻性の有無は、文書全体との関連において判断されなければならないものである。したがつて、特定の章句の部分を取り出し、全体から切り離して、その部分だけについて猥褻性の有無を判断するのは相当でないが、特定の章句の部分について猥褻性の有無が判断されている場合でも、その判断が文書全体との関連においてなされている以上、これを不当とする理由は存在しない」。

この事件では、わいせつ性の判断は、文書の一部だけをみて行うのではなく、全体をみたうえで行うべきだという方法が明示された（最二判昭和55・11・28は、その際に考慮すべき要素として、性描写の程度・手法、性描写の全体に占める比重、文書の思想等と性描写の関連性、文書の構成・展開の芸術性・思想性等による性的刺激の緩和の程度などを挙げてこの方法を精緻化した）。しかし、全体をみたうえでなお、わいせつ性があるとされれば、その作品は芸術的・思想的価値が高くても販売することができないと判断されている。これに対し、この判決には、わいせつ性のある文書でも芸術性・思想性の高いものは、刑法175条の処罰の対象にならないとする反対意見がある。

(3) **青少年保護**　わいせつ表現には当たらないが、性的感情を刺激したり残忍性を助長したりする図書を「有害図書」として知事が指定して規制する、いわゆる「青少年健全育成条例」がほとんどの都道府県に存在する。青少年健全育成条例は、18歳未満の青少年の健全な発達を保護する目的で、主に、有害図書の青少年への販売や自動販売機による販売を禁止するものである。これも図書の内容に着目した規制である。それゆえ、青少年健全育成条例は、わいせつ表現ではないものまでを広く規制するものであって、その合憲性が問題となる。岐阜県青少年保護育成条例事件 判例45 でこの点が争われた。

第4節 表現の自由

判例45 岐阜県青少年保護育成条例事件

(最三判平成元年9月19日刑集43巻8号785頁)

事実 岐阜県青少年保護育成条例（当時）は、図書等が「著しく性的感情を刺激し、又は著しく残忍性を助長するため、青少年の健全な育成を阻害するおそれがあると認めるとき」には、これを個別に有害図書等として指定することとしていた（6条1項）。また、「特に卑わいな姿態若しくは性行為を被写体とした写真又はこれらの写真を掲載する紙面が編集紙面の過半を占めると認められる刊行物」については、個別指定にかえて「当該写真の内容を、あらかじめ、規則で定めるところにより、指定すること」ができた（同条2項）。有害図書等に指定されるとこれを自動販売機に収納することができない（6条の6）。被告人らは、その管理する図書自動販売機に、岐阜県知事があらかじめ指定していた有害図書に当たる雑誌を収納したために、岐阜県青少年保護育成条例6条の6第1項などに違反するとして起訴された。第一審は被告人らを各罰金6万円に処し、控訴審も被告人らの控訴を棄却したので、被告人らが上告した。

判旨 「本条例の定めるような有害図書が一般に思慮分別の未熟な青少年の性に関する価値観に悪い影響を及ぼし、性的な逸脱行為や残虐な行為を容認する風潮の助長につながるものであって、青少年の健全な育成に有害であることは、既に社会共通の認識になっているといってよい。さらに、自動販売機による有害図書の販売は、売手と対面しないため心理的に購入が容易であること、昼夜を問わず購入できること、収納された有害図書が街頭にさらされているため購入意欲を刺激し易いことなどの点において、書店等における販売よりもその弊害が一段と大きいといわざるをえない。しかも、自動販売機業者において、……審議会の意見聴取を経て有害図書としての指定がされるまでの間に当該図書の販売を済ませることが可能であり、このような脱法的行為に有効に対処するためには、本条例6条2項による指定方式も必要性があり、かつ、合理的であるというべきである。そうすると、有害図書の自動販売機への収納の禁止は、青少年に対する関係において、憲法21条1項に違反しないことはもとより、成人に対する関係においても、有害図書の流通を幾分制約することにはなるものの、青少年の健全な育成を阻害する有害環境を浄化するための規制に伴う必要やむをえない制約であるから、憲法21条1項に違反するものではない」。

この判例を考えるにあたっては、表現の自由が「受け手」の側の多様な情報に接する自由を保障している点を思い出してほしい。第一に、青少年保護育成

条例は、青少年が有害図書に接する機会を完全に奪っている。しかし、青少年は精神的に未熟であるため、これらの図書に接することは青少年自身の健全な成長にとって良くない。このような、「自分自身のためにならないから」という理由で自由を制限すること（「パターナリスティックな制限」）は、子どもに対してだけは認められると考えられており、この判例でも比較的簡単に合憲だとされている（**第1章第2節**を参照）。第二に、自動販売機での販売の禁止は、成人が有害図書を入手する機会も大きく制限している。成人が有害図書に接することを抑える理由はないのであり、成人の「受け手」としての権利を侵害していないかも問題となる。最高裁は、この点についても青少年を保護するための規制にともなう必要やむをえない制約として、比較的簡単に合憲だと判断した。

近時はこれと類似の規制がインターネットに対しても登場している。青少年インターネット環境整備法（「青少年が安全に安心してインターネットを利用できる環境の整備等に関する法律」）は、携帯電話などの事業者に、契約者や利用者が未成年の場合に有害情報へのアクセスを制限するためのフィルタリングの提供を義務づけている（同17条。保護者がフィルタリングを利用しない旨を申し出た場合は除く。また違反した場合の罰則はない）。

また、出会い系サイト規制法（「インターネット異性紹介事業を利用して児童を誘引する行為の規制等に関する法律」）は、出会い系サイトを事業として運営する者に都道府県公安委員会への届出を義務づけるとともに（同7条）、児童（18歳に満たない者）の利用禁止の明示、利用者が児童でないことの確認、利用者が児童を性交等の相手方となるように誘うなどの「禁止誘因行為」（同6条）を行っていることを知った場合の書き込みの削除といった義務を課す（同10条〜12条）。無届けで出会い系サイトを運営したとして起訴された者が同法の合憲性を争った事案で、最高裁は、出会い系サイトを利用した児童買春などの犯罪から児童を保護してその健全な育成に資するという立法目的は正当であり、届出の義務づけは適切かつ実効的な監督を可能にするので目的達成に資すること、事業者が児童による利用を防止する措置をとりつつサイトを運営することは制約されず、児童以外の者がサイトを利用して児童への禁止誘因行為に当たらない書き込みをすることも制約されないことから、届出制度は合憲であるとした（最一判平成26・1・16）。

さらに、児童ポルノ法（「児童買春、児童ポルノに係る行為等の規制及び処罰並びに児童の保護等に関する法律」）は、18歳未満の児童を被写体とし、性交や性交類似行為、全半裸の姿態で特に性器等が強調されているものなどを「児童ポルノ」と定義し、その製造、提供を禁止する（同2条、7条。2014年〔平26〕の改正で単純所持も処罰されることとなった。同7条1項）。児童ポルノには「わいせつ」表現よりも広いものが含まれるが、この規制は、製造過程で起きる性的虐待からの児童の保護という目的により正当化できると考えられる。もっとも、児童ポルノの定義をめぐり、一方で文言が曖昧で表現の自由が侵害されるおそれはないか、他方で規制すべき表現が漏れ落ちてはいないか、との批判がある。

(4)　**名誉毀損・プライバシー侵害**　これについては、**10**を参照。
(5)　**煽　動**　煽(せん)動とは、犯罪など法が禁止している行為をあおることをいう。犯罪本体が処罰される場合に従犯として処罰される、犯罪の単なる「そそのかし」（教唆犯）と違い、禁止行為の有無にかかわらず、「あおる」という表現そのものに着目して処罰対象とする点で、「煽動罪」は表現内容に対する規制である。現在、日本では、「政治上の主義若しくは施策を推進し、支持し、又はこれに反対する目的」で刑法の内乱、外患誘致、放火、殺人、強盗等の罪の煽動を行うことや（破防38条〜40条）、公務員の争議行為をあおること（国公98条2項、110条1項17号、地公37条1項、61条4号）、国税の申告や納税等をしないことを煽動すること（税犯22条1項）などが煽動罪として処罰される。

　煽動罪は、政府に批判的な言論を取り締まるために用いられるおそれもあるが、最高裁は、戦後すぐに食料供出に反対の発言をした農民組合役員が食料緊急措置令違反で起訴された事件で、煽動罪を合憲とした（最大判昭和24・5・18）。その後、沖縄返還反対集会で武装闘争の必要性を説いた中核派全学連の中央執行委員長が破壊活動防止法違反で起訴された事件でも、最高裁は、「せん動は、公共の安全を脅かす現住建造物等放火罪、騒擾罪等の重大犯罪をひき起こす可能性のある社会的に危険な行為であるから、公共の福祉に反し、表現の自由の保護を受けるに値しないものとして、制限を受けるのはやむを得ない」として、煽動罪の合憲性を簡単に認めた（最二判平成2・9・28）。

　学説は、このような最高裁の態度に批判的で、具体的な事件で煽動罪を適用するかどうかにあたっては、アメリカの判例で形成された「明白かつ現在の危

険」の法理（害悪が発生する危険が明白であり、かつ、現に存在するに至っている場合に処罰できるとする法理。日本でこれに近い判断方法を用いた判例として、泉佐野市民会館事件 判例56 がある）、煽動罪そのものの合憲性を審査するにあたっては、その発展型であるブランデンバーグ原則（表現自体がただちに違法行為を引き起こそうとするもので、かつ違法行為が実際に発生する具体的危険性がある場合にのみ処罰が許されるとする原則）を用いるべきであるなどと説かれている。

(6) 営利的表現 　内容規制でも他と少し扱われ方の異なるものが、商業広告や宣伝、すなわち営利的表現に対する規制である。そもそも、営利的表現は、表現の自由で保障される「表現」に含まれるのかが問題となる。なぜなら、営利的表現は、あくまで「営利」すなわち経済活動のための手段であり、この点に着目すれば表現の自由ではなく経済的自由として保障される行為ともいえるからである。営利的表現を表現の自由で保障されるとみるのか経済的自由で保障されるとみるのかは、これへの規制の合憲性を考えるうえで大きな違いをもたらす。**1**でみたように、判例・通説の「二重の基準論」の枠組みによれば、表現の自由のような精神的自由に対する規制の合憲性は厳しく判断し、経済的自由に対する規制の合憲性は比較的緩やかに判断することになるからである。判例は、広告規制の合憲性が争われたあん摩師等の広告制限事件 判例46 で、この点について明確には述べないまま、広告規制の合憲性を簡単に認めた。

判例46　あん摩師等の広告制限事件

（最大判昭和36年2月15日刑集15巻2号347頁）

事　実　「あん摩師、はり師、きゅう師及び柔道整復師法」7条は、施術者の氏名及び住所、業務の種類、施術所の名称、電話番号及び所在の場所を表示する事項、施術日または施術時間、その他厚生大臣（当時）が指定する事項以外の広告を禁止し、さらに広告の内容も、「施術者の技能、施術方法又は経歴に関する事項にわたってはならない」としていた。被告人は、お灸を業として営む者であるが、「灸の適応症」として神経痛、リウマチ、血の道、胃腸病などの病名を記したビラ7000枚余りを配布したため、同法7条に違反するとして起訴された。第一審は被告人を有罪（罰金2000円）としたので、被告人が同条が憲法に違反するとして控訴。控訴審は事件を最高裁に移送した。

判　旨　「本法があん摩、はり、きゅう等の業務又は施術所に関し……制限を

設け、いわゆる適応症の広告をも許さないゆえんのものは、もしこれを無制限に許容するときは、患者を吸引しようとするためややもすれば虚偽誇大に流れ、一般大衆を惑わす虞があり、その結果適時適切な医療を受ける機会を失わせるような結果を招来することをおそれたためであつて、このような弊害を未然に防止するため一定事項以外の広告を禁止することは、国民の保健衛生上の見地から、公共の福祉を維持するためやむをえない措置として是認されなければならない。されば同条は憲法21条に違反せず、同条違反の論旨は理由がない」。

学説では一般に、営利的表現も、「情報」を伝えるものである以上、表現の自由で保障される「表現」に含まれると考えられている。そうであるならば、営利的表現の規制は内容規制に位置づけられる。しかし、商業広告が虚偽や誇大でないか否かは、文芸作品がわいせつ表現に当たるか、政治家に対する批判が名誉毀損に当たるかといった、他の内容規制の場合とは異なり、客観的な判断になじみやすい。また営利的表現は、人間の経済的利益への欲望の大きさゆえに萎縮効果が働きにくいとも考えられる。それゆえ、営利的表現を消費者保護の目的で規制することは内容規制であるが、その合憲性の判断に際しては他の内容規制の場合ほどの厳格な審査は要求されないとされている。

もっとも、各種の広告規制には、大別して、①虚偽誇大広告を禁止するという規制と、②一定の事項以外の広告を──その内容が真実であっても──完全に禁止するという規制がある。①はともかく、②のような強い規制まで簡単に合憲性を認めることに対して、学説の多くは批判的である（あん摩師等の広告制限事件 **判例46** で問題となったのは②である）。なお、現在、②のタイプの規制は、医師、歯科医師、助産師に関しても置かれている（医療6条の5〜6条の8）。

これに対し、①のタイプの規制については、学説も、消費者保護を理由に認める。虚偽誇大広告が禁止されているものは多く、薬剤師（医薬66条）、宅地建物取引業者（宅建業32条）、金融商品取引業者（金商37条）、貸金業者（貸金業16条）、旅行業者（旅行12条の8）などがある。

(7) 差別的表現　近年、規制すべきか否かが問題となってきているのが、差別的表現（ヘイト・スピーチ）と呼ばれるカテゴリーの表現である。差別的表現とは、人種、民族、性別、出身地（日本では被差別部落の問題が大きい）などの

属性に着目して、ある属性をもっている人々の集団を差別、誹謗、侮辱するような言動のことである。現在の日本で差別的表現を処罰の対象としている法律は存在しないが、これを規制すべきだとの声が高まっている。しかし、表現の自由の侵害となるので規制は許されないとの主張も根強い。

実際、人種差別撤廃条約4条は、締約国に、人種的優越または憎悪に基づく思想の流布、人種差別の煽動、人種等を異にする人の集団に対する暴力行為やその煽動、人種主義に基づく活動への援助を処罰すること（a号）、人種差別を助長し及び煽動する団体や宣伝活動への参加を法律で処罰すること（b号）を求めているが、日本政府はこれらの条項に、表現の自由に抵触しない限りで履行するとの留保を付している（平成7年外務省告示674号）。

この点、伝統的な考え方は、差別的表現も「表現」行為である点を重視する。これによると、差別的表現の規制は、社会的、政治的に望ましくない表現を規制する典型的な内容規制であるので、規制が許されるには表現が他の権利や利益を害するかを厳格に判断しなければならない。しかし、差別的表現は、直ちに特定個人の権利や利益を害するとまではいえず、また反論によってその誤りを正せるので、結局、差別的表現に対する規制は許されないこととなる。

これに対して、有力な考え方は、社会に現に存在する差別構造や差別意識の問題性を重視する。そして、一部の深刻な差別的表現は直ちにその集団に属する個人の権利や利益を害するといえ、また反論も有効には機能しないとして、差別的表現に対する規制も許されるとする。

なお、朝鮮学校の前での街宣活動に対して、新たな街宣活動の差止めと1000万円を超える高額の損害賠償という民事責任を認めた判例がある（最三決平成26・12・9。もっとも、不特定多数の集団に対するヘイト・スピーチではなく特定の学校に対する名誉毀損を認定したものである）。また、大阪市では、2016年（平28）に、全国で初めて、「ヘイトスピーチへの対処に関する条例」が制定された。その内容は、市長が、被害を受けた人からの申出によりまたは職権で表現内容などを審査し（市議会の同意を得て委嘱する審査会の意見を聴取することとされている）、ヘイト・スピーチと認定した場合に、拡散防止の措置をとるとともに、表現内容の概要と団体、氏名の公表を行うというものである。

5 内容中立規制

　内容中立規制とは、表現内容に関わりなく表現の時間、場所や方法に着目して行われる規制をいう。例えば、道路においてビラ配りや署名運動、路上ライブ等を行うにあたっては、それが「道路に人が集まり一般交通に著しい影響を及ぼすような行為」に当たる場合には、警察署長の許可を受けなければならない（道交77条1項4号）。また、深夜に営業でカラオケ等の音響機器を音が外へ漏れるような方法で使用することは、条例でしばしば規制されている（神奈川県生活環境の保全等に関する条例54条、大阪府生活環境の保全等に関する条例97条など）。このような規制は、ビラや歌の内容とは関係なく、深夜という時間、道路という場所、あるいはビラ配りや音響機器の使用といった方法に着目した規制であり、他の時間、場所、方法での表現活動が可能であるならば、受け手にとって情報を得ることが妨げられるおそれは内容規制に比べて低い。それゆえ、一般に、内容中立規制については内容規制ほど合憲性を厳格に審査する必要はないと考えられている。判例でこのことが問題となったのは、屋外広告物法・条例の合憲性をめぐる事案においてである。

判例47　大阪市屋外広告物条例事件

（最大判昭和43年12月18日刑集22巻13号1549頁）

　事　実　大阪市屋外広告物条例（当時）は、橋柱等に広告物を表示することや、また電柱等にポスター、張り紙及び立看板を表示することを禁止し、これに違反する者を5万円以下の罰金に処するとしていた。被告人らは、「45年の危機迫る!!　国民よ決起せよ!!　大日本菊水会本部」などと印刷したビラ計26枚を大阪市内の13ヶ所の橋柱、電柱、電信柱に貼り付けたために、大阪市屋外広告物条例違反で起訴された。被告人らは第一審で有罪となり、控訴審でもこの判決が支持されたので、被告人らは、この条例は営利目的のポスター等の規制目的で設けられたものであるにもかかわらず、純粋な思想、政治運動に適用するのは憲法21条に違反するとして上告した。

　判　旨　「大阪市屋外広告物条例は、屋外広告物法（昭和24年法律第189号）に基づいて制定されたもので、右法律と条例の両者相待つて、大阪市における美観風致を維持し、および公衆に対する危害を防止するために、屋外広告物の表示

の場所および方法ならびに屋外広告物を掲出する物件の設置および維持について必要な規制をしているのであり、本件印刷物の貼付が所論のように営利と関係のないものであるとしても、右法律および条例の規制の対象とされているものと解すべきところ（屋外広告物法1条、2条、大阪市屋外広告物条例1条）、被告人らのした橋柱、電柱、電信柱にビラをはりつけた本件各所為のごときは、都市の美観風致を害するものとして規制の対象とされているものと認めるのを相当とする。そして、国民の文化的生活の向上を目途とする憲法の下においては、都市の美観風致を維持することは、公共の福祉を保持する所以であるから、この程度の規制は、公共の福祉のため、表現の自由に対し許された必要且つ合理的な制限と解することができる。従つて、所論の各禁止規定を憲法に違反するものということはできず……、右と同趣旨に出た原判決の判断は相当であつて、論旨は理由がない」。

　判例の論じ方に従うと、内容中立規制ということになれば、「都市の美観風致の維持」といった抽象的な規制目的の正当性から簡単に規制の合憲性が導かれることになる（同じことは、道路許可における「交通の安全と円滑」、騒音規制における「生活環境の保全」といった目的にもいえるだろう）。しかし、内容中立規制という枠組みを認めるとしても、規制の必要性や合理性の判断はもう少し厳しく行うべきであるとの批判は強い。

　また、一見すれば内容中立規制であっても、見方をかえれば内容規制ともいえるものがある。例えば、公職選挙法は、選挙運動につき様々な規制を定める（**第Ⅲ部第3章第3節**を参照）。具体的には選挙期間を定めたうえで事前運動を禁止し（公選129条）、また戸別訪問を禁止し（同138条）、さらに文書の配布などを規制している（同142条～147条の2）。判例は、これらの規制を内容中立規制ととらえたうえで合憲性を認めていると解される（戸別訪問禁止事件 **判例80** のほか、最大判昭和30・3・30、最大判昭和44・4・23など）。しかし、これらの規制は選挙運動という内容（主題）に着目したものであって、内容規制に位置づけるべきでないかという指摘も可能である。なお、岐阜県青少年保護育成条例事件 **判例45** は、自動販売機での販売という方法に着目した内容中立規制のようにもみえるが、まず「有害図書」という図書の内容に着目しているので、これは内容規制である。

さらに、規制の定め方は内容中立規制であっても、その規制の適用の仕方が特定の見解を狙い撃ちするものである場合には、これを内容規制として取り扱うべきであると考えられる。近年、公務員宿舎やマンションに立ち入って政府を批判するビラを配布した行為を住居（邸宅）侵入罪（刑130条）や国家公務員の政治的行為の制限に対する違反（国公102条1項）として起訴される事案が続いた。防衛庁（当時）宿舎の玄関ドアの新聞受けへのビラ配布が刑法130条違反（住居侵入罪）に問われた事案で、最高裁は、「本件では、表現そのものを処罰することの憲法適合性が問われているのではなく、表現の手段すなわちビラの配布のために『人の看守する邸宅』に管理権者の承諾なく立ち入ったことを処罰することの憲法適合性が問われている」としたうえで、「たとえ表現の自由のためとはいっても、このような場所に管理権者の意思に反して立ち入ることは、管理権者の管理権を侵害するのみならず、そこで私的生活を営む者の私生活の平穏を侵害するものといわざるを得ない」として、被告人の行為を処罰することは憲法21条1項に違反しないとした（最二判平成20・4・11。さらに最二判平成21・11・30）。学説からは、本件の処罰は特定の見解を狙い撃ちにする内容規制といえるので合憲性を厳格に審査すべきだとの批判も強い。

また、学説においては、内容中立規制のもう一つのカテゴリーとして、「象徴的表現」に対する規制があげられる。例えば、アメリカの判例であるが、徴兵カードを燃やした行為を処罰することがこれに当たる。刑罰そのものは徴兵カードの紛失が徴兵制度の円滑な運用を妨げるという理由から設けられていたものであるが、徴兵カードを公衆の前で燃やす行為には反戦の主張が込められていた以上、これを処罰することは、反戦の主張を徴兵カードの焼却という手段で表現することに対する制限となっている。それゆえ、この種の制限も、表現の自由に対する内容中立規制としてとらえようと主張されたのである。もっとも、日本においてこの主張を採用した判例は現在のところ存在しない。

6 報道の自由

(1) マス・メディアと表現の自由　　**1**でみたように、現代は大規模な新聞社、放送局、出版社といったマス・メディアが発達し、社会を流通する情報の多くはマス・メディアによって発信されているといってよい。マス・メディア

は、政治に関する情報を発信して世論の形成に強い影響を与えるとともに、生活や娯楽に関する情報を発信して私たちの生活のあり方をも左右している。このような影響力の大きさゆえに、マス・メディアは「第四権力」とも呼ばれる（立法、司法、行政という三権につぐ「四番目の」という意味である）。マス・メディアは、政治に関する情報を発信することで政府の活動に対する有力な監視者としても機能しうる反面、一般市民に関する情報を発信することで市民の私的な生活領域に踏み込み個人の様々な権利利益を侵害するおそれももっている。後者については、主に名誉権・プライバシー権と表現の自由との調整が問題となる（❿、⓫を参照）。以下では、まず前者の側面から、主にマス・メディアが関わる表現の自由を考えてみよう。表現の自由とは、「情報収集権─情報提供権─情報受領権」から構成される、情報の自由な流れを保障する人権であるという理解を前提とすれば（❶(2)を参照）、マス・メディアが情報の発信者として関わるのは情報提供権と情報収集権である。

(2) 報道の自由　　情報提供権に関しては、報道の自由が認められるかが問題となる。「表現」とは、内面で考えたり感じたりしたことを外部に表すことであるならば、表現の自由で保障される表現の内容は思想や意見に限られ、単なる事実の伝達にすぎない報道は「表現」に含まれないこととなるからである。しかし、今日、報道の自由が表現の自由に含まれることに争いはない。

　最高裁も、博多駅TVフィルム事件 **判例48** で報道の自由が表現の自由に含まれることを明言している。

判例48　博多駅TVフィルム事件
（最大決昭和44年11月26日刑集23巻11号1490頁）

事実　1968年（昭43）に、アメリカ原子力空母エンタープライズが佐世保に寄港することとなったため、これに反対するため佐世保へ向かう運動家の学生と機動隊とが博多駅で揉み合いになるという事件が起きた。学生らは、この際の機動隊の活動に行き過ぎがあり、機動隊員の行為が特別公務員暴行陵虐罪、職権乱用罪（刑194条、195条）に当たるとして告発したが、地検が不起訴処分としたため、付審判請求（刑訴262条1項）を行った。これを受けた地方裁判所は、事件の模様を取材していたXら（テレビ局4社の代表取締役及び放送局長）に「事件の状況を撮影したフィルム全部」の提出を命令した。Xらは、この命令が憲法21条に

違反するとして抗告したが、棄却されたため、最高裁に特別抗告を行った。

判旨　「報道機関の報道は、民主主義社会において、国民が国政に関与するにつき、重要な判断の資料を提供し、国民の『知る権利』に奉仕するものである。したがつて、思想の表明の自由とならんで、事実の報道の自由は、表現の自由を規定した憲法 21 条の保障のもとにあることはいうまでもない。また、このような報道機関の報道が正しい内容をもつためには、報道の自由とともに、報道のための取材の自由も、憲法 21 条の精神に照らし、十分尊重に値いするものといわなければならない」。

「しかし、取材の自由といつても、もとより何らの制約を受けないものではなく、たとえば公正な裁判の実現というような憲法上の要請があるときは、ある程度の制約を受けることのあることも否定することができない」。とはいえ、制約が許されるかどうかは、「一面において、審判の対象とされている犯罪の性質、態様、軽重および取材したものの証拠としての価値、ひいては、公正な刑事裁判を実現するにあたつての必要性の有無」を、「他面において、取材したものを証拠として提出させられることによつて報道機関の取材の自由が妨げられる程度およびこれが報道の自由に及ぼす影響の度合その他諸般の事情を比較衡量して決せられるべき」である。

本件においては、事件発生後 2 年近く経過しており、「フイルムが証拠上きわめて重要な価値を有し」ているのに対し、報道機関が蒙る不利益は「将来の取材の自由が妨げられるおそれ」にすぎず、結局、本件提出命令を発したことはやむをえない。

この事件では、報道機関が報道の自由をもつことの理由づけとして国民の「知る権利」が取り上げられている点、国民の国政への関与にとって重要な判断の資料を提供するという意味で表現の自由の優越的地位に関わる「自己統治の価値」の側面が強調されている点に注意が必要である（「知る権利」「自己統治の価値」については、いずれも**1**を参照）。

7　取材の自由

(1) 取材の自由とは　報道が正しい内容をもつためには、取材の自由を認めることが必要となる。このことは、表現の自由を「情報の自由な流れを保障する人権」と構成するとき、情報提供権の前提として情報収集権が表現の自由

によって保障されなければならないことを意味する。しかし、この点の判例の立場は曖昧である。最高裁は、博多駅TVフィルム事件 判例48 で、「報道のための取材の自由も、憲法21条の精神に照らし、十分尊重に値いするものといわなければならない」と述べているが、「十分尊重に値いする」という表現は、報道の自由が「憲法21条の保障のもとにある」と断言したことと比べると、取材の自由は憲法21条で保障されていないか、保障されているとしてもその程度が落ちることを示唆しているからである。しかし、学説の多くは、「十分尊重に値いする」という表現を積極的にとらえ、取材の自由も憲法上保障しなければならないことを最高裁も認めたのだと理解しているといえる。

(2) 取材活動の保護　取材の自由とは、第一に、取材活動そのものを政府が妨げてはならないことを意味する。この点、マス・メディアによる政府関係者の取材が公務員の守秘義務によって妨げられないかが問題となる。国家公務員法は、「職員は、職務上知ることのできた秘密を漏らしてはならない」と定め（国公100条1項）、これに違反した者に罰則を科すだけでなく（同109条12号）、これをそそのかした者も処罰する（同111条）。地方公務員法も同様である（地公34条1項、60条2号、62条）。それゆえ、取材活動によって公務員から「秘密」の情報を得た記者が、そそのかし罪で処罰されるおそれがあるのである。このようなそそのかし罪での処罰、あるいはそそのかし罪の存在そのものは取材の自由に対する侵害ではないのだろうか。このことが問題となったのが西山記者沖縄密約事件 判例49 である。

判例49　西山記者沖縄密約事件

（最一決昭和53年5月31日刑集32巻3号457頁）

事　実　被告人は毎日新聞の記者であったが、沖縄返還交渉に関し日米間の密約の存在を裏づける秘密電信文案の写しを、外務省事務官をそそのかして入手したとして、国公法111条違反で起訴された。第一審は被告人を無罪としたが検察側が控訴し控訴審では有罪となったので、被告人が上告した（事務官は、国公法100条1項、109条12号違反で同時に起訴され、第一審で有罪が確定）。

判　旨　「報道機関の国政に関する取材行為は、国家秘密の探知という点で公務員の守秘義務と対立拮抗するものであり、時としては誘導・唆誘の性質を伴うものであるから、報道機関が取材の目的で公務員に対し秘密を漏示するようにそ

そのかしたからといつて、そのことだけで、直ちに当該行為の違法性が推定されるものと解するのは相当ではなく、報道機関が公務員に対し根気強く執拗に説得ないし要請を続けることは、それが真に報道の目的からでたものであり、その手段・方法が法秩序全体の精神に照らし相当なものとして社会観念上是認されるものである限りは、実質的に違法性を欠き正当な業務行為というべきである」。

しかし、「取材の手段・方法が贈賄、脅迫、強要等の一般の刑罰法令に触れる行為を伴う場合は勿論、その手段・方法が一般の刑罰法令に触れないものであつても、取材対象者の個人としての人格の尊厳を著しく蹂躙する等法秩序全体の精神に照らし社会観念上是認することのできない態様のものである場合にも、正当な取材活動の範囲を逸脱し違法性を帯びる」。本件において、「被告人は、当初から秘密文書を入手するための手段として利用する意図で」事務官と「肉体関係を持ち、同女が右関係のために被告人の依頼を拒み難い心理状態に陥つたことに乗じて秘密文書を持ち出させたが、同女を利用する必要がなくなるや、同女との右関係を消滅させその後は同女を顧みなくなつたものであつて、取材対象者……の個人としての人格の尊厳を著しく蹂躙したものといわざるをえず」、「正当な取材活動の範囲を逸脱しているものというべきである」。よつて原判決は結論において正当である。

この判決は、一般論としては、報道機関の取材行為は刑法35条の正当行為に当たり違法性が阻却されるとしてそそのかし罪では処罰されないことを示している。しかし、この事件については、事務官との男女関係を利用したことが「法秩序全体の精神」から許されないとして正当行為には当たらないとされた。この判決によって世論の関心は被告人の非倫理的行為への非難に集中し、結果として政府が結んだ密約の存在への批判がそらされたともいわれる。一般的には正当行為である取材の自由に「法秩序全体の精神」から枠をはめることが適切であるのか、学説からは疑問も提出されている。

2014年に制定された特定秘密保護法(「特定秘密の保護に関する法律」)は、防衛、外交、特定有害活動(スパイ活動のこと)防止、テロリズム防止の4分野の一定の情報で、「公になっていないもののうち、その漏えいが我が国の安全保障に著しい支障を与えるおそれがあるため、特に秘匿することが必要であるもの」を「特定秘密」に指定することを認める(同3条、別表)。特定秘密の漏えいや、外国の利益を図るなどの目的での、施設への侵入や不正アクセスなどに

よる特定秘密の取得が処罰される（同 23 条、24 条）。これらの教唆や煽動も処罰されるので（同 25 条）、取材の自由を侵害しないことが求められる。この点、「この法律の適用に当たっては……国民の知る権利の保障に資する報道又は取材の自由に十分に配慮しなければならない」、「出版又は報道の業務に従事する者の取材行為については、専ら公益を図る目的を有し、かつ、法令違反又は著しく不当な方法によるものと認められない限りは、これを正当な業務による行為とするものとする」との規定が設けられている（同 22 条）。

(3) **取材資料の提出**　取材の自由を憲法上保障することは、第二に、取材資料の提出や取材源の開示を公権力から強制されないことを意味する。取材資料が報道の後であっても裁判や捜査のために公権力（裁判所や検察は公権力の一部である）によって利用される可能性があるということになると、取材先の協力が得られにくくなり、ひいては取材活動が妨げられるおそれがあるからである。他方で、とくに裁判においては、証拠として取材資料を利用することが公正な裁判を実現するために必要とされる場面があることも確かである。

最高裁は、博多駅 TV フィルム事件 判例48 で、取材資料の提出が認められるか否かは、一方で、取材資料の提出によって取材の自由が妨げられる程度や報道の自由に及ぼす影響と、他方で公正な刑事裁判を実現するために取材資料を提出する必要性の有無を比較衡量して決めるべきであるという判断枠組みを示した。この事件は、裁判所による取材フィルムの提出命令を認めたものであったが、その後、最高裁は、捜査機関による取材テープの差押えについても博多駅 TV フィルム事件 判例48 と同様に利益衡量の手法を用いてこれを認めるに至っている（日本テレビ事件〔最二決平成元・1・30〕、TBS 事件〔最二決平成 2・7・9〕）。もっとも、裁判所による提出命令と、捜査機関による捜索差押えを同様に扱って良いのかなどの点で学説には批判が存在する。

(4) **取材源の秘匿**　取材の自由との関係から、取材資料以上に、公権力による開示の強制から保護する必要性が高いのが、取材源である。記者は、取材をする際に、取材先（取材源）との信頼関係に基づき、匿名を条件として情報を入手することがある。ところが、とくに公権力に関する取材を行う場合には、公務員の守秘義務違反との関係から、公権力は、取材源が誰かに関心をもち、記者にこれを明らかにするよう求めることがある。ここで記者が取材源を明ら

かにすれば、取材源との信頼関係を裏切ることになり、記者は、その取材源のみならず他の取材先からも信用を失って取材活動ができなくなるだろう。

それゆえ、裁判所が記者を裁判の証人として喚問し取材源の開示を求めることができるか、取材の自由との関係から問題となる。実際には、取材源の開示を求められた記者がこれを拒否した場合に、証言拒絶罪（刑訴161条1項、民訴200条）で処罰することが許されるか、記者の立場からみれば証言拒絶罪の処罰から免れるか、すなわち証言拒絶権が認められるかというかたちで争われる。

判例は、記者に取材源の開示が求められる基本事件が刑事事件であるか民事事件であるかで扱いを異にしているようにみえる。刑事事件の場合には、警察の逮捕情報が事前に漏れたのではないかとして被疑者不詳のまま起訴された刑事裁判において証人として喚問された記者が取材源を明かさなかったことの可否が争われた石井記者事件（最大判昭和27・8・6）で、「わが現行刑訴法は新聞記者を証言拒絶権あるものとして列挙していないのであるから、刑訴149条に列挙する医師等と比較して新聞記者に右規定を類推適用することのできないことはいうまでもない」としたうえ、「未だいいたいことの内容も定まらず、これからその内容を作り出すための取材に関しその取材源について、公の福祉のため最も重大な司法権の公正な発動につき必要欠くべからざる証言の義務をも犠牲にして、証言拒絶の権利までも保障したものとは到底解することができない」として、証言拒絶権を認めなかった。

これに対して、民事事件について争われたのが、NHK記者取材源秘匿事件 判例50 である。

判例50　NHK記者取材源秘匿事件

（最三決平成18年10月3日民集60巻8号2647頁）

事　実　原告ら（アメリカの企業及び役員等）は、NHK始め日米のメディアが、ニュースで、グループ企業である日本の販売会社が所得隠しをして追徴課税を受けたこと、その利益が原告企業に送金されたとしてアメリカの当局も追徴課税をしたことなどの報道をしたため、原告企業の株価が下落するなどして損害を受けたところ、これはアメリカ税務当局の職員が日本の職員に情報を漏らしたのが原因であるとして、アメリカの裁判所に、アメリカ合衆国を被告として損害賠償を求める民事訴訟を提起した。この裁判の中で、原告らは、NHK記者に対する証

人尋問を申請したため、この証人尋問が国際司法共助により日本の裁判所で行われた。NHK記者は、質問事項のうち、取材源の特定に関するものについて証言を拒絶した。そこで、原告ら代理人が、証言拒絶の当否についての裁判を求めた。第一審、第二審ともに証言拒絶には理由があると判断したので、原告らは抗告した。

判旨「報道関係者の取材源は、一般に、それがみだりに開示されると、報道関係者と取材源となる者との間の信頼関係が損なわれ、将来にわたる自由で円滑な取材活動が妨げられることとなり、報道機関の業務に深刻な影響を与え以後その遂行が困難になると解されるので、取材源の秘密は職業の秘密に当たるというべきである。そして、当該取材源の秘密が保護に値する秘密であるかどうかは、当該報道の内容、性質、その持つ社会的な意義・価値、当該取材の態様、将来における同種の取材活動が妨げられることによって生ずる不利益の内容、程度等と、当該民事件の内容、性質、その持つ社会的な意義・価値、当該民事件において当該証言を必要とする程度、代替証拠の有無等の諸事情を比較衡量して決すべきことになる」。

「取材源の秘密は、取材の自由を確保するために必要なものとして、重要な社会的価値を有するというべきである。そうすると、当該報道が公共の利益に関するものであって、その取材の手段、方法が一般の刑罰法令に触れるとか、取材源となった者が取材源の秘密の開示を承諾しているなどの事情がなく、しかも、当該民事件が社会的意義や影響のある重大な民事件であるため、当該取材源の秘密の社会的価値を考慮してもなお公正な裁判を実現すべき必要性が高く、そのために当該証言を得ることが必要不可欠であるといった事情が認められない場合には、当該取材源の秘密は保護に値すると解すべきであり、証人は、原則として、当該取材源に係る証言を拒絶することができると解するのが相当である」。

最高裁は、このように述べて本件における記者の証言拒絶を認めた。ここで、民事件においては証言拒絶が認められるのが原則であることが示されている。石井記者事件が示した刑事件の場合とは考え方が異なるわけである。この違いは、刑事件では公正な裁判の要請がより強く働くことや、刑訴法149条では業務上の秘密を理由に証言拒絶が認められる者として医師などを限定的に列挙しているのに対して、民訴法197条1項では2号で医師などを列挙するのに加え3号で「技術又は職業の秘密に関する事項について尋問を受ける場合」と

定めていることから説明することもできる。しかし、石井記者事件の最高裁判決は昭和 27 年のものである。表現の自由とは情報の自由な流れを保障するものであるとの観念が希薄だった当時と異なり、この観念が浸透している今日では、刑事事件においても NHK 記者取材源秘匿事件 判例50 が示した考え方に引きつけて考えるべきではないかと学説からは主張されている。

8 編 集 権

(1) 編集権とは マス・メディアは、取材した内容を報道するにあたって、様々な記事をどのように並べるのか、それぞれの記事の分量をどれくらいにするのか、といった判断を行わなければならない。表現の自由とは「情報収集権―情報提供権―情報受領権」から構成される、情報の自由な流れを保障するものであるという図式を使って説明するならば、収集した情報を提供するにあたっては、様々な情報を整理、編集することが不可欠となるわけである。したがって、このような記事の編集を公権力に妨げられず自由に行うこともまた、自由な情報流通の一環として、表現の自由で保障される。これを編集権という。

しかし、この編集権にも限界が存在する。裁判所は、他人の名誉を侵害した者に対して、「損害賠償に代えて、又は損害賠償とともに、名誉を回復するのに適当な処分を命ずることができる」(民 723 条)。ここにいう「名誉を回復するのに適当な処分」として、裁判所が謝罪広告や反論文の紙面への掲載を命令することがある。この限りで編集権は制限を受けているが、名誉毀損に対する救済方法として、このような制限は一般に合憲だと理解されている。

また、取材対象者が、取材に対して与える情報が一定の内容、方法により放送で使用されることを期待、信頼して取材に応じた場合に、編集権がこれにより制限されるか問題となる。「女性たちの法廷」事件(最一判平成 20・6・12)で、最高裁は、このような期待、信頼は、例外的に、「当該取材に応ずることにより必然的に取材対象者に格段の負担が生ずる場合において、取材担当者が、そのことを認識した上で、取材対象者に対し、取材で得た素材について、必ず一定の内容、方法により番組中で取り上げる旨説明し、その説明が客観的に見ても取材対象者に取材に応ずるという意思決定をさせる原因となるようなものであったとき」は法的保護の対象になるとしつつも、原則としては法的保護の対

象とはならないと判断している（もっとも、この事件の核心は政治家の介入により番組内容が改変されたのではないかであったが、最高裁は判断を行っていない）。

(2) アクセス権と編集権　編集権に対する制約として許されるかが問題になるものとして、いわゆるアクセス権がある。アクセス権とは、狭い意味では、(1)でみたように、名誉毀損が成立した場合の救済として被害者が裁判所を通じて反論文の掲載を求める権利をいうが、広い意味では、名誉毀損が成立しない場合であっても、記事で批判、攻撃された相手方が、同じ媒体に無料で反論文の掲載を求める権利（いわゆる「反論権」）や、市民が意見広告などのためにマス・メディアの利用を求める権利をいう。

このような広義のアクセス権は、マス・メディアが独占して一方的に情報を流し一般市民はもっぱら情報の受け手の立場に甘んじているという現代社会の問題に対応するために唱えられた。その意味では、**1**で説明したように、情報受領権を重視して「情報収集権─情報提供権─情報受領権」という一連の情報の流れを保障するものとして表現の自由をとらえる近時の通説的見解と共通の問題意識に根差すものといえる。しかし、このような広義のアクセス権を認めるならば、マス・メディアの編集権が大きく損なわれることに注意する必要がある。そのため、学説はおおむね、広義のアクセス権を認めることに対して慎重である。最高裁も、サンケイ新聞意見広告事件　**判例51**　で、反論権に否定的な見解を示している。

判例51　サンケイ新聞意見広告事件

（最二判昭和62年4月24日民集41巻3号490頁）

（事　実） サンケイ新聞が原告（日本共産党）を批判する自由民主党の意見広告を掲載したため、原告が反論文の無料掲載を請求した。第一審、控訴審とも原告の請求を棄却したので、原告が上告した。

（判　旨）「反論権の制度は、記事により自己の名誉を傷つけられあるいはそのプライバシーに属する事項等について誤つた報道をされたとする者にとつては、機を失せず、同じ新聞紙上に自己の反論文の掲載を受けることができ、これによつて原記事に対する自己の主張を読者に訴える途が開かれることになるのであつて、かかる制度により名誉あるいはプライバシーの保護に資するものがあることも否定し難いところである。しかしながら、この制度が認められるときは、新聞

を発行・販売する者にとつては、原記事が正しく、反論文は誤りであると確信している場合でも、あるいは反論文の内容がその編集方針によれば掲載すべきでないものであつても、その掲載を強制されることになり、また、そのために本来ならば他に利用できたはずの紙面を割かなければならなくなる等の負担を強いられるのであつて、これらの負担が、批判的記事、ことに公的事項に関する批判的記事の掲載をちゆうちよさせ、憲法の保障する表現の自由を間接的に侵す危険につながるおそれも多分に存するのである。このように、反論権の制度は、民主主義社会において極めて重要な意味をもつ新聞等の表現の自由……に対し重大な影響を及ぼすものであつて、たとえ被上告人の発行するサンケイ新聞などの日刊全国紙による情報の提供が一般国民に対し強い影響力をもち、その記事が特定の者の名誉ないしプライバシーに重大な影響を及ぼすことがあるとしても、不法行為が成立する場合にその者の保護を図ることは別論として、反論権の制度について具体的な成文法がないのに、反論権を認めるに等しい……反論文掲載請求権をたやすく認めることはできないものといわなければならない」。

もっとも、最高裁は、「具体的な成文法」、すなわち法律を定めて反論権の制度を設けることの合憲性については明確に述べていない。

9 放送の自由

(1) 放送に対する特別な規制　放送とは、現行法上、「公衆によって直接受信されることを目的とする電気通信……の送信」と定義される（放送2条1号。2010年〔平22〕の放送法制の改正以前は「無線通信の送信」と定義されていたが、有線も「放送」に含まれるとされた）。そして、放送は、「基幹放送」（地上波のテレビ・ラジオ、BSデジタル放送、東経110度CS放送が含まれる）とそれ以外の「一般放送」（それ以外のCS放送、CATV、IPTVが含まれる）に区分されて段階的な規制を受けている。その内容は次のようなものであるが、これらは、新聞などのプリント・メディアにはない規制である。

第一に、基幹放送を行うには、自らの放送局（無線局）の設備で放送する場合には無線局の開設に総務大臣の免許が必要であるし（電波4条）、他の放送局の設備を用いるなどして自らは放送業務だけを行う場合にも総務大臣の認定が必要になる（放送93条）。一般放送を行うにも、原則として総務大臣の登録が

必要である（同126条）。免許や認定、登録がなければ放送を行えないわけであり、事前規制の一種といえる。

　第二に、放送事業者（基幹放送事業者と一般放送事業者の双方が含まれる）は、番組の編集にあたって、①公安及び善良な風俗を害しないこと、②政治的に公平であること、③報道は事実をまげないですること、④意見が対立している問題についてはできるだけ多くの角度から論点を明らかにすること、の四つが要求され（同4条1項）、さらに⑤教養・教育・報道・娯楽の4種類の番組相互の間の調和を保つことが求められている（同5条1項。基幹放送事業者について、同106条も参照）。これらの番組編集準則（①〜④）や番組調和準則（⑤）は、違反しても罰則がなく、また不利益な行政処分にも結びつくものではない、いわゆる訓示的な規定であると一般に解されている。とはいえ、これらが表現の自由、編集権に対する内容規制であることには違いない。

　(2) 特別な規制の理由　このような規制はなぜ認められるのだろうか。学説は、放送にだけ特別な規律が認められる理由として、ⓐ周波数帯の稀少性、ⓑ社会的影響力の強さ、ⓒ番組内容画一化の危険をあげてきた。すなわち、放送は使用できる周波数帯に限りがあるので電波の有効利用をはかる必要があること、放送は動画や音声を通じて視聴者の感覚を直接に刺激するため視聴者に強い影響を与えること、スポンサーの意向を反映して視聴率の取れる通俗的な番組に偏るおそれがあること、という理由である。

　しかし、ⓐの理由は、いわゆる地上波以外にも、ケーブルテレビや衛星放送そしてインターネットという新しいメディアの普及により、現在ではもはや妥当しないのではないかともいわれる（もっとも、携帯電話やインターネットの普及で電波の需要が高まり周波数帯が足りなくなりつつあるともいわれる）。また、ⓑやⓒについても、科学的な実証があるわけではないとの指摘がされる。

　最高裁は、政見放送の一部を差別的表現に当たるとして消去したNHKの行為の是非が争われた事件（最三判平成2・4・17）で、公職選挙法150条の2が「政見放送としての品位を損う言動」を禁止する理由は、「テレビジョン放送による政見放送が直接かつ即時に全国の視聴者に到達して強い影響力を有していること」による弊害発生を防止するためであるとして消去行為の正当性を認めている。現在の実務ではⓑを主な理由として規制を認めていることが窺われる。

なお、各種のインターネットの映像配信サービスは、基本的に「放送」には当たらないと解される。その内容に対する規律は、「青少年が安全に安心してインターネットを利用できる環境の整備等に関する法律」やプロバイダー責任制限法などで個別に行われている（インターネットの映像配信サービスや掲示板などを通じた情報の送受信は、「公然性を有する通信」と呼ばれ、従来の郵便や電話、インターネットでも電子メールのような、一対一の、通信内容の秘匿性を伴う通信とは異なり、表現の自由で保障される行為であると解される）。

(3) 編集権との関係　編集権との関係でも、放送は特殊な規制を受ける。すなわち、放送事業者は、真実でない事項を放送したことが判明した場合には訂正放送等が義務づけられている（放送9条）。その調査は、放送日から3ヶ月以内に権利の侵害を受けた本人等から請求があったときに行われる。ただ、この規定は、放送事業者に対して罰則の担保の下で自律的に訂正放送をなす義務を負わせたものにすぎないのか、被害者に訂正放送請求権を認め、被害者の請求に基づいて裁判所が訂正放送等を命令できるとしたものであるのかが問題となる。この点が争われたのが生活ほっとモーニング事件 判例52 である。

判例52　生活ほっとモーニング事件

（最一判平成16年11月25日民集58巻8号2326頁）

事　実　原告は、被告（NHK）の「生活ほっとモーニング」という番組の「妻からの離縁状・突然の別れに戸惑う夫たち」と題する放送によって、妻との離婚の経緯や離婚原因に関する真実でない事項が流され、名誉やプライバシーが侵害されたとして、民法に基づく慰謝料の支払いや謝罪放送と並んで、放送法旧4条1項（現9条1項）に基づく訂正放送を請求した。一審は原告が敗訴したが、控訴審は慰謝料の支払いとともに訂正放送も認めたので、被告側が上告した。

判　旨　「〔放送〕法4条1項は、真実でない事項の放送について被害者から請求があった場合に、放送事業者に対して訂正放送等を義務付けるものであるが、この請求や義務の性質については、法の全体的な枠組みと趣旨を踏まえて解釈する必要がある。憲法21条が規定する表現の自由の保障の下において、法1条は、……3つの原則に従って、放送を公共の福祉に適合するように規律し、その健全な発達を図ることを法の目的とすると規定しており、法2条以下の規定は、この3つの原則を具体化したものということができる。法3条は、上記の表現の自由

及び放送の自律性の保障の理念を具体化し、……放送番組編集の自由を規定している。……法4条1項も、これらの規定を受けたものであって、……放送の自律性の保障の理念を踏まえた上で、……真実性の保障の理念を具体化するための規定であると解される。そして、このことに加え、法4条1項自体をみても、放送をした事項が真実でないことが放送事業者に判明したときに訂正放送等を行うことを義務付けているだけであって、訂正放送等に関する裁判所の関与を規定していないこと、同項所定の義務違反について罰則が定められていること等を併せ考えると、同項は、真実でない事項の放送がされた場合において、放送内容の真実性の保障及び他からの干渉を排除することによる表現の自由の確保の観点から、放送事業者に対し、自律的に訂正放送等を行うことを国民全体に対する公法上の義務として定めたものであって、被害者に対して訂正放送等を求める私法上の請求権を付与する趣旨の規定ではないと解するのが相当である。……被害者は、放送事業者に対し、法4条1項の規定に基づく訂正放送等を求める私法上の権利を有しないというべきである」。

最高裁は、放送法旧4条1項（現9条1項）は、被害者に訂正放送請求権を認めたものではなく、放送事業者が自主的に訂正放送を流すことを義務づけたものにすぎないとした。この違いは一見小さいもののようにもみえるが、放送局にとって、特定の内容の放送を強制されるのか、50万円以下の罰金を支払う（放送186条1項）ことで拒否を貫徹できるのかは、実際上は大きな違いがあるともいえる。ここにも、放送の自由に対する配慮が働いているといえよう。

10　名誉権と表現の自由

(1) 名誉権と表現の自由との調整　名誉は、古くから法的保護の対象とされてきた。今日、名誉は、憲法13条によって保障される基本的人権の一つと考えられ（**第2章第2節**参照）、刑法上は、名誉毀損罪が定められ（刑230条）、民法上は、不法行為としての名誉毀損について定められている（民709条、710条、723条）。

しかし、名誉毀損的な表現の処罰は行きすぎると逆に表現者の側の表現の自由を侵害することになることから、一方の名誉権と他方の表現の自由との衝突を調整する必要がある。この点、刑法230条の2第1項は、①公共の利害に関

する事実に係り（事実の公共性）、②その目的が専ら公益を図ることにあったと認める場合には（目的の公益性）、③事実の真否を判断し、真実であることの証明があったときは（事実の真実性）、名誉毀損行為を処罰しないものと定めている。

　刑法230条の2による名誉権と表現の自由との調整は、直接には、ある表現行為が刑法上名誉毀損罪として処罰されるかどうかに関わるものであるが、その趣旨は、民事上の不法行為責任の存否の判断にも妥当すると考えられている（最一判昭和41・6・23）。

　(2)　公共の利害に関する事実　　刑法230条の2第1項による免責を受けるためには、まず、問題となった表現が「公共の利害に関する事実」についてのものであることが必要である。なお、刑法230条の2第2項は、公訴提起前の犯罪行為に関する事実を「公共の利害に関する事実」とみなし、同条3項は、公務員及び公選公務員の候補者に関する表現が問題となるときは、この要件をみたすことは必要ない旨の規定をおいている。

　それ以外のことがらについて、なにが「公共の利害に関する事実」に当たるかは、個別的に判断せざるをえず、「摘示された事実自体の内容・性質に照らして客観的に判断されるべき」であるとされる。一般的にいえば、私生活上の事実は「公共の利害に関する事実」に当たらないということができるであろう。

　ただ、この点に関し、宗教法人創価学会の会長の私生活上の事実に関する雑誌記事について、「私人の私生活上の行状であっても、そのたずさわる社会的活動の性質及びこれを通じて社会に及ぼす影響力の程度などのいかんによっては、その社会的活動に対する批判ないし評価の一資料として、刑法230条ノ2第1項にいう『公共ノ利害ニ関スル事実』にあたる場合がある」として、同会長らの行状が「公共の利害に関する事実」に当たるとした判例（「月刊ペン」事件に関する最　判昭和56・4・16）がある。

　(3)　公益を図る目的　　名誉毀損の責任を免れる第二の要件は、当該表現が専ら公益を図る目的でなされたことである。この要件は公益を図る目的以外の目的が一切あってはならないということを要求するものではなく、主要な目的が公益を図る目的であれば足りると一般に理解されている。人身攻撃が目的であるような場合はともかく、マス・メディアによる報道・論評については、通

常、公益目的が肯定されるといわれる。

(4) 事実の真実性・真実と信じる相当な理由　名誉毀損の責任を免れるためには、第三に、当該表現に含まれる事実が真実であることの証明がなされなければならない。表現した事実のすべてが真実であることは必要なく、主要部分において真実であれば足りる。

　しかし、事実が真実であることを証明することは、必ずしも容易ではない。かつて、最高裁は、この真実性の証明がない以上名誉毀損の責任を免れないとしていた。それに対し、真実性の証明がなくても、事実を真実であると誤信したことに相当の理由がある場合には名誉毀損罪が成立しないとの判例法理を確立したのが、つぎの事件である（なお、不法行為としての名誉毀損については、すでに最一判昭和41・6・23が同様の考え方を明らかにしていた）。

判例53　夕刊和歌山時事事件

（最大判昭和44年6月25日刑集23巻7号975頁）

〔事　実〕　被告人は、その発行する「夕刊和歌山時事」紙面に「吸血鬼Aの罪業」と題して、A本人または同人経営の「和歌山特だね新聞」の記者が和歌山市役所土木部の職員に向かって「出すものを出せば目をつむってやるんだが、チビリくさるのでやったるんや」「しかし魚心あれば水心ということもある。どうだ、お前にも汚職の疑いがあるが、一つ席を変えて一杯やりながら話をつけるか」と凄んだ旨の記事を掲載し、Aの名誉を毀損したとして起訴された。控訴審は、たとえ真実と誤信する相当な根拠があっても真実との証明がない以上罪を免れないと判断したので、被告人が上告した。

〔判　旨〕　「刑法230条ノ2の規定は、人格権としての個人の名誉の保護と、憲法21条による正当な言論の保障との調和をはかつたものというべきであり、これら両者間の調和と均衡を考慮するならば、たとい刑法230条ノ2第1項にいう事実が真実であることの証明がない場合でも、行為者がその事実を真実であると誤信し、その誤信したことについて、確実な資料、根拠に照らし相当の理由があるときは、犯罪の故意がなく、名誉毀損の罪は成立しないものと解するのが相当である」。

　どのような場合であれば、「相当の理由」があるといえるのかについては、

一般的にいえば、判例は、情報源が確かで、裏づけ取材を行っていて、本人からも十分取材していれば、相当性を認める傾向にあるということができよう。ただ、他方で判例は、捜査段階にある刑事事件の報道については、捜査機関の公式発表がない場合には、かなりの程度の裏づけ取材を求める傾向にあるといわれ（例えば、ロス疑惑報道に関する最三判平成14・1・29）、捜査機関の公式発表で発表された事実以外の事実を摘示することに厳しい判例の立場に対しては、結局のところ、警察の公式発表へのマス・メディアの依存体質を招くのではないかとの批判もなされている。

なお、名誉権と表現の自由との調整について、判例が示したやり方では表現の自由が十分に保護されないとして、学説上は、アメリカの判例に倣って、公務員または公的存在に対する名誉毀損については、その言説が虚偽であることを知っていたか、または虚偽であるか否かを不遜にも顧慮しなかったことを被害者の方で立証しなければならないとする、「現実の悪意の法理」を採用すべきとの主張がなされている。

(5) **公正な論評の法理**　名誉毀損の民事上の責任は、意見の公表によっても生じる。しかし、意見についてあまり厳しく名誉毀損としての責任が問われることになると、自由な批判が不可能になってしまう。そこで、評論などの対象について人身攻撃・非難などを目的とするものではなく、主要な事実を伝え、評者の考え方を述べるにとどまる限り、名誉毀損の不法行為が成立しないとする考え方（公正な論評の法理）が主張されることになる。最高裁も、公立学校の教師について「有害無能な教師」と批判するビラを配布した者が名誉毀損の不法行為責任を問われた長崎教師批判ビラ事件（最一判平成元・12・21）において、「公共の利害に関する事項について自由に批判、論評を行うことは、もとより表現の自由の行使として尊重されるべきものであり、その対象が公務員の地位における行動である場合には、右批判等により当該公務員の社会的評価が低下することがあっても、その目的が専ら公益を図るものであり、かつ、その前提としている事実が主要な点において真実であることの証明があったときは、人身攻撃に及ぶなど論評としての域を逸脱したものでない限り、名誉侵害の不法行為の違法性を欠くものというべきである」と判示している。

(6) **名誉権侵害に対する救済手段**　これまでみてきたように、名誉は刑法

上保護がなされているほか、表現行為によって名誉を傷つけられた者は、民法709条及び710条によって損害賠償の支払いを求めることができる。

それ以外に、民法723条は、他人の名誉を毀損した者に対して、裁判所が、被害者の請求により、損害賠償に代えてまたは損害賠償とともに、「名誉を回復するのに適当な処分」を命じることができる旨を定めている。現在、この「名誉を回復するのに適当な処分」として、謝罪広告の掲載命令というやり方が広く用いられている。この謝罪広告掲載命令には、加害者の良心の自由（憲19条）を侵害しないかという問題があるが、その問題については、謝罪広告事件 判例32 を参照されたい。

さらに、損害賠償等では名誉の回復が難しいとして、名誉毀損行為を事前に知ることができた場合、その差止めを求めることが認められる。これが問題となったのが北方ジャーナル事件 判例41 であり、最高裁は、「その表現内容が真実でなく、又はそれが専ら公益を図る目的のものでないことが明白であつて、かつ、被害者が重大にして著しく回復困難な損害を被る虞があるとき」には、名誉毀損的表現の公表を事前に差し止めることも憲法上許されると判示している。

なお、いわゆる知る権利の一内容として、アクセス権の主張がなされ、具体的には、自己に関する情報を伝達された者がそれに対する自己の意見の伝達を求める権利（反論権）の主張がなされているということは、すでに触れた（**8**(2)）。この反論権は、マス・メディアによって名誉を傷つけられた場合に、同じ媒体上に無料でこれに対する反論文の掲載請求権を認めるべきではないかという形で、名誉権侵害に対する救済手段として主張される。この問題についての詳細は、サンケイ新聞意見広告事件 判例51 を参照されたい。

11 プライバシー権と表現の自由

(1) **表現行為とプライバシー**　　プライバシー権も、今日、憲法13条によって保障される基本的人権の一つと考えられており（京都府学連事件 判例13 参照）、表現行為によって他者のプライバシーを侵害した場合、民事上の責任を問われることになる。そのリーディング・ケースとなるのが、「宴のあと」事件（東京地判昭和39・9・28）であって、東京地裁は、一定の要件がみたされた

場合には、プライバシーの侵害が不法行為となることを認めている（**第2章第2節3**(3)を参照）。

そして、これまで、夫婦・家族関係、恋愛関係など私生活に関する事実だけでなく、前科（「逆転」事件〔最三判平成6・2・8〕）、顔の血管腫（「石に泳ぐ魚」事件 判例55 ）などもまた、プライバシー情報として法的な保護の対象となることが認められている。

(2) **表現の自由との調整**　個人のプライバシーを違法に侵害する表現行為について不法行為の責任を問うことは、表現の自由を制約するものではあるが、それ自体としては、憲法21条に反するものではない。ただ、名誉権の保護の場合と同様、これが行きすぎるとかえって表現の自由を侵害することになるので、ここでも、プライバシー権の保護と表現の自由の保障との調整が必要となる。

名誉毀損的表現が問題となる場合には、免責を受けるためには公表された事実が真実であることの証明（または真実と誤信するについての相当の理由）が必要とされていたが、プライバシー権の侵害が問題となる場合には、ある事実を公表すること自体が問題なのであるから、公表された事実が真実だからといって責任を免れるわけではない。むしろ、ここでは、その表現が公共性を有するかどうかが重要であるとされる。

この点、上記の「宴のあと」事件において、東京地裁は、「他人の私生活を公開することに法律上正当とみとめられる理由があれば違法性を欠き結局不法行為は成立しないものと解すべき」であるとして、「公人ないし公職の候補者については、その公的な存在、活動に附随した範囲および公的な存在、活動に対する評価を下すに必要または有益と認められる範囲では、その私生活を報道、論評することも正当とされなければならない」と述べ、また、「逆転」事件第一審判決（東京地判昭和02・11・20）も、私生活に関わる事実の公表であっても、「社会の構成員が一定の事実を知ることに正当な関心をもち、それを知ることが社会全体の利益になるような場合」には、プライバシー侵害の責任を負わせるべきではないと説いている。

(3) **刑事事件に係る実名報道**　わが国では、犯罪報道において被疑者・被告人を実名で報道することが慣例化している。犯罪に関する事実が公共の利害

に関する事実である以上、これをもってプライバシー権の侵害とはいえないであろう。

しかし、いわゆる少年事件について、少年法61条は、「家庭裁判所の審判に付された少年又は少年のとき犯した罪により公訴を提起された者については、氏名、年齢、職業、住居、容ぼう等によりその者が当該事件の本人であることを推知することができるような記事又は写真を新聞紙その他の出版物に掲載してはならない」と規定している。この規定の文言上は、実名推知報道が禁止されるのは、公訴提起（または審判開始）段階にある少年事件に関する出版物の報道のみであるが、一般に捜査段階にある少年事件についての出版物以外の媒体による報道にも拡大して適用する解釈がとられている。ただし、この規定には、違反した場合の罰則規定は存在しない。

この規定に違反して、事件を起こした本人を推知することのできる報道がなされた場合に、損害賠償責任を問うことができるかどうかが争われたのが、つぎの事件である。

判例54　少年犯罪推知報道事件

（最二判平成15年3月14日民集57巻3号229頁）

（事　実）　出版社Yは、殺人、強盗殺人等の事件で起訴されたX（犯行当時18歳）について第一審公判中に容易にXと推知することのできる仮名X'を用いて、法廷での様子、犯行態様の一部、経歴や交友関係等を記載する記事を週刊誌上に掲載した。Xは、名誉を毀損され、プライバシーを侵害されたとして損害賠償を求める訴訟を提起した。控訴審は、少年法61条は名誉権・プライバシー権だけでなく、成長発達過程において健全に成長するための権利を保護するもので、本件ではこれらの権利よりも明らかに社会的利益の擁護が強く優先される特段の事情が認められないとして、損害賠償の支払いを命じた第一審の結論を支持していた。

（判　旨）　「本件記事に記載された犯人情報及び履歴情報は、いずれもXの名誉を毀損する情報であり、また、他人にみだりに知られたくないXのプライバシーに属する情報である」。「Xと面識があり、又は犯人情報あるいはXの履歴情報を知る者は、その知識を手がかりに本件記事がXに関する記事であると推知することが可能であり」、「これらの読者の中に、本件記事を読んで初めて、Xについてのそれまで知っていた以上の犯人情報や履歴情報を知った者がいた可能性も否定することはできない」から、「本件記事の掲載行為は、Xの名誉を毀損し、プラ

イバシーを侵害する」。

「少年法 61 条に違反する推知報道かどうかは、その記事等により、不特定多数の一般人がその者を当該事件の本人であると推知することができるかどうかを基準にして判断すべきところ、本件記事は、Xについて、当時の実名と類似する仮名が用いられ、その経歴等が記載されているものの、Xと特定するに足りる事項の記載はないから、Xと面識等のない不特定多数の一般人が、本件記事により、Xが当該事件の本人であることを推知することができるとはいえ」ず、少年法 61 条に違反しない。

「本件記事の掲載によってYに不法行為が成立するか否かは、被侵害利益ごとに違法性阻却事由の有無等を審理し、個別具体的に判断すべきものである」が、原審は「個別具体的な事情を何ら審理判断することなく、Yの不法行為責任を肯定した。この原審の判断には、審理不尽の結果、判決に影響を及ぼすことが明らかな法令の違反がある」。

本判決で最高裁は、本件報道はそもそも少年法 61 条に違反するものではないとし、本件をプライバシー侵害があった場合の比較衡量の問題として扱っている。その結果、少年法 61 条の保護法益はなにか、実名推知報道を一律に禁止する少年法 61 条は憲法 21 条に反しないかといった問題については判断をしていない。

少年法 61 条の保護法益がなんであるかについては、争いがある。ある見解は、同条は「少年の健全育成を図るという少年法の目的を達成するという公益目的と少年の社会復帰を容易にし、特別予防の実効性を確保するという刑事政策的配慮に根拠を有する」規定であると説き（堺市通り魔殺人事件報道に関する大阪高判平成 12・2・29）、別の見解は、「成長発達過程にあり、健全に成長するためにより配慮した取扱いを受けるという基本的人権を保護し、併せて、少年の名誉権、プライバシーの権利の保護を図っているもの」であると説いている（判例54 の原審である名古屋高判平成 12・6・29）。

後者の立場からいえば、推知報道が許されるのは、「成長発達権」よりも明らかに社会的利益の擁護が強く優先される例外的な場合に限定されることになろう。他方で、前者の立場から、少年を保護するため一定の規制をすることがやむをえないとしても、少年保護の必要性と表現の自由とを慎重に比較衡量す

べきで、少年法 61 条が実名推知報道を一律に禁止していることは憲法 21 条に反していると説く見解も存在する。

(4) プライバシー権侵害に対する救済手段　プライバシーの権利を侵害された場合、被害者は、不法行為を理由として損害賠償を請求することができる。

ただ、プライバシー権が侵害され、プライバシー情報がひとたび公表されてしまうと、金銭によってこれを償うことは難しく、したがって、損害賠償ではプライバシー権侵害に対する救済として不十分であるとして、プライバシー権を侵害する表現行為の差止請求の可能性が模索されてきた。

これまでにも、下級審のレベルでは、プライバシー侵害を理由とする差止請求が認められる可能性を承認した裁判例もあった（「エロス＋虐殺」事件に関する東京地決昭和 45・3・14 及び東京高決昭和 45・4・13。ただし、いずれも結論としては差止めを認めなかった）。これに対し、最高裁がプライバシー侵害を根拠に差止めを認めたのが、つぎの事例である。

判例55　「石に泳ぐ魚」事件

（最三判平成 14 年 9 月 24 日判時 1802 号 60 頁）

事実　原告 X は、Y が月刊誌『新潮』に連載した小説『石に泳ぐ魚』において、その登場人物「朴里花」のモデルとされた女性である。本件小説では、「朴里花」が顔面に有する腫瘍について苛烈な描写がなされているほか、その父親にスパイ容疑での逮捕歴があること、彼女が新宗教に入信したことなどが虚実を混ぜ合わせて描かれていた。そこで、X は、本件小説のそれらの描写によってプライバシー権、名誉権及び名誉感情が侵害されたとして、Y 及び出版社に対し、損害賠償の支払いと本件小説の単行本化の差止めを求める訴えを提起した。

控訴審判決は、人格権を侵害された者はその侵害行為の差止めを求めることができるということを前提に、本件小説が出版公表された場合、X の精神的苦痛を倍加させ、平穏な日常生活や社会生活を送ることが困難となるおそれがあり、そうした X 側の不利益と出版差止めによって Y らが被る不利益とを衡量すると、X が受ける不利益の方が Y らの不利益を上まわるとして、出版の差止めを命じたので、Y らが上告した。

判旨　「原審の確定した事実関係によれば、公共の利益に係わらない X のプライバシーにわたる事項を表現内容に含む本件小説の公表により公的立場にない X の名誉、プライバシー、名誉感情が侵害されたものであって、本件小説の出版

等によりXに重大で回復困難な損害を被らせるおそれがあるというべきである。したがって、人格権としての名誉権等に基づくXの各請求を認容した判断に違法はなく、この判断が憲法21条1項に違反するものでないことは、当裁判所の判例〔夕刊和歌山時事事件 判例53 及び北方ジャーナル事件 判例41 〕の趣旨に照らして明らかである」。

このように最高裁は、どのような場合であればプライバシー権侵害を理由として表現行為の差止めをすることができるのかについてとくに判示することなく、控訴審判決の結論を是認している。控訴審判決が利益衡量論によっていたことから、最高裁も利益衡量論を採用したのではないかとの見方もあり、本判決に対しては、利益衡量によって表現行為の差止めを認めるべきではないとする学説からは、批判もなされている。

第5節　集会・結社の自由

1　集会の自由

(1)　保障の意義　「集会の自由」とは、多数の人物が議論をしたり団結を高めたりするために、一つの場所に集まる自由のことをいう。また一つの場所に集まることに加え、デモ行進なども「動く集会」として、その中に含まれる。

憲法は、言論や出版とあわせて集会の自由も保障しており、最高裁も「現代民主主義社会においては、集会は、国民が様々な意見や情報等に接することにより自己の思想や人格を形成、発展させ、また、相互に意見や情報等を伝達、交流する場として必要であり、さらに、対外的に意見を表明するための有効な手段であるから、憲法21条1項の保障する集会の自由は、民主主義社会における重要な基本的人権の一つとして特に尊重されなければならない」（最大判平成4・7・1）として、その意義を認めている。もっとも、集会は、多数の人物が一つの場所に参集することからも、個人による表現行為とはその行動様式も異なり、その自由には集会特有の制約が生じる。

集会を行う場所としては、①集会を前提とする市民会館などの屋内公共施設

がある（ときに野外公会堂などの屋外公共施設もある）のに対し、②必ずしも集会が前提とはされていない公園や広場などの屋外公共施設がある。さらに③デモ行進なども「動く集会」であることから、固定した一所ではない道路も、集会場所として想定される。こうした場所の態様により規制方法も変化する。

(2) 屋内公共施設の使用　公共施設の使用には、通常、管理者の権限に基づく使用許可が必要になる場合が多い。そこで、管理者の適正な権限行使が求められるが、その承認には、その公共施設の設置状況が関係する。

そもそも集会利用が主目的とされる屋内公共施設の場合、できる限り集会の場として使用されるべく管理権が行使される必要がある。また法律でも、市民による公共施設の利用は、管理者が「正当な理由がない限り」拒否できないと規定している（地自244条2項）。このことからも、市民による集会のためのこうした公共施設の利用は、その当初の目的に沿った利用方法である以上、尊重されなければならない。

以上の公共施設での集会をめぐっては、その集会に反対する人々が妨害活動を行い、これにより周辺での混乱が予想され安全が保持されないといった理由から、集会施設の管理者が使用を不許可とする場合がみられる。しかし、集会施設管理者には、そうした混乱による不具合が出ないように警備を整えるなどして集会が適切に行えるよう整備することがそもそも求められている。そこで、使用不許可の事情が漠然としているならば、そうした理由だけでは先の地方自治法上の（利用拒否の）「正当な理由」には当たらないといえよう。

判例56　泉佐野市民会館事件

（最三判平成7年3月7日民集49巻3号687頁）

（事　実） Xらは、集会を開催するため、泉佐野市が設置・管理する市民会館使用許可の申請をした。しかし同市は、市民会館条例7条1号の「公の秩序をみだすおそれがある場合」や、同条3号「その他会館の管理上支障があると認められる場合」といった使用拒否事由を理由に不許可処分をした。Xらは、同市に対して損害賠償を請求したが、一審、二審では本件処分を適法とした。そこでXらは、最高裁に上告した。

（判　旨） 集会の用に供される公共施設の使用許可「制限が必要かつ合理的なものとして肯認されるかどうかは、基本的には、基本的人権としての集会の自由の

重要性と、当該集会が開かれることによって侵害されることのある他の基本的人権の内容や侵害の発生の危険性の程度等を較量して決せられる」。この較量では「集会の自由の制約は……精神的自由を制約するものであるから、経済的自由の制約における以上に厳格な基準の下にされなければならない」。

市民会館条例7条1号は、広義の表現をとっているが、「本件会館における集会の自由を保障することの重要性よりも、本件会館で集会が開かれることによって、人の生命、身体又は財産が侵害され、公共の安全が損なわれる危険を回避し、防止することの必要性が優越する場合をいうものと限定して解すべきであり」、その危険性の程度としては「明らかな差し迫った危険の発生が具体的に予見されることが必要である」。その存在の肯認には、「事態の発生が許可権者の主観により予測されるだけではなく、客観的な事実に照らして具体的に明らかに予測される場合でなければならない」。

本件不許可処分は、「客観的事実からみて、本件集会が本件会館で開かれたならば、本件会館内又はその付近の路上等においてグループ間で暴力の行使を伴う衝突が起こるなどの事態が生じ、その結果、グループの構成員だけでなく、本件会館の職員、通行人、付近住民等の生命、身体又は財産が侵害されるという事態を生ずることが、具体的に明らかに予見される」から、本件不許可処分は憲法21条、地方自治法244条に違反しない。

判例56 で最高裁は、結果的には本件使用不許可処分を合憲・合法としたものの、集会の自由に対する制約については、いわゆる二重の基準論を提示しつつ厳格な基準の下に行われなければならないことを示した。さらに使用不許可を正当化する理由としては、「明らかな差し迫った危険の発生が具体的に予見されることが必要」であるとして、制約の正当化理由の厳格化をはかった。

また、ある労働組合が、殺害された組合員（総務部長）の合同葬儀を上尾市福祉会館で実施しようとしたのに対し、市が施設使用の不許可処分を出したことについて、最高裁（最二判平成8・3・15）は、上尾市福祉会館「条例6条1項1号に定める『会館の管理上支障がある』との事態が生ずることが、客観的な事実に照らして具体的に明らかに予測されたものということはできない」として、本件不許可処分を違法としている。

(3) **屋外公共施設の使用**　公園などの屋外公共施設での集会の場合、屋内公共施設におけるそれと比べ、ほかへの影響が大きく、利用許可が認められな

いことがある。例えばかつて、メーデーの集会のため、施設管理者である当時の厚生大臣に対して皇居外苑の利用許可申請がなされたが、不許可とされたことがあった。その処分の取消しを求めた事件で、最高裁は、当時の厚生大臣が公園管理の必要性から当該不許可処分を出したことは違憲ではないとした（最大判昭28・12・23）。もっとも、同事件で最高裁は、管理権に名を借りた実質的な表現の自由や団体行動権の制限は許されないとしている。

　公園の利用に関連して、市の暴走族追放条例に基づき、市の管理する公共の広場での暴走族による集会の中止を求めたところ、それに従わなかった集団が起訴されたという事件があった（広島市暴走族追放条例事件）。この事件では、市条例の定める集会中止退去命令の規定が、暴走族以外の誰にでも適用されるように読めることから、過度に広汎な規制となっているとして問題とされた。これについて最高裁は、合憲限定解釈の手段を用いて、当該条例を合憲とした（最三判平成19・9・18。**第Ⅰ部第3章第2節**参照）。

　(4)　「動く集会」としての集団行動の自由　　デモ行進などの集団行動も「動く集会」として「集会の自由」により保障される。しかし、こうした行動は、一定の施設内で行われる集会に比べて、人々の移動をともない、多くの場合にそれが公道で行われるという性質をもつことから、(2)や(3)でみた公共施設の使用とはその規制方法に若干の違いがみられる。

　とくにデモ行進などの集団行動は公道で実施されることからも、道路交通秩序の維持の観点から、道路交通法上の規制がなされる。これについては同法77条2項で、道路使用許可に関する明確かつ合理的な基準を掲げて、道路での集団行進が不許可とされる場合が厳格に制限されている。

　最高裁は、エンタープライズ寄港事件（最三判昭和57・11・16）で、「道路における集団行進に対し同条〔道路交通法77条〕1項の規定による許可が与えられない場合は、当該集団行進の予想される規模、態様、コース、時刻などに照らし、これが行われることにより一般交通の用に供せられるべき道路の機能を著しく害するものと認められ、しかも、同条3項の規定に基づき警察署長が条件を付与することによつても、かかる事態の発生を阻止することができないと予測される場合に限られる」とした。そこで、これに該当しない集団行進の規制は、違憲となろう。

第5節 集会・結社の自由

　一方、デモ行進などの集団行動に対しては、各地方公共団体で定められる「公安条例」による規制が問題となる。公安条例は、道路交通法とは異なり、公共の秩序の保持を目的として制定される。これをめぐっては、当該条例が集団行動の実施に届出制を採用している場合に比べ、許可制を採用している場合には当該規制が違憲であることが高度に予想され、より重大な憲法問題が生じるとされている。

判例57　東京都公安条例事件

（最大判昭和35年7月20日刑集14巻9号1243頁）

（事　実）　Yらは、東京都公安委員会が提示した許可条件（「蛇行進、渦巻行進またはことさらの停滞等交通秩序をみだす行為は絶対に行わない」）に反する集会・集団行進をし、不許可の集会・集団行進をしたとして、東京都の「集会、集団行進及び集団示威運動に関する条例」違反で起訴された。一審（東京地判昭和34・8・8）では、本条例の許可制等の規制が一般的すぎて不明確であり憲法21条に違反するとして、Yらを無罪とした。検察側はこれを失当とし控訴したが、これを受けた東京高裁は、刑事訴訟規則247条により、本件を最高裁に移送した。

（判　旨）　「集団行動による思想等の表現は、単なる言論、出版等によるものとはことなつて、現在する多数人の集合体自体の力、つまり潜在する一種の物理的力によつて支持されていることを特徴とする」。そこで、「平穏静粛な集団であつても、時に昂奮、激昂の渦中に巻きこまれ、甚だしい場合には一瞬にして暴徒と化し、勢いの赴くところ実力によつて法と秩序を蹂躙し、集団行動の指揮者はもちろん警察力を以てしても如何ともし得ないような事態に発展する危険が存在すること、群集心理の法則と現実の経験に徴して明らかである」。

　「本条例の対象とする集団行動、とくに集団示威運動は、本来平穏に、秩序を重んじてなさるべき純粋なる表現の自由の行使の範囲を逸脱し、静ひつを乱し、暴力に発展する危険性のある物理的力を内包しているものであり、従つてこれに関するある程度の法的規制は必要でないとはいえない」。

　「本条例といえども、その運用の如何によつて憲法21条の保障する表現の自由の保障を侵す危険を絶対に包蔵しないとはいえない。条例の運用にあたる公安委員会が権限を濫用し、公共の安寧の保持を口実にして、平穏で秩序ある集団行動まで抑圧することのないよう極力戒心すべきこともちろんである。しかし濫用の虞れがあり得るからといつて、本条例を違憲とすることは失当である」。

最高裁は当初、新潟県条例違反事件 判例100 において、不当な目的や方法によらない集団行動の自由の保障を認めつつ、「条例においてこれらの行動につき単なる届出制を定めることは格別、そうでなく一般的な許可制を定めてこれを事前に抑制することは憲法の趣旨に反し許されない」としていた。

これに対して、判例57 において最高裁は、東京都の公安条例は許可制を採用しているものの、それは実質的には届出制とかわるところがないとして、届出制と許可制の区別をやめ、一般的許可制も問題はないとして、当該規制を合憲とした。しかし、これには学説からの強い批判がある。

なお、すでにみたように集団行動規制には、道路交通法上の規制と公安条例上の規制があり、二重の規制が問題となる。最高裁はこれを合憲とした（徳島市公安条例事件 判例5 判例42 を参照）。

2 結社の自由

(1) 保障の意義 憲法21条は、表現の自由や集会の自由に加えて、結社の自由も保障する。ここでいう「結社」とは、多数人がある一定の目的のために継続的な団体を結成することを意味し、その目的は、政治的なもの、学術的なもの、親睦的なもの、いずれかを問わない。政党などにもその保障が及ぶ。関連して、宗教的結社は憲法20条、労働組合は憲法28条によっても、それぞれ保障される。経済的利益の団体構成員への配分を目的とした営利団体は、ここでの結社に含まれるとする考え方がある一方で、憲法22条や29条といった経済的自由の保障に含まれるとする考え方もある。

(2) 保障の内容と効果 「結社の自由」には、人が、結社を結成する・しない自由、結社に参加する・しない自由、結社から脱退する自由が含まれる。また結社自体の自由として、結社の存続の自由、結社の行動に対する国家権力の干渉の禁止などが含まれる。弁護士法や税理士法では、弁護士会や税理士会が強制的に結社され、弁護士や税理士になる者のそれらの会への強制加入が求められる。そこで、加入しなければ当該職業に就けないことが議論の対象となる。これについては、当該職業の高度な専門性・公共性・倫理性の観点からの必要性があって、団体の目的や活動が一定の範囲に厳格に限定される場合には制約が認められる。

「結社の自由」が保障されることの法的効果としては、結社を組織する個人への刑罰の禁止や、結社に関する許可制の原則的禁止、不合理な理由での結社の解散の禁止などがあげられる。

(3) **保障の制約と限界**　「結社の自由」も一定の制約をともなう場合があり、例えば犯罪結社の禁止は憲法違反とはならないとされる。また、憲法秩序の破壊などを目的とする結社に対する規制については、ドイツの「闘う民主制」にみられるような体制防衛の観点からこれを妥当ととらえる立場もある。その一方で、政治的活動の自由に深く関わる問題でもあることから、これについて過度に広汎な規制が行われることへの懸念も示される。

関連して日本では、破壊活動防止法や無差別大量殺人団体規制法の合憲性が問題となる。とくに破壊活動防止法では、「当該団体が継続又は反復して将来さらに団体の活動として暴力主義的破壊活動を行う明らかなおそれがあると認めるに足りる十分な理由があるとき」、その団体の集団行進などを、時間と場所を限定しつつも禁止でき（破防5条1項）、それが有効でないときには、公安審査委員会が解散指定をできる（同7条）としている。こうした規制は包括的すぎることから、通説は合憲とすることに懐疑的である。なお、この規定に従った解散請求が、地下鉄サリン事件に関与したとされる宗教団体についてなされたものの、公安審査委員会は、同法7条の要件を欠くとしてこれを棄却した（平成9・1・31）。一方、同団体をめぐっては、無差別大量殺人団体規制法に基づく公安調査庁による観察処分が公安審査委員会により決定されたが、裁判所はこの処分を合憲とした（東京地判平成13・6・13）。

第6節　学問の自由

1　保障の意義

(1) **研究の自由**　憲法23条は、真理探求のための学問研究が自由に行われるよう「学問の自由」を保障する。日本では、このような規定が存在しなかった明治憲法の下で、美濃部達吉の天皇機関説事件に象徴されるように、特定の学問研究に対する弾圧がみられた。同事件では、美濃部達吉に対する攻撃だ

けでなく、天皇機関説を唱える国公私立大学の学者に対して、国が大学の講義で機関説を唱えることに執拗な圧力を加え、さらに研究・講義内容をチェックし、意に沿わないものを権力的に変更させる事態が生じていた。そうした歴史的教訓として、日本国憲法の「学問の自由」の重要性が語られる。

「学問の自由」の保障の意義は、伝統的には、学問研究、あるいは大学の自治や運営への国家による干渉の排除にある。その内容として、①研究対象を自由に選択し研究すること、②その研究成果を自由に発表すること、といった研究活動の保障が中心に置かれる。これらとともに、③教授する自由、④大学の自治、がそれぞれ保障される。このうち①は憲法19条の「思想・良心の自由」、②は憲法21条の「表現の自由」と、それぞれ保障の範囲が重なるが、23条の規定は、学問研究の高度な自由を保障する特別規定である。

(2) 大学の自治　「学問の自由」保障の中には、伝統的に「大学の自治」が含まれており、その重要なものとして、①学長や教授、その他研究者の人事に関わる決定、②学内秩序の維持・管理、学生の処遇に関する大学の自主的な決定に関わる自治が挙げられる。

①については、1960年代に、大学管理制度改革をめぐって、当時の文部大臣による国立大学学長の選任や監督権の強化に加え、学長、評議会の権限強化と教授会権限の縮小を目指す法制化の動きがあったものの、大学の自治に対する強い侵害になるとの批判を受けて、その動きはとん挫した。しかし、2014年（平26）6月に「学校教育法及び国立大学法人法の一部を改正する法律」が成立し、学長の権限強化とともに経営協議会の設置が盛り込まれた。それに伴い大学における教授会権限が縮小されることになった。これにより教員人事などをめぐる教授会権限も大きく制限され、従来の大学の自治に基づく慣行が、相当程度、解体されつつある。

②については、かつて、警察が大学構内で恒常的な情報収集活動を行うことについて、大学の秩序維持権の観点から問題とされたことがある（東大ポポロ事件 判例58 を参照）。

2　保障の限界

「学問の自由」をめぐっては、その保障が、大学などの研究者だけに及ぶの

か、その他、学生や一般の市民も含めて及ぶのかが問題となり、これには考え方の対立がある。 判例58 で最高裁は、憲法23条で保障する学問の自由は、学術の中心である大学における学問研究や教授の自由を保障するものであり、学生が、学生による集会において、真の学問研究やその結果発表ではなく、実社会の政治的・社会的活動に当たる行為をする場合、大学の有する特別の学問の自由と自治を享有しない旨を判示した。

判例58　東大ポポロ事件

（最大判昭和38年5月22日刑集17巻4号370頁）

事　実　東京大学公認の学生団体「ポポロ劇団」が、大学の許可を得たうえで大学の教室内で松川事件を題材とする演劇を行った（松川事件とは、1949年〔昭24〕に国鉄〔当時〕の東北本線松川駅近くの線路に人為的工作が加えられ列車が脱線転覆したことについて、国鉄の労働組合等に犯行の疑いがかけられ、同組合員が逮捕・起訴された事件である。これについて1963年〔昭38〕9月には、最高裁で被告人全員の無罪が確定した）。その会場に私服警官3名がいることがわかり、警官らは学生に拘束され、警察手帳を取り上げられるなどした。その際学生が、警官の内ポケットの紐を引きちぎるなどしたために、暴力行為等処罰法違反で起訴された。学生側は、警官が大学構内に無許可で立ち入り情報収集をすることが学問の自由や大学の自治への侵害であると主張した。一審と二審は、学生の行為について大学の自治を理由とする正当な行為として無罪とした。これについて検察側が上告した。

判　旨　大学の学問の自由と自治は、「直接には教授その他の研究者の研究、その結果の発表、研究結果の教授の自由とこれらを保障するための自治とを意味する」。「大学の施設と学生は、これらの自由と自治の効果として、施設が大学当局によつて自治的に管理され、学生も学問の自由と施設の利用を認められる」。

「大学における学生の集会も、右の範囲において自由と自治を認められるものであつて、大学の公認した学内団体であるとか、大学の許可した学内集会であるとかいうことのみによつて、特別な自由と自治を享有するものではない。学生の集会が真に学問的な研究またはその結果の発表のためのものでなく、実社会の政治的社会的活動に当る行為をする場合には、大学の有する特別の学問の自由と自治は享有しない」。

「本件集会は、真に学問的な研究と発表のためのものでなく、実社会の政治的社会的活動であり、かつ公開の集会またはこれに準ずるものであつて、大学の学

問の自由と自治は、これを享有しないといわなければならない」。

この判決に対しては、学生の集会の内容を学問的な活動か政治的な活動か分別することは困難ではないかといった意見や、本件集会が大学の許可の下に行われていることからも、その効果を尊重しないことへの批判が示された。

また教師の教育の自由が、憲法23条の学問の自由で保障されるかどうかについて、第二次家永訴訟一審判決(杉本判決)では、これが認められた(東京地判昭和45・7・17)。しかし、後述する旭川学力テスト事件 判例59 で最高裁は、普通教育の教員には完全な教授の自由は認められないとした。

3 先端科学技術研究の規制と「学問の自由」

学問研究の真髄は真理の探求にあることから学問は本来的に自由でなければならず、ある特定の研究内容の禁止は、「学問の自由」保障に違反すると伝統的には考えられてきた。そこで、従来の「学問の自由」保障の限界論は、学問研究の発表方法や学問研究とは直接関係のない内容(政治的表現やわいせつ表現を学問研究と称して大学で講義するなど)をめぐる規制の議論であったといえる。

これに対して、先端科学技術に関する研究内容の規制が論じられることが増えてきた。それは、現代の先端科学技術研究では、一度事故が発生すると取り返しのつかないことが起き、生態系や環境に多大な被害をもたらし、生命倫理の根幹に触れる事態となる可能性があることに起因している。そこで、こうした先端科学技術研究の自由は、従来の議論とは別に考えるべきとする意見が強くなっている。例えばクローン技術の発達などは、それ自体が人間存在を危うくし、「人間の尊厳」を傷つける可能性があることから、その保持を先端科学技術研究の規制根拠とする考え方が近時の有力説となっている。

しかし、従来の「学問の自由」と「先端科学技術研究の自由」との境界線を見出すことは至難の技である。そこで、やはり従来の「学問の自由」の枠内で先端科学技術研究規制を考えることになれば、「学問の自由」の最も本質的な部分である研究内容の自由の規制には慎重であるべきとする意見も強くなる。

日本では2000年(平12)に「ヒトに関するクローン技術等の規制に関する

法律」が制定された。クローン規制法には、法律による罰則を設けて規制を行う部分と、行政機関によるガイドラインで一定の規制を行う部分がある。先端科学技術研究規制をいかに行うのかをめぐっては、さらに学術団体による自主規制を求めるといった倫理的規制の手法がとられる場合がある。しかし、そうした倫理的な規制には従わない研究者が出てくる可能性もあり、規制には法的な強制力が必要であるといった意見も強い。

第7節　教育の自由

1　保障の意義

　教育の自由とは通常、自らの考えや信条、知識などを他人に教育する権利のことをいう。憲法では、学問の自由（憲23条）、教育を受ける権利（同26条）が保障されているが、教育の自由を直接保障する規定は存在しない。とはいえ、教育の自由という考え方自体は認められており、そこには公教育における自由、私学教育の自由、親の教育の自由などが含まれるとされる。

　教育の自由をめぐっては、かつて、「教育権の所在」をめぐる教育権論争がみられ、そこでは「国民の教育権」説と「国家の教育権」説とが鋭く対立していた。しかし、最高裁は旭川学力テスト事件 判例59 において、両極の説のどちらか一方に正当性があるとする考え方を退けている。

判例59　旭川学力テスト事件
（最大判昭和51年5月21日刑集30巻5号615頁）

事　実　1961年（昭36）10月に実施された全国中学校一斉学力調査に際して、Yらは、その実施を阻止すべく旭川市立N中学校に赴き、校舎に侵入し、校長らに暴力・脅迫を加えたとして、建造物侵入罪、公務執行妨害罪及び共同暴行罪で起訴された。一審、二審では、当該テストには重大な違法性があることから、公務執行妨害罪は成立しないとされた（他の二罪については認定）。これに対して、検察とY双方からの上告がなされた。

判　旨　「わが国の法制上子どもの教育の内容を決定する権能が誰に帰属するとされているかについては、二つの極端に対立する見解があ」る。「一の見解は

……法律は、当然に、公教育における教育の内容及び方法についても包括的にこれを定めることができ」るとの主張、「他の見解は……国は原則として介入権能をもたず、教育は、その実施にあたる教師が、その教育専門家としての立場から、国民全体に対して教育的、文化的責任を負うような形で、その内容及び方法を決定、遂行すべき」とする主張であるが、「当裁判所は、右の二つの見解はいずれも極端かつ一方的であり、そのいずれをも全面的に採用することはできない」。

憲法26条の背後には、「国民各自が、一個の人間として、また、一市民として、成長、発達し、自己の人格を完成、実現するために必要な学習をする固有の権利を有すること、特に、みずから学習することのできない子どもは、その学習要求を充足するための教育を自己に施すことを大人一般に対して要求する権利を有するとの観念が存在している」。

「親は、子どもに対する自然的関係により、子どもの将来に対して最も深い関心をもち、かつ、配慮をすべき立場にある者として、子どもの教育に対する一定の支配権、すなわち子女の教育の自由を有すると認められ」、「私学教育における自由や……教師の教授の自由も、それぞれ限られた一定の範囲においてこれを肯定するのが相当である」。「それ以外の領域においては、一般に社会公共的な問題について国民全体の意思を組織的に決定、実現すべき立場にある国は、国政の一部として広く適切な教育政策を樹立、実施すべく、また、しうる者として、憲法上は、あるいは子ども自身の利益の擁護のため、あるいは子どもの成長に対する社会公共の利益と関心にこたえるため、必要かつ相当と認められる範囲において、教育内容についてもこれを決定する権能を有する」。

最高裁は、 判例59 で「国民各自が、一個の人間として、また、一市民として、成長、発達し、自己の人格を完成、実現するために必要な学習をする固有の権利を有すること、特に、みずから学習することのできない子どもは、その学習要求を充足するための教育を自己に施すことを大人一般に対して要求する権利を有する」と述べたように、憲法26条には国民（子ども）の学習権があるとする。学習権は、広い意味での「教育の自由」に含まれると解釈されるが、その法的性質は自由権というよりも国務請求権としての側面が強い。

同判決は、教育における親と教員、そして国の三者のそれぞれの役割を示す点で評価されている。しかし、国による教育内容への介入について同判決は「誤つた知識や一方的な観念を子どもに植えつけるような内容の教育を施すこ

とを強制するようなことは、憲法26条、13条の規定上からも許されない」との見解を示しつつ、結果的には国の広汎な決定権能を認めており、学説からの強い批判がある。

以上の教育権論争に関連して、「教育の自由」をめぐっては「(公立学校)教員の教育の自由」が主張される場合がある。しかし、そうした「自由」は、(憲法的な基本権ではない)単なる職務上の裁量権限でしかなく、その主張は公務員の権限行使に関する法的拘束をすべて外すことにもつながりかねず、それを憲法上の権利として観念することは妥当でないとみる考え方もある。とくに、こうした「教員の教育の自由」が観念されることにより、学びの主体である子どもの権利がかえって侵害されることを危惧する考え方もみられる。

2 教育と国家

(1) 教育に関する国家の役割　「教育の自由」には、教育内容に関する国家介入を抑制すべきとする観念も含まれており、このことは第一次教科書検定事件 判例60 における最高裁の判断も示されている。もっとも、「子どもの学習権」の法的性質には国務請求権の側面があることに示されるように、国家は適切な教育を国民に対して施す必要があり、またその権能を有する。

憲法では国民に教育を受ける権利を保障する一方で、国民に対して子女に普通教育を受けさせる義務を負わせている(憲26条)ように、国家による教育体制の確立が想定されている。そこで国は、教育基本法を定めて、教育が「不当な支配に服することなく」(教基16条1項)実施されるべきことを示しつつ、さらに学校に関する様々な法令を定めている。

教育基本法については、2006年(平18)12月に、1947年(昭22)に施行された旧法の全面的な改正が行われた。この改正では、教育の目標として「我が国と郷土を愛する」(同2条5号)といった項目が入り、愛国心教育と、思想・良心の自由をめぐる問題が取りざたされた。また、同法第3章の教育行政をめぐっては、先に述べた「不当な支配に服することなく」という文言について、旧法では国家権力も含むすべての「不当な支配」からの解放であると考えられていた。これに対し新法では、「この法律及び他の法律の定めるところにより」という文言が書き加えられたことからも、国家による政策はこの「不当な支

配」には該当しないといった読み方ができるとされ、一定の批判が示された。もっとも、法改正があろうがなかろうが、本質的な部分において国家による不当な支配は行われてはいけないというべきであろう。

このように教育をめぐっては、国家による不当な介入の排除と国家による制度構築という両側面が重要であり、そのバランスを適切にとることが求められる。そうした中で、これまで教育と国家をめぐる諸問題が提起されてきた。

(2) 教科書検定　そのうちの一つが、教科書検定の問題である。現在、小中高や中等教育学校などでは、文部科学省が実施する検定に合格した教科用図書でなければ教科書として使用できない（学教34条、49条、62条、70条、82条）。この検定制度をめぐっては、憲法21条で禁止される「検閲」に当たるのではないかといった点、憲法23条の学問の自由を侵害するのではないかといった点、さらに憲法26条との関連で、公教育における教員の自由が侵されるのではないかといった点が問題とされてきた。しかし、最高裁は 判例60 において、教育内容の中立性や一定水準の維持などを理由に教科書検定制度を合憲とした。

判例60　第一次教科書検定事件

（最三判平成5年3月16日民集47巻5号3483頁）

事 実　1952年（昭27）以降、検定済教科書「新日本史」を発行してきた原告は、1960年（昭35）の学習指導要領の全面改訂により、同教科書を改訂して1962年（昭37）に教科書検定の申請をしたところ検定不合格となったので、修正を加え次年に再申請すると、今度は限定付合格となった。原告は、検定制度とこれらの処分が憲法21条、23条、26条、教育基本法旧10条（現在の16条）に違反するとして国家賠償を請求した。一審は、検定制度は合憲としつつも、処分の一部が違法であるとした。二審は、制度も運用も合憲であり、裁量権の逸脱もないとした。このことから原告が控訴した。

判 旨　「教育行政機関が法令に基づき教育の内容及び方法に関して許容される目的のために必要かつ合理的と認められる規制を施すことは、必ずしも教育基本法10条の禁止するところではない」。「本件検定による審査は、単なる誤記、誤植等の形式的なものにとどまらず、記述の実質的な内容、すなわち教育内容に及ぶものである」が、「普通教育の場においては、児童、生徒の側にはいまだ授業の内容を批判する十分な能力は備わっていないこと、学校、教師を選択する余地も乏しく教育の機会均等を図る必要があることなどから、教育内容が正確かつ

中立・公正で……全国的に一定の水準であることが要請され」る。

「不合格とされた図書は……教科書としての発行の道が閉ざされることになるが……不合格図書をそのまま一般図書として発行し」、「思想の自由市場に登場させることは、何ら妨げられるところはない」。また、「憲法21条2項にいう検閲とは、行政権が主体となって、思想内容等の表現物を対象とし、その全部又は一部の発表の禁止を目的とし、対象とされる一定の表現物につき網羅的一般的に、発表前にその内容を審査した上、不適当と認めるものの発表を禁止すること」であり、本件検定はそれに該当しない。

「本件検定による表現の自由の制限は、合理的で必要やむを得ない限度のものというべきであって」、憲法21条1項に違反しない。また本件検定は一定の場合に「教科書の形態における研究結果の発表を制限するにすぎ」ず、憲法23条に違反しない。

(3) **学習指導要領**　学校に関してもう一つ問題となるのが、学習指導要領の法的拘束力である。学習指導要領は、学校教育法施行規則の委任に基づいて各教科の単元の構成やその詳細を定めたものである。同要領は法令そのものではないため、その法的拘束力の可否をめぐりかねてより議論があったが、最高裁は、その法的拘束力を伝習館高校事件 判例61 で肯定した。

判例61　伝習館高校事件

（最一判平成2年1月18日民集44巻1号1頁）

事　実　福岡県の県立高校の社会科担当教員であったXら3名は、1969年（昭44）度の担当授業で所定の教科書を用いず、学習指導要領に定めた科目の目標や内容から逸脱した指導をし、生徒の成績について所定の考査をせず一律評価を行った。これについて県教育委員会は、1970年（昭45）6月、地方公務員法29条1項に基づき、Xらを懲戒免職処分とした。Xらは、同処分が違法であるとしてその取消しを求めた。一審、二審では、1名の処分は適法としながら、他2名の処分には裁量権の逸脱があるとした。そこで後者の判断を不服として県教育委員会が上告した。

判　旨　「国が、教育の一定水準を維持しつつ、高等学校教育の目的達成に資するために、高等学校教育の内容及び方法について遵守すべき基準を定立する必要があり、特に法規によってそのような基準が定立されている事柄については、

教育の具体的内容及び方法につき高等学校の教師に認められるべき裁量にもおのずから制約が存する」。

懲戒事由に該当するXらの各行為は、「高等学校における教育活動の中で枢要な部分を占める日常の教科の授業、考査ないし生徒の成績評価に関して行われたものであるところ、教育の具体的内容及び方法につき高等学校の教師に認められるべき裁量を前提としてもなお、明らかにその範囲を逸脱して、日常の教育のあり方を律する学校教育法の規定や学習指導要領の定め等に明白に違反するものである」。しかもXらが行った「特異な教育活動が、同校の混乱した状態を助長するおそれの強いものであり、また、生徒の父兄に強い不安と不満を抱かせ、ひいては地域社会に衝撃を与えるようなものであったことは否定できない」。

以上によれば、県教育委員会が、「所管に属する福岡県下の県立高等学校等の教諭等職員の任免その他の人事に関する事務を管理執行する立場において、懲戒事由に該当する」Xらの「各行為の性質、態様、結果、影響等のほか、右各行為の前後における」Xらの「態度、懲戒処分歴等の諸事情を考慮のうえ決定した本件各懲戒免職処分を、社会観念上著しく妥当を欠くものとまではいい難く、その裁量権の範囲を逸脱したものと判断することはできない」。

3　親の教育の自由

「教育の自由」をめぐっては従来、公教育における自由の問題が中心的に議論される傾向があったが、教育に関する第一義的責任を有するのは親であるという考え方もある。例えば、ドイツ連邦共和国基本法6条2項には、子の保護や教育は「両親の自然的権利」であり、「まず両親に課せられた義務」である旨規定されるのは、そのことを表している。

もっとも、そうした親の権利も、「子どもの権利」を不当に制約するならば絶対的とはいえない。ドイツ連邦共和国基本法6条3項は、法律に基づく、子の親からの分離を規定する。これは、親が子どもに虐待を加えたり、逆にネグレクト（育児放棄）をしたり、不当な教育による支配を行ったりする場合に、国家がそうした親の権利を「子どもの権利」への不当な侵害を理由に制約することを意味する。日本の民法でも、「親権を行う者は、子の利益のために子の監護及び教育をする権利を有し、義務を負う」（民820条）と規定される。一方

で「父又は母による虐待又は悪意の遺棄があるときその他父又は母による親権の行使が著しく困難又は不適当であることにより子の利益を著しく害するときは、家庭裁判所は、子、その親族、未成年後見人、未成年後見監督人又は検察官の請求により、その父又は母について、親権喪失の審判をすることができる」（同834条）とし、親権喪失制度を設けており、親の「教育の自由」の限界を設定したものと解される。

また、親の教育の自由をめぐっては、信仰に関する子どもに対する家族の役割が期待されており、宗教教育権がとくに示されることがある。日本国憲法の下でも、この親の権能を、憲法24条（家族制度の保障）や19条（思想・良心の自由）に求める見解もある。しかし、親の宗教教育権を憲法上の権利ととらえた場合に、一方で子どもの「信仰する（信仰しない）自由」との調整が問題となる。

参 考 文 献

■ 思想・良心・信教の自由

大石眞「政教分離原則の再検討」同『権利保障の諸相』（三省堂、2014年）92頁

大石眞＝山元一「信教の自由と政教分離原則」井上典之ほか編『憲法学説に聞く』（日本評論社、2004年）58頁

田近肇「政教分離」法学セミナー57巻1号（2012年）36頁

玉國文敏「宗教法人課税の在り方」ジュリスト1081号（1995年）16頁

西原博史『良心の自由と子どもたち』（岩波書店、2006年）

野坂泰司「公教育の宗教的中立性と信教の自由」立教法学37号（1996年）1頁

林知更「政教分離原則の構造」高見勝利ほか編『日本国憲法解釈の再検討』（有斐閣、2004年）114頁

■ 表現・集会・結社の自由

芦部信喜編『憲法Ⅱ 人権(1)』（有斐閣、1978年）

市川正人『表現の自由の法理』（日本評論社、2003年）

伊藤正己『言論・出版の自由』（岩波書店、1959年）

奥平康弘『ジャーナリズムと法』（新世社、1997年）

駒村圭吾『ジャーナリズムの法理』（嵯峨野書院、2001年）

第Ⅱ部　第6章　精神的自由

鈴木秀美『放送の自由』(信山社出版、2000年)
高橋和之ほか編『インターネットと法(第4版)』(有斐閣、2010年)
長谷部恭男『テレビの憲法理論』(弘文堂、1992年)
松井茂記『少年事件の実名報道は許されないのか』(日本評論社、2000年)
松井茂記『マス・メディア法入門(第5版)』(日本評論社、2013年)
毛利透『表現の自由』(岩波書店、2008年)
橋本基弘『近代憲法における団体と個人――結社の自由概念の再定義をめぐって』(不磨書房、2004年)

■ 学問・教育の自由
高柳信一『学問の自由』(岩波書店、1983年)
藤井俊夫『学校と法』(成文堂、2007年)
米沢広一『憲法と教育15講(第3版)』(北樹出版、2011年)

第Ⅱ部

第7章　経済的自由

憲法は、個人の私的な財産保持を保障し（憲29条）、職業選択の自由と、居住・移転の自由（同22条1項）を認めるなど、私たちの経済生活に深く関わる権利・自由を保障している。その保障は、個人の私的な経済活動の自由について、自己の生存維持を超えて財産などを形成する自由をも広く含むと解されており、自由主義的経済体制が前提となると考えられている。本章では、これらの経済活動に関する権利・自由について検討しよう。

第1節　契約の自由と勤労者の権利

1　契約の自由

　自由経済体制の下では、経済活動は「契約の自由」が原則とされる。「契約の自由」の原則とは、私人の契約による法律関係については、私人の自由な意思にまかされるべきであって、国家は一般的にこれに干渉すべきではない、とする近代私法の原則をいい、契約締結・内容・方式の自由や、相手方選択の自由などがその内容とされる。憲法自身は、契約の自由を明文で保障していないが、経済活動の自由の一つとして当然に認められると解されている。最高裁も、企業は、労働者の雇入れなどについて、憲法が保障する経済的自由の一環として契約締結の自由を有する、と述べていた（三菱樹脂事件 **判例10** 参照）。民法学説では、私的自治の原則を、自分の生活空間を主体的に形成する自由ととらえつつ、この原則や契約の自由を、憲法13条から理解する立場もみられる。

2 勤労者の権利

(1) 契約の自由と勤労条件の法定　もっとも、このように、「契約の自由」を当然の前提にしてしまうことも、問題がないわけではない。というのも、例えば企業が労働者を雇い入れる場合のように、この種の契約（雇用契約〔民623条〜631条〕）を当事者のまったくの自由に委ねてしまうと、財産をそれほど有しておらず、自分の労働を提供することで生活するしかない労働者は、不利な条件でも働かざるをえない場合も考えられる。そこで、経済活動一般について「契約の自由」を原則とする一方、こうした場合については修正が求められることになる。憲法27条は、こうした事態を想定して、勤労者（労働者）の「勤労の権利」を保障し（1項）、勤労についての条件を、すべて当事者の自由な意思にまかせず、法律によって規制することを明らかにしている（2項）。具体的には、労働基準法など、様々な労働法制がある。最近では、個別の労働関係の安定に資するため、労働契約に関する民事的なルールの必要性が高まったことから、労働契約の基本理念・通則等を体系化した労働契約法（平成19年法律128号）が制定された。

(2) 労働基本権　勤労条件が法律によって定められる、としても、労働契約がすべて法律によって画一的に決定されるわけではなく、あくまでここでは「基準」が定められるにとどまる。このため、勤労者は、この「基準」の範囲内で、なお使用者に対して弱い立場で勤労契約を結ばざるをえない場合も考えられる。勤労者が一人ひとりで使用者と交渉に当たるとすると、使用者側のもつ経済的な力に圧倒され、対等の立場で労働条件について決めることはむずかしい。そこで憲法は、勤労者が多数で団体（労働組合）を結成し、その団結力を用いて団体として行動しうることを認め、適正な労働条件の維持・改善を図ることを認めた。これが、労働基本権（憲28条）である。

(3) 内容　労働基本権は、団結権、団体交渉権、団体行動権（争議権）を内容とする。①団結権とは、労働者の団体を組織する権利（労働組合結成権）であり、労働者を団結させ、使用者と対等に立たせるための権利である。②団体交渉権とは、労働者の団体が使用者と労働条件について交渉する権利で、交渉の結果締結されるのが、労働協約となる（労組14条）。そして③団体行動権

とは、労働者の団体が労働条件の実現を図るために団体として行動をする権利で、その中心は争議行為とされる（労働法学説では争いがあるが、「争議行為」とは、「同盟罷業、怠業、作業所閉鎖その他労働関係の当事者が、その主張を貫徹することを目的として行ふ行為及びこれに対抗する行為であつて、業務の正常な運営を阻害するもの」〔労調7条〕とされる）。

（4）**団結権をめぐる問題**　①の団結権については、労働組合が正当な団体行動を行うために組合の統一・一体化をはかり、団結力を強化することが必要となる場合もある。こうしたことから、労働組合については、ほかの団体一般とは違った意味で、その構成員（組合員）に対して、一定の範囲で統制をかけることが認められる場合がある。その範囲がどこまでなら許されるのか、しばしば問題となる。

具体的には、まず、労働組合による組織加入強制の問題がある。一般に、労働組合の組合員は、その意思により、組合員としての地位を離れる自由（脱退の自由）を有するものとされているが（最二判平成19・2・2など参照）、採用後一定期間内に特定の労働組合に加入しない労働者や、脱退・除名等により組合員資格を失った労働者を使用者が解雇する旨を定める労使間の協定（ユニオン・ショップ協定）などによって、組合加入が事実上強制される場合がある。憲法学説では、ユニオン・ショップ協定を肯定する傾向にあったが、労働法学説からは、使用者に解雇を義務づける限りで、消極的団結自由（憲法13条や28条を根拠とする）を侵害するものであって無効であるとする批判がある（労働者の組合選択の自由や他の組合の団結権との関係で、その効力を限定するものとして、最一判平成元・12・14、最一判平成元・12・21等）。

一方、労働組合内部の統制処分（規約違反の行動や決定に従わない組合員に対して労働組合が科す制裁）も一定の範囲で認められるが、それにも限界はないのかどうか、問題となる。

判例62 三井美唄労組事件

（最大判昭和43年12月4日刑集22巻13号1425頁）

事　実　三井美唄炭鉱労働組合では、地方議会議員選挙等に際し、組合員の中から統一候補を推薦し、選挙運動を進めることとしていた。ところが、美唄市議

会議員選挙の際、組合員Aが独自の立場で立候補しようとしたため、組合の執行役員であった被告人らは、Aに対し、立候補を断念させるべく説得・威迫し、さらに、Aを組合の統制を乱した者として1年間組合員としての権利を停止することなどを決定した。これらにより被告人らは、公職選挙法225条3号違反（選挙の自由妨害罪）で起訴された。

判旨　「……労働者が憲法28条の保障する団結権に基づき労働組合を結成した場合において、その労働組合が正当な団体行動を行なうにあたり、労働組合の統一と一体化を図り、その団結力の強化を期するためには、その組合員たる個々の労働者の行動についても、組合として、合理的な範囲において、これに規制を加えることが許されなければならない（以下、これを組合の統制権とよぶ。）」。「憲法上、団結権を保障されている労働組合においては、その組合員に対する組合の統制権は、一般の組織的団体のそれと異なり、労働組合の団結権を確保するために必要であり、かつ、合理的な範囲内においては、労働者の団結権保障の一環として、憲法28条の精神に由来するものということができる。この意味において、憲法28条による労働者の団結権保障の効果として、労働組合は、その目的を達成するために必要であり、かつ、合理的な範囲内において、その組合員に対する統制権を有するものと解すべきである」。「しかし、労働組合が行使し得べき組合員に対する統制権には、当然、一定の限界が存するものといわなければならない。殊に、公職選挙における立候補の自由は、憲法15条1項の趣旨に照らし、基本的人権の一つとして、憲法の保障する重要な権利であるから、これに対する制約は、特に慎重でなければならず、組合の団結を維持するための統制権の行使に基づく制約であつても、その必要性と立候補の自由の重要性とを比較衡量して、その許否を決すべきであり、その際、政治活動に対する組合の統制権のもつ前叙のごとき性格と立候補の自由の重要性とを十分考慮する必要がある」。「……統一候補以外の組合員で立候補しようとする者に対し、組合が所期の目的を達成するために、立候補を思いとどまるよう、勧告または説得をすることは、組合としても、当然なし得るところである。しかし、当該組合員に対し、勧告または説得の域を超え、立候補を取りやめることを要求し、これに従わないことを理由に当該組合員を統制違反者として処分するがごときは、組合の統制権の限界を超えるものとして、違法といわなければならない」。

判例62は、憲法28条による団結権保障の効果として、その目的達成のために必要であり、また合理的な範囲内において、労働組合の統制権を認めてい

る。ここでは、労働組合の統制権行使の必要性と、憲法が保障する重要な権利とされる立候補の自由（**第Ⅱ部第9章第2節**参照）との間で、比較衡量をしたうえで判断がされている。

第2節　職業選択の自由

1　職業選択の自由の意義

　わが国でも、例えば「士農工商」など、封建体制下では多くの職業は出生に基づく身分に伴うものとされていた。しかし、このような体制は、人が能力を発揮する場を限定してしまい、本人の幸福のためにも、また社会の発展のためにも望ましくない。これには問題があるとして保障されたのが、職業選択の自由（憲 22 条 1 項）とされる（憲法が「職業選択の自由」といっている点に注意）。「職業」とは、人が自己の生計を維持するためにする継続的活動ということができるが、同時に、「個人の人格的価値とも不可分の関連を有するもの」（薬局距離制限事件 **判例64**）ともされる。職業選択の自由には、職業を「選択」する自由と職業を「遂行」する自由とが含まれていると解されており、これらの「選択」・「遂行」について、公権力により妨げられないことを意味する（ただし、公務員のように、職務遂行について法令による規律があるような場合には、職業「遂行」の自由はそもそも妥当しない点に注意が必要である）。なお、憲法 22 条 1 項は「職業選択の自由」についてのみ言及するが、営利を目的とする自主的活動の自由である「営業の自由」も、議論はあるものの、ここに含まれると解されている。学説では、「営業の自由」を、「営業をすることについての自由」（開業の自由など）と、「営業活動を行いうる自由」とに区別し、前者は「職業選択の自由」に含まれるが、後者については、財産権行使の自由として、憲法 29 条に関するものと捉える立場もある。

2　職業選択の自由の制約

　もっとも、職業活動は他人との関係を伴うのが通常である。無免許で医療行為をする者が曖昧な医学知識で治療する場合や、無許可でレストランを開業し

た者が不衛生な厨房で調理し食中毒を蔓延させた場合を考えればわかるように、ある職業行為が他人に与える影響は大きい。このように、職業とは、人とのつながりが避けがたく、また、社会への影響が大きい場合があり、その点で法的規制が及ぶことが求められる。最高裁も、薬局距離制限事件 判例64 で、職業が「本質的に社会的」なもので、「その性質上、社会的相互関連性が大きい」ため、公権力の規制の要請が強い点を指摘する。こうして、法律による規制が求められることとなるが、法律による職業活動に対する規制例としては次のものがある。①届出が義務づけられる「届出制」（理容所など）、②公簿への記載が義務づけられる「登録制」（毒物劇物製造業者など）、③営業許可を受けることを求める「許可制」（飲食店業など）、④資格試験の合格者だけがその職業に就くことのできる「資格制」（医師・弁護士など）、⑤国によって事業を営む権利が付与される「特許制」（公企業特許。電気・ガス事業など）、⑥かつての郵政事業・電信電話などの「国家独占」。そして、⑦全面禁止とされる業種もある（売春防止法は、売春を禁止し、いわゆる管理売春等については刑罰を科す〔売春3条、12条等〕）。

3 規制の合憲性判断

法令による規制の必要性が認められるからといって、どのような規制でも許されると考えたり、必要性が高いからといって規制を過度に及ぼしたりすると、憲法が保障する職業選択の自由の意味がなくなってしまう。そこで、問題となる職業の性格や規制のあり方などに応じて、どの程度なら憲法上許されるのかを考えなければならないことになる。

(1) 規制目的二分論　この点については、法律による規制の目的ごとに区別して、審査基準を考えるという発想がとられてきた。職業の自由の規制については、大別して、①食品や医薬品の安全基準など、市民の生命・安全・健康を守るための規制が考えられる。これを「消極目的規制（消極的・警察的規制）」という。一方、②大規模小売店舗立地法による、一般の小売店を保護するための大手スーパー出店の規制など、社会的弱者の救済・国民経済の持続的発展などのための規制が考えられ、これは「積極目的規制（積極的・政策的規制）」とよばれる（小売市場事件 判例63 では規制目的にこの二つがあることが示唆された）。

第 2 節　職業選択の自由

そして、こうした目的の違いに応じて、違憲審査のあり方に違いがあるべきだとして、それぞれ異なった判断のあり方が示される。

判例63　小売市場事件

(最大判昭和 47 年 11 月 22 日刑集 26 巻 9 号 586 頁)

事　実　被告人は法人Ａの代表者としてその業務全般を統轄するものであったが、小売商業調整特別措置法（以下「措置法」という）所定の大阪府知事の許可を受けないで、東大阪市内において、鉄骨モルタル塗平家建一棟を建設し、小売市場とするために野菜商・生鮮魚介類商を含む 49 店舗を小売商人に貸し付けたため、同法違反で起訴された。被告人らは、措置法 3 条 1 項等（同法所定の指定区域内での小売市場開設を都道府県知事の許可によるものとする）と、それに基づく大阪府小売市場許可基準内規（既存の小売市場から 700ｍ以上離れていることを許可基準の一つとする）が憲法 22 条 1 項等に反するとして争った。

判　旨　「おもうに、〔措置法等の〕右条項に基づく個人の経済活動に対する法的規制は、個人の自由な経済活動からもたらされる諸々の弊害が社会公共の安全と秩序の維持の見地から看過することができないような場合に、消極的に、かような弊害を除去ないし緩和するために必要かつ合理的な規制である限りにおいて許されるべきことはいうまでもない。のみならず、……憲法は、全体として、福祉国家的理想のもとに、社会経済の均衡のとれた調和的発展を企図しており、その見地から、すべての国民にいわゆる生存権を保障し、その一環として、国民の勤労権を保障する等、経済的劣位に立つ者に対する適切な保護政策を要請していることは明らかである。このような点を総合的に考察すると、憲法は、国の責務として積極的な社会経済政策の実施を予定しているものということができ、個人の経済活動の自由に関する限り、個人の精神的自由等に関する場合と異なつて、右社会経済政策の実施の一手段として、これに一定の合理的規制措置を講ずることは、もともと、憲法が予定し、かつ、許容するところと解するのが相当であり、国は、積極的に、国民経済の健全な発達と国民生活の安定を期し、もつて社会経済全体の均衡のとれた調和的発展を図るために、立法により、個人の経済活動に対し、一定の規制措置を講ずることも、それが右目的達成のために必要かつ合理的な範囲にとどまる限り、許されるべきであつて、決して、憲法の禁ずるところではないと解すべきである」。

「ところで、社会経済の分野において、法的規制措置を講ずる必要があるかどうか、その必要があるとしても、どのような対象について、どのような手段・態

様の規制措置が適切妥当であるかは、主として立法政策の問題として、立法府の裁量的判断にまつほかない。……したがつて、右に述べたような個人の経済活動に対する法的規制措置については、立法府の政策的・技術的な裁量に委ねるほかはなく、裁判所は、立法府の右裁量的判断を尊重するのを建前とし、ただ、立法府がその裁量権を逸脱し、当該法的規制措置が著しく不合理であることの明白である場合に限つて、これを違憲として、その効力を否定することができるものと解するのが相当である」。

判例63は、社会経済分野における規制措置の必要性・合理性については、第一次的に立法府の裁量に委ねつつ、立法府がその裁量権を逸脱し、その規制が「著しく不合理であることの明白である場合」に限って違憲となる、とした。ただし、この判断枠組みは消極目的規制まで及ぶのか、といった、本判決の射程については、この時点では明らかではなかった。その後、消極目的規制については、この枠組みが必ずしも妥当しないことを示したのが、薬局距離制限事件**判例64**である。

判例64 薬局距離制限事件

（最大判昭和50年4月30日民集29巻4号572頁）

（事 実） 原告は、化粧品・婦人雑貨の販売業、スーパーマーケットの経営、医薬品の販売業等を営業目的とする株式会社であるが、1963年（昭38）6月、広島県知事に対し、医薬品の一般販売業の許可申請をした。ところが同知事は、これが薬事法6条2項（当時。薬局設置の適正配置を許可条件とする規定）及び広島県の「薬局等の配置の基準を定める条例」3条（既存業者からおおむね100mの距離が保たれて設置されるよう、距離制限を求める規定）に反するとして不許可処分をした。そこで原告は、薬事法6条2項などが憲法22条に反するとして不許可処分を争った（なお、薬事法は、2013年〔平25〕の法改正により、「医薬品、医療機器等の品質、有効性及び安全性の確保等に関する法律」と題名が変更された〔平成25年法律84号〕）。

（判 旨）「職業は、人が自己の生計を維持するためにする継続的活動であるとともに、分業社会においては、これを通じて社会の存続と発展に寄与する社会的機能分担の活動たる性質を有し、各人が自己のもつ個性を全うすべき場として、個人の人格的価値とも不可分の関連を有するものである。……そして、このよう

な職業の性格と意義に照らすときは、職業は、ひとりその選択、すなわち職業の開始、継続、廃止において自由であるばかりでなく、選択した職業の遂行自体、すなわちその職業活動の内容、態様においても、原則として自由であることが要請されるのであり、したがつて、右規定は、狭義における職業選択の自由のみならず、職業活動の自由の保障をも包含しているものと解すべきである」。

「もつとも、職業は、前述のように、本質的に社会的な、しかも主として経済的な活動であつて、その性質上、社会的相互関連性が大きいものであるから、職業の自由は、それ以外の憲法の保障する自由、殊にいわゆる精神的自由に比較して、公権力による規制の要請がつよ」い。職業は、「その種類、性質、内容、社会的意義及び影響がきわめて多種多様であるため、その規制を要求する社会的理由ないし目的も、国民経済の円満な発展や社会公共の便宜の促進、経済的弱者の保護等の社会政策及び経済政策上の積極的なものから、社会生活における安全の保障や秩序の維持等の消極的なものに至るまで千差万別で、その重要性も区々にわたるのである」。それゆえ、これらの規制措置の合憲性については、「具体的な規制措置について、規制の目的、必要性、内容、これによつて制限される職業の自由の性質、内容及び制限の程度を検討し、これらを比較考量したうえで慎重に決定されなければならない」。この検討と考量をするのは、第一次的には立法府の権限と責務であるが、「右の合理的裁量の範囲については、事の性質上おのずから広狭がありうるのであつて、裁判所は、具体的な規制の目的、対象、方法等の性質と内容に照らして、これを決すべきものといわなければならない」。

許可制が合憲とされるためには、「原則として、重要な公共の利益のために必要かつ合理的な措置であることを要し、また、それが社会政策ないしは経済政策上の積極的な目的のための措置ではなく、自由な職業活動が社会公共に対してもたらす弊害を防止するための消極的、警察的措置である場合には、許可制に比べて職業の自由に対するよりゆるやかな制限である職業活動の内容及び態様に対する規制によつては右の目的を十分に達成することができないと認められることを要するもの、というべきである」。

「薬局等の設置場所の地域的制限の必要性と合理性を裏づける理由として被上告人の指摘する薬局等の偏在―競争激化―一部薬局等の経営の不安定―不良医薬品の供給の危険又は医薬品乱用の助長の弊害という事由は、いずれもいまだそれによつて右の必要性と合理性を肯定するに足りず、また、これらの事由を総合しても右の結論を動かすものではない」。

判例63 **判例64** をふまえ、学説は、職業の自由の規制とその合憲性判断について、次のように類型化した。①消極目的規制については、規制目的が重要な公共の利益のために必要・合理的な措置であるか、その目的達成手段は、ほかのより緩やかなやり方では効果がないかを立法事実（後述）に基づき審査する（**判例64**。この基準は「厳格な合理性」の基準といわれる）。また、②積極目的規制については、規制措置が著しく不合理であることが明白な場合にのみ違憲となるとして、立法府の広い裁量を認める（**判例63**。この基準は「明白の原則」ともいわれる）。これが、規制目的二分論とよばれるものである。

(2) 規制目的二分論の問題点　もっとも、規制目的二分論については、問題がないではない。例えば、規制目的によっては、そもそも二分論のいずれに該当するのか、判断がむずかしいケースもある。具体的にいうと、後にふれる公衆浴場の距離制限をめぐる事例では、その目的が国民保健・環境衛生の確保にあるとしつつ、公衆浴場業者の経営安定を図り公衆浴場自体の確保を意図したものと位置づけられており（最三判平成元・3・7）、消極目的・積極目的を併有するものと評されている。また、酒税法上の酒類販売免許制については、酒税徴収の確実な確保を目的とするものとされるが（最三判平成4・12・15）、こうした財政目的による規制は、消極目的とも積極目的とも異なるところがあるといわれ（同判決の園部逸夫裁判官補足意見）、いわば第三のカテゴリーのようなところがある。さらに、時代の推移とともに、規制の趣旨・意義が変化することも考えられる（後述(4)参照）。

(3) 最近の動向　こうした問題点などをふまえ、職業活動の自由を規制する立法については、規制措置の目的を消極・積極に区別し、違憲審査基準もパターン化してあてはめる思考ではなく、問題となる規制立法について、立法事実（法令の合理性を支える社会的・経済的・文化的な一般的事実）の審査がどこまで踏み込んでなされるべきか、規制措置の必要性と合理性について立法裁量をどの程度尊重するのか、といった点に注意しながら検討することが重要となる。最近の判例では、問題となる権利の性格・内容、規制の類型などに応じて立法裁量の広狭を勘案する傾向がみられる（水稲等の耕作の業務を営む者について農業共済組合への当然加入制を定める農業災害補償法の規定が職業選択の自由に反しないとされた最三判平成17・4・26など参照）。

(4) **規制措置と社会状況の変化（公衆浴場の適正配置規制）**　また、時代の変化によって規制立法の意味あいが変わってくると、規制目的の重点も変動する可能性もある。その例として、公衆浴場をめぐる事件がある。

> **判例65**　公衆浴場適正配置規制事件
> （最大判昭和30年1月26日刑集9巻1号89頁）
>
> **事　実**　被告人は、公衆浴場法（昭和25年法律187号による改正後のもの）2条等に定める福岡県知事の許可を受けないで、公衆浴場を経営した廉で逮捕・起訴された。そこで被告人は、公衆浴場法及びそれに基づく福岡県条例54号3条（公衆浴場法2条等に基づき、浴場の設置の適正配置等の基準について定め、既存の公衆浴場から市部にあっては250m以上、郡部にあっては300m以上の距離を保つことを規定する）が職業選択の自由に反するとして争った。
>
> **判　旨**　「公衆浴場は、多数の国民の日常生活に必要欠くべからざる、多分に公共性を伴う厚生施設である。そして、若しその設立を業者の自由に委せて、何等その偏在及び濫立を防止する等その配置の適正を保つために必要な措置が講ぜられないときは、その偏在により、多数の国民が日常容易に公衆浴場を利用しようとする場合に不便を来たすおそれなきを保し難く、また、その濫立により、浴場経営に無用の競争を生じその経営を経済的に不合理ならしめ、ひいて浴場の衛生設備の低下等好ましからざる影響を来たすおそれなきを保し難い。このようなことは、上記公衆浴場の性質に鑑み、国民保健及び環境衛生の上から、出来る限り防止することが望ましいことであり、従つて、公衆浴場の設置場所が配置の適正を欠き、その偏在乃至濫立を来たすに至るがごときことは、公共の福祉に反するものであつて、この理由により公衆浴場の経営の許可を与えないことができる旨の規定を設けることは、憲法22条に違反するものとは認められない」。

この判決は、規制目的二分論でいえば、「国民保健及び環境衛生」の点から偏在・濫立による弊害を防止することを強調する点で、どちらかといえば消極目的規制にたったものということができる。しかしながら、この判決には当初批判も強く、例えば、距離制限により公衆浴場の衛生を確保するというのは、「風が吹けば桶屋が儲かる」式の議論であるといった見解など、おおむね厳しい意見ばかりであった。一方、この判決の結論を支持した少数説もあった。この立場は、公衆浴場が国民衛生の確保上不可欠のもので、完全な私的利潤追求

事業とは異なることをふまえ、料金決定が許可制になっている点や、営業の性質上付近住民のみ日常的に利用するという意味で企業の弾力性に乏しく、しかし施設の衛生水準は強く要求され、建設費が巨額であるにもかかわらず、他業への転用可能性がないことなどに着目し、事業の公共性と企業の特殊事情を厳格な要件として、距離制限の合理性を認めうる、としたのであった。

一方、公衆浴場は、この判決が出された昭和30年代には増加傾向にあったが、その後減少していくなど、状況は大きく変化した。しかし、なお利用する住民（これには下宿する学生や一部愛好家なども多いといわれる）にとっては、今なお日常生活に不可欠な公共的施設であることにかわりはない。そこで、適正配置規制の意味あいは、今日では、当初の過当競争による弊害防止という消極目的規制的な論拠から、公衆浴場確保のための保護という、積極目的規制の側面が強く出される方向へと重点が移っていった。最高裁も、小売市場事件 判例63 を引用しながら、適正配置規制が「積極的、社会経済政策的な規制目的に出た立法」として合憲とした（最二判平成元・1・20。また最三判平成元・3・7は、さきにふれた少数説の立場を意識したとみられる理由もふまえつつ、合憲とした）。

第3節　財産権の保障

1　財産権保障の意義

憲法29条1項にいう「財産権」とは、物権、債権、無体財産権、そして公法上の権利など、財産的価値を有するすべての権利、と解されている。財産権を保障する意味として、①現に個人の有する具体的な財産権の保障と、②個人が財産権を享有しうる制度、すなわち私有財産制の保障、がいわれている。最高裁も、憲法29条は、「私有財産制度を保障しているのみでなく、社会的経済的活動の基礎をなす国民の個々の財産権につきこれを基本的人権として保障する」もの、と位置づけている（森林法共有林分割請求事件 判例66）。とはいえ、「社会国家」現象が進む現代にあっては、財産権の制約も大きく認められる余地もあり、財産権保障の主な意味は、財産権の不可侵性の保障よりも、財産を取得し保持する権利一般を法制度として保障するという面にある、ともいわれ

る。ただし、最近では、財産権など経済活動の自由一般を重視する思想的立場も有力に説かれ、財産権の制約を「社会国家」の名の下に広く認めていいのか、慎重な検討も必要である。

2 財産権の制限と違憲審査

(1) 制約の類型　憲法29条2項には、財産権が法律によって一般的に制約される可能性が示されている。ここにいう「公共の福祉」による制約には、まず、①各人の権利が衝突・対立した際、それを調整するために、各権利に広く規制を及ぼすという制約（内在的制約）がある。具体的には、生命・健康などに対する危害を防止するための各種の規制（食品6条～10条など）や、相隣関係的規制（民209条以下。なお区分所有権につき最一判平成21・4・23参照）が例として挙げられる。また、②財産権の制約には、これにとどまらず、一定の社会・経済的政策実現のための政策的制約も考えられる。例えば、私的独占の排除などを定める独占禁止法などのほか、史跡名勝天然記念物の保存のため、文化庁長官が地域を定め一定の行為の制限等をすること（文化財128条）なども、この場合に当たる。

さらに、最近では、自然環境・社会環境をも含む生活空間の確保といった、新たな社会的公共性による制約が認められる場合がある。例えば、土地基本法は、土地が現在及び将来における国民のための限られた貴重な資源であることなどをふまえ、土地については公共の福祉を優先させることとし（土地基2条）、土地が地域の自然的・社会的・文化的諸条件などに応じて適正に利用されることを定め（同3条1項）、適正な土地利用の確保をはかるため、国や地方公共団体に土地利用の規制に関する適切な措置を講ずることなどを求める（同12条）。ここでは、現時点における国民・住民の利益だけでなく、将来の世代への責任まで含めた「公共の福祉」が問題となっている。

(2) 合憲性審査のあり方　これらの制約の合憲性について、どのように判断すべきか。この点については、職業選択の自由の規制（**第2節2**参照）と同様、財産権規制立法についても、規制目的二分論的な観点から区別することが説かれた。まず、①内在的制約（消極的目的の規制）の場合については、ⓐその規制立法が防止しようとする社会的害悪が存在するのかどうか、ⓑ規制の程

度・手段は、害悪の防止という目的達成のための必要最小限度のものにとどまるものかどうか(必要最小限度規制の原則の適用)、が審査され、一方、②政策的制約(積極的目的の制約)の場合については、ⓐ制約の目的の正当性と、ⓑ規制の程度・手段は、それが当該目的を達成するために必要かつ合理的な範囲かどうかを審査する、といった判断手法がそれである。

判例66　森林法共有林分割請求事件

（最大判昭和62年4月22日民集41巻3号408頁）

事　実　原告(弟)は、被告(兄)とともに、両者の亡父から山林の贈与を受け、それぞれ2分の1の共有持分を有していたが、両者には著しく感情の疎隔があり分割協議が成立する見込みのないことから、山林の現物分割を裁判所に求めた(民256条1項参照)。ところが、森林の各共有者の持分価額が2分の1以下の場合に分割することを禁止する森林法186条(当時)のために請求が認められなかった。そこで原告は、森林法の規定が憲法29条に反するとして争った。

判　旨　財産権の規制は、「財産権の種類、性質等が多種多様であり、また、財産権に対し規制を要求する社会的理由ないし目的も、社会公共の便宜の促進、経済的弱者の保護等の社会政策及び経済政策上の積極的なものから、社会生活における安全の保障や秩序の維持等の消極的なものに至るまで多岐にわたるため、種々様々でありうるのである。……財産権に対して加えられる規制が憲法29条2項にいう公共の福祉に適合するものとして是認されるべきものであるかどうかは、規制の目的、必要性、内容、その規制によつて制限される財産権の種類、性質及び制限の程度等を比較考量して決すべきものであるが、……立法の規制目的が前示のような社会的理由ないし目的に出たとはいえないものとして公共の福祉に合致しないことが明らかであるか、又は規制目的が公共の福祉に合致するものであつても規制手段が右目的を達成するための手段として必要性若しくは合理性に欠けていることが明らかであつて、そのため立法府の判断が合理的裁量の範囲を超えるものとなる場合に限り、当該規制立法が憲法29条2項に違背するものとして、その効力を否定することができるものと解するのが相当である」。

森林法186条の立法目的は、「……結局、森林の細分化を防止することによって森林経営の安定を図り、ひいては森林の保続培養と森林の生産力の増進を図り、もつて国民経済の発展に資することにあると解すべきであ」り、その立法目的は、以上の限りで公共の福祉に合致しないことが明らかであるとはいえない。しかし、「〔森林の〕共有者間、ことに持分の価額が相等しい2名の共有者間において、共

有物の管理又は変更等をめぐつて意見の対立、紛争が生ずるに至つたときは、各共有者は、共有森林につき、同法〔民法〕252条但し書に基づき保存行為をなしうるにとどまり、管理又は変更の行為を適法にすることができないこととなり、ひいては当該森林の荒廃という事態を招来することとなる」。森林法186条による制約は、「右のような事態の永続化を招くだけであつて、当該森林の経営の安定化に資することにはならず」、立法目的との間に合理的関連性がない。「以上のとおり、森林法186条が共有森林につき持分価額2分の1以下の共有者に民法256条1項所定の分割請求権を否定しているのは、森林法186条の立法目的との関係において、合理性と必要性のいずれをも肯定することのできないことが明らかであ」る。

判例66 で最高裁は、立法目的を積極目的規制に近い観点で理解しつつも厳格に立法の根拠となる事実（立法事実）を審査したことなどから、様々な議論をよんだ。しかし、最高裁判例の合憲性判断基準は、その後やや変遷もみられる。例えば、最近の事例である、いわゆる証券取引法合憲判決（最大判平成14・2・13）では、規制目的の消極・積極性にはなんら言及していない。**判例66** を含め、最高裁が経済的自由一般について規制目的二分論を用いているとする理解に対して、最近の学説では、**判例66** が依拠するのは、目的二分論ではなくその前提となる枠組みであって、そうした理解は、最高裁自身が **判例66** で否定していると述べ、こうした判例理解をとることを厳しく批判するものもある。

3 損失補償の意義

(1) 公的収用権と財産権　公共の目的を達成するうえで、財産が必要となる場合、その財産に代替性があるとき（動産など）は、市場取引の原則に従い、代価を払って取得できる。しかし、例えば県道の拡張・新設のためにその地域住民が有する特定の土地が必要となる場合など、必要とされる財産が個性的で代替性がない場合は、問題が生じることがある。この場合、財産所有者と公権力との間で売買契約が成立すればその財産は取得できるが、そうでないときは、そのまま放置すると、公共の目的を達成することが難しくなってしまう。立憲主義憲法は、財産が絶対不可侵とされるとこのような不都合が生じることをふ

まえ、公益上の必要から、財産権者の意思にかかわらず、公権力が強制的にその財産を有償で取得することができる権限（公的収用権）を認めてきた（1789年フランス人権宣言〔「人及び市民の権利宣言」〕17条も、所有権を神聖不可侵としつつ、こうした収用を留保していた）。

比較憲法的にみると、公的収用権が濫用されないための条件として、①収用手続が法律で規制されること、②収用目的が公共のためのものであること、③被収用者に補償がなされること、が挙げられる。日本国憲法は、こうした流れをふまえ、私有財産を、正当な補償の下に、公共のために用いることができることを明らかにしている（憲29条3項）。ここで解釈論として問題となるのは、いかなる場合に補償が必要となるか、という補償の要否の問題（後述(2)）と、いかなる内容の補償なら憲法の要請をみたすか、つまり、憲法29条3項にいう「正当な補償」となるか（後述(3)）、という点である。

(2) 補償の要否の判断基準　まず、憲法29条3項にいう「公共のために用ひる」とは、病院・学校建設など公共事業のためだけではなく、戦後の自作農創設のための農地買収のように、特定の個人が受益者となる場合でも収用全体の目的が広く社会公共の利益（公益）のためであればよい、とされている。そして、補償が必要となるか否かについては、いくつかの場面に応じて考えることができる。①財産の完全取得の場合（公用収用）については、私人の財産を完全に消滅させる処分であることから、収奪される財産が僅少である場合（食品28条1項、薬69条3項〔2013年4月より4項〕など）を除いて、必ず補償がなされなければならない、といわれる。これに対して、②ある財産に、公的使用権を設定する「公用使用」や、財産の権利者の自由な権利行使を制限する「公用制限」といった、財産権行使の制約の場合には、さらにいくつか場合分けをすべきことが指摘される。

まず、ⓐ財産権の制限による損失が財産権自体に内在する一般的な社会的制約の範囲内に含まれるときは、補償は不要とされる。最高裁は、損失補償の規定もなくため池の提とうに竹木・農作物を植えることなどを禁止する条例が憲法29条に反するなどとして争われた事案において、この条例は、災害を防止し公共の福祉を保持するうえで社会生活上やむをえないものであって、そのような制約はため池の提とうを使用する財産権を有する者が当然受忍しなければ

ならない責務というべきもので、憲法29条3項の補償は必要ない、と判示した（奈良県ため池条例事件 判例101）。

一方、ⓑある財産の制約が、特定の者に対してのみ及ぼされる場合については、「特別の犠牲」といえる場合とされ（河川附近地制限令事件。最大判昭和43・11・27）、補償が必要であるとされる。

「特別の犠牲」といいうるためには、侵害行為の対象が広く一般人か、特定の個人・集団であるかという点（形式的要件）、侵害行為が財産権に内在する社会的制約として受忍すべき限度内であるか、それを超えて財産権の本質的内容を侵すほど強度なものであるか、という点（実質的要件）の二つを総合的に判断すべきである、とされる。この両面を考慮し、さらに、制限される財産権の内容、制限の目的や程度、制限の必要性などの諸要素を総合して、個別的に補償の要否を判断することが求められる（関係法令の改正に伴う市営の「と畜場」廃止につき、そのことによる不利益は住民が等しく受忍すべきものとして、「と畜場」利用業者等が利用しえなくなったという不利益が「特別の犠牲」に該当しないとした例として、最三判平成22・2・23がある）。なお、憲法29条3項は、法令上損失補償に関する規定がない場合でも、直接憲法29条3項を根拠として補償請求する余地があると解されている（第Ⅰ部第2章第2節参照）。

(3) 「正当な補償」の意義　憲法29条3項は「正当な補償」を求めているが、この理解については、①その財産の客観的市場価格を全額補償すべきであるとする完全補償説と、②合理的に算出された相当な額で足りるとする相当補償説とがある。学説では、例えば道路拡張のための土地収用などのような、既存の財産権秩序の枠内において特定の財産の使用価値が特別の犠牲に供される場合には、市場価格による完全な補償が求められる一方、農地改革のような既存の財産権秩序を構成する財産権に対する社会的評価が変化したことに基づいて、その財産が公共のために用いられることになる例外的な場合には、相当補償であってよいとする、③完全補償原則説が有力である。

判例67　農地改革事件

（最大判昭和28年12月23日民集7巻13号1523頁）

事　実　国は、自作農創設特別措置法（自創法）に基づき、原告らの農地につ

いて、自創法6条3項の規定による対価で買収する旨の処分をした。原告らは、憲法29条3項にいう「正当な補償」に照らし、買収当時における経済事情を基準として正当な補償か否かを決定すべきものであるとして、買収対価について争った（原告らは、自創法による買収価格はその価格算出後における経済事情の激変を少しも考慮しておらず、田1反の買収対価が鮭3尾の対価にも及ばないというような奇怪な結果となっている、と主張した）。

判 旨　「憲法29条3項にいうところの財産権を公共の用に供する場合の正当な補償とは、その当時の経済状態において成立することを考えられる価格に基き、合理的に算出された相当な額をいうのであつて、必しも常にかかる価格と完全に一致することを要するものでないと解するを相当とする。けだし財産権の内容は、公共の福祉に適合するように法律で定められるのを本質とするから（憲法29条2項）、公共の福祉を増進し又は維持するため必要ある場合は、財産権の使用収益又は処分の権利にある制限を受けることがあり、また財産権の価格についても特定の制限を受けることがあつて、その自由な取引による価格の成立を認められないこともあるからである」。「田と畑とに通じて対価算出の項目と数字は、いずれも客観的且つ平均的標準に立つのであつて、わが国の全土にわたり自作農を急速且つ広汎に創設する自創法の目的を達するため自創法3条の要件を具備する農地を買収し、これによつて大多数の耕作者に自作農としての地位を確立しようとするのであるから、各農地のそれぞれについて、常に変化する経済事情の下に自由な取引によつてのみ成立し得べき価格を標準とすることは許されないと解するのを相当とする。従つて自創法が、農地買収計画において買収すべき農地の対価を、6条3項の額の範囲内においてこれを定めることとしたのは正当であ」る。

判例67の事案で示されるように、戦後の農地改革では、「正当な補償」の範囲が問題となったが、最高裁は、「その当時の経済状態において成立することを考えられる価格に基き、合理的に算出された相当な額」をいうとして、相当補償説的な立場をとった。もっとも、農地改革自体、占領管理下の総司令部の指令によるものであり、**判例67**では、このような事態はそもそも憲法の想定するものではなかった点を指摘する裁判官の個別意見もあった（井上登・岩松三郎裁判官の意見）。しかしながら、最高裁は、収用する土地の補償金額について規定する土地収用法71条が憲法29条3項に反するとして争われた事案において、憲法29条3項の「正当な補償」が、「その当時の経済状態において成

立すると考えられる価格に基づき合理的に算出された相当な額をいう」として、**判例67**の趣旨を確認し、土地収用法71条の合憲性をこの趣旨に従って判断すべきものとしている（最三判平成14・6・11）。

(4) **自然災害と財産権保障**　わが国は、阪神・淡路大震災（1995年1月）や東日本大震災（2011年3月）など、深刻な自然災害にしばしば見舞われてきたが、被災者が失った財産への補償などを国家が行うことについては、財産権保障との関係で議論があった。つまり、憲法29条は私有財産制を採用するから、個人の私有財産を国家が補償することは許されないのではないか、というのである。これについては、①その支出に公的意義が認められ、この点で憲法上許容されるとする考え方、②個人の自律を可能とする財産権の滅失や資本主義を不可能とする大規模な財産権の滅失等に対しては、財産権保障の法的効果として一定の公的支援が憲法上要請されるとする考え方、③人間らしい生活をする上で不可欠の財産保障（生存のための財産）は憲法25条に基づくものとする考え方、などがある。現行法上の施策としては、住宅が全壊した世帯等に対する被災者生活再建支援法による支援金支給や（最高300万円。被災者支援3条）、移転促進区域（異常な自然災害等が発生した地域等において住民の生命・身体・財産を災害から保護するために集団的移転を促進することが適当と認められた区域）における市町村による農地・宅地等の土地の買取りなどがある（防災のための集団移転促進事業に係る国の財政上の特別措置等に関する法律2条、3条2項6号、6条）。

参　考　文　献

石川健治「営業の自由とその規制」大石眞＝石川健治編『憲法の争点』
　（有斐閣、2008年）148頁
宇賀克也『国家補償法』（有斐閣、1997年）
工藤達朗「大震災と財産権保障」法学教室189号（1996年）28頁
小嶋和司『憲法学講話』（有斐閣、1982年、復刊2007年）
小山剛「震災と財産権」ジュリスト1427号（2011年）65頁
園部逸夫「経済規制立法に関する違憲審査覚書」芦部信喜先生古稀祝賀
　『現代立憲主義の展開（下）』（有斐閣、1993年）187頁
西谷敏『規制が支える自己決定』（法律文化社、2004年）

第Ⅱ部
第8章　国務請求権

　国民と国家との関係は、伝統的に、①国家の不作為義務に対応する「自由権」、②国家の作為義務に対応する「国務請求権」、③国家の意思形成それ自体に参画する「参政権」とに類型化されてきた（**第1章第1節**参照）。本章では、国に対して一定の行動・作為を国民の側から請求する権利である、国務請求権についてみてみよう。

第1節　生存権保障

1　生存権登場の背景

　人類の歴史において、立憲主義の発達当時にみられた政治思想は、「最も少く政治する政府は、最良の政府であるとする思想」、つまり、できるかぎり個人の意思を尊重し、国家は個人の意思・自由に干渉しないようにすることにあった。しかし、その結果、貧富の格差が甚だしくなり、少数の富める者と多数の貧しい者とが生ずることとなり、社会的な不公正が引き起こされた。ここで国家は、社会的施設・社会的立法などを実施せざるをえないこととなった（食管法違反事件。最大判昭和23・9・29）。こうした経緯をへて登場するのが、生存権をはじめとする、国民の生活保障に関わりのある権利である。そのさきがけとしてよく紹介されるのが、20世紀初頭のドイツのワイマール憲法151条（「経済生活の秩序は、すべての人に人たるに値する生存を保障することを目指す正義の諸原則に適合するものでなければならない」）である。日本国憲法は、25条で、「すべて国民は、健康で文化的な最低限度の生活を営む権利を有する」（1項）と定め、社会保障・社会福祉・公衆衛生の向上増進に国が努めるべきことを規定する（2項）。

2 生存権の法的権利性

(1) 学説の展開　生存権が法的権利であることの意味をどう考えるべきか、特に、生存権の請求権的側面の法的効果をどのように考えるべきか（「健康で文化的な最低限度の生活」が営めるよう、国に対して何らかの措置を求めることを、憲法25条をもとに裁判所において主張することができるか）、という点について、学説では、三つの考え方が展開された。まず、①憲法25条は、国は生存権を積極的に確保することについて常に努力をすべきであるという、将来の政治や立法に対する基本方向を指示したものであると解し、法律的にはプログラム的意義のものであるとする立場がある（プログラム規定説）。

これに対し、憲法25条に何らかの法的意味を認めようとする立場があり、②憲法25条は、国に立法・予算を通じて生存権を実現すべき法的義務を課すものであって、憲法25条が生活保護法のような立法によって具体化されている場合は、憲法と生活保護法とを一体としてとらえ、生存権の具体的権利性を論ずることも許される、とする立場がある（憲法25条にいう権利それ自体ではいまだ抽象的であるという意味で、抽象的権利説とよばれる）。

さらに、③憲法25条は具体的現実的な法的権利規定であって、立法権に対しその実現のための立法を行うことを憲法上義務づけており、訴訟法論上の問題については留保しながらも、立法権の不作為（生存権を実現するのに適切な立法がなされていないような事態）が憲法25条に違反し違憲性を有することの確認は可能である、などと主張する立場がある（具体的権利説）。もっとも、最近では、生存権が一定の裁判規範性（裁判所の法的判断の直接の物差しとなる規範であること）をもつことを前提に、立法や行政の裁量にどの程度枠をはめることができるか、裁判所が用いるべき審査基準とは何か、といった点に学説の関心が移っている。

(2) 判例の展開　憲法25条に関するリーディング・ケースとして、いわゆる食管法違反事件がある（前掲最大判昭和23・9・29）。ここで最高裁は、憲法25条2項は、「社会生活の推移に伴う積極主義の政治である社会的施設の拡充増強に努力すべきことを国家の任務の一つとし〔て〕宣言したもの」、憲法25条1項は、「同様に積極主義の政治として、すべての国民が健康で文化的な最

低限度の生活を営み得るよう国政を運営すべきことを国家の責務として宣言したものである」として、「国家は、国民一般に対して概括的にかかる責務を負担しこれを国政上の任務としたのであるけれども、個々の国民に対して具体的、現実的にかかる義務を有するのではない。言い換えれば、この規定により直接に個々の国民は、国家に対して具体的、現実的にかかる権利を有するものではない。社会的立法及び社会的施設の創造拡充に従つて、始めて個々の国民の具体的、現実的の生活権は設定充実せられてゆくのである」、と述べている。

憲法判例の中でも有名な事件として、生活保護基準（日用品費に関わる生活扶助基準）の違法性が争われた朝日訴訟がある（最大判昭和42・5・24）。この事件で最高裁は、憲法25条1項にいう「健康で文化的な最低限度の生活なるものは、抽象的な相対的概念であり、その具体的内容は、文化の発達、国民経済の進展に伴つて向上するのはもとより、多数の不確定的要素を綜合考量してはじめて決定できるものである」、したがって、何が健康で文化的な最低限度の生活であるかの認定判断は、いちおう、厚生大臣（当時）の合目的な裁量に委され、その判断には当不当の問題はあっても、直ちに違法の問題は生じることはなく、「ただ、現実の生活条件を無視して著しく低い基準を設定する等憲法および生活保護法の趣旨・目的に反し、法律によつて与えられた裁量権の限界をこえた場合または裁量権を濫用した場合には、違法な行為として司法審査の対象となることをまぬかれない」、とした。もっとも、この判決自体は、上告人の死亡により訴訟が当然終了する、としたため、上記の判断は、いわば傍論での言及であった。

このほか、公的年金相互間やその他の社会保障給付との間で併給調整をする法律の合憲性が争われたものがある。下級裁判所では違憲判断をしたものがあるが（堀木訴訟 判例68 の第一審である神戸地判昭和47・9・20や、牧野訴訟〔東京地判昭和43・7・15〕など）、最高裁は、後述の堀木訴訟 判例68 以降、これを引用して、合憲としている（岡田訴訟〔最二判昭和57・12・17〕、森井訴訟〔最二判昭和57・12・17〕）。

（3）憲法25条と広い立法裁量　そして、憲法25条解釈の先例とされるのが、堀木訴訟 判例68 である。

判例68　堀木訴訟

（最大判昭和 57 年 7 月 7 日民集 36 巻 7 号 1235 頁）

事 実　視覚障害者で国民年金法に基づく障害福祉年金（当時）を受給していた原告は、離婚以来次男を養育していたため、兵庫県知事に対し児童扶養手当受給資格の認定を請求したが、知事は請求を却下する処分をした。原告は異議申立てをしたが、同知事は、原告が障害福祉年金を受給しており、児童の母等が公的年金を受給しうるときには支給しないとする児童扶養手当法の規定に該当するとの理由でこれを棄却する決定をした。そこで原告は、この規定が憲法 13 条・14 条 1 項・25 条に反するとして争った。

判 旨　「憲法 25 条の規定は、国権の作用に対し、一定の目的を設定しその実現のための積極的な発動を期待するという性質のものである。しかも、右規定にいう『健康で文化的な最低限度の生活』なるものは、きわめて抽象的・相対的な概念であつて、その具体的内容は、その時々における文化の発達の程度、経済的・社会的条件、一般的な国民生活の状況等との相関関係において判断決定されるべきものであるとともに、右規定を現実の立法として具体化するに当たつては、国の財政事情を無視することができず、また、多方面にわたる複雑多様な、しかも高度の専門技術的な考察とそれに基づいた政策的判断を必要とするものである。したがつて、憲法 25 条の規定の趣旨にこたえて具体的にどのような立法措置を講ずるかの選択決定は、立法府の広い裁量にゆだねられており、それが著しく合理性を欠き明らかに裁量の逸脱・濫用と見ざるをえないような場合を除き、裁判所が審査判断するのに適しない事柄であるといわなければならない」。「……一般に、社会保障法制上、同一人に同一の性格を有する二以上の公的年金が支給されることとなるべき、いわゆる複数事故において、そのそれぞれの事故それ自体としては支給原因である稼得能力の喪失又は低下をもたらすものであつても、事故が二以上重なつたからといつて稼得能力の喪失又は低下の程度が必ずしも事故の数に比例して増加するといえないことは明らかである。このような場合について、社会保障給付の全般的公平を図るため公的年金相互間における併給調整を行うかどうかは、さきに述べたところにより、立法府の裁量の範囲に属する事柄と見るべきである」。

3　政治部門の裁量とその統制

国会に広い裁量を認めた 判例68 は、生存権訴訟の先例としての地位を確立

している。最近でも、国民年金法（平成元年法律86号による改正前のもの）が、学生などについて国民年金に強制加入させずに任意加入のみを認めるとしていた措置などが憲法25条・14条1項に反するかどうかなどが争われた、いわゆる学生無年金障害者訴訟において、最高裁は、 判例68 を引用し、立法府の広い裁量を肯定している（最二判平成19・9・28）。

なお、健康保険法上、単独であれば保険診療となる療法と、先進医療で自由診療（保険給付の対象とならない診療）とを併用する、いわゆる「混合診療」をめぐって争われた事案がある（最三判平成23・10・25）。厚生労働省（旧厚生省）は、「混合診療」について、同法の解釈上、自由診療の部分だけでなく保険診療部分も保険給付外となるものとして運用してきた（ただし、保険外併用療養費制度〔かつては特定療養費制度〕で認められた高度先進医療など、同法が特に認めた場合は除かれる）。腎臓がん患者で「混合診療」を受けていた原告は、この解釈により、自由診療部分のみならず保険診療部分も療養の給付を受けることができなくなったため、上記解釈による取扱いは健康保険法・憲法に反するとして、国に対し公法上の法律関係に関する確認の訴え（行訴4条）を提起した。最高裁は、制度の沿革等を検討し上記解釈を支持したうえで、健康保険法上の医療内容は、医療の質（安全性・有効性等）の確保や財政面による制約等から、その範囲を合理的に制限することはやむをえず、上記解釈には一定の合理性が認められ、それは、不合理な差別とも、患者の治療選択の自由の侵害ともいえず、また保険給付のあり方として著しく合理性を欠くということもできない、として、憲法14条1項・13条・25条違反の主張を斥けた。ここでもやはり、 判例68 が引用されている。

(1) 立法裁量統制の試み　たしかに、憲法25条は、その実現のための目的設定と達成手段の双方について具体的に指示するところに乏しく、また、社会保障立法については一般に財源措置を確保することも必要となり、立法裁量に委ねられる領域が大きくならざるをえないところは否定しがたい。もっとも、判例を注意深くみると、最高裁は、著しく合理性を欠き明らかに裁量の逸脱・濫用となる場合については裁判所の審査の対象となるなど、限定的ではあるが、憲法25条が法的意味をもつ（裁判規範性を有している）点を認めている（この意味で、最高裁判例はプログラム規定説とはいいきれない）。

こうした点をふまえ、学説では、立法裁量統制の試みがかねてより模索されている。例えば、憲法14条1項との関連で、生存権は生きる権利そのものであるから、精神的自由の場合に準じて、差別の合理性を厳格に審査すべきである、と説く立場があった。また、憲法25条の条文の構造に注目し、1項が人間としての最低限度の生活の保障（緊急的生存権）を目指すものである一方、2項はそれを上回る条件の維持・向上について国の努力義務（国民の側からいえば「生活権」とされる）を規定したものであると解して、1項・2項で権利として強弱に違いを見出す立場がある。この見地からすると、1項に関わる施策については、厳しい姿勢で裁判所が審査すべきこととなる。また、憲法25条2項の「向上及び増進」という文言に着目して、合理的な理由なく給付を削減することは許されない、と説く考え（制度後退禁止原則）もある。

(2) 行政裁量とその統制　社会保障立法は、国民の生活保障のニーズに応えて実現されるが、行政裁量はこうした法令を根拠として実施される。行政裁量の統制についても、問題となる法の目的・趣旨に照らし、裁量判断過程の合理性や看過しがたい過誤の有無といった点について吟味する必要があろう。生活保護法上の老齢加算が廃止されたことが憲法25条等に反するとして争われた事例で、最高裁は、保護基準（生活保護8条1項）の改定により老齢加算を廃止する厚生労働大臣の裁量権について、①老齢加算にみあう需要がないなどとした大臣の判断の過程・手続における過誤等の有無と、②廃止に伴う被保護者の期待的利益や生活への影響等の観点から、裁量権の逸脱・濫用を審査している（最三判平成24・2・28、最二判平成24・4・2。結論として違憲の主張は斥けている）。

この点で、直接憲法判断をしたものではないが、生活保護行政に関する裁量統制をめぐる興味深い事案がある。

判例69　生活保護学資保険事件

（最三判平成16年3月16日民集58巻3号647頁）

事　実　原告らは、1975年（昭50）8月から、福岡市から原告らとその両親を同一世帯とする生活保護を受けていた。原告らの父は、その長男が小学校入学のとき、当時3歳の原告の1人を被保険者として郵政省（当時）による18歳満期学資保険に加入した。その後父は、学資保険の満期保険金を受領したが、福岡市東

福祉事務所長は、生活保護法4条1項・8条1項に基づき、一部を除きこの学資保険からの返戻金を収入と認定し、1990年（平2）6月、生活保護費月額を減額する旨の変更処分をしたため、父は、本件変更処分を不服としてその取消し等を求め争った（訴訟係属中に父が死亡したが、控訴審で原告らに原告適格及び訴訟承継が認められた）。

判旨「生活保護法による保護は、生活に困窮する者が、その利用し得る資産、能力その他あらゆるものを、その最低限度の生活の維持のために活用することを要件とし、その者の金銭又は物品で満たすことのできない不足分を補う程度において行われるものであり、最低限度の生活の需要を満たすのに十分であって、かつ、これを超えないものでなければならない（同法4条1項、8条）。……そうすると、保護金品又は被保護者の金銭若しくは物品を貯蓄等に充てることは本来同法の予定するところではない……」。しかし、保護は、厚生大臣（本件事案当時）の定める基準により要保護者の需要を測定し、これをもととして行われる（同法8条1項）。「このようにして給付される保護金品並びに被保護者の金銭及び物品（以下「保護金品等」という。）を要保護者の需要に完全に合致させることは、事柄の性質上困難であり、同法は、世帯主等に当該世帯の家計の合理的な運営をゆだねているものと解するのが相当である。そうすると、被保護者が保護金品等によって生活していく中で、支出の節約の努力（同法60条参照）等によって貯蓄等に回すことの可能な金員が生ずることも考えられないではなく、同法も、保護金品等を一定の期間内に使い切ることまでは要求していないものというべきであ」り、「生活保護法の趣旨目的にかなった目的と態様で保護金品等を原資としてされた貯蓄等は、収入認定の対象とすべき資産には当たらないというべきである」。「被保護世帯において、最低限度の生活を維持しつつ、子弟の高等学校修学のための費用を蓄える努力をすることは、同法の趣旨目的に反するものではないというべきである」。

この事件では生活保護法上の収入認定の違法性が争われたが、ここでは、被保護者の自己決定権を尊重する判断がなされ、この見地から統制をはかろうとする点が興味深い。つまり、被保護者の自立助長をはかることは生活保護法の趣旨・目的とされるが（生活保護1条）、生活保護法の目的から逸脱しない限りで保護費等を貯蓄に回すこともできる（収入認定しない）と解するのは、被保護者の主体的な判断を尊重する解釈と考えられる。本件は、端的に憲法論が展開されたわけではないが、理論的にも注目される事例の一つといえる。

第2節　教育の条件整備

1　教育における国家の役割

憲法26条1項は、「すべて国民は、法律の定めるところにより、その能力に応じて、ひとしく教育を受ける権利を有する」、と定める。憲法がこうした規定を盛り込んでいる背景には、子どもの教育をめぐる国の役割の変化がある。つまり、子どもの教育は、その最も始源的・基本的な形態としては、親が子との自然的関係に基づいて子に対して行う養育・監護の作用の一環としてあらわれる。しかし、私事としての親の教育や私的施設による教育では、近代社会における経済的・技術的・文化的発展と社会の複雑化に伴う教育要求の質的拡大・量的増大に対応しきれなくなる。このため、子どもの教育が社会における重要な共通の関心事となり、子どもの教育をいわば社会の公共的課題として、公共の施設を通じ組織的・計画的に行う、公教育制度の発展をみるに至った（旭川学力テスト事件 **判例59**）。教育の自由を支えるためには、こうした、国による教育への条件整備が必要となる（なお**第6章第7節**参照）。

憲法26条1項は、教育を受ける権利を「法律に定めるところにより」保障する、と定めるが、ここには、つぎのような二重の意味があるとされる。つまり、①この権利が、具体的な立法措置をまって、はじめて個別具体的な権利と考えられること、②明治憲法下でみられた教育勅令主義（教育の目的・内容・制度等は、すべて政府の命令〔勅令〕で定められていたこと）を排し、教育制度についても国会が制定する法律で定められるべきこと（教育制度法定主義）、である。教育基本法や学校教育法といった教育関係法令は、②にいう法律に当たる。

2　義務教育の無償

憲法26条2項後段は、「義務教育は、これを無償とする」、と定める。これは、その内容を実施するために新たな施策等が必要となるものではないことから、それ自体として直接法的効果を有するものと解されている。ここにいう「無償」とは、義務教育を受けるのに必要な経費を保護者から徴収せず、国

（または地方公共団体）が負担することを意味する。

教育基本法5条4項は、「国又は地方公共団体の設置する学校における義務教育については、授業料を徴収しない」、と定めている。「無償」の範囲について、授業料のほか、教科書など、就学したことによる必要な経費をすべて無償とすべきだ、として、義務教育図書代金の徴収行為の取消し等が争われたことがある。最高裁は、憲法が保護者に子女を就学させる義務を課しているのは、「単に普通教育が民主国家の存立、繁栄のため必要であるという国家的要請だけによるものではなくして、それがまた子女の人格の完成に必要欠くべからざるものであるということから、親の本来有している子女を教育すべき責務を完うせしめんとする趣旨に出たものでもあ」り、「義務教育に要する一切の費用は、当然に国がこれを負担しなければならないものとはいえない」ことから、憲法26条2項は「国が義務教育を提供するにつき有償としないこと」、つまり、「授業料不徴収の意味」と解している（最大判昭和39・2・26）。ただし法律上は、義務教育諸学校（学校教育法に定める小・中学校等）において、教科書の無償給付等の措置がはかられている（「義務教育諸学校の教科用図書の無償措置に関する法律」参照。高等学校についても、所得制限があるが、就学支援金制度により、授業料相当額の支給等の措置が講じられている〔高等学校等就学支援金の支給に関する法律参照〕）。

第3節　国家賠償請求権

1　国家賠償請求権の意義

立憲主義を建前とする近代憲法においては、行政の活動が法に従うべきことという、「法による行政の原理」が説かれることがある。この考え方からすると、違法な行政の行為については、救済の道が国民に広く認められることが求められる。その方法としては、まず、違法な行為によって法律上の利益を侵害された場合に、それを法律上の効果においてただすルートが必要である。わが国では、行政機関に対する行政不服審査、裁判所に対する行政訴訟という形で制度化されている（行政不服審査法、行政事件訴訟法）。しかしながら、違法な行

為によって実害が発生している場合には、こうした違法な行為を法律上の効果としてただすだけでは不十分であり、実際に生じた損害の賠償が必要となる。ここで登場するのが、国などに対する損害賠償の請求権である。

もっとも、国に対して損害賠償を請求できるとする発想は、じつはそれほど古いものではなく、諸外国でも、早くて19世紀末（フランス）、それより後に第二次大戦後（アメリカ・イギリスなど）に認められるようになった。この背景には、国家権力は神聖無謬で違法なことをするはずがない（「王は悪をなし得ず」）という主権無答責の原則や、違法な行為は国家に帰属されず、国家の使用人である官吏の違法行為によって人民に損害を与えたとしても、国家自身が損害賠償の責任を負ういわれはない（国家自身としては責任を負わないが、官吏個人が被害者に対して責任を負う）、という発想があったといわれる。わが国でも、明治憲法下では、制度上・判例上も、国民（当時は臣民）から賠償請求をすることは極めて困難であった。日本国憲法では、「公務員の不法行為により、損害を受けたときは、国又は公共団体に、その賠償を求めることができる」とされた（憲17条）。それを具体化する法律として国家賠償法が制定されている。

2 国家賠償請求権をめぐる問題

(1) 賠償責任の位置づけ　国家賠償法は、「国又は公共団体の公権力の行使に当る公務員が、その職務を行うについて、故意又は過失によつて違法に他人に損害を加えたときは、国又は公共団体が、これを賠償する責に任ずる」（国賠1条1項）、「前項の場合において、公務員に故意又は重大な過失があつたときは、国又は公共団体は、その公務員に対して求償権を有する」（同条2項）、と規定する。なお同法6条では、被害者が外国人であるときの相互保証主義を定めている。相互保証主義とは、外国人の本国が自国人（ここでは日本人）に同様の権利を与えることを条件として、外国人にも権利を与える立場のことをいうが、これが憲法17条の「何人も……」とする規定に反しないかも問題とされる（多数説は合憲とする）。

ここにみられる、「賠償する責」の理解、すなわち賠償責任をめぐっては、代位責任説と自己責任（本位責任）説がある。前者は、本来、損害を与える行為をした公務員個人が負うべき民事上の責任を国が代わって負うものとする考

え方であり、後者は、公務員の個人責任とは関係なく、国が固有の責任を負うと考える立場である。国家賠償法1条が公務員の故意・過失を要件とし、また2項で政府による公務員に対する求償権を認めていることなどから、前者（代位責任説）が多数説とされる。もっとも、この考え方を貫くと、公務員個人に責任能力のない場合や、加害者である公務員あるいは加害行為そのものが特定できない場合には、賠償責任を追及しえない事態も生じうる。学説では、代位責任説をベースに、組織的な過失の認定などを試みる立場もある。

なお、国家賠償法上、国または公共団体が公務員の公権力行使による責任を負うことが明らかにされているが、それとは別に、公務員個人が、被害者に対して直接何らの責任も負わないかも問題となる。判例は、国が被害者に対して賠償の責に任じ、公務員個人は直接責任を負わないとしている（最三判昭和30・4・19、最二判昭和53・10・20等）。

(2) 国家賠償請求権の具体化　憲法17条は、公務員の不法行為により損害を受けたときは、法律の定めるところにより賠償を求めることができる、とする。一般的には、上記の国家賠償法とその解釈として論じられるが、個別の法律によって、国に対する損害賠償請求の範囲や要件が別に定められている場合がある。こうした場合に、あまりにも賠償請求の範囲がせまかったり、要件が厳格に過ぎたりすると、憲法17条の趣旨は生かされない。そこで、国家賠償請求を具体化する立法と憲法17条との適合性が問題となる。

この点は、憲法17条の権利の性格をどう理解するかにも関わる。従来の通説は、これをプログラム規定と解して、17条を実施する法律によってはじめて具体的な賠償請求権が確立する、と解していた。しかし、17条が、先にふれた「主権免責」を否定している以上、立法政策的に形成される部分はあるにせよ、国家賠償請求制度の核心に関わるような領域については、法律の定めがなくとも、直接17条を根拠として賠償請求権が発生すると解する立場もあった。この問題は、憲法17条の趣旨に応えて国会が法律を制定する際、どこまで立法裁量が認められるか、という論点とも重なる。この点に関わって争われた事案として、郵便法事件 **判例70** がある。

第3節　国家賠償請求権

判例70　郵便法事件

（最大判平成14年9月11日民集56巻7号1439頁）

〔事　実〕　原告は、Aに対する債権の弁済を求めるため、AがB銀行に有する預金払戻請求権について、また、AがC会社に有する給与支払請求権について、債権差押命令の申立てを行い、裁判所はこの命令をした。この命令正本は特別送達の方法により送達され、1998年（平10）4月14日にC会社に、15日にB銀行に送達されたが、Aは14日、B銀行の支店にて預金を引き出した。原告は、郵便局がB銀行支店あての特別送達郵便を郵便局の私書箱に入れたため、送達が1日遅れ、Aは先に届いていたCから債権差押命令のことを聞き、ただちにBから預金を引き出してしまったため、損害を被ったとして、国家賠償法1条1項に基づき損害賠償請求をした。ところが国は、損害賠償請求の範囲を限定し、請求権者も当該郵便物の差出人またはその承諾を得た受取人とする郵便法（平成14年法律121号による改正前のもの）の規定（郵便68条、73条。当時）により、本件については、そもそも国に対して損害賠償請求はできないと主張した。

〔判　旨〕　「憲法17条は、……その保障する国又は公共団体に対し損害賠償を求める権利については、法律による具体化を予定している。これは、公務員の行為が権力的な作用に属するものから非権力的な作用に属するものにまで及び、公務員の行為の国民へのかかわり方には種々多様なものがあり得ることから、国又は公共団体が公務員の行為による不法行為責任を負うことを原則とした上、公務員のどのような行為によりいかなる要件で損害賠償責任を負うかを立法府の政策判断にゆだねたものであって、立法府に無制限の裁量権を付与するといった法律に対する白紙委任を認めているものではない。そして、公務員の不法行為による国又は公共団体の損害賠償責任を免除し、又は制限する法律の規定が同条に適合するものとして是認されるものであるかどうかは、当該行為の態様、これによって侵害される法的利益の種類及び侵害の程度、免責又は責任制限の範囲及び程度等に応じ、当該規定の目的の正当性並びにその目的達成の手段として免責又は責任制限を認めることの合理性及び必要性を総合的に考慮して判断すべきである」。

郵便法は、「郵便の役務をなるべく安い料金で、あまねく、公平に提供することによって、公共の福祉を増進すること」を目的として制定されたものであり（郵便1条）、「……〔同〕法68条、73条が郵便物に関する損害賠償の対象及び範囲に限定を加えた目的は、正当なものであるということができる」。特別送達は、民訴法第1編第5章第4節に定める訴訟法上の送達の実施方法であり（民訴103条～106条、109条）、国民の権利を実現する手続の進行に不可欠なものであるから、

特別送達郵便物については、適正な手順に従い確実に受送達者に送達されることが特に強く要請されるなど、その特殊性に照らすと、「法68条、73条に規定する免責又は責任制限を設けることの根拠である法1条に定める目的自体は前記のとおり正当であるが、特別送達郵便物については、郵便業務従事者の軽過失による不法行為から生じた損害の賠償責任を肯定したからといって、直ちに、その目的の達成が害されるということはできず、上記各条に規定する免責又は責任制限に合理性、必要性があるということは困難であり、そのような免責又は責任制限の規定を設けたことは、憲法17条が立法府に付与した裁量の範囲を逸脱したものであるといわなければならない」。

　最高裁は、 判例70 で、特別送達の扱いは書留郵便物とされていることから、まず、書留郵便物について、郵便業務従事者の故意・重過失を免責する部分について憲法17条に反するとした上で、次に、判旨のように、特別送達郵便物について、軽過失を免責する部分も違憲とした。問題となった郵便法の規定は、その後、引受け及び配達の記録をする郵便物について、郵便業務従事者に故意または重過失がある場合の損害賠償義務を規定するなどの改正がなされた（平成14年法律121号。本改正は不法行為責任・債務不履行責任を区別せず、この点で本判決を超えた改正がなされたといわれる）。さらに、郵政民営化により郵便業務は郵便事業株式会社が行うこととされたが、現行の郵便法では、本判決を受けた規定が引き続きおかれている（郵便50条3項・4項）。憲法17条解釈の点では、本判決が、国または公共団体は公務員の行為による不法行為責任を負うことが原則であって、立法府に無制限の裁量権を付与し、いわば「白紙委任」を認めたものではないことを明らかにした点が注目される。また、本判決では、法律による具体化を伴う憲法上の権利について、判断の枠組みとして、規定の目的の正当性、その目的達成の手段として免責（責任制限）を認めることの合理性・必要性といった、目的・手段審査を軸とした判断が示されている点も、留意すべきであろう。

第4節　裁判を受ける権利

　憲法32条は、「何人も、裁判所において裁判を受ける権利を奪はれない」、という。裁判を受ける権利とは、政治権力から独立した公平な司法機関に対して、すべての個人が平等に権利・自由の救済を求め、かつ、そのような公平な裁判所以外の機関から裁判されることのない権利とされる。

　裁判を受ける権利の意義として、次の点が指摘される。①刑事事件については、起訴された者に弁解・防禦の機会を与えるうえで公正な法的判断をすべく、罪刑法定主義を厳格に保持する手続保障の意味をもち、この点で、裁判所の裁判によらなければ刑罰を科せられないことが保障される（憲法37条は重ねてこれを保障する）。また、②民事事件・行政事件については、自己の権利侵害に対し、私人が直接に実力に訴えてそれを排除することを原則として禁止し、裁判を経由して国家の手によって権利の確保をなすべきものとして、私人の権利を確保する意味をもつ。この点で、自己の権利・利益が不法に侵害されたとき、裁判所に対して損害の救済を求める権利、すなわち裁判請求権・訴権が保障され、裁判所の「裁判の拒絶」は許されない（なお尋問請求権の保障につき最三決平成20・5・8参照）。また、憲法は、裁判を受ける権利と並んで、裁判の公開を定めている（憲82条。**第Ⅲ部第6章第6節**参照）。

参　考　文　献

　　宇賀克也『国家補償法』（有斐閣、1997年）
　　大須賀明『社会国家と憲法』（弘文堂、1992年）
　　尾形健『福祉国家と憲法構造』（有斐閣、2011年）
　　葛西まゆこ『生存権の規範的意義』（成文堂、2011年）
　　中村睦男『社会権の解釈』（有斐閣、1983年）

第Ⅱ部

第9章 参政権

　憲法は、私たちに国や地域の政治に能動的に参加する地位に立つことができるための「参政権」を保障する。参政権には、選挙権や被選挙権のほか、国民表決、公務就任権、解職請求権、請願権などが含まれる。それらは、国民表決や住民投票、公務就任権など、国民や住民が意思決定に直接的に携わるものと、選挙権のように、政治に直接に携わり国家や地方の意思を決定する人物を選出するといった間接的に携わるものとに分けられる。以下では参政権の内容を概観しながら、その中心となる選挙権や被選挙権について検討する。

第1節　参政権の内容

1　直接的参政権

（1）**公務就任権**　公務就任権は、国民や住民が国家や地方の意思形成を行う公務に就く地位に立つことのできる権利であり、単に「公務員になる権利」ともいう。公務就任権は、参政権と同時に、職業選択の一環として公務員への就任を選択する観点から、職業選択の自由としての性質もある。

　もっとも、公務へ就任すると人々は、国政や地方行政に直接に関与し、一定の公権力を行使する場合も多い。そこで、その地位に就任できるのは当然にして日本国民であるべきとする理解もあり、単なる職業選択の自由の問題には収斂されない。最高裁は、定住外国人の公務就任のうち管理職への就任について、「公権力行使等公務員」には日本国籍保持者が就任することが前提であると示している（東京都管理職試験判決 判例17 を参照のこと）。

（2）**国民表決・国民発案・住民投票**　国の一定の有権者が直接的参政権を

行使するものとして、国民表決（レファレンダム）や国民発案（イニシアティブ）があげられる。国民表決とは、一定の国家機関（大統領や議会）などが提案する事項に関する表決に国民が直接参加することをいい、国民発案とは、議会などで決定されるべき国家意思内容を国民が発案することをいう。

日本国憲法では、全国的な規模のレファレンダムとして、憲法改正の国民投票について定められる（憲96条）。国民投票の実施の詳細は長い間法定化されてこなかったものの、2007年（平19）には憲法改正手続法が制定された（詳しくは、**第Ⅰ部第1章第3節**を参照のこと）。また地域的な規模で実施されるレファレンダムとして、憲法では、地方自治特別法に関する住民投票（同95条）が採用されている。もっともこの規定は、あまり用いられていない。

また地方自治法には、地方議会の解散請求に基づいてその解散を決する住民投票（同76条）、首長と議員の解職請求に基づいてそれらの解職を決する住民投票（同81条、80条）がある。また、「大都市地域における特別区の設置に関する法律」に基づき、特別区を設置する場合の住民投票が定められる。2015年（平27）の大阪市特別区設置住民投票（否決）はこれに基づいている。さらに、合併特例法（2020年〔平32〕3月31日までの時限立法）では、住民発議に基づく合併協議会の設置を求める住民による直接請求ができるが、これが議会で否決され、また首長によって住民投票に付する請求がある（あるいは付さない場合でも、有権者の6分の1の請求がある）場合に、住民投票が行われる。

なお、各地方公共団体が、各地域の条例に基づいて、自らの政策の可否を住民に直接問うための住民投票を実施することがあるが、これは上記の住民投票とは区別される。こうした住民投票には、住民自治の強化という側面があるが、その制度化は、法律で規定する長や議会権限を法的に侵害しないよう、法的な拘束力のない諮問的（事実上の）効果のみを認める限りにおいて許容されると考えられている。

2 間接的参政権——解職請求権

間接的参政権には、解職請求権や後述する選挙権が含まれる。解職請求権とは、現職の公職者を解任する手続に参加できる権利のことをいう。日本国憲法の下では、国政レベルにおいて最高裁判所裁判官の国民審査制度と、地方レベ

ルにおいて首長や議員の解職制度が設けられている。このうち最高裁判所裁判官の国民審査制度は、憲法に明記されている（憲79条）が、これは国民の解職請求がなされた上で投票が行われるのではない点で、地方公共団体の首長や議員の解職制度とは異なる（詳しくは、**第Ⅲ部第6章第1節7**を参照）。

3 その他の参政権——請願権

以上のほか、憲法上の請願権（憲16条）にも参政権的側面がある。請願権とは、人々が国に対して一定の要望を申し立てることができる権利である。この権利を行使するための請願制度は、もともと選挙権などが確立していない時代に、人々が平穏な形で国王や国に対して要望を請願できる制度として機能した。しかし、普通選挙制度が確立した現代では、その意義が若干薄くなった。他方で、請願権の行使は、選挙権を有しない外国人にも広く認められることから、外国人の声を国政に反映させる手段としても一定の注目を浴びている。

請願法では、「この法律に適合する請願は、官公署において、これを受理し誠実に処理しなければならない」（請願5条）とあるが、請願は、官公署に対して要望を述べるにとどまるので、官公署は、その請願内容に拘束されることはない。また同法では、請願による差別待遇を禁止している（同6条）。

なおある事例では「署名活動をする者らが官公署に署名簿を提出することに参加する意味を有する……署名行為は請願権（憲法16条）によって保障され」、「署名者や署名活動者に対して不当に圧力を加える」行為については請願権侵害を構成するとされ（岐阜地判平成22・11・10）、控訴審でも請願権侵害等が認められ（名古屋高判平成24・4・27）、最高裁でもその結論が維持された（最三決平成24・10・9）。

第2節　選挙権・被選挙権

1 選挙権の法的性格

憲法前文には「日本国民は、正当に選挙された国会における代表者を通じて行動し」とあるように、主権者である国民は、自らの代表者を選び、国政の遂

行を託している。選挙は、そうした一般市民の声を国政に届ける重要な手段である。このことからも憲法は、公務員の選定は国民固有の権利であるとし（憲15条1項）、成年者による普通選挙の保障を規定している（同条3項）。

間接的参政権の一つである選挙権は、有権者が選挙人として選挙に参加できる資格や地位を示す。その法的性質をめぐっては、選挙権の権利としての性格を重視する考え方と公務としての性格を重視する考え方とがある。通説的見解は、これら両方の性質があるとする（権利・公務二元説）。この説では、国会議員などの公務員を選定する行為である選挙は、自由権などのいわゆる個人的権利とは異なる公務としての性質をもつ一方で、人々が選挙を通じて自らの考え方を主張し選挙に参加できるという意味で権利としての性質ももつとされる。

2 選挙権をめぐる諸問題

(1) **在外邦人の選挙権**　選挙権には、一定の制約が認められる場合があるものの、それは必要最小限でなければならない。にもかかわらず、在外邦人の場合には、日本国内に住んでいないだけで、長い間選挙権の行使ができない状態にあった。というのも、日本の旧来の公職選挙法では、選挙で投票するにあたっての、日本国内での居住要件が付されていたからである。

かつての公職選挙法では、選挙人名簿に登録されていない者は投票ができないと規定され（公選旧42条1項）、その選挙人名簿の登載資格である「引き続き3箇月以上当該市町村の住民基本台帳に記録されている者」（同21条1項）だけが有権者となっていた。このことから海外に住む在外邦人は、衆参両議院議員選挙の投票権がなかった。1998年（平10）の公職選挙法の改正で、旧42条1項は、「選挙人名簿又は在外選挙人名簿に登録されていない者は、投票することができない」と変更され、衆参両議院議員選挙の比例代表選挙の投票が認められたものの、選挙区選挙の投票はなお制限された。こうした選挙制限には、在外邦人の場合の選挙制度の構築は煩瑣であるといった点などが理由にあげられていた。

在外邦人選挙権事件 判例71 で最高裁は、憲法上の権利である選挙権の行使を制限することは原則的に許されず、相当程度のやむをえない理由がない限り、選挙権制限は正当化されないとして、在外邦人の選挙権制限を違憲とした。

第Ⅱ部　第9章　参政権

判例71　在外邦人選挙権事件

（最大判平成17年9月14日民集59巻7号2087頁）

事実　かつて在外邦人は、公職選挙法の規定により、衆参両議院議員選挙の投票ができなかった。1998年（平10）の公選法の一部改正で、比例代表選出議員の在外投票は可能となったが、選挙区投票はなおも制限された。在外邦人の原告らは、これが憲法14条、15条1項及び3項、43条、44条等に反するとして、1998年改正前後の公選法の違法確認と、選挙区選挙での今後の選挙権行使の地位確認を求めた。また1996年（平8）10月の衆議院議員総選挙で選挙区投票ができなかったのは国会の怠慢であるとして、立法不作為の国家賠償を求めた。

判旨　「自ら選挙の公正を害する行為をした者等の選挙権について一定の制限をすることは別として、国民の選挙権又はその行使を制限することは原則として許されず、国民の選挙権又はその行使を制限するためには、そのような制限をすることがやむを得ないと認められる事由がなければならない」。在外邦人の選挙の場合「選挙の公正を確保しつつそのような措置を執ることが事実上不能ないし著しく困難であると認められる場合に限り、当該措置を執らないことについて上記のやむを得ない事由があるというべきである」。1984年（昭59）に在外選挙制度創設のための公選法改正案が国会に提出され廃案となったが、その後国会が、10年以上もその制度を創設せず、本件選挙で在外邦人の投票を認めなかったことには、やむをえない事由があったとは到底いえない。

また2000年（平12）の公選法改正後、参議院比例代表選出議員の投票では名簿登載者の氏名を自書することが原則とされ、その後の選挙で在外邦人もこの制度で選挙権を行使しており、「遅くとも、本判決言渡し後に初めて行われる衆議院議員の総選挙又は参議院議員の通常選挙の時点においては、衆議院小選挙区選出議員の選挙及び参議院選挙区選出議員の選挙について在外国民に投票をすることを認めないことについて、やむを得ない事由があるということはでき」ない。

「選挙権は……侵害を受けた後に争うことによっては権利行使の実質を回復することができない」から、「具体的な選挙につき選挙権を行使する権利の有無につき争いがある場合にこれを有することの確認を求める訴えについては、それが有効適切な手段であると認められる限り、確認の利益を肯定すべきものである」。

「法の内容又は立法不作為が国民に憲法上保障されている権利を違法に侵害するものであることが明白な場合や、国民に憲法上保障されている権利行使の機会を確保するために所要の立法措置を執ることが必要不可欠であり、それが明白であるにもかかわらず、国会が正当な理由なく長期にわたってこれを怠る場合など

には、例外的に、国会議員の立法行為又は立法不作為は、国家賠償法1条1項の規定の適用上、違法の評価を受ける」。

(2) 定住外国人の選挙権　選挙権をめぐるその他の問題として、日本での定住外国人の選挙権付与の問題がある。現在の日本の法律では、国政・地方両レベルで、いかなる外国人の選挙権も認めていない。そこで、これを改め、定住外国人の選挙権を保障すべきではないかといった議論が提起されてきた。

このことをめぐっては、当初、学説でも、外国人に日本の選挙権を保障することは、国政・地方どちらにしても憲法上当然にして認められていないとする禁止説がほとんどであった。しかし近年では、外国人への選挙権保障について憲法に照らして、禁止・許容・要請の観点から整理し、その結果、国レベルと地方レベルで若干対応の差がみられるようになってきている。

まず、国レベルの選挙権が外国人に保障されるか否かをめぐり、通説・判例では、これを憲法上禁止していると考える（最二判平成5・2・26）。これに対して、地方レベルの選挙権が外国人に保障されるか否かをめぐり、憲法上許容されるとする学説が多くなっている。学説との理由づけは異なるが、外国人地方選挙権事件 判例72 における最高裁もその立場を示したと通常理解される。

判例72　外国人地方選挙権事件

（最三判平成7年2月28日民集49巻2号639頁）

事　実　永住者の地位を有する在日韓国人Xらは、選挙管理委員会に選挙人名簿登録を求める異議申立てをしたものの、同委員会は申立却下の決定をした。Xらは、同決定の取消しを求める訴えを裁判所に起こしたものの、その請求も棄却された。そこでXらは最高裁に上告した。

判　旨　「憲法の国民主権の原理における国民とは、日本国民すなわち我が国の国籍を有する者を意味することは明らかである」から、「公務員を選定罷免する権利を保障した憲法15条1項の規定は、権利の性質上日本国民のみをその対象とし、右規定による権利の保障は、我が国に在留する外国人には及ばない」。以上の趣旨にかんがみ、「地方公共団体が我が国の統治機構の不可欠の要素を成すものであることをも併せ考えると、憲法93条2項にいう『住民』とは、地方公共団体の区域内に住所を有する日本国民を意味するものと解するのが相当であ

り、右規定は、我が国に在留する外国人に対して、地方公共団体の長、その議会の議員等の選挙の権利を保障したものということはできない」。

しかし、「憲法第8章の地方自治に関する規定は、民主主義社会における地方自治の重要性に鑑み、住民の日常生活に密接な関連を有する公共的事務は、その地方の住民の意思に基づきその区域の地方公共団体が処理するという政治形態を憲法上の制度として保障しようとする趣旨に出たものと解されるから、我が国に在留する外国人のうちでも永住者等であってその居住する区域の地方公共団体と特段に緊密な関係を持つに至ったと認められるものについて、その意思を日常生活に密接な関連を有する地方公共団体の公共的事務の処理に反映させるべく、法律をもって、地方公共団体の長、その議会の議員等に対する選挙権を付与する措置を講ずることは、憲法上禁止されているものではないと解するのが相当である。しかしながら、右のような措置を講ずるか否かは、専ら国の立法政策にかかわる事柄であって、このような措置を講じないからといって違憲の問題を生ずるものではない」。

一部の学説は、憲法第8章の地方自治に関する規定には「住民」という文言しかないため、「(定住外国人も含めた)住民」に地方参政権を保障しないことは憲法上問題があるとする(要請説)。これに対し最高裁は、 判例72 において、憲法第8章の「住民」とは、「日本国民たる住民」であり、憲法第8章が地方参政権を定住外国人に当然に保障しているのではないと理解する(要請説の否定)。一方で最高裁は、地方選挙権を定住外国人に保障するかしないかはあくまで立法政策の問題であり、保障しても憲法上問題はないとする(許容説)。

定住外国人の地方参政権の付与をめぐっては、EU加盟国の間で地方レベルの選挙権を認める動きがあることから、そうした外国の例を参考に、日本でもこれを認めるべきとする考え方も強い。一方で、定住外国人とはなにかといった定義の曖昧さや、近代国民国家における国民の自己決定の原則などを理由に、原理的に困難な問題が生じることを指摘する考え方もある。

3 被選挙権

被選挙権とは、選挙人団による選挙を通じて、選挙での当選人の地位に就くことができる権利または資格を意味する。これは、被選挙人が選挙で当選人と

して当然に選出されなければならないことを意味するのではない。

　被選挙権をめぐっては、これを「立候補する権利」と理解するべきかが問題となる。これには憲法上の明確な根拠があるわけではないものの、15条1項や44条を根拠とする説が多い。また被選挙権を「自ら公職者として国政に参与する権利」として13条を根拠とする憲法的権利とする考え方もみられる。最高裁もまた、立候補の自由を憲法15条1項に基づく重要な権利であるとしている（三井美唄労組事件 判例62）。もっとも、被選挙権を「立候補する権利」といった主観的権利ととらえないまでも、立候補をしようとした者が他者からの妨害にあって立候補できないような場合には、「選挙の自由と公正」の原則を理由に、選挙訴訟により選挙の無効を争うことができ、実際に無効となった選挙もある（最一判平成14・7・30）。

　公職選挙法上、被選挙権には、選挙権に比べて高い年齢要件が設定されたり（公選10条）、公務員の立候補が制限されたりする（同89条）など、被選挙権の資格要件は選挙権に比べて厳しい。とはいえ被選挙権には、憲法的な権利としての側面もあることを考慮すると、その制約を無限定に認めることはできない。これに関連して公職選挙法では、選挙関係者による選挙犯罪があった場合に、立候補者本人の当選を無効にしたり、5年間の立候補禁止を求めたりする、いわゆる連座制を定めているが、その合憲性が問題となる。これについて最高裁は、こうした連座制を合憲と解している（最一判平成8・7・18、最一判平成9・3・13、拡大連座制事件 判例81）。被選挙権をめぐっては、選挙における多選禁止を制度として確立できるかどうかが問題となっているが、必ずしも憲法に反するとはいえない可能性があるとの方向性が示されている（選挙制度については、**第Ⅲ部第3章**を参照）。

参　考　文　献

辻村みよ子『「権利」としての選挙権』（勁草書房、1989年）
長尾一紘『外国人の参政権』（世界思想社、2000年）
野中俊彦『選挙法の研究』（信山社出版、2001年）
林田和博『選挙法』（有斐閣、1958年）
渡辺久丸『請願権の現代的展開』（信山社出版、1993年）

CONSTITUTIONAL LAW :
SELECTED
CASES

第Ⅲ部　統治の原理と組織

III　Principles of Government and the Structure of Government

第Ⅲ部

第1章　統治の基本原理

統治の組織と作用を支える基本原理として、これまで歴史的に形成されてきた権力分立原理、法の支配、国民主権の三つがあげられる。これらの原理の内容と相互の結びつきをどのように構想するかによって、具体的な統治機構のあり方が決められてくることになる。ここでは、それら基本原理の内容と問題点についてふれる。とくに現代国家における三つの原理のそれぞれの意義について検討を加える。

第1節　権力分立原理

1　自由主義的原理としての権力分立原理

近代の立憲主義の目的は人権保障にあり、それを実現するための組織原理と運営上の原則として権力分立原理、法の支配、国民主権が存在する。このうち、権力分立原理とは、国家作用をそれぞれ性質の異なる立法、行政、司法の各作用に区別し、それぞれ異なる相互に独立した機関に分離して担当させ、相互に抑制・均衡させようという考え方である。権力分立原理は、国家権力を正義に適う法によって拘束することをねらいとする法の支配とともに、国家権力の濫用を防ぎ、国民の権利・自由を確保しようとする自由主義に基づく。これに対し、国民主権は国民が国政の意思決定に参加する民主主義の観点からのものといえる。なお、平和主義も、政府の平和政策を拘束するという点で統治の機構と関連するが、それを民主主義、自由主義とならぶ主要な統治の基本原理として扱うことについては、憲法9条が改正の対象とされうることを理由に懐疑的な見解も見られる。

2 権力分立原理の内容の多様性

　権力分立原理は、近代立憲主義の目的である人権保障に仕える自由主義に基づく組織原理であり、1789年のフランス人権宣言「人及び市民の権利宣言」16条は、「権利の保障が確保されず、権力分立も定められていない社会は、すべて憲法をもつものではない」としている。権力分立原理の具体的な態様は多様である。一般的な定義は三権分立をいうが、ロックの理解は、国家権力の中では立法権を重視して優位に置き、立法権と執行権を区別したにとどまる。これに対して、モンテスキューは、国家権力を三つに分けたうえで、その時代のフランスの身分制社会の中にあって社会的な勢力として存在した国王、貴族、庶民のそれぞれに、行政権、立法権（貴族は上院、庶民は下院）、司法権（法服貴族）を任せようとしたが、立法権を抑制する立場が示されている。一方、アメリカでは君主制ではなく共和制がとられ、そこでは新たな君主が生まれることやそれが国家権力を一手に掌握することを防ぐことが、権力分立原理のねらいとされた。また、歴史的な事情から立法権の範囲は、憲法に列挙された権限に限定された。そのうえで権力相互間の抑制と均衡も重視されている。

　ところで、アメリカをはじめ連邦国家においては、連邦段階における立法、行政、司法の権力分立に加えて、司法権を連邦と州がそれぞれ管轄権を異にする形で有するなど、連邦と州の間でも権力の分立がはかられている。この場合、前者を水平的権力分立、連邦国家に特徴的な後者を垂直的権力分立ということがある。垂直的分立の場合には、その境界をどのように定めるかが困難な課題となる場合が多い。わが国の道州制の議論においても、垂直的分立にまで踏み込んだものは少ない（第8章第1節3(3)参照）。

　さらに権力分立原理については、アメリカのように権力分立原理を厳格に適用し、行政権と立法権をはっきりと分離する大統領制型と、行政権と立法権の協働を図る議院内閣制型という区別も存在する。

　現在、権力分立原理については、自由国家から社会国家への変化に伴い、行政権への権力の集中が進み、厳格な権力分立の側面が徐々に意味を失う一方（第5章第3節参照）、機能的な観点からする権力間の抑制と均衡をはかる原理としての側面が、強く認識されるようになっているといえる。

3　日本国憲法と権力分立

　日本国憲法も権力分立を統治の基本原理としている。国会は唯一の立法機関（憲41条）であり、行政権は内閣に属し（同65条）、すべて司法権は裁判所に属する（同76条）。そしてそれぞれが相互に牽制し合うものとされる。具体的には、国会による内閣総理大臣の指名（同67条）、衆議院の内閣不信任決議権（同69条）、裁判所による違憲法令審査権（同81条）など複雑な抑制・均衡の仕組みが構築されている。

　さらに、わが国では20世紀末から21世紀初頭にかけての政治改革や行政改革を通して、行政権が国政を主導する立場がとられつつあり、とくに内閣総理大臣の地位と権限が高められる傾向にある。最高裁もロッキード事件 判例89 で、内閣総理大臣は閣議決定した方針が存在しない場合でも、少なくとも内閣の明示の意思に反しない限り、行政各部に対し、随時その所掌事務について指示を与える権限を有すると判示した。また、内閣及び内閣総理大臣を補佐する機関として内閣府が置かれるとともに、内閣官房が強化された（**第5章第3節2**参照）。このような変化の背景には、行政府が国の基本政策の形成において主導的な役割を担う現代の行政国家化の進展が存在する。ただ、行政国家化の急速な進展には官僚主義による弊害も予想され、行政権に対する裁判所による適切な審査権の行使が必要とされることもあろう。

　権力分立原理は統治の基本原理であるが、その内容は国によってまた時代によって変遷する。そして、統治の組織を規律するといっても、権力分立原理がどの段階の組織まで規律するものであるかは明瞭ではない。例えば、苫米地事件 判例73 で、最高裁は衆議院の解散を統治行為（直接国家統治の基本に関する高度に政治性のある国家行為）に当たるとして司法審査に服しないとしたが、そこでは権力分立原理は司法審査を回避する理由として用いられ、衆議院の解散のような国家機関相互間の政治性の高い行為については、国会と内閣を法的にではなく、政治的に拘束する力を有する憲法習律ないし憲法慣習法に委ねるべきことが示唆されている。その意味で、権力分立原理の統治組織における具体化は、憲法附属法や憲法習律等によってなされることが多いといえる。

第1節　権力分立原理

判例73　苫米地事件

（最大判昭和35年6月8日民集14巻7号1206頁）

事　実　1952年（昭27）に憲法7条に基づいて行われた「抜き打ち解散」によって衆議院議員の地位を失った原告は、衆議院の解散は憲法上69条により内閣が解散の意思を決定し、その後内閣の助言と承認に基づき天皇が衆議院の解散を行うというものでなければならず、憲法69条のいう事態が発生していないにもかかわらず、憲法7条に基づき解散を行うことは違憲である、また本件解散では内閣の助言と承認がなされていないから違憲であると主張して、議員資格の確認と任期満了までの歳費の支払い（28万5000円）を求めて、国に対して訴えを提起した。

判　旨　「わが憲法の三権分立の制度の下においても、司法権の行使についておのずからある限度の制約は免れないのであつて、あらゆる国家行為が無制限に司法審査の対象となるものと即断すべきでない。直接国家統治の基本に関する高度に政治性のある国家行為のごときはたとえそれが法律上の争訟となり、これに対する有効無効の判断が法律上可能である場合であつても、かかる国家行為は裁判所の審査権の外にあり、その判断は主権者たる国民に対して政治的責任を負うところの政府、国会等の政治部門の判断に委され、最終的には国民の政治判断に委ねられているものと解すべきである。この司法権に対する制約は、結局、三権分立の原理に由来し、当該国家行為の高度の政治性、裁判所の司法機関としての性格、裁判に必然的に随伴する手続上の制約等にかんがみ、特定の明文による規定はないけれども、司法権の憲法上の本質に内在する制約と理解すべきである」。

「衆議院の解散は、極めて政治性の高い国家統治の基本に関する行為であつて、かくのごとき行為について、その法律上の有効無効を審査することは司法裁判所の権限の外にありと解すべき」である。

本判決は、統治行為による司法権の制約を、三権分立の原理に由来する司法権の憲法上の本質に内在する制約ととらえているため、いわゆる内在的制約説に立つものと解されているが、司法権の憲法上の本質は幅広くとらえられ、その中には自制的要素も含んでいると見られる。

第2節　法の支配

1　法の支配のねらい

　法の支配の観念は、イギリスに由来する。その核心は、ブラクトンの「国王といえども神と法の下にある」という言葉に示される。それは、君主による恣意的な支配、すなわち人による支配ではなく、国家権力を正義に適う法で拘束することを意味する。19世紀後半にダイシーは、「法の支配」の内容として①正規の法の優位、②法の下の平等、③憲法原則は判例の集積結果であること、をあげた。しかし、その後イギリスでは「議会主権」の考え方が有力になり、「法の支配」の考え方は、1803年のマーベリー対マディソン事件で、アメリカにおいて判例法上確立した違憲審査権の根拠の一つとなった。

　日本国憲法の違憲審査制はアメリカ型の付随的審査制であり、違憲審査権を支える法の支配の観念もまた憲法の中に見られる。具体的には、法の支配のねらいである人権保障を定める憲法第3章の規定、憲法第10章の最高法規に関する規定、権力の行使を手続的に拘束しようとする適正手続（憲31条）の規定、そして違憲審査権を定める憲法81条があげられる。

2　法の支配と法治主義

　法の支配に類する観念に法治主義が存在する。法治主義は19世紀のドイツに発する。そこでは法治国家の概念が確立し、行政は法律に基づき行わなければならないとされた。そして、形式的法治主義すなわち国民の権利・自由の確保ということよりも、法律に基づく行政ということが重視され、法の内容はどのようなものであれ法として決められていればよく、形式的な法律でよいとする考え方がとられた。しかし、その考え方はナチズムを勃興させ、人権侵害を許容する一因となった。その経験を踏まえて、第二次大戦後、ドイツで1949年に制定されたボン基本法の下で、人間の尊厳は不可侵であることが高らかに謳われ、法律によって人権は不当に侵害されないものとされ、それを実際に保障するための制度として憲法裁判所が設けられた。そのため、法治主義も現在

では法律の内容の正当性を問うものとして、実質的法治主義へと変化しており、法の支配と法治主義の相違は以前よりも少なくなっているが、なお下からの法形成という特色を有する法の支配との間に相違が存在するといえる。

第3節　国民主権

1　国民主権の原理の意義

　統治の基本的原理として、国民主権の原理が民主主義との関係で存在する。国民及び主権という文言の意味は多様である。主権には、①国家の統治権（ポツダム宣言8項「日本国の主権」）、②国家権力の属性としての対内的最高性及び対外的独立性（日本国憲法前文第3段落「自国の主権」）、③国政のあり方を最終的に決定する権力ないし権威の三つの意味があるとされる。③の意味が「国民主権」でいう主権の意味である。したがって、憲法前文（「主権が国民に存する」）や憲法1条（「主権の存する日本国民」）でいう「主権」がそれに当たる。国民主権の観念は、歴史的にはフランスの絶対主義王政に典型的に示されるような、君主主権に対抗する概念として発展してきた。したがって、戦後わが国で華々しく展開された主権論争の中で明らかにされたように、国民主権という場合の主権者は、天皇を除く国民ということになる。この点で、ドイツで見られた国家に主権があるとする国家主権説は、国民主権か君主主権かという問題について、それを法人としての国家の意思を最終的に決定する機関がいずれかということにすぎないとして、国民と君主の対立を回避することをねらいとしたものであり、今日採用することはできない。

2　権力性の契機と正統性の契機

　国民主権について、それを国民が「国政のあり方を最終的に決定する権力ないし権威」を有することであると理解した場合でも、国民をどのようにとらえるかが重要となる。この点について、国民をフランスの主権論でいうナシオン（全国民）と理解するか、プープル（有権者）と見るかによって、大きく異なる結果をもたらす。有権者ととらえれば、国民が国政のあり方を決定する権力を

直接行使するという権力性の契機が強くなり、全国民ととらえれば、国家権力の行使の正統性は最終的に国民に求めうるという正統性の契機が重視されることになる。

　通説は、つぎのように述べる。当初君主主権に対抗するものとして国民主権が主張されたとき、主権と憲法制定権力は同一視され、国民が直接に権力（憲法制定権力）を行使するという側面が重視された。しかし後に、立憲主義憲法が制定されるようになると、憲法制定権力は法治主義や合理主義の影響の下に憲法典の中に取り込まれ、憲法典の下で国民主権の発動としての憲法改正権として制度化されるようになった。そして、通常の政治は国民が代表を選んで行う代表民主制がとられるようになった。その結果、現在では国民主権は、国民（有権者）が憲法改正という形で権力を直接行使するという権力性の側面を有する一方で、国家権力の正統性を最終的には国民（全国民）に求めることができるという正統性の側面も併有するものと理解されるとする。

3　有権者団としての国民の権能

　国民主権が権力性の契機の観点でとらえられる場合、そこでいう国民とは、具体的な政治的意思決定を行うことができるもの、すなわち有権者団を意味する。それは、憲法改正の発議に対し、その提案を承認するか否かを決する憲法改正国民投票の場合に、その端的な姿を見ることができる。わが国では、これまで憲法改正のための国民投票は行われたことはないが、2007年（平19）にその手続を定める憲法改正手続法が成立している（**第Ⅰ部第1章第3節**参照）。

　また、有権者団としての国民のそのほかの権能としては、成年者による普通選挙（憲15条3項、43条1項）、地方特別法の住民投票（同95条）、最高裁判所裁判官国民審査（同79条2項～4項）に関する権限が指摘されることがある。さらに、最近では直接民主主義と結びつく形で、法律案の成立を国民投票に付することが主張されることがあるが、それは憲法41条により国会が唯一の立法機関であるとされている点で、憲法上の根拠を有しないものであり、国会を法的に拘束することは認められないと解されている。

4　代表民主制と国民

　国民主権について、権力性の側面と対比される正統性の側面は、国家権力の正当化を権威づけるための最終的な根拠と関連することになるから、そこでいう国民は有権者団ではなく、全体としての主権者たる全国民をさすことになる。この意味での国民主権は、代表民主制とくに議会制を支えるものとなる（**第4章第2節**参照）。この国民主権の正統性の側面は、これまでのわが国における主権をめぐる議論の中では、必ずしも重視されてこなかった。しかし、通常の政治が代表制によるとすれば、代表の正統性がどのような制度・手続の中で担保され、国民の意思が形成されていくのかということこそ重要なものとなる。そこで、最近は国民主権という大上段の議論ではなく、通常の政治における民主主義の実現を重視し、そのための開かれた公共の場における熟慮に基づく議論と討論に基づく決定という原理、決定に対する反対の申立ての制度・手続を検討しようとする学説が有力となっている。

参　考　文　献

阪口正二郎『立憲主義と民主主義』（日本評論社、2001年）
佐藤幸治『日本国憲法と「法の支配」』（有斐閣、2002年）
E．J．シエイエス（大岩誠訳）『第三階級とは何か』（岩波書店、1950年）
杉原泰雄「権力分立の近代と現代」『基本法学6　権力』（岩波書店、1983
　年）117頁
高見勝利『宮沢俊義の憲法学史的研究』（有斐閣、2000年）
A．ハミルトン＝J．ジェイ＝J．マディソン（斎藤眞＝中野勝郎訳）『ザ・
　フェデラリスト』（岩波書店、1999年）
ロック（鵜飼信成訳）『市民政府論』（岩波書店、1968年）

第Ⅲ部

第2章 政　　党

　　国民が選挙をはじめ政治に参加する際に、政党は重要な働きをする。ニュースでも政党の名前はしばしば登場する。しかし、日本国憲法に「政党」の語は存在しない。この章では、はじめに憲法が政党をどのように位置づけているのか考える。そのうえで、選挙や政治資金に関係して政党を特別扱いしている法律をみる。最後に、政党の内部争いに対して裁判所がどこまで関わるべきであるかという問題について、いくつか有名な判例を取り上げながら考えてみよう。

第1節　政党の憲法上の位置づけ

（1）政党の意義　政党とは、政治上の主義、主張を同じくする人々が、政治権力の獲得、行使を通じて、議員とともに、その実現を目指すために設立された団体である。日本では、政治資金規正法が政党を定義している。これによると、政党とは、「政治上の主義若しくは施策を推進」することなどを目的とする政治団体のうち、①所属国会議員が5人以上いること、②先の選挙で衆議院の小選挙区、比例代表、参議院の選挙区、比例代表のいずれかの選挙における得票数が有効投票総数の2％以上あったこと、という要件のいずれかをみたすものである（政資3条2項）。

　政党は、本来、任意的に結成され活動を行う私的な団体であって、その結成、存続、活動の自由が結社の自由によって保障されるものである（憲21条。**第Ⅱ部第6章第5節2参照**）。しかし、議会制民主主義の中で、政党は、国民と代表者である議員とを結びつけることによって、代表民主制、議会制の円滑な運用を支える役割を果たしている。例えば国会議員の選挙において有権者が投票する際には、候補者がどの政党に所属しているのかは投票行動を決める大きな要

素であるし、比例代表選挙に至っては政党が選挙制度に組み込まれている（比例代表については**第3章第1節**参照）。また、選挙以外の時期でも、議会（両議院）内部において所属議員を取りまとめその活動を統合する機能を果たしている（日本では、「会派」というかたちで政党がこのような働きをすることが想定されている。国会46条などを参照）。

このように、政党は、統治機構に組み込まれ公的性格を帯びている存在でもある。そこで、外国の憲法の中には政党を憲法の中で明示して、その役割を公認するとともに、政党が民主的な内部組織をもつことや資金を報告することなどを求める定めを置くものもある（ドイツ基本法21条、フランス憲法4条、イタリア憲法49条など）。

(2) 日本国憲法と政党　この点、日本国憲法は政党についての定めをもたない。それゆえ、政党は、憲法上、その自由な結成、活動が結社の自由（憲21条1項）によって保障される、私的な団体であるとの理解が基本になる。しかし、代表民主制、議会制を採用している日本国憲法が政党の果たす公的な役割をまったく無視しているとも考えにくい。最高裁は、八幡製鉄事件 **判例8** で、「憲法は政党について規定するところがなく、これに特別の地位を与えてはいないのであるが、憲法の定める議会制民主主義は政党を無視しては到底その円滑な運用を期待することはできないのであるから、憲法は、政党の存在を当然に予定しているものというべき」としたうえで、政党は「議会制民主主義を支える不可欠の要素」、「国民の政治意思を形成する最も有力な媒体」であることを認めている。

なお、政党の位置づけを憲法の中で明示する国の中には、政党の助成や規制を包括的に定める政党法を定める国もある（ドイツ）。日本で同様の政党法を定めることが許されるかどうかは、政党の公的性格をどこまで認めるかによって判断が分かれるところである。現在は、個別の必要に応じて、いくつかの法律が政党に関する定めを置いている。

第Ⅲ部　第2章　政　　党

第2節　政党法制

1　選挙制度との関係

　まず、公職選挙法は、国政選挙との関係で、政党の存在を前提とし、また政党を優遇する規定を置いている。

　第一に、両議院の比例代表制の選挙は、「政党その他の政治団体」が所属する候補者の名簿を選挙長に提出することで立候補の届出が行われ、有権者は政党の名前で投票をし、得票数に応じて当選人の数が各政党に割り当てられるという仕組みをとる（なお、参議院の場合には、名簿に載っている候補者個人の名前でも投票を行うことができ、それを所属政党の得票としてカウントする、いわゆる非拘束名簿式という仕組みをとる）。ここでは、はじめから個人としての立候補は認められておらず、政党を中心に選挙が行われることが前提となっている。

　第二に、衆議院の小選挙区制の選挙において、①所属国会議員が5人以上いること、②先の選挙で衆議院の小選挙区、比例代表、参議院の選挙区、比例代表のいずれかの選挙における得票数が有効投票総数の2％以上あったこと、という要件のいずれかをみたす政党その他の政治団体（候補者届出政党）は、所属する小選挙区の候補者を比例代表の名簿にも掲載することができ（重複立候補。公選86条の2第4項）、また候補者個人とは別に選挙運動をすることが認められる（同141条2項、142条2項など）。候補者届出政党（またはこれに所属する候補者）は、個人で立候補している者に比べると優遇されているのである。

　最高裁は、第二の点について、「政党の果たしている国政上の重要な役割にかんがみれば、選挙制度を政策本位、政党本位のものとすることは、国会の裁量の範囲に属することが明らかである」などと述べて、その合憲性を認めている（最大判平成11・11・10。また衆議院議員選挙制度事件 判例76 も参照）。第一の点については、その合憲性が正面から争われたことがないが、第二の点と同じ筋道で合憲性が認められると思われる。

　また、衆議院比例代表選挙の重複立候補者の順位が不確定である点、参議院比例代表選挙が非拘束名簿式である点についても、それぞれ合憲とされている

(前掲最大判平成 11・11・10、参議院議員選挙制度事件 判例77)。

2 政治資金規正との関係

政党の語は、政治資金の規正に関係する諸法律にも登場する。

政党助成法は、後述する企業献金に対する政治資金規正強化と引き替えに、1994 年（平 6）に定められた法律であり、「議会制民主政治における政党の機能の重要性にかんがみ、国が政党に対し政党交付金による助成を行う」ものである（政党助成 1 条）。国民一人当たり 250 円、総額で 320 億円（2015 年分）が、一定の要件をみたしたうえで、登記をして法人格を取得した政党に交付される（同 7 条、3 条、「政党交付金の交付を受ける政党等に対する法人格の付与に関する法律」）。政党交付金を受ける資格がある政党は、①所属国会議員が 5 人以上いること、②所属国会議員が少なくとも 1 人いて、先の選挙で衆議院の小選挙区、比例代表、参議院の選挙区、比例代表のいずれかの得票数が有効投票総数の 2 ％以上あったこと、という要件のいずれかをみたす政治団体である（政党助成 2 条）。政党交付金は、これらの政党間で、所属国会議員数と先の選挙での得票数に応じて配分される（同 8 条）。

政党助成法には、既成政党の優遇ではないかとの批判がある。これに対して政党助成法を正当化するにあたっては、今は上記の要件をみたしていない政党、将来に結成される政党でも選挙の結果しだいで政党交付金を受ける可能性があることと合わせて、現に上記の要件をみたす政党が果たしている公的な役割が持ち出されることになる。ここにも、議会制を政策本位、政党本位のものにしようとする傾向をみることができる。

次に、政治資金規正法は、政治団体に収支報告書を提出させ（政資 12 条）、その要旨を公表することで（同 20 条）、政治資金の流れを国民に公開するとともに、政党及び政治資金団体以外の者に対する団体献金（会社、労働組合その他の団体による寄付）を禁止し（同 21 条）、認められる団体献金や個人献金にも上限額を設けることで（同 21 条の 3、22 条）、政治資金の流れそのものを規正しようとする。現行法については、特に企業献金が許されていることに対して、巨額の企業献金により全国民のためにあるべき政治が企業を優遇する方向に歪められているとの批判もある一方で、日本では個人献金の文化が育っていない

第Ⅲ部　第2章　政　　党

ため団体献金に頼らなくては政治活動に必要な資金がまかなえない実情も指摘される。

第3節　政党の自律性

　政党をめぐる問題の一つに、政党の内部事項に公権力がどこまで関与することができるかというものがある。政党が任意的な結社である側面を強調すれば、政党内部の問題に公権力が口出しをすることは、結社の自由（憲21条）から許されないことになるだろう。判例は、つぎの事件で、裁判所（裁判所も公権力の一部である）が政党内部の争いに立ち入って判断をすることに抑制的な判断を示した。

判例74　共産党袴田事件

（最三判昭和63年12月20日判時1307号113頁）

事　実　原告（日本共産党）は、元幹部であった被告を除名処分にした。ところが、被告はその後も原告所有の家屋に居住していたため、原告が被告に建物の明渡しを求めて出訴した。被告は、原告による除名処分が無効であると主張したが、第一審は原告の明渡請求を認め、控訴審もこれを支持したので、被告が上告した。

判　旨　「政党は、政治上の信条、意見等を共通にする者が任意に結成する政治結社であって、内部的には、通常、自律的規範を有し、その成員である党員に対して政治的忠誠を要求したり、一定の統制を施すなどの自治権能を有するものであり、国民がその政治的意思を国政に反映させ実現させるための最も有効な媒体であって、議会制民主主義を支える上においてきわめて重要な存在であるということができる。したがって、各人に対して、政党を結成し、又は政党に加入し、若しくはそれから脱退する自由を保障するとともに、政党に対しては、高度の自主性と自律性を与えて自主的に組織運営をなしうる自由を保障しなければならない」。「右のような政党の結社としての自主性にかんがみると、政党の内部的自律権に属する行為は、法律に特別の定めのない限り尊重すべきであるから、政党が組織内の自律的運営として党員に対してした除名その他の処分の当否については、原則として自律的な解決に委ねるのを相当とし、したがって、政党が党員に対してした処分が一般市民法秩序と直接の関係を有しない内部的な問題にとどまる限

り、裁判所の審判権は及ばないというべきで〔ある〕」。「他方、右処分が一般市民としての権利利益を侵害する場合であっても、右処分の当否は、当該政党の自律的に定めた規範が公序良俗に反するなどの特段の事情のない限り右規範に照らし、右規範を有しないときは条理に基づき、適正な手続に則ってされたか否かによって決すべきであり、その審理も右の点に限られるものといわなければならない」。

　本件は、被告の一般市民としての権利利益に関わる事案であるが、原告は「自律的規範として党規約を有し、本件除名処分は右規約に則ってされたものということができ、右規約が公序良俗に反するなどの特段の事情のあることについて主張立証もない」以上、「その手続には何らの違法もないというべき」なので、「除名処分は有効である」。

　この事件では、処分が内部的な問題にとどまる限り裁判所は審理しないとし、「処分が一般市民としての権利利益を侵害する場合」に裁判所が審理を行う場合でも、政党が内部運営のために定めた規範が「公序良俗に反するなどの特段の事情のない限り」、裁判所は、処分が規範に基づく手続に則って行われたかどうかだけを審理するとしていた。このような判断には、政党が任意的な結社であることを重くみる姿勢がうかがわれる。

　最高裁は、同様の判断を日本新党除名事件 判例75 でも行った。

判例75　日本新党除名事件

（最一判平成7年5月25日民集49巻5号1279頁）

事　実　原告は、参議院比例代表選挙で日本新党から名簿の第5順位で立候補し、日本新党の獲得議席数が4だったため次点となった。原告は、選挙の後、日本新党から除名された。その後、比例代表選挙で当選した2名が衆議院議員選挙に立候補することになったため、被告（中央選挙管理会）は、名簿の第6順位、第7順位の者を繰り上げ当選とした。原告は、日本新党による原告の除名は無効であって、自分が第5順位で繰り上げ当選となるはずであるから、第7順位の者の繰り上げ当選は無効であるとして、当選訴訟を提起した。一審は、原告の請求を認め被告による第7順位の者の当選人決定を無効としたので、被告が上告した。

　ここでの争いは、公職選挙法が、除名を理由として比例代表の名簿登載者を当選人となりうる者からはずすための要件として、除名届出書、除名手続書及び宣

誓書の提出を要求しているところ（現行法では公職選挙法86条の3第2項が準用する同法86条の2第3項を参照）、選挙会そして裁判所が書類の形式だけでなく、実体として除名処分の存在、不存在や有効か否かまで判断できるかという点であった。

判旨　「〔公職選挙〕法が名簿届出政党等による名簿登載者の除名について選挙長ないし選挙会の審査の対象を形式的な事項にとどめているのは、政党等の政治結社の内部的自律権をできるだけ尊重すべきものとしたことによるものであると解される」。「政党等の結社としての自主性にかんがみると、政党等が組織内の自律的運営として党員等に対してした除名その他の処分の当否については、原則として政党等による自律的な解決にゆだねられているものと解される（最高裁昭和……63年12月20日第三小法廷判決〔＝共産党袴田事件 判例74〕……参照）。そうであるのに、政党等から名簿登載者の除名届が提出されているにもかかわらず、選挙長ないし選挙会が当該除名が有効に存在しているかどうかを審査すべきものとするならば、必然的に、政党等による組織内の自律的運営に属する事項について、その政党等の意思に反して行政権が介入することにならざるを得ないのであって、政党等に対し高度の自主性と自律性を与えて自主的に組織運営をすることのできる自由を保障しなければならないという前記の要請に反する事態を招来することになり、相当ではない」。

　最高裁は、このように述べて、当選人の決定にあたり、除名処分の存在や有効性については政党の判断を尊重し、選挙会や裁判所は立ち入らないことを示した。しかし、この事件では、除名処分が有効であるか否かによって参議院議員選挙の当選人が誰かが変わる。それゆえ、このような場合には、家屋の明渡しが争われたにすぎない共産党袴田事件 判例74 の場合とは異なり、政党が公的性格を帯びている側面（**第2節 1**でみたように、比例代表選挙では政党が選挙制度に組み込まれている）を重視して裁判所は政党内部の判断の当否に踏み込むべきであるとも考えられる。

参 考 文 献

川人貞史ほか『現代の政党と選挙（新版）』（有斐閣、2011年）
高田篤「憲法と政党」大石眞＝石川健治編『憲法の争点』（有斐閣、2008年）28頁
毛利透「政党法制」ジュリスト1192号（2001年）164頁

第Ⅲ部
第3章　選挙制度

　国民は国政に参加する権利をもつが、その中では、議会の議員を選挙するという権利、つまり選挙権が重要である（憲法も前文で、日本国民が「正当に選挙された国会における代表者を通じて行動」することを予定している）。この章では、選挙権を具体化する制度と憲法の関係について検討しよう。

第1節　選挙制度のあり方と憲法

1　選挙制度の基本原則

　選挙とは、特定の地位に就くべき者を多数人によって選定する行為やその手続であり、通常、投票によって行われる。諸外国では、選挙制度のあり方に関わる基本的な事項を憲法で規定する例が多いが、日本国憲法は、国会両議院議員の選挙について、議員及びその選挙人の資格に関して人種・信条等による差別を禁止し（憲44条但書）、議員の任期を定める（同45条、46条）ほかは、議員とその選挙人資格、議員の定数、選挙の際の選挙区そして投票方法その他選挙に関する事項を法律で定めることとしている（同43条2項、44条本文、47条）。このため、国政選挙については、国会に広い裁量が認められることとなる。

　もっとも、だからといって国会がどのようにでも選挙制度を創設することができるというわけではない。最高裁は、選挙制度の目指すべきものとして、「選挙された代表者を通じて、国民の利害や意見が公正かつ効果的に国政の運営に反映されること」（議員定数不均衡事件。最大判昭和51・4・14）や、選挙が公正に行われることを保障すること（最大判昭和44・4・23）などを挙げている。さらに、立憲民主制における選挙のあり方については、一般に、次のものが原

則として掲げられる。

(1) 普通選挙 選挙権者の資格要件を、納税額や資産額などで一切差別しない選挙のことをいうが、さらに、教育や信仰、性別などを選挙権者の資格要件としない選挙まで含めて用いられる場合もある。わが国では、1925年（大14）に衆議院議員選挙について選挙権者の要件から納税額要件が撤廃され、戦後最初の1946年（昭21）4月10日の衆議院議員選挙において、女性も含めた満20歳以上のすべての成人による選挙が行われた。2015年（平27）には、公職選挙法等で定める選挙権年齢について、18歳以上への引下げ措置がなされた（平成27年法律43号による改正後の公選9条1項・2項等）。

(2) 平等選挙 広い意味では選挙人資格の平等（普通選挙）を含むかたちで用いられることもあるが、狭い意味では一人一票原則（one person, one vote）をいうものとされる（公選36条も参照）。また、選挙権の内容、つまり、各選挙人の投票価値（各投票が選挙の結果に及ぼす影響力）においても平等であることも求められる（**第2節**参照）。

(3) 自由選挙 多義的に用いられることも多いが、基本的には、投票の自由または選挙干渉の禁止を意味するものとされる。投票の秘密（憲15条4項）の侵害や、選挙活動への妨害・干渉行為などは、この点で禁止される（公選225条〜228条等）。

(4) 直接選挙 選挙人が直接に議員その他の公務員を選出することをいう。これに対する概念は間接選挙であるが、これは、アメリカ合衆国の大統領選挙のように、一般選挙人が一定数の中間選挙人を選出し、中間選挙人がその公職に就くべき者を選挙するしくみをいう。日本国憲法は、地方公共団体の長や議会の議員などについて、住民による直接選挙を要請している（憲93条2項）。

以上のほか、現在の公職選挙法においては、日本国籍を有する成年者のうち、禁錮以上の受刑者、そしていわゆる選挙犯罪者などについて選挙権・被選挙権が剝奪されている（公選11条、11条の2。成年被後見人も選挙権を有しないと規定されていたが、これを違憲とした判決〔東京地判平成25・3・14〕を受け、その規定は削除された〔平成25年法律21号〕）。このような制限がある理由として、これらの人々は民主的意思形成をはかるうえでの適正の疑義が生じるからであるとされる。なお、以上の諸原則のうち、両院制をとる議会では、直接選挙の原則は

第1節　選挙制度のあり方と憲法

下院のみに妥当する原則であると考える立場もある。

2　選挙制度のあり方

　これらの原則に依拠しつつ、国会は、選挙制度を創設することができるが、選挙制度については、次のような基本的な枠組みが用いられるのが一般的である。

　(1)　選挙区制　まず、選挙をする際には選挙区が創設される。選挙区とは、選挙結果（当選人）を独立に決定するために選挙人団を区分する区域である。これには大別して、小選挙区（1人の議員を選出する選挙区）と、大選挙区（2人以上の議員を選出する選挙区）とがある。わが国の衆議院議員選挙では、中選挙区制（1区から3～5人の議員を選出する制度。理論的には大選挙区の一種）という選挙区制が長年用いられてきたが、1994年の政治改革によって、小選挙区制を並立した選挙制度が導入された。

　なお、選挙区の画定については、特定の政党または候補者に特に有利なように、作為的に不自然なかたちで選挙区を定めるといった弊害もありうる。こうした現象は「ゲリマンダー」とよばれる（1812年、アメリカのマサチューセッツ州知事であったゲリー〔Elbridge Gerry, 1744-1814〕の政党が、州議会の選挙区を自己の候補者に有利なように画定し、その結果、ある選挙区のかたちがサラマンダー〔火の中に住むといわれる火とかげ〕に似ていたことに由来する）。こうした弊害をなくすため、わが国の選挙制度では、基本的には都道府県・市町村をもとにした行政区画主義がとられている（公選13条1項、14条1項、15条1項、別表第一・第三参照）。なお参議院議員選挙区については、2015年（平27）、投票価値平等の観点から、二つの都道府県を一つの選挙区とする措置（「合区」）が採用された（徳島県＋高知県と、鳥取県＋島根県。平成27年法律60号）。衆議院議員選挙の選挙区については、選挙区の改定に関し、衆議院議員選挙区画定審議会による勧告が内閣総理大臣になされる（衆議院議員選挙区画定審議会設置法参照）。もっとも、最近の最高裁判決を受け、衆議院議員の定数を削減しつつ、一票の較差是正を図る観点から、小選挙区選挙の定数配分を見直す制度のあり方が提言されている（「衆議院選挙制度に関する調査会答申」〔2016年（平28）1月〕）。

　(2)　代表の方法　これらの選挙のあり方を代表の方法に着目して区別すると、小選挙区制などのように、選挙区の投票者の多数派から議員を選出する制

両議院議員の選挙制度

議　院	衆議院議員（総選挙）	参議院議員（通常選挙）
選挙権	満18歳以上の日本国民	満18歳以上の日本国民
被選挙権	満25歳以上の日本国民	満30歳以上の日本国民
定　数	465名	248名（2022年7月までは245名）
選挙方法	小選挙区制（289名） 拘束名簿式比例代表制（176名・全国11ブロック）	都道府県選挙区制（148名・各選挙区2～12名の定数。ただし一部は二の都道府県を一つの選挙区にする合区制） 非拘束名簿式比例代表制（100名（＊）） ※3年ごとの半数改選（憲46条）
任　期	4年（解散あり）	6年（解散なし）

（＊）2018年の改正で、政党等は候補者の一部につき優先的に当選人となるべき者として名簿に記載する制度（特定枠）が導入された。

度は、多数代表制とよばれる。一方、投票者の少数派からの議員選出を可能とする制度は少数代表制といわれる（大選挙区単記投票制など）。また、各政党（各会派）に対する有権者の支持票に比例して議員を選出する、比例代表制がある。

　比例代表制には、さらに、有権者が投票用紙に記載された候補者に順位をつけて投票し、上位の候補が票を取り過ぎたときは、有権者のつけた順序に従って下位の候補にまわすことで無駄な票をなくす方法（単記移譲式）や、選挙人に政党等が順位をつけた候補者名簿に投票させる方式（名簿式）といったものがある。後者には、有権者は、当選人となるべき順位をあらかじめ定めた候補者名簿を提出した政党に対して投票し、その得票数に応じて議席が分配された後、名簿の順位に従って当選人が決定される方式（拘束名簿方式）と、順位のないもの（非拘束名簿方式）とがある。比例代表による議席の配分方法については様々なものがあるが、わが国の衆・参比例代表選挙では、ドント式（各党の総得票数を1、2、3……と整数で割り、その商の大きい順に議席を割り当てる方式）によって配分されている（公選95条の2、95条の3）。

　小選挙区制と比例代表制とは組み合わせて用いられることもあるが、これには、両者がそれぞれ独自に行われるもの（小選挙区比例代表並立制）と、比例代表による選挙で各党の獲得議席数を決定したのち、その枠内で小選挙区制の当選人を優先的に決定するもの（小選挙区比例代表併用制）とがある。後者は、選挙区での当選者数が比例代表で配分された議席数を超えた場合（超過議席）も

認めるしくみを採用する（ドイツの連邦議会議員選挙）。

(3) わが国の国政選挙制度　わが国の衆・参議員選挙制度は、表のようになっている。もっとも、代表の方法からみると、注意すべき点もある。つまり、衆議院議員の選挙では、多数代表制（小選挙区制）と比例代表制が並立されるが、参議院議員の選挙については、半数改選の要請から（憲46条）、都道府県単位の選挙区選挙では、定数2人の選挙区は多数代表法的に（この場合、29県が小選挙区となる）、4〜10人の選挙区では少数代表法的となり（この場合、18都道府県が大選挙区となる）、さらに比例代表制が加わって、いわば多数代表法と少数代表法が混在し、かつ比例代表法が用いられている。こうしたことから、実際には、両議員の選出方法が類似したものとなっており、こうしたあり方は、両院制の存在理由からみて望ましいものではなく、立法論としては再検討を要するとの指摘もある。

3 憲法上の問題

先にふれたように、これらの選挙制度の基本枠組みをふまえつつ、その設計・選択について、国会は基本的に広い立法裁量を有するが、その憲法上の限界がしばしば問題となる。

(1) 小選挙区制度の合憲性　衆議院議員選挙では小選挙区比例代表並立制が採用されているが、このうち、小選挙区制度が憲法43条1項等に反するとして争われた事案がある。

判例76　衆議院議員選挙制度事件

（最大判平成11年11月10日民集53巻8号1704頁）

〔事　実〕　第8次選挙制度審議会は、1990年（平2）、衆議院議員選挙制度を根本的に改め、政策本位・政党本位の新たな選挙制度を採用する必要があるとして小選挙区比例代表並立制の導入等を内容とする答申をし、それをうけ、1994年（平6）、小選挙区制度を採用することなどを内容とする公職選挙法の一部を改正する法律が成立したが、これによる改正公選法の衆議院議員選挙のしくみに関する規定が違憲であるとして争われた（選挙無効訴訟）。

〔判　旨〕　「衆議院議員の選挙制度の仕組みの具体的決定は、およそ議員は全国民を代表するものでなければならないという制約の下で、国会の裁量にゆだねら

れているのであり、国会が衆議院議員選挙の一つの方式として小選挙区制を選択したことについても、このような裁量の限界を超えるといわざるを得ない場合に、初めて憲法に違反することになるのである」。「小選挙区制は、全国的にみて国民の高い支持を集めた政党等に所属する者が得票率以上の割合で議席を獲得する可能性があって、民意を集約し政権の安定につながる特質を有する反面、このような支持を集めることができれば、野党や少数派政党等であっても多数の議席を獲得することができる可能性があり、政権の交代を促す特質をも有するということができ、また、個々の選挙区においては、このような全国的な支持を得ていない政党等に所属する者でも、当該選挙区において高い支持を集めることができれば当選することができるという特質をも有するものであって、特定の政党等にとってのみ有利な制度とはいえない」。小選挙区制では死票を多く生む可能性があるが、「死票はいかなる制度でも生ずるものであり、当選人は原則として相対多数を得ることをもって足りる点及び当選人の得票数の和よりその余の票数（死票数）の方が多いことがあり得る点において中選挙区制と異なるところはなく、各選挙区における最高得票者をもって当選人とすることが選挙人の総意を示したものではないとはいえないから、この点をもって憲法の要請に反するということはできない。このように、小選挙区制は、選挙を通じて国民の総意を議席に反映させる一つの合理的方法ということができ、これによって選出された議員が全国民の代表であるという性格と矛盾抵触するものではないと考えられるから、小選挙区制を採用したことが国会の裁量の限界を超えるということはできず、所論の憲法の要請や各規定に違反するとは認められない」。

最高裁は、このように述べ、小選挙区制度の合理性を肯定した。**判例76** は、国会が、選挙制度の創設について、公正かつ効果的な代表を選出するという目的を実現するための適切なしくみを決定することができ、これらの制約や平等原則などの憲法上の要請に服するほかは、基本的には広い国会の裁量権を許容する姿勢を前提としている（上記**判旨**では省略）。衆議院議員選挙の比例代表制についても、その合憲性が確認されている（最大判平成 11・11・10）。

(2) 非拘束名簿式比例代表制の問題 また、参議院議員選挙では、2000年（平 12）の公職選挙法改正により、全国区選出議員について、従来の拘束名簿式比例代表制が、非拘束名簿式比例代表制に改められた。すなわち、改正公職選挙法では、比例代表選出議員については従前どおり全都道府県の区域を通

じて選挙するものとしているが（公選12条2項）、政党その他の政治団体は、その名称とその所属する者の氏名を記載した参議院名簿を選挙長に届け出ることによって、その参議院名簿に記載されている参議院名簿登載者を当該選挙における候補者とすることができるものとし（同86条の3第1項）、参議院名簿には当選人となるべき順位を記載しないこととされた。選挙人は、投票用紙に公職の候補者たる参議院名簿登載者1人の氏名を自書しなければならないが、それに代えて、届出政党等の名称・略称を自書することができる（同46条3項）。この非拘束名簿式比例代表制が憲法15条、43条1項等に反するとして争われた事案がある。

判例77　参議院議員選挙制度事件

（最大判平成16年1月14日民集58巻1号1頁）

〔事 実〕　公職選挙法では、参議院議員選挙について、参議院議員を全都道府県の区域による全国選出議員と、都道府県単位の選挙区による地方選出議員とに区分していたところ、1982年（昭57）の公職選挙法改正により、全国区選出議員について拘束名簿式比例代表制が採用された。これについては、候補者の顔が見えない選挙であるとか参議院の政党化をことさらに進めるものといった批判があったことなどから、2000年（平12）の公職選挙法改正により、従来の拘束名簿式比例代表制にかえて、非拘束名簿式比例代表制に改められた。原告らはこれが憲法に反するとして、2001年（平13）7月29日施行の参議院（比例代表選出）議員選挙は無効であるとして争った。

〔判 旨〕　「名簿式比例代表制は、各名簿届出政党等の得票数に応じて議席が配分される政党本位の選挙制度であり、本件非拘束名簿式比例代表制も、各参議院名簿届出政党等の得票数に基づきその当選人数を決定する選挙制度であるから、本件改正前の拘束名簿式比例代表制と同様に、政党本位の名簿式比例代表制であることに変わりはない。憲法は、政党について規定するところがないが、政党の存在を当然に予定しているものであり、政党は、議会制民主主義を支える不可欠の要素であって、国民の政治意思を形成する最も有力な媒体である。したがって、国会が、参議院議員の選挙制度の仕組みを決定するに当たり、政党の上記のような国政上の重要な役割にかんがみて、政党を媒体として国民の政治意思を国政に反映させる名簿式比例代表制を採用することは、その裁量の範囲に属することが明らかであるといわなければならない。そして、名簿式比例代表制は、政党の選

択という意味を持たない投票を認めない制度であるから、本件非拘束名簿式比例代表制の下において、参議院名簿登載者個人には投票したいが、その者の所属する参議院名簿届出政党等には投票したくないという投票意思が認められないことをもって、国民の選挙権を侵害し、憲法15条に違反するものとまでいうことはできない。また、名簿式比例代表制の下においては、名簿登載者は、各政党に所属する者という立場で候補者となっているのであるから、改正公選法が参議院名簿登載者の氏名の記載のある投票を当該参議院名簿登載者の所属する参議院名簿届出政党等に対する投票としてその得票数を計算するものとしていることには、合理性が認められるのであって、これが国会の裁量権の限界を超えるものとは解されない」。

　ここでも、選挙制度のあり方について、国会の裁量に委ねられるべきことが前提とされる。ただし、本件では、名簿式比例代表制を政党本位の選挙制度であると位置づけたうえで、政党が「国民の政治意思を形成する最も有力な媒体」として、憲法も「政党の存在を当然に予定している」ことにふれ、政党が国政上重要な役割を果たすことをふまえた立法府の判断を尊重する点が注目される（**第2章**も参照）。

第2節　投票価値の平等

1　平等選挙の原則

　選挙に関する重要な憲法原則の一つに平等選挙原則がある。この原則は、憲法の「法の下の平等」に関する一般規定（憲14条1項）などを根拠とし、単に投票機会の平等だけでなく投票価値の平等も要請するとされ、選挙での一人一票原則（one person, one vote）とともに、一票の価値の平等（one vote, one value）も重視される。そこで、とくに国政選挙では、各選挙区の議員定数の選挙区間での人口比・有権者比の較差が問題となる。

　戦後、衆参両議院議員選挙が実施されるようになった当初、一票の較差は衆参ともにおおむね1対2未満であった。その後、農村部から都市部への人口移動が急速に起こったにもかかわらず、選挙区及び定数の設定には、行政区画を

中心に考える方法が維持され、大幅な改定は行われなかった。そこで、一票の価値の較差が拡大し、それに基づく議席配分の下での選挙の無効を確認する訴訟が提起されるようになった。一票の較差の問題は、衆参両議院議員選挙ともに関連するが、各々の院の性格や組織方法の違いから、選挙区の定数配分の合憲性をめぐり異なる理解が判例及び学説で示されてきた。

2　衆議院議員選挙の選挙区定数不均衡問題

(1)　中選挙区制度での定数不均衡　最高裁は当初、選挙区の設定を立法政策の問題ととらえ、その不当性を示すことに消極的であったが、1976年（昭51）の判決で最高裁は、選挙での平等原則を憲法上の要請ととらえ、そこには投票価値の平等も含まれるとして、衆議院議員選挙の中選挙区制での議員一人あたりの選挙人数の選挙区間最大較差1対4.99を違憲とした。もっとも最高裁は、選挙の効力そのものを無効とすれば予期せぬ混乱が生じるとして、いわゆる事情判決の法理を用いて、選挙自体は有効とした（最大判昭和51・4・14）。

衆議院議員選挙をめぐって最高裁は、中選挙区制であった1993年（平5）以前の段階で、1対3以上の較差を違憲または違憲状態とし、3倍未満を合憲としてきたことから、実務上の判断基準は、おおむね1対3とされてきた。これに対し学説では、1対3という較差に合理的理由はないとして、1対2未満を基準とすべきとする説や、1対1を要請する説が多い。

(2)　小選挙区制度での定数不均衡──「一人別枠方式」と一票の重さ　選挙制度の改定により小選挙区制が導入された1994年（平6）以降の衆議院議員選挙では、それまでの各選挙区への定数配分の問題はなくなる一方、選挙区割りに関して47都道府県にまず1枠を配当し、残りの253を人口比例で各都道府県に配当する、いわゆる「一人別枠方式」が採用された。そこで定数不均衡問題は、この一人別枠方式の合憲性と選挙区間での一票の重さの問題となった。

判例78　衆議院議員定数不均衡事件
（最大判平成23年3月23日民集65巻2号755頁）

（**事　実**）　2009年（平21）8月30日施行の衆議院議員総選挙につき、東京都の複数の選挙区の選挙人らが、同小選挙区選挙の区割りに関する公職選挙法の規定

は憲法に違反し無効であり、これに基づき施行された上記各選挙区選挙の無効を訴えた。

判旨 選挙区間の人口最大較差が2倍未満になるような区割りを求める区画審設置法3条1項は、投票価値の平等に配慮した合理的基準である。他方、同条2項所定の1人別枠方式を含む「選挙制度によって選出される議員は、いずれの地域の選挙区から選出されたかを問わず、全国民を代表して国政に関与することが要請され」、「殊更にある地域（都道府県）の選挙人と他の地域（都道府県）の選挙人との間に投票価値の不平等を生じさせるだけの合理性があるとはいい難い」。「国政における安定性、連続性の確保を図る必要」と「この点への配慮なくしては選挙制度の改革の実現自体が困難であった」ことから採用された1人別枠方式は、おのずとその合理性に時間的限界があり、「新しい選挙制度が定着し、安定した運用がされるようになった段階においては、その合理性は失われる」。本件選挙時、「本件選挙制度導入後の最初の総選挙が平成8年に実施されてから既に10年以上を経過しており、その間に、区画審設置法所定の手続に従い、同12年の国勢調査の結果を踏まえて同14年の選挙区の改定が行われ、更に同17年の国勢調査の結果を踏まえて見直しの検討がされたが選挙区の改定を行わないこととされており、既に上記改定後の選挙区の下で2回の総選挙が実施されていたなどの事情」に鑑みると、もはや1人別枠方式の合理性は失われた。同方式に係る部分は、遅くとも本件選挙時には「立法時の合理性が失われたにもかかわらず、投票価値の平等と相容れない作用を及ぼすものとして、それ自体、憲法の投票価値の平等の要求に反する状態に至っていた」。

しかし、平成19年6月13日大法廷判決では「平成17年の総選挙の時点における1人別枠方式を含む本件区割基準及び本件選挙区割について……憲法の投票価値の平等の要求に反するに至っていない旨の判断が示されていたことなどを考慮すると、本件選挙までの間に本件区割基準中の1人別枠方式の廃止及びこれを前提とする本件区割規定の是正がされなかったことをもって、憲法上要求される合理的期間内に是正がされなかったものということはできない」。

最高裁は、1996年（平8）以降の衆議院議員選挙の区割り規定に関して、しばらくは「都道府県は選挙区割りをするに際して無視することができない基礎的な要素の一つ」として、一人別枠方式を含めた選挙区割り基準の一つに都道府県を考慮することを妥当としてきた（最大判平成11・11・10）。

しかし、**判例78**では、国会が、一人別枠方式の選挙区割りを合憲とした

第 2 節　投票価値の平等

定数訴訟をめぐる最高裁判所大法廷判決

衆議院（平成 5 年選挙までは中選挙区、平成 8 年選挙以降は小選挙区）

判決年月日	選挙人数の選挙区間最大較差 （選挙年月日）	判　断
最大判昭和 51・4・14	4.99 倍　（昭和 47・12・10）	違憲（事情判決）
最大判昭和 58・11・7	3.94 倍　（昭和 55・6・22）	違憲状態
最大判昭和 60・7・17	4.40 倍　（昭和 58・12・18）	違憲（事情判決）
最大判平成 5・1・20	3.18 倍　（平成 2・2・18）	違憲状態
最大判平成 11・11・10	2.309 倍＊（平成 8・10・20）	合　憲
最大判平成 19・6・13	2.171 倍　（平成 17・9・11）	合　憲
最大判平成 23・3・23	2.304 倍　（平成 21・8・30）	違憲状態
最大判平成 25・11・20	2.43 倍　（平成 24・12・16）	違憲状態
最大判平成 27・11・25	2.129 倍　（平成 26・12・14）	違憲状態

＊は人口較差

参議院

判決年月日	選挙人数の選挙区間最大較差 （選挙年月日）	判　断
最大判昭和 39・2・5	4.09 倍　（昭和 37・7・1）	合　憲
最大判昭和 58・4・27	5.26 倍　（昭和 52・7・10）	合　憲
最大判平成 8・9・11	6.59 倍　（平成 4・7・26）	違憲状態
最大判平成 10・9・2	4.97 倍　（平成 7・7・23）	合　憲
最大判平成 12・9・6	4.98 倍　（平成 10・7・12）	合　憲
最大判平成 16・1・14	5.06 倍　（平成 13・7・29）	合　憲
最大判平成 18・10・4	5.13 倍　（平成 16・7・11）	合　憲
最大判平成 21・9・30	4.86 倍　（平成 19・7・29）	合　憲
最大判平成 24・10・17	5.00 倍　（平成 22・7・11）	違憲状態
最大判平成 26・11・26	4.77 倍　（平成 25・7・21）	違憲状態

2007 年（平 19）の最高裁判決（最大判平成 19・6・13）を前提に行動していたことから、本件選挙当時まで一人別枠方式を是正しなかったことをもって憲法上要求される合理的期間内に是正がされなかったとはいえないとしながらも、一人別枠方式の温存は、(憲法上の要請でもある) 投票価値の平等に配慮して立法府自らが区画審設置法 3 条 1 項の中で求めた、選挙区間の人口最大較差を 2 倍未満とする基本原則に沿うものとはいいがたいとして、違憲状態判決を示した。

3　参議院議員選挙の選挙区定数不均衡

(1)　参議院議員選挙をめぐる最高裁判決　参議院議員選挙の選挙区定数配分をめぐる投票価値の平等に対する要請は、従来、衆議院議員のそれに比べると、より緩やかなものであり、おおむね 4 倍から 6 倍台が目安とされてきた。

最高裁も、参議院議員選挙での選挙人間最大較差 6.59 倍を違憲状態と認定したことがあるが（最大判平成 8・9・11）、平成 21 年判決（最大判平成 21・9・30）まではすべて合憲判決であった。ただし、平成 16 年判決あたりから若干風向きが変わっていったことも事実であり、同判決では、最高裁の裁判官 15 人中、合憲とした裁判官 9 人のうちの 4 名の「補足意見 2」と違憲とする 6 名の「反対意見」とのあわせて 10 名の裁判官が、一票の価値の較差を是正しない立法府の対応に不満を述べていた。その後大きな転機となったのが、平成 24 年判決（最大判平成 24・10・17）、平成 26 年判決 判例79 であり、それらは両方とも違憲状態判決を行っている。

判例79　参議院議員定数不均衡事件

（最大判平成 26・11・26 民集 68 巻 9 号 1363 頁）

【事　実】　2010 年（平 22）の参議院議員通常選挙における一票の較差について最高裁は違憲状態判決（最大判平成 24・10・17）を示したことを受け、国会は 2012 年（平 24）、定数の 4 増 4 減を伴う公選法改正を行った。しかし、2013 年（平 25）7 月 21 日施行の参議院議員通常選挙の選挙区選挙における選挙区間の最大較差は、4.77 倍であった。こうした較差を残したままの定数配分は憲法 14 条 1 項、15 条 3 項、44 条等に違反し、これにより実施された東京都選挙区選挙が無効であるとして、東京都と神奈川県の選挙管理委員会を相手に選挙訴訟が提起された。東京高裁は、いわゆる事情判決の法理に基づいて請求を棄却しつつも、選挙の違法を宣言した。これに対して原告、被告側より上告された。

【判　旨】　「本件旧定数配分規定の下での選挙区間における投票価値の不均衡が違憲の問題が生ずる程度の著しい不平等状態にあると評価されるに至ったのは、総定数の制約の下で偶数配分を前提に、長期にわたり投票価値の大きな較差を生じさせる要因となってきた都道府県を各選挙区の単位とする選挙制度の仕組みが、長年にわたる制度及び社会状況の変化により、もはやそのような較差の継続を正当化する十分な根拠を維持し得なくなっていることによる」。「上記の状態を解消するためには、一部の選挙区の定数の増減にとどまらず、上記制度の仕組み自体の見直しが必要である」。

「平成 24 年大法廷判決の言渡しから本件選挙までの約 9 か月の間に、平成 28 年に施行される通常選挙に向けて選挙制度の抜本的な見直しについて引き続き検討を行い結論を得るものとする旨を附則に定めた平成 24 年改正法が成立し、参

議院の検討機関において、上記附則の定めに従い、同判決の趣旨に沿った方向で選挙制度の仕組みの見直しを内容とする法改正の上記選挙までの成立を目指すなどの検討の方針や工程を示しつつその見直しの検討が行われてきて」おり、「国会における是正の実現に向けた取組が平成24年大法廷判決の趣旨を踏まえた国会の裁量権の行使の在り方として相当なものでなかったということはでき」ない。以上から「本件選挙当時において、本件定数配分規定の下で、選挙区間における投票価値の不均衡は、平成24年改正法による改正後も前回の平成22年選挙当時と同様に違憲の問題が生ずる程度の著しい不平等状態にあったものではあるが、本件選挙までの間に更に本件定数配分規定の改正がされなかったことをもって国会の裁量権の限界を超えるものとはいえず、本件定数配分規定が憲法に違反するに至っていたということはできない」。

このように近年の最高裁は、従来の最高裁の判断枠組みを維持しつつも、投票価値の較差について厳しい判断をするようになってきている。またあわせて従来の判決では都道府県を前提とする選挙区制度に一定の理解を示してきたものの、平成24年判決、判例79と続き、都道府県選挙区制には正当化理由がなく、それを超えた選挙制度の抜本的な改革を求めている。

(2) **参議院の特殊性論**　参議院議員選挙の定数配分の憲法適合性が衆議院議員選挙の場合に比べて緩やかに考えられるのは、参議院の半数改選制や地域代表的性格の付与から、衆議院の場合とは異なる基準でよいとする考え方があるからである。

学説の中には、衆議院と同様に参議院も、投票価値の平等を厳格に守るべきとする考え方も強い。というのも、投票価値の平等は憲法的価値があると考えられる一方で、参議院の特殊性を積極的に認める憲法規定はないことから、前者を優先すべきとするからである。確かに、参議院の地域代表性を具現化すべきとする要請を憲法に読み込むことができるのかどうかを考えると、衆参両議院の権限に差異を設ける規定はあるが、参議院の構成の特殊性を積極的に認める規定はなく、参議院議員選挙でも平等原則をより高次の憲法原則ととらえることも可能である。

その一方で、近年の憲法・議会法論では、衆議院とは異なる代表観をもつ参議院のあり方を模索する議論や、下院である衆議院と上院である参議院の構成

方法とは異なることもありうるとして、人口比例原則などに基づく選挙法が公理として求められるのは衆議院のみとする説もある。衆参両議院が類似の与野党勢力の状態になってしまった場合の参議院の「カーボンコピー」化とそれにともなう参議院の無用化論の登場や、他方で両院での「ねじれ」現象が生じた場合に参議院が非常に強い力をもつことなどを考えると、両議院が類似の構成方法であることの意義は問われよう。その場合、同時に参議院の権限もあわせて考える必要があり、この問題では、ひとえに投票価値の平等だけではなく、両院制の制度構想そのものが問われるのである。

第3節　選挙運動をめぐる諸問題

1　選挙運動の規制

　先に選挙制度の基本原則として、自由選挙の原則について述べたが（**第1節**参照）、ここには、候補者や市民が選挙運動を行う自由も含まれている。しかしながら、わが国の選挙制度は、選挙の公正を確保する立場から、諸外国に比べ、選挙運動に対して非常に厳格な規制を置いている。ここに「選挙運動」とは、選挙において、特定の候補者が当選するように、投票を得または得させることを目的として行われる一切の行為をいう。

　(1) 規制の具体例　例えば、①公職選挙法上、選挙運動は候補者の届出等のあった日から当該選挙の期日の前日まででなければすることができないとされ、事前運動が禁止されている（公選129条）。また、②選挙運動用の文書図画やパンフレット・書籍、ポスターなどの頒布・掲示については、様々な規制がある（同142条～147条の2）。そして、③選挙に関して投票を得ることなどを目的とした戸別訪問についても禁止されている（同138条1項）。これらについて最高裁は、選挙の公正性確保の要請などから、合憲としている（①について最大判昭和44・4・23、②について最大判昭和30・4・6）。

　なお、選挙運動をめぐる最近の論点に、インターネットによる選挙運動がある。速報性や安価さ、直接的で多様な情報発信の可能性といった特徴・利便性をふまえ、従来の選挙運動とは異なった媒体として、インターネットによる選

第3節　選挙運動をめぐる諸問題

挙運動が注目されている。公職選挙法では、インターネット上のホームページ開設や電子メール送信は、同法所定のもの以外の文書図画の「頒布」(同142条)・「掲示」(同143条)などに該当するとみなされ、規制されてきたが、2013年(平25)、ウェブサイト等・電子メールによる選挙運動が解禁された(メール送信主体は候補者・政党等に限定される〔公選142条の3以下〕)。

(2) 戸別訪問禁止の合憲性　戸別訪問の禁止の合憲性について、最高裁判例は、やや理由づけに変化をみせている。当初、最高裁は、戸別訪問禁止について、これが「言論の自由」をいくぶん制約することがありうることにふれつつ、「憲法21条は絶対無制限の言論の自由を保障しているのではなく、公共の福祉のためにその時、所、方法等につき合理的制限のおのずから存することは、これを容認するものと考うべきであるから、選挙の公正を期するために戸別訪問を禁止した結果として、言論自由の制限をもたらすことがあるとしても、これ等の禁止規定を所論のように憲法に違反するものということはできない」、としていた(最大判昭和25・9・27。また、前掲最大判昭和44・4・23もこの趣旨を確認する)。しかしながら、その後、猿払事件 判例11 判例84 などによって、表現活動に対する規制の合憲性判断枠組みが示されたことを受け、その理由づけをやや詳細に論ずるようになってきている。

判例80　戸別訪問禁止事件

(最二判昭和56年6月15日刑集35巻4号205頁)

事　実　被告人らは、1976年(昭51)12月5日施行の衆議院議員総選挙に際し、島根県選挙区から立候補したAに投票を得させる目的で、同選挙区の選挙人方を戸々に訪問してAのための投票を依頼し、もって戸別訪問をしたことにより、公職選挙法138条1項違反の罪で起訴された。原審(広島高松江支判昭和55・4・28)は、戸別訪問禁止が憲法上許される合理的で必要やむを得ない限度の規制であると考えることはできず、同法138条1項が憲法21条に反するとして、同じ結論をとった第一審判決(松江地出雲支判昭和54・1・24)を維持したため、検察官が上告した。

判　旨　「公職選挙法138条1項の規定が憲法21条に違反するものでないことは、当裁判所の判例……とするところである」。「戸別訪問の禁止は、意見表明そのものの制約を目的とするものではなく、意見表明の手段方法のもたらす弊害、

すなわち、戸別訪問が買収、利害誘導等の温床になり易く、選挙人の生活の平穏を害するほか、これが放任されれば、候補者側も訪問回数等を競う煩に耐えられなくなるうえに多額の出費を余儀なくされ、投票も情実に支配され易くなるなどの弊害を防止し、もつて選挙の自由と公正を確保することを目的としているところ……、右の目的は正当であり、それらの弊害を総体としてみるときには、戸別訪問を一律に禁止することと禁止目的との間に合理的な関連性があるということができる。そして、戸別訪問の禁止によつて失われる利益は、それにより戸別訪問という手段方法による意見表明の自由が制約されることではあるが、それは、もとより戸別訪問以外の手段方法による意見表明の自由を制約するものではなく、単に手段方法の禁止に伴う限度での間接的、付随的な制約にすぎない反面、禁止により得られる利益は、戸別訪問という手段方法のもたらす弊害を防止することによる選挙の自由と公正の確保であるから、得られる利益は失われる利益に比してはるかに大きいということができる。以上によれば、戸別訪問を一律に禁止している公職選挙法138条1項の規定は、合理的で必要やむをえない限度を超えるものとは認められず、憲法21条に違反するものではない。したがつて、戸別訪問を一律に禁止するかどうかは、専ら選挙の自由と公正を確保する見地からする立法政策の問題であつて、国会がその裁量の範囲内で決定した政策は尊重されなければならないのである」。「このように解することは、意見表明の手段方法を制限する立法について憲法21条との適合性に関する判断を示したその後の判例〔猿払事件 判例11 判例84〕の趣旨にそうところであ」る。

なお、その後、公職選挙法138条の合憲性が争われた事案において、伊藤正己裁判官が次のような補足意見を書いており、注目されている（最三判昭和56・7・21）。

これまでの判例で、戸別訪問の禁止を合憲とする論拠として指摘されてきた点は一応の理由があり、禁止が合理性を欠くとはいえないが、それだけではなお合憲とする判断の根拠としては説得力に富むものではない。「選挙運動においては各候補者のもつ政治的意見が選挙人に対して自由に提示されなければならないのではあるが、それは、あらゆる言論が必要最少限度の制約のもとに自由に競いあう場ではなく、各候補者は選挙の公正を確保するために定められたルールに従つて運動するものと考えるべきである」。「このルールの内容をどのようなものとするかについては立法政策に委ねられている範囲が広く、それに

対しては必要最少限度の制約のみが許容されるという合憲のための厳格な基準は適用されないと考える」。「この立場にたつと、戸別訪問には前記のような諸弊害を伴うことをもつて表現の自由の制限を合憲とするために必要とされる厳格な基準に合致するとはいえないとしても、それらは、戸別訪問が合理的な理由に基づいて禁止されていることを示すものといえる」。

2　選挙の公正性確保と選挙運動

(1)　選挙犯罪とその制裁　公職選挙法は、選挙の公正性を確保する観点から、選挙運動をする当事者に対して厳しい制裁を科すことを予定している。大別すると、まず、①候補者本人が選挙に関して公職選挙法所定の選挙犯罪を犯し刑に処せられた場合、その当選は無効となり、かつ、一定の刑に処せられその裁判が確定してから一定期間選挙権・被選挙権を有しないこと（公民権停止）とされる（公選251条、252条。最高裁は、公選252条が憲法に反しないとしている〔最大判昭和30・2・9〕）。一方、②連座制による候補者の当選無効・立候補停止も予定されている（同251条の2〜251条の4）。

(2)　連座制をめぐる問題　②の連座制については、近年その規制が厳格化している。連座制とは、一般に、当選者（候補者）以外の者の行為によって当選人の当選を失わせることなどを内容とする制度をいうが、わが国では、その歴史は1925年の衆議院議員選挙に普通選挙が導入されたことに端を発する。その後何度かの改正を経てきたが、実効性も低く選挙腐敗の防止に有効でないなどの評価もあった。

連座制の内容としては、選挙運動を総括主宰した者（総括主宰者）、出納責任者、地域主宰者及び候補者の親族が、買収または利益誘導罪を犯して刑に処せられた場合に、候補者の当選を無効とするものである（これは「従来型連座制」ともいわれる）。この「従来型連座制」について、最高裁は、「公職選挙が選挙人の自由に表明せる意思によつて公明且つ適正に行われることを確保し、その当選を公明適正なる選挙の結果となすべき法意に出でたるもの」などとする理解を前提に合憲としている（憲法13条、15条等につき最大判昭和37・3・14〔昭36（オ）1106号事件〕。また憲法43条、93条2項につき最大判昭和37・3・14〔昭36（オ）1027号事件〕参照）。

(3) 政治改革による連座制の強化　選挙腐敗防止がリクルート事件以降の政治改革論議の中心的課題とされると、1994年に連座制が改められた。具体的には、連座対象者として、立候補予定者の親族、候補者・立候補予定者の秘書を、連座の効果として、5年間の立候補制限を、それぞれ加え、そして親族・秘書の連座については、禁錮以上の刑に処せられた場合には執行猶予がついても適用することにする、というものである（公選251条の2。これは「拡大従来型連座制」とされる）。当時の与野党はさらなる腐敗防止策が必要と考え、同年さらに改正がなされ、連座の対象として新たに「組織的選挙運動管理者等」を加えるほか、組織的選挙運動管理者等の買収等の行為が、「おとり行為」や「寝返り行為」によってなされた場合や、候補者などが相当の注意を怠らなかった場合には免責することとされた（同251条の3。これは「新連座制」ともよばれる）。

なお、一般に、選挙の効力に異議がある場合は、争訟の途が公職選挙法上用意されている（選挙争訟）。国会議員選挙については、選挙区選出（衆議院議員小選挙区・参議院議員選挙区選出）選挙の場合には当該都道府県選挙委員会を、比例代表選出選挙の場合は中央選挙管理会を被告として、高等裁判所に訴訟を提起することができる（公選204条、205条。なお当選の効力に関する争訟〔当選争訟〕につき208条参照）。連座制にかかる当選無効等についても、その効力等について争うことができる（同210条、211条参照）。

(4) 連座制をめぐる判例の動き　最高裁は、これらの規制を合憲としてきた。例えば、立候補制限のほか（最一判平成8・7・18）、連座制の対象者に、組織的選挙運動管理者等を加えたこと（公選251条の3第1項）について、「いわゆる連座の対象者を選挙運動の総括主宰者等重要な地位の者に限っていた従来の連座制ではその効果が乏しく選挙犯罪を十分抑制することができなかったという我が国における選挙の実態にかんがみ、公明かつ適正な公職選挙を実現するため、公職の候補者等に組織的選挙運動管理者等が選挙犯罪を犯すことを防止するための選挙浄化の義務を課し、公職の候補者等がこれを防止するための注意を尽くさず選挙浄化の努力を怠ったときは、当該候補者等個人を制裁し、選挙の公明、適正を回復するという趣旨で設けられたもの」、と位置づけ、立法目的は合理的であり、手段としての規制措置も必要かつ合理的といえること

から、合憲としている（最一判平成9・3・13。また最三判平成9・7・15も参照）。さらに、連座対象に「秘書」を加えたことが争われた事案として、次のものがある。

判例81　拡大連座制事件

(最三判平成10年11月17日判時1662号74頁)

事　実　上告人は、1996年（平8）10月20日に施行された第41回衆議院議員総選挙に際し、自由民主党から衆議院小選挙区選出議員の選挙に立候補するとともに、比例代表選出議員選挙の名簿登載者として届け出されたところ、小選挙区選挙に落選したが比例代表選出で当選し、衆議院議員として在職していた。ところが、その秘書に該当するとされる訴外Aが買収罪（公選221条1項1号）で禁錮以上の刑の言渡しを受け、確定したため、公職選挙法251条の2第1項5号の規定により、上告人の当選無効および候補者となること等の禁止を大阪高等検察庁検察官が請求した。上告人は同法の連座制規定が違憲であるなどとして争った。

判　旨　「公職選挙法251条の2第1項5号の規定は、いわゆる連座の対象者を総括主宰者、出納責任者、地域主宰者及び公職の候補者の親族に限りその効果を当選無効としていた従来の連座制では選挙犯罪を十分に抑制することができなかったという我が国における選挙の実態にかんがみ、連座の対象者として公職の候補者等の秘書を加え、連座の効果に立候補の禁止を加えて、連座の範囲及び効果を拡大し、秘書が所定の悪質な選挙犯罪を犯した場合に、当該候補者等の当選無効等の効果を発生させることにより、選挙の公明、適正を実現するという目的で設けられたものと解される。このように、右規定は、民主主義の根幹をなす公職選挙の公明かつ適正を確保するという極めて重要な法益を実現するために設けられたものであって、その立法趣旨は合理的である。また、同号所定の秘書は、公職の候補者等に使用される者で当該公職の候補者等の政治活動を補佐するものをいうと明確に定義されており、右規定は、公職の候補者等と右のような一定の関係を有する者が公職の候補者等又は総括主宰者等と意思を通じて選挙運動をし所定の選挙犯罪を犯して禁錮以上の刑に処せられたときに限って連座の効果を生じさせることとしており、立候補禁止の期間及びその対象となる選挙の範囲も限定し、さらに、同条4項において、選挙犯罪がいわゆるおとり行為又は寝返り行為によってされた場合には立候補の禁止及び衆議院（比例代表選出）議員の選挙における当選無効につき免責することとしているのであるから、このような規制は、これを全体としてみれば、前記立法目的を達成するための手段として必要か

つ合理的なものというべきである」。

　この判決は、これまでの判例をふまえつつ、連座対象に「秘書」を加えたことなどの合憲性を支持したが、ここでは、公職選挙法251条の2第1項5号が、それまでの連座制では選挙犯罪を十分に抑制できなかったわが国の選挙の実態をふまえた規定であることを指摘し、いわば立法事実に即した判断をしている。また、本件規定の立法目的の合理性と、その達成手段としての必要性・合理性を肯定し、目的・手段審査によっている点も注目される。

参 考 文 献

　浅野一郎編『選挙制度と政党』（信山社出版、2003年）
　選挙制度研究会編『実務と研修のためのわかりやすい公職選挙法（第15次改訂版）』（ぎょうせい、2014年）
　野中俊彦『選挙法の研究』（信山社出版、2001年）

第Ⅲ部

第4章 国　　会

　国会は、主権者である国民による選挙によって選出された構成員で構成され、主に立法作用を行使する。この国会には「国権の最高機関」や「唯一の立法機関」（憲41条）といった性格、国会の構成員である国会議員には「全国民を代表する」（同43条）といった性格が付与されており、国会や国会議員の役割は多岐にわたる。以下では、国会や国会議員、各議院の権限や権能について概観する。

第1節　国会の組織と構成

1　国権の最高機関

　憲法前文には、「日本国民は、正当に選挙された国会における代表者を通じて行動し」、「権力は国民の代表者がこれを行使」すると規定されている。このような統治システムを代表民主制もしくは議会制民主主義と呼ぶ。議会には、国民から選ばれた議員たちが集い、討論を通じた政治を行うことが期待される。この討論を行う国レベルの議会のことを日本では「国会」と呼ぶ。国会には憲法上、「国権の最高機関」、「全国民の代表機関」、「唯一の立法機関」といった地位が与えられている。

　「国権の最高機関」の意味をめぐっては、従来、①国会の構成員が国民により直接選出されていて、かつ重要な権能が国会に与えられていることで国会が国政における中心的地位を占めているという意味での政治的美称であるとする説と、②国会が国政全般を統括することのできる法的権能を有しているという意味での統括機関説とに大分されてきた。現在の通説的見解は、①であるが、行政国家現象の中で国会の地位が著しく低下しているのではないかといった懸

念もある中で、「国権の最高機関」に、政治的美称という意味ではなく、より実質的な意味をもたせるべきとする新たな学説（新統括機関説、最高責任地位説など）もみられる。

2 両院制

(1) 両院制における組織方法　両院制とは、立法部が二つの議院で構成されていることをいう。憲法42条は、国会が衆議院と参議院の二つの院からなることを示すように、日本では両院制が採用されている。しかし、ひとえに両院制といっても、その型はその組織方法（とくに、上院の組織方法）や権限関係からみて、各国において大きく異なっている。

まず、組織方法に着目した場合、連邦制型と単一国家型とに通常は区別される。連邦制型の代表格としては、アメリカ合衆国連邦議会があげられる。アメリカ合衆国連邦議会の両議院は民選ではあるものの、とくに上院には各州からその人口規模にかかわらず2名の代表が送られることとなる。

一方、単一国家型の両院には様々な形態のものがある。例えば、イギリスは貴族院型に分類され、上院である貴族院が非公選であることに特徴がある。またフランスの上院である元老院は選挙により選出されるものの、その方法は一定の選挙人団による間接選挙である。日本の場合、参議院でも国民による直接選挙が実施されており、民主的第二院型であるとされる。

(2) 両院制における権限関係　つぎに、権限関係に着目した場合、対等型と非対等型に区別される。この区分は、通常、一般の法律案について両院の議決が異なった場合に、下院が最終的な決定権をもつかどうか、またそれをいかにもつかが、そのメルクマールとされる。

日本国憲法は、憲法改正の提案権を両議院に対等に認めつつも、法律の制定、予算の議決、条約の承認、内閣総理大臣の指名につき衆議院に優越的な議決権を与えている。もっとも、日本での通常の法律制定について衆議院の優越を貫徹させるためには、衆議院における出席議員の3分の2以上の特別多数による再可決を必要とする（憲59条2項）。そこで、日本では、下院が最終的な決定権をもつとはいえ、この特別多数を確保できない場合には、両院が対等関係になることに留意する必要がある。

(3) 「ねじれ国会（逆転国会）」と両院関係　　両院制においては、政府を構成する与党が下院の過半数を占めつつも、上院において野党が過半数を占める場合が生じる。こうした状況を「ねじれ国会（逆転国会）」と呼ぶことがある。日本国憲法の下では、両院はともに「全国民の代表」（憲43条）であり、現在の制度では議員は両院ともに国民の直接選挙により選出されることからも、「ねじれ」現象は制度上起こりやすく、必ずしも憲法による想定外の事態とはいい難い（日本では、1989年〔平元〕、1998年〔平10〕、2007年〔平19〕、2010年〔平22〕の各参議院議員通常選挙後に起きている）。しかし、例えば法律案の議決には衆議院の優越が憲法上規定されながらも、衆議院での再議決は3分の2以上の賛成多数が求められる（同59条2項）ことから、与党が衆議院でそれ未満の議席しか確保できない場合には法律が成立せず、また衆議院の優越が規定されていない法律上の国会同意人事（日本銀行政策委員、会計検査院検査官、人事院人事官）の場合に人事が確定しない事態も生じ、これにより政府の政策実行が膠着状態に陥ることが問題視される。こうした事態の打開にあっては、与野党協議の実質化により解決の道のりを探る方法が理想として語られつつも、例えばイギリスのソールズベリー・ドクトリン（The Salisbury Doctrine）のように、下院総選挙において提示された政党の政策マニフェストにかかる法案については、上院において修正はしても否決しないといった「慣習（convention）」の確立が目指されるべきといった考え方もある。

第2節　国会議員

1　国会議員の地位

(1) 「全国民代表」としての地位　　憲法43条1項によれば、国会は「全国民を代表する選挙された議員でこれを組織する」と規定される。議員が「全国民を代表する」とは、一部の国民を代表するのではないことを意味する。すなわち議員は、選挙制度のうえでは特定地域に基礎づけられる選挙区から選出されるものの、選出された以上、特定地域や団体の利益代表としてではなく、すべての国民の利益代表として行動すべきこと、これにより、議員が各選挙民・

選挙区から具体的な指令を受けたりせず、またその指令を達成しない場合でも法的な責任を議員に負わせないことが要請される。これは、議員が法的な意味で自由な立場で独立して職務を行うことができることを意味する。

判例82　選挙公約違反事件

（名古屋地判平成 12 年 8 月 7 日判時 1736 号 106 頁）

事　実　Y は、1995 年（平 7）7 月実施の参議院議員選挙で無党派であることを掲げ、愛知選挙区で約 36 万票を獲得し当選したものの、1997 年 12 月に自由民主党に入党した。Y の支援者・支持者であった X らは、Y が X らに対して事前説明なく同党に入党したことや、入党の会見の際に「私に後援会はない」と発言したことについて、債務不履行や不法行為を構成するとして Y を訴えた。

判　旨　国会議員は、「自らの政治活動について選挙民に対して説明しなければならない政治責任があることはもちろんであり、加えて、当該国会議員の選出の過程を通じ具体的な選挙活動に関わった支援者にとって、当該国会議員がどのような政治活動を行うかは重要な関心事であるから、当該国会議員が自らの政治活動を説明しない場合には、右支援者らから道義的な非難を浴び、あるいは、政治的批判を受ける場合があることも当然である」。

しかし、憲法 43 条 1 項の「『全国民の代表』とは、議員はいかなる選挙方法で選ばれた者であっても、すべて等しく全国民の代表であり、特定の選挙人・党派・階級・団体等の代表者ではないこと（近代的な意味における国民代表）、また、議員は選挙区の選挙民の具体的・個別的な指図に対して法的に拘束されず、自由・独立に行動し得ること（自由委任）を意味する」から、「当該国会議員が自らの政治活動について説明しないことをもって、前記道義的な非難や政治的批判を超え、法的責任を追及し得るものと解することはできない」。

判例82 では、国会議員の選挙公約違反に対する法的責任が問われたものの認められなかったことから支援者らが控訴したが、控訴審である名古屋高判（平成 13・1・25）も同じ結論を示した。このように裁判所もまた、議員が選挙後、選挙の際に選挙民に示された考え方と異なると思われる活動をしたとしても、選挙民との関係において法的責任は生じないとする立場をとる。もっとも、現在の代表制は、議員の有権者意思からの完全な独立を常に帰結するわけではなく、議員が、選挙民の意思に事実上拘束されることは問題がない。

(2) 身分の喪失　国会議員は次のような場合に、その身分を喪失する。まず憲法上の規定に基づくものとして、任期満了（憲45条、46条）や（衆議院議員の場合）衆議院の解散（同45条）、他の院の議員となった場合（同48条）、議員の資格争訟裁判による喪失（同55条）、議員の除名（同58条2項）が挙げられる。法律の規定に基づくものとして、議員が兼職禁止の公務員になった場合（国会39条）、議員の辞職（同107条）、被選挙資格の喪失（同109条）、選挙無効・当選無効訴訟（公選204条以下）、両院の比例代表選出議員が当選後同選挙での他の名簿届出政党に所属した場合（国会109条の2）が挙げられる。

2　議員の権能

議員には、憲法や法律により、国会や議院における活動に参加するための諸権能が認められる。例えば、自由な表決権（憲51条）、臨時会の召集決定の要求（同53条）や、表決の会議録への記載の要求権（同57条3項）が挙げられる。また議案の発議権も憲法41条などから認められるものの、法律では、一般の議案の発議に関して、衆議院で20名以上、参議院で10名以上の議員の賛成が、予算を伴う法律案の発議の場合には、衆議院で50名以上、参議院で20名以上の議員の賛成が必要とされる（国会56条1項）。こうした制約は議員の発議権を強く拘束するとして再考が必要であるとの見解もある。この他、質問、質疑、討論に関する権能が、国会法あるいは各議院の議院規則において認められる。

3　議員の身分保障と特権

(1) 特権を認める理由　国会議員という仕事は、極めて政治的なものであり、国会の内外の政敵がその存在に揺さぶりをかけようとして国会議員の自由な職務の行使が困難になることもある。そこで憲法では、国会議員による自由かつ十分な職務遂行のために、いくつかの特典を認めている。憲法上のそれとしては、議員歳費（憲49条）、不逮捕特権（同50条）、免責特権（同51条）が挙げられる。

(2) 議員歳費　憲法49条は、「両議院の議員は、法律の定めるところにより、国庫から相当額の歳費を受ける」と定める。議会制度の歴史をたどると、議員の地位は当初、名誉的な地位にある者の職とされ、無報酬であった。しか

し、こうした無報酬状態を続けるとなると、資産を有しない人たちが議会に進出できないという弊害もみられるようになった。そこで、普通選挙制の発達とともに、歳費が保障されるようになった。

歳費の性質をめぐる考え方には、これを実費の弁償とするものと、議員の地位や職責に見合った報酬とするものとの二つの考え方がある。現在ではこの後者の考え方のもと、議員の歳費が支払われている。

国会法は、憲法に明記される「相当額の歳費」として「一般職の国家公務員の最高の給与額（地域手当等の手当を除く。）より少なくない歳費を受ける」（国会35条）とする。また、その具体的な額や歳費以外の手当について「国会議員の歳費、旅費及び手当等に関する法律」（昭和20年法律80号）が定められている。この法律では、歳費月額（現在、各議院の議長は217万円、副議長は158万4000円、議員は129万4000円が、それぞれ支給される〔同1条〕）のほか、派遣旅費（同8条）、通信交通費（同9条）、特殊乗車券等（同10条）が支給、交付されている。

(3) **不逮捕特権**　憲法50条は、会期中の不逮捕特権を議員に保障するが、あわせて憲法は「法律の定める場合」の逮捕を予定している。これを受けて国会法33条には、「各議院の議員は、院外における現行犯罪の場合を除いては、会期中その院の許諾がなければ逮捕されない」と定められ、また、同34条には、裁判所か裁判官からの要求書を受けて、内閣が議員逮捕許諾をその議員の所属議院に求めることが定められている。

不逮捕特権をめぐる伝統的な論点として、議員の逮捕許諾を出す際に、議院が一定の条件や期限を付することができるか否かが議論される。これについて学説は両論あるが、裁判所は否定説を採用している（東京地決昭和29・3・6）。

(4) **免責特権**　憲法51条は、国会議員による議院内での発言等の職務行為についての法的責任を免除している。これは、国会議員の自由な職務の行使と、議院全体の活動の十分な機能の確保のためにあるとされる。

通説的見解では、この特権は、議員の職務の自由を広く保障したものと考えられており、憲法に明記される「議院で行つた演説、討論又は表決」に限られず、議院内での職務行為を含むとされる。裁判例では職務附随行為も含まれる（第一次国会乱闘事件〔東京地判昭和37・1・22〕、第二次国会乱闘事件〔東京高判昭和

44・12・17〕)。免除される「責任」とは、院外での民事・刑事上の法的責任のほか、弁護士の懲戒責任などが含まれる。これに対し、院外での政治的責任や、所属政党による議員に対する懲戒などは含まれない。また「院外」の責任免除という点で、議院による議員に対する懲戒も免除されない。

　免責特権をめぐる旧来の解釈では、議員の院内における質疑は、まさに議員の正当な職務行為であり、当然免責されるとされてきた。しかし近年、議院内での議員の発言により名誉毀損やプライバシー侵害を受けた一般国民の法的救済をすべきではないかといった考え方も提示されている。

　病院長自殺事件 判例83 の下級審判決では、議院内の議員による質疑は、憲法51条で絶対的に免責され、議員個人への法的責任追及の可能性が否定された（札幌高判平成6・3・15）。これについて最高裁は、憲法上の免責特権にはふれず、公務上の不法行為責任を公務員個人は負わないとする判例法理により、議員個人への法的責任追及の途を閉じた。

　一方でこの問題では、国家賠償請求の可能性も論じられてきた。これについて 判例83 は、国家賠償が認められる要件を示したものの、その要件は非常に厳しく、本件での国家賠償による救済を認めていない。もっとも、国家賠償が認められる可能性が少しでもあると、①議員の発言内容が法廷内での証拠として採用されたり、議員が裁判所に召喚されたりすること、②国が被害者に対して賠償した金額を議員に支払うよう求めることができる国家賠償法上の「求償権」が、国によって議員に行使される可能性が残ることから、免責特権の趣旨が損なわれるとして、一切の国家賠償請求を却下すべきとする学説もある。

判例83　病院長自殺事件

(最三判平成9年9月9日民集51巻8号3850頁)

（事　実）　衆議院社会労働委員会での医療法改正をめぐる法案審議で、同委員会所属の衆議院議員Yが、ある病院長の患者への破廉恥行為や精神安定剤の服用などを話題にあげ、政府質疑を行った。この翌日、同院長が自殺した。遺族Xらは、Yの委員会発言が特定の者を誹謗中傷するものであり、憲法51条で免責が保障される「演説、討論又は表決」には当たらないと考え、Yに対し民法709条、710条に基づく損害賠償請求を、国に対し国家賠償法1条に基づく損害賠償をそれぞれ請求した。一審、二審ともXらの主張が認められなかったことから、Xら

が上告した。

判旨 国会議員の職務としての本件発言が、仮にYの故意または過失による違法な行為であるとしても、公務員であるY個人は、判例により、Xらに対してその責任を負わない。「したがって、本件発言が憲法51条に規定する『演説、討論又は表決』に該当するかどうかを論ずるまでもなく」、XらのY「に対する本訴請求は理由がない」。

国会議員の「質疑等においてどのような問題を取り上げ、どのような形でこれを行うかは、国会議員の政治的判断を含む広範な裁量にゆだねられている事柄とみるべきであって、たとえ質疑等によって結果的に個別の国民の権利等が侵害されることになったとしても、直ちに当該国会議員がその職務上の法的義務に違背したとはいえない」。憲法51条は、「国会議員の発言、表決につきその法的責任を免除しているが、このことも、一面では国会議員の職務行為についての広い裁量の必要性を裏付けている」が、「職務とは無関係に個別の国民の権利を侵害することを目的とするような行為が許されないことはもちろんであり、また、あえて虚偽の事実を摘示して個別の国民の名誉を毀損するような行為は、国会議員の裁量に属する正当な職務行為とはいえない」。

国会議員の国会での質疑等の内容をめぐり、国家賠償法1条1項の「責任が肯定されるためには、当該国会議員が、その職務とはかかわりなく違法又は不当な目的をもって事実を摘示し、あるいは、虚偽であることを知りながらあえてその事実を摘示するなど、国会議員がその付与された権限の趣旨に明らかに背いてこれを行使したものと認め得るような特別の事情があることを必要とすると解するのが相当である」。

第3節　国会の権能と活動

1　「唯一の立法機関」の意味

(1) 立法の概念　憲法41条に「国会は……唯一の立法機関である」と規定されるように、憲法は、国会が立法権を独占的に行使しうることを定めている。ここで「立法」とは、まず、国会が国法の一形式としての「法律」を定立するという意味がある（形式的意味の立法）。しかし、より実質的には、一定の

特質をもつ法規範を定立する意味がある（実質的意味の立法）。

　立法を実質的意味でとらえるとき、そこでの実質性とはなにかという問題が出てくるが、伝統的には、これを「法規」の定立とする理解が強かった。伝統的意味での法規とは、一般的かつ抽象的規範のうちで国民の権利義務を規律する法規範のことをいい、これは、議会による法律によってのみ制定されるべきとされた。こうした法規概念は、19世紀のドイツで君主に対する議会の権限として主張され、君主権限の制限を目的としていた。

　もっとも、伝統的意味での法規の制定を中心とする「実質的意味の立法」のとらえ方には、その後、批判的な考え方もみられるようになり、その内容をより広くとらえる考え方が登場した。例えば、伝統的な法規概念を修正して、国民の権利義務を定める法規範に加えて国家と機関との関係についての法規範を含める説や、法律の実質性を「一般的、抽象的な法規範全て」ととらえる説などである。

　(2) **「唯一の」の意義**　「唯一の」とは通常、①法規としての内容をもつ法規範を定める権限は、国会のみが有するということに加え、②こうした法律の制定は、国会以外の機関の参与を必要とせず、国会のみで完結するという意味を含むと理解される。①を「国会中心立法の原則」、②を「国会単独立法の原則」という。①をめぐっては、これにより明治憲法下にみられた緊急勅令や独立命令は認められないことを意味する。②をめぐっては、例えば現在の憲法で天皇は、国事行為として法律の公布を行うものの（憲7条1号）、明治憲法時のような天皇の裁可は必要とされないといったことを意味する。

　(3) **内閣の法案提出権**　法律の制定で、国会以外の機関の参与を必要としないとしたとき、内閣の法案提出権の認否が憲法上の問題となる。現在の国会で審議される法案の多くは、内閣提出法案であるという現実を踏まえてか、学説では否定説は少ない。内閣の法案提出権を認める理由としては、議院内閣制における内閣と国会の関係を挙げるものや、国会に最終的な議決権があることを挙げるもの、内閣提出法案を憲法72条の「議案」ととらえるもの、提出の根拠を73条1号の「国務を総理すること」に求めるもの、慣習ととらえるもの、などがある。

　これに関連して、内閣法5条に定める「内閣総理大臣は、内閣を代表して内

閣提出の法律案……を国会に提出し」の規定の意味が問題となる。つまり、否定説であればこの規定は直ちに違憲とされるが、肯定説であればこの規定は合憲とされよう。ただし、肯定説では、そのよって立つ論拠により、本法律規定を改廃できるかどうか変化する。つまり、もしこの規定が憲法などに示される規範の確認的規定であるとすれば改廃はできないが、これを新たな創設規定とみれば改廃することができる、という整理がなされる。

2 委任立法

(1) 委任方法をめぐる問題 以上のことから、日本国憲法の下では、とくに国民の権利制限をともなう法規範の定立は、国会の制定する「法律」によらねばならないことが帰結される。とはいえ日本国憲法は、73条6号但書のように罰則の設定についての「法律の委任」など、立法の委任を認めている。そこで例えば、行政府は、国の法規範の一形式である「命令」（例として、内閣の定立する「政令」、内閣府の定立する「内閣府令」、各省の定立する「省令」、人事院などが定立する「規則」）を定立できるものの、それは、①国会による各行政機関への明示的な委任がある場合（委任命令）か、②国会が定める法律を執行するための申請や届出の様式・記載事項などの規定事項といった細かい規則を必要とする場合（執行命令）のみに許されると説明される。

こうした説明からは、とくに委任命令について、まず、国会による行政府への委任が、個別具体的であるかどうかという観点から、委任のあり方自体が問題となる。そこで、国家公務員の政治的行為の制限について示す国家公務員法102条と、この規定による委任を受け、政治的行為の定義や具体的に制限される政治的行為の内容を定める人事院規則の関係が問題となる。国会による他の機関への立法権の白紙委任は、憲法違反になることが推察される。そのような中で、その委任の仕方が白紙委任となっているのではないかと考えられる立法例がこれである。猿払事件 **判例84** で最高裁は、これを憲法の許容する委任の限度を超えないとするが、学説では白紙委任とみるのが支配的見解である。

判例84　猿払事件

(最大判昭和49年11月6日刑集28巻9号393頁)

事実　国家公務員に禁止されている「政治的行為」を行ったとして国家公務員Yが起訴された。しかし、Yは、そもそも国家公務員法102条1項が人事院規則に禁止行為としての「政治的行為」の内容の制定を委任していることが問題であるとして、無罪を主張した（詳しくは 判例11 を参照）。一審の旭川地裁、二審の札幌高裁はそれぞれYを無罪とした。これに対して検察側が上告した。

判旨　「政治的行為の定めを人事院規則に委任する国公法102条1項が、公務員の政治的中立性を損うおそれのある行動類型に属する政治的行為を具体的に定めることを委任するものであることは、同条項の合理的な解釈により理解しうるところである。そして、そのような政治的行為が、公務員組織の内部秩序を維持する見地から課される懲戒処分を根拠づけるに足りるものであるとともに、国民全体の共同利益を擁護する見地から科される刑罰を根拠づける違法性を帯びるものであることは、すでに述べたとおりであるから、右条項は、それが同法82条による懲戒処分及び同法110条1項19号による刑罰の対象となる政治的行為の定めを一様に委任するものであるからといって、そのことの故に、憲法の許容する委任の限度を超えることになるものではない」。

(2) 委任範囲の逸脱の問題　一方、法律の委任に基づいて定立された命令が、当初の委任の範囲を逸脱して制定されていないかどうかが問題となる。これについて命令が委任された法律の趣旨に反するとして無効とされた判決として、農地法施行令事件 判例85 がある。

農地法80条1項は、国の強制買収した農地について、農林大臣（当時）が「政令で定めるところにより、自作農の創設又は土地の農業上の利用の増進の目的に供しないことを相当と認めたときは」、前の所有者等に売り払わなければならない旨定めている。これに対して、この規定を受けた政令である農地法施行令旧16条（現在は一部改正、追加）は、旧自作農創設特別措置法3条（現在は廃止）による買収農地について、農地法80条に定める認定をできる場合を農地法施行令旧16条4号（公用、公共用または国民生活の安定上必要な施設の用に供する緊急の必要があり、かつ、その用に供されることが確実な土地等）に限るとしていたことから、これが法の委任を超えるのではないかが争点となった。

判例85　農地法施行令事件

（最大判昭和46年1月20日民集25巻1号1頁）

事実　自作農創設特別措置法（自創法）により国に強制買収されたXらの農地の一部は、その後農地耕作者への売渡しがなくI土地区画整理地区に編入され、しばらくして農地法36条に基づき訴外Aに売り渡された。農地としての性格が失われた土地は、農地法80条1項の規定に基づき旧所有者に売り払われるべきところ、そうされなかったことから、Xらが、土地をAに売り渡した愛知県知事に対して売渡処分の取消しを、愛知県知事の売渡処分に関する訴願を却下した農林大臣に対して裁決取消しを、それぞれ求めて出訴した。一審（名古屋地判昭和41・11・29）、二審（名古屋高判昭和42・3・16）では、Xらが敗訴したので、上告した。

判旨　「収用が行なわれた後当該収用物件につきその収用目的となつた公共の用に供しないことを相当とする事実が生じた場合には、なお、国にこれを保有させ、その処置を原則として国の裁量にまかせるべきであるとする合理的理由はな」く、このような場合「被収用者にこれを回復する権利を保障する措置をとることが立法政策上当を得たものというべく、〔農地〕法80条の買収農地売払制度も右の趣旨で設けられた」。

農地法施行令16条4号の「趣旨は、買収の目的を重視し、その目的に優先する公用等の目的に供する緊急の必要があり、かつ、その用に供されることが確実な場合にかぎり売り払うべきこととしたもの」であり、農地法80条1項は「売払いの対象を定める基準を政令に委任しているものと解されるが、委任の範囲にはおのずから限度があり、明らかに法が売払いの対象として予定しているものを除外することは、前記法80条に基づく売払制度の趣旨に照らし、許されない」。

「農地改革のための臨時立法であつた自創法とは異なり、〔農地〕法は、恒久立法であ」る。「したがつて、農地買収の目的に優先する公用等の目的に供する緊急の必要があり、かつ、その用に供されることが確実であるという場合ではなくても、当該買収農地自体、社会的、経済的にみて、すでにその農地としての現況を将来にわたつて維持すべき意義を失い、近く農地以外のものとすることを相当とするもの（〔農地〕法7条1項4号参照）として、買収の目的である自作農の創設等の目的に供しないことを相当とする状況にあるといいうるものが生ずるであろうことは、当然に予測されるところであり、〔農地〕法80条は、もとよりこのような買収農地についても旧所有者への売払いを義務付けているものと解されなければならない」。

> 「〔農地法施行〕令16条が、自創法3条による買収農地については令16条4号の場合にかぎることとし、それ以外の前記のような場合につき〔農地〕法80条の認定をすることができないとしたことは、法の委任の範囲を越えた無効」である。

判例85 は、日本国憲法下制定の政令を無効とした初の判決である。ほかに、監獄法施行規則事件（最三判平成3・7・9）、児童扶養手当法施行令事件（最一判平成14・1・31）、地方自治法施行令事件（最大判平成21・11・18）がある。

なお、貸金業規制法18条が、債務者に内閣府令で定める方法で、契約日や金額を書面で示すよう規定するにもかかわらず、その法律施行規則（内閣府令）旧15条2項で、一部については他の記載事項でよいとしていたことが問題となった。最高裁はこれに対して、この部分は法律の委任に反して無効であるとした（最二判平成18・1・13、最二判平成18・3・17）。また、2006年（平18）の薬事法（現「医薬品、医療機器等の品質、有効性及び安全性の確保等に関する法律」）改正にともない制定された「薬事法施行規則等の一部を改正する省令」により、インターネットによる医薬品販売が規制されたことにつき、薬事法の委任の範囲を逸脱し違法であるとした最高裁判決もある（最二判平成25・1・11）。

③ 国会の権能

(1) 憲法改正発議・提案権　憲法上の主な権能として、国会にはまず、憲法改正発議(ほつぎ)・提案権（憲96条）がある。ここでいう「発議」とは、国民に提案される憲法改正案を国会が決定することをいう。憲法改正の終局的権限は主権者である国民にあることから、憲法は国民代表機関である国会に対して憲法改正の発議・提案権を与えている。

改正案の原案の提出には、衆議院では議員100人以上、参議院では議員50人以上の賛成を要する（国会68条の2）。さらに国会法の規定では、各議院に「日本国憲法及び日本国憲法に密接に関連する基本法制について広範かつ総合的に調査を行い、憲法改正原案、日本国憲法に係る改正の発議又は国民投票に関する法律案等を審査するため」（同102条の6）憲法審査会が設置される。同会は「憲法改正原案及び日本国憲法に係る改正の発議又は国民投票に関する法律案を提出することができ」（同102条の7第1項）、その提出者は、同会長であ

立法過程の概要

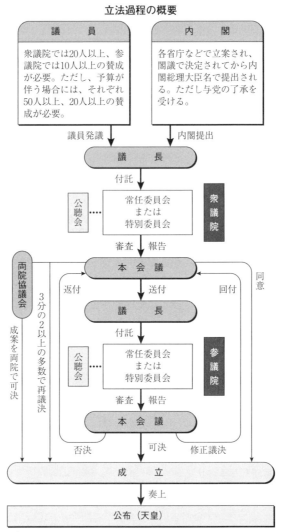

(出典) 参議院ホームページ（http://www.sangiin.go.jp/japanese/aramashi/houritu.html）

る（同条2項）。憲法改正の発議は、各議院の総議員の3分の2以上の賛成が必要である（憲96条1項）。法律制定の場合には、各院の定足数が3分の1以上であり、そこでの出席議員の過半数でこれを決する（同56条、59条）ことと比

較すると、その改正要件は法律よりも厳しくなっている（詳しくは、**第Ⅰ部第1章第3節**を参照）。

(2) 法律議決権　つぎに、法律議決権（憲59条）があげられる。「国の唯一の立法機関」である国会は、「法律」という法形式の立法権を有する。法律は、国会の議決のみで成立するのが原則である（例外として、一つの地方公共団体のみに適用される特別法の制定に関する憲法95条を参照）。

法律の成立過程では、まず、法律案が発議される。ここでいう「発議」とは、法律案の提案のことである。この発議権を有するのは議員であるが、国会法上、各議院の委員会も法律案を提出できる（国会50条の2）。また内閣の法律案の提出権も学説上議論の対象となってきたが、通説的見解はそれを肯定する。また、内閣法5条には「内閣総理大臣は、内閣を代表して内閣提出の法律案、予算その他の議案を国会に提出」すると定めるように、実務的にも内閣提出法案の存在が前提とされる。

法律案がどちらかの議院に提出されると、議長が委員会に審査を付託する。日本では委員会中心主義がとられており、委員会での審査が中心となる。ただし、国会法の定めるところにより、緊急を要する場合には、議院の議決により委員会審査が省略される（国会56条2項）。

提出された法律案について審議を終えると、法律案は両議院における議決を経て、これが可決されると法律になる。国会で可決された法律は、憲法74条の規定により「すべて主任の国務大臣が署名し、内閣総理大臣が連署する」。また公布にあたっては国会法65条1項により内閣を経由して天皇に奏上される。天皇は、内閣の助言と承認に基づいて法律を公布する（憲7条1号）。

(3) 予算議決権　内閣は、予算を作成し、国会に提出する（憲73条5号）。これを受けて国会は予算議決の権限をもつ。これについて憲法60条は、衆議院での予算先議と予算議決に関する衆議院の優越を定める。下院における**予算先議**は、両院制をとる各国議会で一般的にみられる現象である（予算制度については、**第7章第4節**を参照）。

憲法60条2項は、衆参両議院で予算について異なる議決をした場合には、法律の定めるところにより両院協議会を開いても意見が一致しないとき、また参議院が衆議院の可決した予算を受けとった後、国会休会中の期間を除いて

30日以内に議決しないときは、衆議院の議決を国会の議決とするとし、通常の法律案の審議の場合よりも、強い衆議院の優越を認めている。また通常の法律案とは異なり、衆参両議院の意見が一致しないときの両院協議会の開催を義務的なものとする。国会法85条1項は、予算について「衆議院において参議院の回付案に同意しなかつたとき、又は参議院において衆議院の送付案を否決したときは、衆議院は、両院協議会を求めなければならない」とする。

 (4) **内閣総理大臣指名権** 内閣総理大臣は、国会議員の中から国会の議決により指名を受けた後、天皇により任命される（憲6条）。この指名について憲法67条1項では「他のすべての案件に先だつて、これを行ふ」と規定される。これは執行権を担う内閣とその主宰者である内閣総理大臣の空白を避けるための制度設計である。指名について両議院の議決が一致しない場合、国会法上、参議院が両院協議会の開催を求めなければならない（国会86条2項）。ただし、憲法67条2項の規定により、そこでの協議で両院の意見が一致しないときや、衆議院が指名の議決をした後、国会休会中の期間を除いて10日以内に参議院が指名の議決をしないときは、衆議院の議決が国会の議決となる。

 (5) **その他の権能** このほか、憲法上認められる国会の権能として、弾劾裁判所設置権（憲64条1項）や財政監督権（同83条）などがある。弾劾裁判所は、裁判官の弾劾を行うために設置される裁判機関であり、憲法が例外的にその設置を認める特別裁判所である。弾劾裁判所の裁判員は、両議院で選出された国会議員7名により構成される。弾劾裁判所への訴追は、両議院各10名の委員で構成される裁判官訴追委員会によって行われる（国会125条～129条）。

 国会には、法律に基づく権能も数多く与えられる。その一つに、内閣や内閣総理大臣、または各省大臣が、法に定めた行政機関等の役職を任命するにあたり、衆参両院の本会議での同意を必要とするといった、国会による人事同意権がある。こうした同意権は個別の根拠法により定立されているが、その多くが衆参両議院の同意の優劣を定めておらず、その点で、予算や法律の成立よりも厳格な成立要件となっている場合が多い。

4　国会の活動

 (1) **会期制度** 国会は常に開催されているわけではなく、一定の活動能力

を有する期間が定められている。これを会期という。会期は、憲法上、常会（通常国会。憲52条）、臨時会（臨時国会。同53条）、特別会（特別国会。同54条1項）の三つに区分されている。憲法52条の規定で、常会は、毎年1回召集される。また国会法で、その召集は毎年1月中であることが常例とされ（国会2条）、会期の長さは150日（同10条）、会期の延長は1回とされる（同12条2項）。

日本の会期制度の特徴としてあげられるのが、「会期不継続の原則」である。この原則は、国会法68条の「会期中に議決に至らなかつた案件は、後会に継続しない」とする規定により確立されている。この原則については近年、その合理性が問われており、「通年国会」制度や、衆議院議員の総選挙と次の総選挙との間を基準とした「立法期」制度の導入を求める意見もある。

これに関連して、国会法47条2項には「常任委員会及び特別委員会は、各議院の議決でとくに付託された案件（懲罰事犯の件を含む。）については、閉会中もなお、これを審査することができる」と規定され、また同68条但書には「第47条2項の規定により閉会中審査した議案及び懲罰事犯の件は、後会に継続する」とあるように、一部案件については会期継続が認められている。

(2) **会議の公開原則**　国会は、全国民の代表機関として国民から常に注目されることが期待され、国民はそこでの会議の状況を監視し、その内容を選挙での一つの判断基準とすることができる。こうしたこともあり憲法では、両議院での会議は公開であることを定めている（憲57条1項）。ただし同項但書では、出席議員の3分の2以上の多数の議決での秘密会の開催を認め、また委員会での秘密会の開催も国会法上認められる（国会52条2項）。

会議の公開には、傍聴の自由や会議録の公開が含まれる。とくに会議録の公開をめぐっては、憲法上、秘密会の記録の中でとくに秘密を要すると認められるもの以外は、これを公表し一般に頒布しなければならない（憲57条2項）。傍聴に関しては、委員会の会議について、委員長の許可を得た者以外は、議員以外は傍聴できない（国会52条1項）。

(3) **委員会中心主義**　国会における会議は、主に本会議と委員会とに区分されるが、日本の場合、明治憲法下では本会議中心主義が採用されていた。しかし戦後は、アメリカ型の委員会中心主義が採用されることになった。ヨーロッパの議会は、本会議中心主義であると言われるが、近年では委員会審議を重

視する国も見られる（フランスでは、2008年の憲法大改正でその傾向が進んでいる）。

 (4) 両院協議会　国会での議決について両議院の意思が一致しないときに、その意思の合意をはかるために開催されるのが、両院協議会である。両院協議会は、憲法上、予算の議決（憲60条）や条約締結承認（同61条）、内閣総理大臣指名（同67条）で両議院の意思の不一致があった場合には、必ず開かれなければならない。一方、通常の法律案の議決での不一致の場合には、任意的に開かれるにすぎない（同59条3項）。

　両院協議会は、両議院における与野党勢力に「ねじれ」が生じていない場合にはほぼ開かれることはないものの、「ねじれ」が生じた際には開かれる可能性が増加する。もっとも、各議案については、最終的には衆議院の優越が認められ、協議をしたところで両議院の意思の一致が行われることはほぼありえず、その意味ではその開催は形骸化しているともいえる。

 (5) 参議院の緊急集会　衆議院が解散された場合には、憲法上、衆議院・参議院ともに閉会され、国会は閉会の状態となる（憲54条2項）。しかし、万が一、緊急の必要がある場合に、内閣は、参議院の緊急集会の開催を求めることができる（同項但書）。

　緊急集会では、内閣が示した案件に関する限りで議員が議案を発議できる（国会101条）。緊急集会での措置は、衆議院の構成が決まりつぎの国会の開会の後10日以内に衆議院の同意が必要となる。そして、その同意がなければ効力を失う（憲54条3項）。緊急集会は、これまで2回開会（1952年〔昭27〕8月31日、1953年〔昭28〕3月18〜20日）されており、その際の案件はすべて可決され、またその後の国会においても承認されている。

 (6) 国会による政府統制　国会は、政府の活動に対する監視機能を有する。このことはとりわけ議院内閣制を採用する日本の場合にはとくに該当する。そこで、こうした監視を実効的に機能させるために、両議院には常任委員会が設けられ、大臣や内閣に対する質問制度や、これらに対する不信任議決などが用意されている。常任委員会制度は、国会に提出された議案を専門的に審査するといった役割をもつと同時に、これを通じて、各省庁に対する監視を国会が行うという役割もある。また質問制度についても、本来、議員による質問を通じて、各議院が内閣統制を期待する憲法上の制度であると理解される（国政調査

権も国会による政府の統制機能を有する。これについては**第4節2**を参照)。

第4節　議院の権能

1　議院自律権

(1) 議院自律権の意義と分類　国会は、衆議院と参議院により構成され、各院は同時活動を制度上の原則としながら、それぞれの院は独立して議事・議決を行う。各院は、内閣や裁判所、そして他院の干渉を受けることなく、その内部に関する自由な決定権を有する。それが議院自律権であり、通常、組織自律権、運営自律権、財務自律権などに分類される。

このうち組織自律権には、議員の資格争訟の裁判権（憲55条）、役員選任権（同58条1項）などがあり、委員会に関する内部組織の編成権もここに含まれる。また財務自律権は、国会法32条の「両議院の経費は、独立して、国の予算にこれを計上しなければならない」とする規定にも示されている。もっとも議院自律権は、憲法や法律により確保される性格のものではなく、もともと不文の原則として、会議体としての各議院に当然に保障されるものである。

(2) 運営自律権　議院自律権の中心的存在である運営自律権には、議事手続準則に関する権限、内部規律に関する権限、議員懲罰権が含まれる（憲58条2項）。

院内の内部規律や議事手続は、各院がそれぞれ単独で準則を設けることができる。その中心となるのが「衆議院規則」や「参議院規則」といった議院規則であり、こうした規則を制定する権限を議院規則制定権と呼ぶ。議院規則制定権は、各議院独自の権限であることからも、そこには法律の存在を前提としていない。ところが、日本では、歴史的経緯の中で、国会内の議事手続等を定めた法律である「国会法」が戦後制定されている。そこで国会法と議院規則との優劣関係が論じられる。学説では、国会法優越説と議院規則優越説とで対立している。こうした学説対立の一方で、両説にはそのどちらにしても法律が有効であるという前提があることを批判的にとらえ、そもそもその法律自体が紳士協約的なものであって無効であるとする説も一部みられる。

第Ⅲ部　第4章　国　　会

　議事手続の決定は各院の独占的管轄事項とされることから、これに関連する事件での司法審査が問題となる。警察法改正無効事件 判例86 で最高裁は、国会内部の議事手続につき裁判所の審査権を原則として否定する立場にある。

判例86　警察法改正無効事件

（最大判昭和37年3月7日民集16巻3号445頁）

事　実　第19回国会では、従来の市町村警察を都道府県警察に組織変更する新警察法案が衆議院を通過したものの与野党の調整が難航し、与党による4度目の会期延長が求められていた。野党はこれに反発し衆議院での議決に抵抗したことから議場は混乱、実力阻止され議場に入れなかった議長がようやく入口に少し入ったところで（起立による議決もないまま）2本の指を挙げたことで、議長及び与党は会期延長が決せられたとした（1954年〔昭29〕6月3日）。この会期延長を無効とする野党の欠席の中、同法案は参議院で可決された（同年6月7日）。

　大阪府議会は同年6月30日、新法にともなう警察費を計上した予算を可決したが、住民Xは、国会での新法制定の議事手続について、衆議院での6月3日の議決はその効力をもたず本法は無効などとして、同府知事に対し警察費の支出禁止を求める訴えを起こした。一審、二審とも原告敗訴につき、Xが上告した。

判　旨　新警察法は、「両院において議決を経たものとされ適法な手続によつて公布されている以上、裁判所は両院の自主性を尊重すべく同法制定の議事手続に関する所論のような事実を審理してその有効無効を判断すべきでない。従つて所論のような理由によつて同法を無効とすることはできない」。

　判例86 は、衆議院規則に反する議院運営が問題になった事件であり、こうした問題への裁判所の介入は慎まれるべきであるとしても、議院自身が、自らの運営自律権に基づき、適切な対処をすべきことはいうまでもない。

　なお、憲法58条2項には、両議院が「規則」を定めることができるとあるが、これには実質的な意味での議院の手続準則も含まれるとされ、「衆議院規則」・「参議院規則」といった法典化された規則にとどまらない。議院の手続準則をめぐっては、従来の議会慣習の積み重ねである「議院先例」も大きな役割を果たしている。国民投票法案不受理事件 判例87 で裁判所は、議院自律権を尊重する立場から、こうした先例の当否の判断も自制している。

判例87　国民投票法案不受理事件

（東京高判平成 9 年 6 月 18 日判時 1618 号 69 頁）

事　実　衆議院議員 X は、衆議院議員 92 名の賛成者と原告ほか 2 名との連署で、「国政における重要問題に関する国民投票法案」を衆議院事務局（議事部議案課）に提出した。しかし同局は、衆議院での議員提出法案には所属会派の「機関承認」が必要であることが先例で確立しているとし、同法案を受理法案として取り扱うことができないとした。同局はその後、X の所属する会派の対応を確認し、さらに議院運営委員会理事会での協議の準備等をしていたところ、衆議院が解散され、同法案は国会の審議手続に付されずに終わった。

　X は、同局による同法案の不受理取扱いで精神的損害を受けたとして、国家賠償法に基づく訴訟を起こした。一審で原告の訴えが棄却されたため、原告が控訴した（控訴審も原告が敗訴し上告したが、最高裁は原判決を全面的に受け入れ、上告を棄却〔最二判平成 11・9・17〕）。

判　旨　「各議院は、議院の組織、議事運営、その他議院の内部事項に関しては、他の国家機関から干渉、介入されることなく自主的に決定し、自ら規律する権能（いわゆる議院の自律権）を有している」。「議院の自律権の範囲内に属する事項について議院の行った判断については、他の国家機関が干渉し、介入することは許されず、当該議院の自主性を尊重すべき」である。警察法改正無効事件 **判例86** の最高裁の判旨は、「衆議院における議員の発議にかかる法律案の受理手続の適法性が争われている本件にも妥当するものというべきである」。

　「衆議院事務局が本件法律案を受理法律案としての取扱いをしなかった理由は」、「先例として確立されている所属会派の機関承認がないためであ」り、「本件先例が衆議院内部において法規範性を有する確立したものとして存在しており、かつ、右取扱いは右確立した先例に従ったもので適法である旨の衆議院としての判断が示されたものということができる」。「裁判所としては、衆議院の右自律的判断を尊重すべきであって、本件法律案につき受理法律案としての取扱いをしなかったことについて独自に適法、違法の判断をすべきではなく、その結果、本件では国家賠償法第 1 条第 1 項にいう『違法』が認められない」。

2　国政調査権

(1)　**国政調査権の性質**　国政調査権とは、各議院が広く国政上の重要な権限を実効的に行使するために必要な調査を行う権限である（憲 62 条）。その法

的性質をめぐっては長年、大きく分けて二つの考え方が対立してきた。

　まずは、「国権の最高機関」（憲41条）である国会には、すべての機関を統括する役割があることから、国政調査は、そのための手段としてのあらゆる力をもつ独立した権能であると考える説である（独立権能説）。一方、国会の最高機関性をめぐって政治的美称説を唱える場合を中心に、他権との関係から一定の限界があることを前提に、国政調査は、各議院が各議院の権能を実効的に行使するため必要な補助的権能であると考える説である（補助的権能説）。

　参議院の法務委員会による調査とこれに対する最高裁の反発をめぐるいわゆる浦和事件（1949年〔昭24〕）以降、通説的見解は補助的権能説とされる。しかし近年、議院内閣制の下での議院の政府統制機能の観点から、国政調査権はやはり両議院の本来的な機能なのであり、それ自体両議院の独立した権能と考えるべきとする新たな説（新独立権能説）も有力な地位を占めつつある。

　(2) 国政調査権の限界　　国政調査権をめぐっては、これまで、その限界論が、司法や行政、さらに人々の基本権との関係で論じられてきている。

　議院は、国会に司法をめぐる国内の政策遂行のための新たな法律の制定をする目的があるとすれば、そのための裁判手続の調査をすることはありうる。しかし、司法の下した判決が不当であるとして、議院が裁判所や裁判官に圧力を加えるために調査することについては、多くの学説から否定される（**第6章第2節2参照**）。

　また国民の基本権との関係では、議院が市民を証人喚問した場合、議員は、証人の思想傾向を探る質問をすることはできず、こうした質問の場合に証人は、憲法38条の黙秘権や、議院証言法4条などを理由に証言拒否をしてよい。

　(3) 予備的調査制度　　国政調査権の役割の一つには、国会による政府の監視機能があげられる。そこで、これが有効に機能するためには、そのための情報が必要となる。しかし、とりわけ議院内少数会派がそれらの情報にアクセスすることは困難な場合が多い。このようなことから、少数派調査権の実質化のための情報収集の手段として1997年（平9）に国会法や衆議院規則の改正により衆議院に設けられたのが「予備的調査制度」であり、1998年（平10）より実施されている。

　予備的調査制度とは、衆議院の各委員会が実施する審査・調査のため、委員

会が衆議院調査局長・衆議院法制局長に対して下調査を命じるもの（衆規56条の2）で、①委員会が予備的調査を命ずる議決をした場合（同条）か、②40人以上の議員により、委員会に予備的調査の命令を発するよう要請する書面が議長に提出され、これを議長が委員会に送付し、送付を受けた委員会が予備的調査を命ずる場合（同56条の3）に実施される。

　この予備的調査は、国政調査権に基づく委員会の調査ではなく、これを補完するものとされる。というのも、国政調査権はもともと各議院の権能であることから、国会議員がこうした権限を、議院や委員会とは無関係に、個人として行使できるシステムを構築することに対しては、憲法上の問題が生じると考えられたからである。この調査制度は、少数派調査権の名の通り、野党により利用されることが多い。

参 考 文 献

浅野一郎＝河野久編著『新・国会事典（第3版）』（有斐閣、2014年）
芦部信喜『憲法と議会政』（東京大学出版会、1971年）
大石眞『議院自律権の構造』（成文堂、1988年）
大石眞『議会法』（有斐閣、2001年）
大山礼子『国会学入門（第2版）』（三省堂、2003年）
加藤一彦『議会政治の憲法学』（日本評論社、2009年）
孝忠延夫『国政調査権の研究』（法律文化社、1990年）
白井誠『国会法』（信山社、2013年）
杉原泰雄＝只野雅人『憲法と議会制度』（法律文化社、2007年）
高見勝利『現代日本の議会政と憲法』（岩波書店、2008年）
原田一明『議会制度』（信山社出版、1997年）

第5章 政　　府

「**政**府」とは、三権分立で「立法、司法、行政」というときの「行政」に当たる部分である。三権分立といっても、「立法」と「行政」との関係は国によって様々である。日本ではどのような関係であるのかを**第1節**でみる。そのうえで、「行政」に当たる部分である「政府」を構成している「天皇」、「内閣」、「行政組織」について、どのような権限や組織をもっているのか順番に検討しよう。

第1節　議院内閣制

1　議会と政府との関係

　三権分立の中で、立法権をもつ議会と行政権をもつ政府との関係をどのように制度設計するかは、現代の立憲主義諸国においても実に様々なバリエーションが存在する。大きく分ければつぎの三つが代表的な類型とされる。

　(1) **大統領制**　　第一は、大統領制である。国民から（実質的に）直接に選ばれる大統領が行政権をもち、立法権をもつ議会とは分離、独立して権力を行使する。大統領は議会の解散権をもたず、議会も大統領を任期途中で辞職させる力を原則としてもたない。大統領は議会に対して法律案の提出権ももたず、議会で答弁することも原則としてない。アメリカが代表的な国である。

　(2) **議院内閣制**　　第二は、議院内閣制である。ここでは、大統領や君主は存在していてもほとんどは儀礼的な行為を行うにとどまり、実質的には内閣が議会（とくに下院）と密接な関係を保ちながら政治的な権力を行使する。内閣は議員の中から大統領や君主によって任命されるが、任命にあたっては議会の

意向が反映される。内閣は議会に対して連帯責任を負い、議会は内閣不信任決議を行うことで、内閣を任期途中で総辞職させることができる。内閣は議会に対して法律案の提出権をもち、議会で答弁などを行う。また政府は議会の解散権をもつ。このような議院内閣制を、内閣が責任を負う相手が議会に一元化されていることから、「一元型議院内閣制」と呼ぶ。イギリス、ドイツが代表的な国としてあげられる。

これに対して、議院内閣制をとる政治制度には、内閣が、議会に対してのみならず、公選の大統領に対してもまた責任を負うタイプのものもある。このようなタイプの議院内閣制を、「新二元型議院内閣制」と呼ぶ。ここで「新」がつくのは、かつて、まだ君主が実権を握っていた時代にも、内閣が議会と君主の二方向に責任を負う議院内閣制の形態がみられたところ、これと区別するためである。

「新二元型議院内閣制」は、大統領が国民から直接に選挙で選ばれることから、大統領制の性質も備えており、「半大統領制」とも呼ばれる。大統領は、儀礼的な行為を行うだけではなく、一定の範囲（例えば外交分野）で政治的な権力を行使する。他方で内閣も存在する。内閣は大統領によって任命されるが、議会に対して連帯責任を負うので、任命時から議会の意向を無視することはできない。大統領は議会の解散権をもつのに対し、議会は内閣不信任決議権を有する。内閣は議会に対して法律案の提出権をもち、議会で答弁などを行う。フランスが代表的な国であるが、最近は韓国など、この制度をとる国も多い。

(3) **議会支配制**　伝統的には、もう一つ、議会支配制と呼ばれる類型もある。政府が議会に一方的に従属するもので、政府は議会の解散権をもたず、もっぱら議会が政府に対する統制を行うという制度である。スイスの総裁政府制と呼ばれる政治制度がこの類型に当たる。

2　日本国憲法が定める議会と政府との関係

このうち、日本国憲法が定める議会と政府との関係は、「一元型議院内閣制」に分類される。天皇は国政に関する権能を有さず（憲4条1項）、内閣がもっぱら政治的な権力を行使する。内閣の首長である内閣総理大臣は国会議員の中から国会の議決で指名され（同67条1項）、内閣を構成するその他の国務大臣も

内閣総理大臣が任命する（同68条1項）。内閣は国会に対して連帯責任を負い（同66条3項）、衆議院は内閣不信任決議権をもつ（同69条）。また両議院は国政調査権や質問権を有する（同62条、63条後段）。他方で内閣は法律案の提出権をもち、両議院への出席権をもつ（同72条、63条前段）。そして内閣は衆議院の解散権をもつ（**第3節1**を参照）。これらの特徴から考えると、日本の制度は「一元型議院内閣制」に分類されよう。

第2節　天　　皇

内閣が議会と君主双方に責任を負う二元型議院内閣制がかつて存在したように、議院内閣制は、君主制下で発展・形成された経緯があった（**第1節**参照）。現行憲法下の天皇を「君主」とすることには争いもあるが、ここでは以上の関係で、天皇制についてもみておこう。

1　象徴としての天皇

(1) 象徴の意義　憲法1条は、「天皇は、日本国の象徴であり日本国民統合の象徴であつて、この地位は、主権の存する日本国民の総意に基く」、と定める。明治憲法下では、天皇は、統治権の総攬者（明憲4条）とされ、この点において旧憲法下でも天皇は象徴であったといえるが、日本国憲法では天皇の統治権が否定され、天皇が国政に関する権能をまったくもたなくなった結果、象徴としての地位が表面に出されたものといわれている。「象徴」とは、無形の観念を表す具体的な事物そのものと、それを「表す」作用をいう。もっとも、これは、具体的なことがらを経験する私たちが、それに対応して、一定の観念を連想するという作用なので、あることがらとそれが表す観念との間に相関関係がなければ、そもそもそうした作用自体成立しないことになる（ハトを見て平和を連想するかどうか、鷲を見て力を連想するか、こういう社会の約束事があるかどうか、という問題である）。このように考えると、象徴というのは、各人の内心の作用であって、天皇が国家の象徴であるということは、もとより「天皇を見たら日本を連想せよ」と人の内心に指図するとか、一般人に対して「天皇を国家の象徴らしく取り扱え」という行動・態度を要求するわけでもなく、もっぱ

第2節　天　皇

ら社会の約束事として、天皇が日本国の象徴であったことを確認し、今後もそうあり続けることを期待するにとどまる、ともいわれている。この見地からすると、憲法1条からは、象徴であることから法的に何事も根拠づけることはできない、という消極的意味が導かれ、例えば「天皇を尊崇する国民の義務」などは、そもそも認められないことになる。

(2) 皇位継承　天皇の地位について、憲法は、「皇位は、世襲のものであ」る、とする（憲2条）。世襲制とは、地位・財産・名誉等を特定の系統に属する者がその系統内での地位に従って代々受け継ぐことをいう。この規定は、将来にわたって皇位が世襲とされることだけでなく、それを継承する系統が皇統とされてきた者であることを前提とし、それを特定する意味をもっている、とされる。

「皇統」については、たんに天皇の血統と解するか、あるいはこの系統が歴史的には男系によってのみ成立してきたことに着目して、男系制を読み込むか、という二つの考え方がある。皇室典範は、後者の考え方を採用しており（典1条）、即位は男系の男子であることが条件とされ、女性天皇（女系の子孫による皇位継承も含む）は排除されることとなる。これは、女性天皇が日本にもなかったわけではないものの、戦前の皇室典範制定者が、「祖宗ノ常憲ニ非ス」とみて、これを排したことにならうものといわれる。こう解すると、憲法14条1項に違反するかのようであるが、天皇の世襲制の地位にかんがみ、平等原則の例外として、違憲ではないと解されている。

もっとも、最近では、皇位の男系継承を安定的に維持することが極めて難しくなっている、との認識もみられる。その背景には、現行の皇室典範が皇位継承資格を嫡出子に限定し非嫡子には認めないこと（2条は、皇位継承資格者を5条、6条にいう「皇族」に限定する）や、晩婚化等による少子化といった社会の出生動向も皇室とは無縁ではないことなどがある。このため、皇位継承資格を女性や女系の皇族に拡大することが必要であるとして、女性天皇・女系天皇への途を開くことが提言された（「皇室典範に関する有識者会議報告書」平成17年11月24日）。また、女性皇族が皇族以外の者と婚姻したときは、皇族の身分を離れるため（典12条）、今後皇族の減少が懸念され、政府において、皇室活動の安定的維持や天皇・皇后の公務負担軽減等が、緊急性の高い課題として認識さ

れている。こうしたことから、2012年（平24）より、内閣官房において皇室制度のあり方に関する検討が進められている（女性皇族の問題に絞り、皇位継承問題とは切り離して検討をする方針とされている）。

(3) 天皇と裁判　象徴天皇制との関係でさらに問題となるのは、天皇に民事・刑事の裁判権が及ぶかといった、法的責任をめぐる問題である。この点については、まず、①刑事裁判については、皇室典範が摂政について在任中の訴追を禁止する規定を置くことから（典21条。また国事行為の臨時代行に関する法律6条参照）、天皇には刑事責任がないものと解されている。次に、②民事裁判については、最高裁によれば、「天皇は日本国の象徴であり日本国民統合の象徴であることにかんがみ、天皇には民事裁判権が及ばないものと解するのが相当である」、とされる（最二判平成元・11・20）。

2　国事行為

(1) 天皇の権能　明治憲法では、先にふれたように、天皇は統治権の総攬者とされていたため、統治作用については、憲法がほかの国家機関の権能とするもの以外は、天皇の権能として留保される、と解されていた。日本国憲法は、「天皇は、この憲法の定める国事に関する行為のみを行ひ、国政に関する権能を有しない」、としている（憲4条1項）。

ここで国事行為とは、天皇の象徴という地位に基づき国家機関として行う行為のうち、憲法が定めた行為であるということができるが、これらの行為は、すべて内閣の助言と承認を必要とし、内閣がその責任を負うこととされている（同3条）。この「助言と承認」の内容については、衆議院の解散権の所在をめぐって激しく争われた（なお苫米地事件 判例73 ・第1節も参照）。

国事行為の種類としては、次のものがある。まず、①その効果が人の意思に基づいて発生する意思行為がある。これには、内閣総理大臣・最高裁判所長官の任命（同6条）、国会召集・衆議院解散（同7条2号・3号）、栄典授与（同条7号）、国事行為の委任等（同4条2項）がある。次に、②すでに確定した一定のことがらを知らせるために、これを公衆に表示する行為である公示行為がある。憲法改正・法律・政令・条約の公布（同7条1号）、国会議員の総選挙施行の公示（同条4号）がこれに当たる。そして、③一定の行為が正当な手続でなされ

たこと、または一定の文書が真正なものであることを公に確認し、証明する行為である認証行為があり、国務大臣等の任免の認証（同条5号）、全権委任状や大使・公使の信任状、そして批准書等その他外交文書の認証（同条5号・8号）、大赦等の認証（同条6号）がこれに該当する。最後に、④外国の大使等の接受（同条9号）、儀式を行うこと（同条10号）など、その行為の効果が法律上論じられる余地のない、単純な事実上の行為がある。

(2) 国事行為をめぐる問題　国事行為の範囲との関係で問題となったのは、国会開会式に参列して行う「おことば」の朗読や、各種行事への出席など、憲法上列挙された国事行為以外で天皇が行うものであって、私的行為とはいい難いものをどう位置づけるか、という問題である。学説はいくつかに分かれるが、大別して、①この種の行為について、天皇の象徴性から根拠づけようとする立場（象徴行為説）、②天皇の地位に伴って社交上要請される儀礼的な事実行為として説明する立場（公人行為説）、③国事行為として列挙された各行為の中に解釈として包含させる立場（国事行為説）、などがある。

また、直接国事行為の性格が問題となったものではないが、これと関連して、法令の公布（憲7条1号）に関わる判例がある。

判例88　覚せい剤取締法事件

（最大判昭和33年10月15日刑集12巻14号3313頁）

事　実　被告人は、1954年（昭29）6月12日広島市内において覚醒剤（かくせいざい）を所持していたとして、昭和29年法律177号によって改正された（公布即日施行）後の覚せい剤取締法により起訴された。第一審は被告人を懲役1年及び所持していた覚醒剤等の没収を言い渡したが、被告人は、本件犯行日時が1954年6月12日であったところ、覚せい剤取締法の上記改正を掲載した1954年6月12日付官報が被告人の住所地である広島市に到達したのは翌13日または14日であって、本件犯行当時の12日には未到達であるから、第一審判決はいまだ公布施行されていない法律を適用した違法があるとして争った。

判　旨　「成文の法令が一般的に国民に対し、現実にその拘束力を発動する（施行せられる）ためには、その法令の内容が一般国民の知りうべき状態に置かれることを前提要件とするものであること、またわが国においては、明治初年以来、法令の内容を一般国民の知りうべき状態に置く方法として法令公布の制度を

採用し、これを法令施行の前提要件とし、そしてその公布の方法は、多年官報によることに定められて来たが、公式令廃止後も、原則としては官報によつてなされるものと解するを相当とすることは、当裁判所の判例とするところである……」。「ところで官報による法令の公布は、一連の手続、順序を経てなされるものであるが、これを本件につき職権をもつて調査すると、(一)昭和26年法律第252号覚せい剤取締法2条、14条、41条等を改正した昭和29年法律第177号覚せい剤取締法の一部を改正する法律（以下本件改正法律と略称する。）を掲載した昭和29年6月12日付官報は、同日午前5時50分、第一便自動車が東京駅（関東、東海、近畿方面）、新宿駅（山梨方面）の順序で1台、上野駅（北海道、東北、北関東、北陸方面）、両国駅（千葉方面）の順序で1台、同時に印刷局から発送され、そして最終便は同日午前7時50分、東京駅（中国、四国、九州方面）、東京官報販売所の順序に積下すため、印刷局から発送された、(二)右官報が全国の各官報販売所に到達する時点、販売所から直接に又は取次店を経て間接に購読予約者に配送される時点及び官報販売所又は印刷局官報課で、一般の希望者に官報を閲覧せしめ又は一部売する時点はそれぞれ異つていたが、当時一般の希望者が右官報を閲覧し又は購入しようとすればそれをなし得た最初の場所は、印刷局官報課又は東京都官報販売所であり、その最初の時点は、右2ケ所とも同日午前8時30分であつたことが明らかである」。「してみれば、以上の事実関係の下においては、本件改正法律は、おそくとも、同日午前8時30分までには、前記〔判例〕……にいわゆる『一般国民の知り得べき状態に置かれ』たもの、すなわち公布されたものと解すべきである。そして『この法律は、公布の日より施行する』との附則の置かれた本件改正法律は、右公布と同時に施行されるに至つたものと解さなければならない」。「……本件犯行は、同日午前9時頃になされたものであるというのであるから、本件改正法律が公布せられ、施行せられるに至つた後の犯行であることは明瞭であつて、これに本件改正法律が適用せられることは当然のことといわねばならない」。

　法令の公布とは、行政府が法令を国民一般に周知させるための公的手段であって、一般に法令を了知しうる状態におくことをいう。わが国では、明治初期以来、「公布なければ施行なし」といわれ、法律は公布する建前をとっており、法律の国民に対する拘束力は、公布を前提とすると解されてきた。原則として、法律は、公布の日から起算して20日を経過した日から施行される（法適用2条）。判例88は、公布即日施行の法令について、その時点をめぐって争われた

ものである。最高裁は、**判　旨**のように、わが国が法令公布の制度を採用し、これを法令施行の前提要件としていること、そしてその公布の方法は官報によってなされるものと解すべきことを確認したうえで、事案をふまえつつ、官報による公布の時期について、一般希望者が官報を閲覧・購入しようとすればなしえた最初の時点を、「一般国民の知り得べき状態」としている。

第3節　内　　　閣

1　内閣の権限

(1)　行政権　　内閣は、行政権を有する（憲65条）。行政権とはなにかについては、いくつかの学説が存在する。一つは、行政権とは、すべての国家作用の中から立法権と司法権とを除いたものの総称であるとする理解である。この考え方は「行政控除説」と呼ばれ、伝統的な通説である。実際に内閣や行政組織が行う雑多な作用を漏れなく説明できるほか、君主がすべての権限を握っていた絶対君主制から、立法権と司法権が独立することで権力分立に基づく立憲制が生まれたという歴史に即していると評価された。

しかし、この考え方は、行政権とはなにかについて積極的な説明をしているわけではないことや、残りがすべて行政という発想が官僚中心の非民主的な行政体制を温存させる機能を果たしているのではないかという点で厳しい批判にさらされている。近年では、行政権とは法律を執行する権限であるとする理解（法律執行説）や、行政権とは国政に関する基本政策の決定と行政組織の指揮監督を意味するのだとする説（執政権説）が出され、議論が盛んである。

執政権説は、政治家の集まりである内閣の本来の働きを強調し、従来の官僚中心の行政体制に再考を促そうとするものである。これに対しては、国政に関する基本政策の決定——典型的な例として外交や国防に関する政策が挙げられる——という、内容の茫漠とした、しかし国民の自由や生活に影響の大きい作用を包括的に内閣の法的な権限として正面から認めることは、国会や裁判所によるコントロールの及ばない領域を認めることに通じるおそれがあるので危険ではないか、また基本政策の決定には法律制定などを通して国会も関わる点を

見落としているのではないか、との批判がある。

法律執行説は、「執政」に相当するもののうち内閣が有する法的な権限は日本国憲法の他の条文で内閣に与える諸権限（例えば憲法 73 条各号の諸権限や憲法 72 条に読み込む法律案提出権）に収め、憲法 65 条の「行政権」の内容は国会の定める法律の執行に尽きるとする。これに対しては、国政に関する政策の遂行にすべて国会による法律の制定が必要であるといえるのか、また内閣が果たすべき政策形成の役割が憲法上適切に位置づけられておらず軽視されていないかとの批判が考えられる（もっとも、法律執行説に立っても憲法 73 条 1 号の「国務を総理すること」に「執政」の内容を読み込むことを認めれば、結論として両説は近づく）。

ただ、法律執行説に立っても、内閣は法律を執行する権限を有するところ、実際に法律の執行にあたるのは行政組織（**第 4 節**参照）である以上、内閣は行政組織を指揮監督すべきことは含意されている。それゆえ、行政組織の指揮監督権が 65 条に含まれる点で両説に違いはない。両者は内閣（政）による行政組織（官）の統制という問題意識において共通しているともいえよう。

(2) 一般行政事務に関する権限　　内閣の権限としては、とくに、憲法 73 条に列挙されている諸権限が重要である。すなわち、内閣は、一般行政事務のほか、①法律の誠実な執行及国務の総理、②外交関係の処理、③条約の締結、④官吏に関する事務の掌理、⑤予算の作成及び国会への提出、⑥政令の制定、⑦大赦、特赦、減刑、刑の執行の免除及び復権の決定を行う。

(3) 天皇の国事行為に対する助言と承認権　　内閣は、天皇の国事行為に対し助言と承認を行う（憲 3 条、7 条柱書）。ここに「助言と承認」とは、別々の行為ではなく一体のものとして理解するべきであるというのが通説である。

(4) 裁判所との関係における権限　　内閣は、裁判所との関係では、最高裁判所長官を指名し（憲 6 条 2 項）、その他の最高裁判所裁判官を任命し（同 79 条 1 項）、最高裁判所の指名した者の名簿によって、下級裁判所裁判官を任命する（同 80 条 1 項）。

(5) 国会との関係における権限——とくに衆議院解散権　　内閣は、国会との関係では、臨時会の召集の決定（憲 53 条）や参議院緊急集会の請求（同 54 条 2 項）を行う。また、内閣を代表する内閣総理大臣の権限として、国会に対して、

議案の提出、一般国務及び外交関係についての報告を行う（同72条）。

　さらに、内閣は、衆議院の解散権をもつ。もっとも、その条文上の根拠は明確ではない。憲法69条は、内閣不信任決議が可決（または信任決議が否決）された場合に衆議院を解散できることを定めるが、これ以外の場合に内閣が衆議院解散権をもつことを定めた条文は存在しない。しかし、内閣は憲法69条以外の場合にも衆議院解散権をもつというのが通説であり、実際にも憲法69条に当たらない場合に多くの解散が行われてきた。

　それでは内閣が憲法69条以外の場合にも衆議院を解散できる根拠はどこにあるのか。様々な学説が存在するが、今日、有力なのは次の二つの説である。①憲法7条3号が、天皇の国事行為の一つとして「衆議院を解散すること」を掲げるところ、ここには政治的な決定権も含まれており、この決定権を実質的には「助言と承認」（同7条柱書）を行う内閣がもつことになるのだとする説と、②日本国憲法は議院内閣制や権力分立制を採用していることから、内閣は憲法69条以外の場合にも衆議院解散権をもつとする説である。

　しかし、この両説も決定的なものではない。①に対しては、政治的な決定権をもつヨーロッパ諸国の君主と天皇とを同列に位置づけることができるのかという批判がある。②に対しても、日本の政治体制が議院内閣制や権力分立制であるかは憲法の諸条項を解釈し統治構造が明らかになった後で初めて分かることで、最初から議院内閣制や権力分立制を採用しているという前提で条文の解釈を行うのは結論先取りではないかとの批判が可能である。このように、根拠については様々な議論があるが、現在、憲法69条以外の場合においても内閣が衆議院解散権をもつことに異論を唱える説はほとんど存在しない。

　つぎに、内閣が衆議院解散権をもつとして、いついかなる場合であっても衆議院を解散することができるのか、衆議院解散権の限界が問題となる。この点、内閣が衆議院を解散できるのは、「衆議院で内閣の重要案件が否決され、または審議未了になった場合」、「政界再編成等により内閣の性格が基本的に変わった場合」、「総選挙の争点でなかった新しい重大な政治的課題に対処する場合」、「内閣が基本政策を根本的に変更する場合」などに限られると解し、内閣の一方的な都合や党利党略で行われる解散を「不当」とする説が知られる。しかし、「当―不当」の問題と「合憲―違憲」の問題とは異なる点には注意が必要であ

る。「不当」とは、「憲法上は合憲だが政治的には望ましくない」という意味なのである。もっとも、憲法秩序の要素として、裁判所による強制はできないが、国会や内閣といった政治部門の当事者の間で拘束力を有すると承認されている国政上の規範（「習律」と呼ばれる）の存在を認めた上で、ここではその内容を説いているのだと捉えることもできる。

2 内閣の組織

(1) 内閣の構成員 内閣は、その首長たる内閣総理大臣及びその他の国務大臣で組織される（憲66条1項）。国務大臣の数は、14人以内であるが、特別に必要がある場合においては、17人以内（東京オリンピック・パラリンピック推進本部が置かれている間は18人以内、復興庁の廃止までは19人以内。内附則2項・3項）とすることができる（内2条2項）。内閣総理大臣は、国会議員の中から国会の議決で指名される（憲67条1項）。国務大臣は、内閣総理大臣によって任命されるが、その過半数は国会議員でなければならない（同68条1項）。このように、憲法は、内閣総理大臣と国務大臣の過半数が国会議員と兼職することを要求しており、このことはすでに述べたように日本国憲法が議院内閣制を採用している一つの表れであると理解できる。

また、内閣の構成員は、「文民」でなければならないとされる（同66条2項）。ここに「文民」とは、現職の自衛官以外の者をいうとするのが、現在の実務、通説といってよい。この文民条項は、自衛隊という武器を保持する専門家集団に対して、一般国民そしてその代表者である政治家による適切な民主的統制を確保するために設けられているものと理解できる。

(2) 内閣総理大臣 内閣総理大臣は、内閣の「首長」である（憲66条1項）。内閣総理大臣は、他の大臣に対して、官僚組織におけるような指揮監督を行う上下関係に立つわけではない。しかし、内閣総理大臣は、国務大臣を任命するともに、任意に罷免することができる（同68条）。それゆえ、内閣総理大臣は、自分を中心に自分の政策に近い者で大臣を固め、統一的な内閣を組織、運営することができるのである。このような意味で、内閣総理大臣は他の国務大臣に比べて強い地位にあるのであり、憲法が内閣総理大臣を内閣の「首長」と定めるのもこの趣旨であると解される。

第3節　内　閣

　また、「内閣総理大臣は、内閣を代表して議案を国会に提出し、一般国務及び外交関係について国会に報告し、並びに行政各部を指揮監督する」(同72条)。内閣総理大臣は、対外的に、主に国会との関係で内閣を代表するとともに、政府(行政部)の内部でも、行政各部、すなわち各省を指揮監督する権限を有する。もっとも、「内閣を代表して」という語句が「指揮監督する」をも修飾することを前提として、内閣総理大臣が「内閣を代表して……指揮監督を行う」には、事前に内閣の意思決定が存在していることが必要でないかが問題とされる。この点、内閣法は「閣議にかけて決定した方針に基いて、行政各部を指揮監督する」と定めているが(内6条)、最高裁はロッキード事件 判例89 でさらに踏み込んだ判断を示した。

判例89　ロッキード事件

(最大判平成7年2月22日刑集49巻2号1頁)

事　実　ロッキード社の日本での販売代理店であった丸紅の社長が、内閣総理大臣であった田中角栄に、ロッキード社の航空機の購入を全日空へ勧奨するよう依頼し、成功報酬として現金5億円の供与を約束したうえ、全日空による購入決定後にこの現金授受が行われたとして、2人が贈収賄罪で起訴された。一審、二審ともに被告人らは有罪となったので、最高裁に上告。最高裁での審理中に田中角栄は死亡したので、判決は社長の贈賄罪についてのみ下された。

判　旨　贈賄罪の成立には、賄賂と対価関係に立つ行為は、一般的職務権限に属する行為であれば足りる。被告人の行為が内閣総理大臣としての職務権限に属する行為であるというためには、運輸大臣の勧奨行為が職務権限に属すること、内閣総理大臣の運輸大臣への働き掛けが職務権限に属することが必要である。特定機種の選定購入の勧奨は、航空運輸行政に関する行政指導として、運輸大臣の職務権限に属する。

　「内閣総理大臣は、憲法上、行政権を行使する内閣の首長として(66条)、国務大臣の任免権(68条)、内閣を代表して行政各部を指揮監督する職務権限(72条)を有するなど、内閣を統率し、行政各部を統轄調整する地位にあるものである。そして、内閣法は、閣議は内閣総理大臣が主宰するものと定め(4条)、内閣総理大臣は、閣議にかけて決定した方針に基づいて行政各部を指揮監督し(6条)、行政各部の処分又は命令を中止させることができるものとしている(8条)。このように、内閣総理大臣が行政各部に対し指揮監督権を行使するためには、閣

議にかけて決定した方針が存在することを要するが、閣議にかけて決定した方針が存在しない場合においても、内閣総理大臣の右のような地位及び権限に照らすと、流動的で多様な行政需要に遅滞なく対応するため、内閣総理大臣は、少なくとも、内閣の明示の意思に反しない限り、行政各部に対し、随時、その所掌事務について一定の方向で処理するよう指導、助言等の指示を与える権限を有するものと解するのが相当である。したがって、内閣総理大臣の運輸大臣に対する前記働き掛けは、一般的には、内閣総理大臣の指示として、その職務権限に属することは否定できない」。それゆえ、内閣総理大臣としての働き掛けは賄賂罪における職務行為に当たる。

　最高裁は、この事件で、内閣総理大臣による指揮監督権の行使には閣議にかけて決定した方針があればよいというだけでなく、閣議にかけて決定した方針がない場合でも、内閣総理大臣には内閣の明示の意思に反しない限り指示を与える権限があることを認めた。

　(3)　その他の国務大臣　　内閣総理大臣以外の国務大臣は、(1)でみた資格要件で内閣総理大臣によって任免される。国務大臣には、「主任」が割り当てられる者があり、主任の国務大臣は担当の法律及び政令に署名することが予定されている（憲74条）。内閣法は、主任の事務の内容として、「行政事務を分担管理する」ことを定めるとともに、行政事務を分担管理しない大臣の存在も妨げないとしている（内3条）。これにより、多くの国務大臣は各省大臣（財務大臣、厚生労働大臣など）を兼任し、また必要に応じて各省大臣を兼任しない国務大臣（いわゆる無任所大臣）が置かれることとなっている。

　(4)　内閣の補佐機構　　さらに、内閣には、内閣官房、内閣法制局、国家安全保障会議、人事院といった補助部局が設けられている（図「国の行政組織」参照）。内閣官房は、閣議など内閣の事務を日常的に直接に補佐する。内閣官房長官（国務大臣があてられる）、内閣官房副長官（政務2名、事務1名。事務の内閣官房副長官は官僚のトップである）の下、内閣総務官室（閣議などの庶務を担当）、内閣広報室、内閣情報調査室（情報の収集と分析を担当）が置かれるとともに、随時、内閣の重要政策（社会保障改革など）の企画立案、調整を行う事務局や推進室が設置され3人の内閣官房副長官補がこれを率いる。また、内閣危機管理

第3節　内　　閣

監は、緊急事態の対応と防止を統理する。さらに、2012年（平24）の政権交代以降、新たに国家安全保障局、内閣人事局、内閣情報通信政策監、内閣サイバーセキュリティセンターが設置された。国家安全保障局は、国家安全保障局長のもと、国家安全保障会議（後述）の事務や国家安全保障に関する外交・防衛政策の基本方針の企画立案を担当する。内閣人事局は、内閣人事局長（内閣官房副長官が兼任）のもと、国家公務員制度の企画立案などの人事行政、行政機関の機構・定員管理、幹部職員人事の一元管理を行う。内閣情報通信政策監は情報通信技術の活用による国民の利便性の向上と行政運営の改善を統理する。内閣サイバーセキュリティセンターは、政府に対するサイバー攻撃の監視、調査、情報提供等を行う。さらにこのほか、首相直属で政策に関し首相に進言する内閣総理大臣補佐官を5人以内で置くことができる。首相が重点を置く政策領域に応じて、国会議員や元官僚が任命されることが多い。

　内閣法制局は、政府提出法案や政令案、条約案が憲法に違反しないかなどを審査したり、法律問題について内閣に意見を述べたりする。国家安全保障会議は、国防や緊急事態に関して審議を行う。

　人事院は独立行政委員会の一つであり、勤務条件等に関する勧告や採用試験の実施など人事行政を遂行する（**第4節3**参照）。

　さらに、これらと別に、重要政策に関して内閣の事務を助ける機関として内閣府が設置されている。内閣府には、必要に応じ特命担当大臣を設置することができ、国務大臣があてられる（内閣府9条。北方・沖縄問題、金融、消費者・食品安全、少子化対策の諸事項には担当大臣が必ず置かれるほか、経済財政政策担当大臣などが知られる）。また、経済財政諮問会議や総合科学技術・イノベーション会議をはじめ五つの重要政策に関する会議が置かれ、内閣主導で予算や基本方針の作成を行うことが目指されている。

　なお、2011年の東日本大震災——原子力発電所事故を含む——からの復興のため、10年の時限立法で内閣に復興庁が設置された。復興庁は、復興に関する内閣の事務を助け、基本方針の企画立案・総合調整、地方公共団体の復興事業への国の支援や関係行政機関の復興施策の実施の推進・総合調整などを担当する（復興庁3条1号、4条1項。災害復興は一般に内閣府の任務であるが東日本大震災に関する任務は復興庁に移されている。内閣府附則2条の2）。

近年、内閣の補佐機構は徐々に拡充されてきており、内閣の政治主導（「官邸主導」）を支える役割を果たしているといえる。

3　内閣の活動と責任

(1) 閣議　内閣の活動方法について、憲法上に明文の規定はない。内閣法4条1項は、「内閣がその職権を行うのは、閣議によるものとする」と定め、閣議の存在を予定している。閣議の方法については、内閣総理大臣が主宰することと、内閣総理大臣及び各大臣が発議できる案件について内閣法で定められている（内4条2項・3項）だけで、内閣の慣行に委ねられている。

閣議の議決については、全員一致とされているが、この原則が憲法上の要請であるか否かには争いがある。この点、従来、連帯責任（憲66条3項）などを理由として全員一致が憲法上の要請であると説かれてきたが、近年、議決方法を含む閣議の運営方法については、内閣の自律的決定に（それゆえ内閣の首長であり閣議の主宰者である内閣総理大臣の判断に）委ねられるとの説も主張されている。

(2) 内閣の責任　内閣は、行政権の行使につき国会に対して連帯責任を負う（憲66条3項）。具体的に責任を負う方法としては、両議院における質問、質疑に対する答弁、説明（同63条）、国政調査における証人の出頭及び証言、記録の提出（同62条）のほか、究極的には衆議院の内閣不信任決議の可決（または信任決議の否決）に基づく総辞職が憲法上定められている（同69条。内閣は衆議院の解散を選択することもできるが、総選挙後に必ず総辞職しなければならない。同70条）。天皇の国事行為に対する助言と承認（**1**(3)を参照）については、内閣が責任を負う旨の定めが別に置かれている（同3条）。

第4節　行政組織

1　府と省

内閣の下には、法律の執行をはじめとする各種の政策遂行のため、政策領域ごとに諸々の行政機関が設置されている。日本国憲法も「行政各部」という語を用いて行政組織の存在を予定している（憲72条）。

第4節 行政組織

国の行政組織

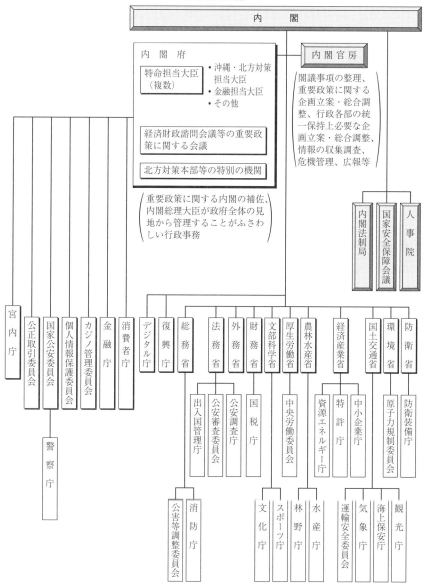

(出典) 内閣官房ウェブサイト (http://www.cas.go.jp/jp/gaiyou/jimu/jinjikyoku/files/satei_01_05.pdf) などから作成

国家行政組織法は、国の行政機関を省、委員会、庁とすること、内閣の統轄の下に置かれる行政機関は省とし、委員会、庁は省の外局として置くことを定める（行組3条2項・3項）。これらの設置は法律によらなければならず（行政組織法定主義。同条1項）、各省設置法により11省が設置されている。

内閣府は、内閣を補佐する機関であり他の省より一段高い地位にあるため、国家行政組織法が適用されない。しかし、内閣府は、内閣の補佐以外にも、賞勲、男女共同参画、国民生活（個人情報保護推進、市民活動促進、消費者保護）、北方・沖縄問題などの行政事務を遂行する（内閣府3条2項、4条3項）。また、内閣府は、金融庁、消費者庁、国家公安委員会（警察庁）などの外局や宮内庁を抱える（同48条、49条、64条）。これらの行政事務に着目すれば、内閣府も他の省と同様に各種の政策を実施する行政機関であるといえる。

復興庁も、内閣の補佐とともに、復興に関する行政事務を遂行する（復興庁3条2号、4条2項。ただし各省の事業の統括監理、地方公共団体の要望対応、復興関連事業の予算配分など、各省の行政事務の調整が主である）。

日本では、行政組織法定主義の影響もあり、行政組織の改編は頻繁でない。しかし、いわゆる橋本行革により2001年（平13）に大規模な省庁再編が行われ、2007年（平19）には防衛庁が省に昇格した。現在、国の行政組織は1府11省（と復興庁）で構成されている（図「**国の行政組織**」参照）。

2 府と省の内部組織

省の内部組織についても、国家行政組織法が基準を定めている。これによると、省には、各省大臣が長として置かれ、事務を統括し職員の服務を統督する（行組5条、10条）。この下に副大臣（省によって1名から2名）、大臣政務官（1名から3名）が置かれ、政策や企画、政務の面で大臣を支える（同16条、17条）。副大臣と大臣政務官は内閣と進退をともにする役職で、与党の国会議員が任命される。大臣と副大臣、大臣政務官の政治家チーム（「政務三役」）が、政策や企画、政務に携わるとともに、事務次官（同18条）以下の官僚を適切に指揮、コントロールすることが期待されているのである。

内閣府の内部組織も省に準じるが、長は内閣総理大臣である点に特徴がある（内閣府6条）。特命担当大臣が特定の範囲の行政事務を掌理することがあるほ

か、内閣官房長官がその他の事務を統括し職員の服務を統督する（同8条）。内閣府にも副大臣、大臣政務官が3名ずつ置かれ、内閣総理大臣の定める職務の範囲で内閣官房長官や特命担当大臣を支える（同13条、14条）。

復興庁も、長は内閣総理大臣（復興庁6条）であるが、別に復興大臣と2名の副大臣が置かれ、さらに他の府省の副大臣、大臣政務官の兼職が認められている（同8条〜10条）。副大臣、大臣政務官は現地の復興局を担当する。

3 独立行政委員会

行政組織の中には、独立行政委員会と呼ばれる、特定の行政事務を内閣から独立して行う合議体の機関がある。例えば、人事院は、「内閣の所轄の下に」置かれる、3人の人事官からなる機関である（国公3条1項、4条1項）。意思決定はこの3人の合議体で行われる（同12条、人事院規則2-1参照）。まずこの点に独立行政委員会の特徴がある。

人事院は、一般職の国家公務員について人事行政の公正の確保および職員の利益の保護に関する事務をつかさどる組織であり、給与など勤務条件の改善の勧告を行ったり、採用試験や研修を実施したりする（国公3条2項参照）。しかし、人事院の権限はこのような行政作用に限られない。人事院は、意に反する免職などの処分や懲戒処分に不服がある職員から審査請求を受けて調査を行う（同89条〜92条の2）。この調査は、処分を受けた職員から請求があれば口頭審理が公開で行われ、処分を行った者と処分を受けた職員双方の主張、立証に基づき、処分を行うべき事由の有無を判断するものであり、裁判に準じる作用である。また、人事院は、法律を実施するため、または法律の委任に基づいて、人事院規則を定める（同16条）。これは立法に準じる作用である。このような準司法的、準立法的作用を行うのも独立行政委員会の特徴である。

ここで問題となるのが、人事官には任期中一定の事項に該当しない限り罷免されないという厚い身分保障があり（国公8条）、人事院は内閣から独立して職権を行うことが前提とされている点である。

行政機関は、内閣の指揮監督の下に服するのが原則である（憲65条、72条、内6条）。この原則は、国会に対し政治的責任を負う内閣の監督に——いわばピラミッド状の上下関係で——行政機関を服させることによって、その民主的

な責任（アカウンタビリティ）を確保する意味をもつ。人事院のような独立行政委員会は、この原則に反するので、憲法に違反しないかが問題となるのである。

　この点、実務、学説を通じ合憲論が支配的であるが、その根拠は様々である。ひとつの説明は、指揮監督といっても個別具体的な事務に関する指揮までは要求されず、人事や財政に関してある程度の一般的な監督を内閣が及ぼしていればよいので、独立行政委員会もなお内閣の指揮監督に服しているといえるとするものである。しかし、その程度の監督は裁判所に対しても行っている。裁判所が独立しているという以上、独立行政委員会も独立していると考えざるをえない。

　そこで、職務の性質上やむをえない場合には上記の原則からの逸脱が認められると説かれる。確かに、これらの事務には内閣の指揮監督の下に服させるのが適当でないものがある。準司法的な事務は明らかに独立性が認められるべきである。また、行政事務であっても、警察や選挙管理など内閣（＝政権）の影響を排除して中立公正に行うべきものや、経済や科学技術など専門家の判断に委ねたほうがよいものがある。もっとも、そこでも可能な限り国会による民主的統制の確保が求められる（国会は内閣と異なり様々な政党や議員から組織されるので、内閣の指揮監督と異なる方法で統制を行うことができる）。

　現在、独立行政委員会としてあげられるのは、内閣の補佐機構として置かれている人事院、内閣府に設置されている国家公安委員会（この下に警察庁がある）、公正取引委員会、特定個人情報保護委員会、各省に設置されている公害等調整委員会（総務省）、公安審査委員会（法務省）、中央労働委員会（厚生労働省）、運輸安全委員会（国土交通省）、原子力規制委員会（環境省）である（図「国の行政組織」参照）。

参 考 文 献

　　大石眞『立憲民主制』（信山社出版、1996 年）
　　園部逸夫『皇室法概論』（第一法規出版、2002 年）
　　髙辻正己『憲法講説（全訂第 2 版）』（良書普及会、1980 年）
　　高橋和之『国民内閣制の理念と運用』（有斐閣、1994 年）
　　上田健介『首相権限と憲法』（成文堂、2013 年）
　　藤田宙靖『行政組織法』（有斐閣、2005 年）

第Ⅲ部
第6章 裁判所

ここでは、法の支配の担い手として争訟を解決し、違憲審査権の行使などを通して法の支配の維持を図る機能を果たす裁判所について、その組織と権能についてふれた後、裁判所に属する司法権の範囲と限界、司法権の独立、違憲審査制について検討する。また、国民の司法という観点から裁判の公開や裁判員制度について述べる。

第1節　裁判所の組織と権能

1　裁判と司法

　社会における紛争を解決する作用は、これまでの歴史において国家に強く期待されてきたものである。このような作用は、「裁判」の名の下に理解されてきた。このように解される裁判は、イギリスなどに見られたように、かつては政治権力の行使と不可分の関係を有するものであった。その後、社会の複雑化に伴って、裁判は国家機関としての裁判所によって担われるようになった。そして近代の市民革命を経て、啓蒙思想などの影響の下で、国民を代表する議会が抽象的・一般的な性格を有する立法を行うにいたって、立法と裁判の分離が加速されることになった。

　近代国家における裁判所は、裁判を行うにあたって法律を正しく解釈・適用しなければならないとされ、独立して「司法」作用を担う機関とされるようになった。日本国憲法にいう「司法」や「裁判」は、一般に近代市民国家における「司法」をさすとされる。ただ、かつての「裁判」という色彩は、いわゆる現代型訴訟やアメリカの「公共訴訟」などで見られることがある。

日本国憲法76条1項は、「すべて司法権は、最高裁判所及び法律の定めるところにより設置する下級裁判所に属する」と定める。明治憲法下では、司法権は天皇に属するとされるとともに（明憲57条）、行政事件を扱う行政裁判所が別に設けられ（明憲61条）、大陸型の司法権のあり方がとられていた。これに対し、日本国憲法では英米流の「法の支配」の観念に基づき、司法権が裁判所に一元的に帰属する英米型の司法権のあり方をとることを明らかにしている。このことは、司法行政権が与えられたことと相まって、とくに最高裁判所を戦前の大審院と大きく異ならせるものとしている。

2 裁判所の組織

司法権を行使する裁判所の組織は、最高裁判所と「法律の定める」下級裁判所からなる。「法律の定める」下級裁判所には、高等裁判所、地方裁判所そして家事審判、少年保護事件など特殊な事件を扱う家庭裁判所及び比較的軽微な事件を簡易かつ迅速に処理するために戦後設けられた第一審裁判所である簡易裁判所の4種がある（裁2条）。下級裁判所の事件に対する判断に不服のある者は、上級の裁判所に上訴できるという審級関係が存在し、上級裁判所の判断が下級裁判所を拘束するという審級制度がとられている（同4条）。また、事件は基本的に地裁、高裁、最高裁へという順で上訴される三審制がとられるが、簡裁に始まり高裁で終わる事件もある。

3 特別裁判所の設置と行政機関による終審裁判の禁止

(1) 特別裁判所の設置の禁止　憲法76条2項前段は、「特別裁判所は、これを設置することができない」として、特別裁判所の設置の禁止を定める。特別裁判所とは、特定の人または特定の事件について裁判するために、通常裁判所の系列のほかに設けられる特別の裁判機関であり、明治憲法下での軍法会議などがそれに当たる。家庭裁判所は、特殊な事件を扱う裁判所であるが（裁31条の3）、通常裁判所の系列に属する下級裁判所であり、特別裁判所には当たらない（最大判昭和31・5・30）。知的財産事件を専門的に取り扱う知的財産高等裁判所は、東京高裁の特別の支部として2005年（平17）に新設された。なお、弾劾裁判所（憲64条）は、憲法が自ら定める例外である。

(2) 行政機関による終審裁判の禁止　憲法76条2項後段は、また「行政機関は、終審として裁判を行ふことができない」と定める。憲法は行政機関による終審裁判を禁じるが、行政機関による前審としての裁判は禁じていない（裁3条2項）。その例として行政不服審査法の定める審査請求の裁決、国家公務員法の定める人事院の裁定などがあげられる。ただし、その裁判に不服のあるときには、通常裁判所に出訴できなければならない。なお、わが国では司法権の中に裁判所による事実認定も含まれているとされ、行政機関の事実認定に裁判所は拘束されない。

4　最高裁判所の構成と権能

(1) 構　成　最高裁は、長官1名と法律の定める員数（現在14名。裁5条3項）の裁判官から構成される（憲79条1項）。長官は「内閣の指名に基いて」天皇が任命する（同6条2項）。その他の裁判官は、内閣が任命する（同79条1項）。最高裁の裁判官は、識見の高い法律の素養のある年齢40歳以上の者から任命され、そのうち少なくとも10人は、一定期間を超える法律専門家としての経歴が必要である（裁41条）。憲法判断を行う終審裁判所として、職業専門家の経験と法律専門家外の広い見地からの判断を結びつけるためと解される。

(2) 審理及び裁判　最高裁の審理及び裁判は、大法廷または小法廷で行われる（裁9条）。大法廷では15名全員の裁判官の合議体で行われ（同条2項）、定足数は9名である（最事規7条）。小法廷は三つの小法廷から構成され、定足数は各3名である（同1条、2条2項）。事件は小法廷で審理するのが原則であるが（同9条1項）、法令の憲法適合性を最高裁として初めて判断するとき、法令が憲法に違反するとの判断をするとき、最高裁の判例を変更するときには、大法廷で審理しなければならない（裁10条）。その他、小法廷の裁判長が大法廷で裁判することが相当と認めた場合（大法廷論点回付事件）にも大法廷で審理が行われる（最事規9条2項・3項）。最近の注目される点として、最高裁の大法廷で審理すべきと思われる事件が、小法廷で直接の関連性の低い先例を引用して判断される傾向があげられる。大法廷での審理を考えるべきであろう。

(3) 権　能　最高裁の権能としては、第一に、一切の争訟についての上告及び訴訟法においてとくに定める抗告に対する裁判権があげられる（裁7条）。

これによって、判例の統一が図られる。判例の統一やつぎに述べる違憲審査権の行使を適切に行うためには、現在のような過剰な上告事件数を減少させることが必要であろう。上告は、下級審判決に憲法違反ないし憲法解釈の誤りがある場合（刑訴 405 条 1 項 1 号、民訴 312 条 1 項）、最高裁の判例と相反する判断をした場合、最高裁の判例がない場合に大審院や上告審としての高等裁判所の判例等と相反する判断をした場合（刑訴 405 条 2 号・3 号）、裁判所の構成等の違法や判決理由の不備等がある場合（民訴 312 条 2 項）になされる。第二に、終審裁判所として違憲審査権を行使する権限を有する（憲 81 条）。最高裁は法令の合憲性判断を最終的に行うことによって「憲法の番人」としての役割を果たすことになる。第三に後述する規則制定権を有する（同 77 条 1 項）。第四に、下級裁判所裁判官の指名権を有する（同 80 条 1 項）。第五に、憲法上明文の規定はないが、憲法 77 条及び第 6 章全体の趣旨から、司法行政監督権を有すると解されている。それを受けて、裁判所法は「最高裁判所は、最高裁判所の職員並びに下級裁判所及びその職員を監督する」と定める（裁 80 条 1 号）。司法行政の監督権は、裁判官の裁判権に影響を及ぼしたり、制限するものであってはならないが（同 81 条）、わが国では裁判官の独立よりも司法府の独立の観点が相対的に重視される傾向があり、そのため最高裁事務総局による人事行政などのあり方による裁判への過度の影響が懸念されている。

5 下級裁判所の裁判官

下級裁判所の裁判官の任命権は内閣にあるが、最高裁の指名した者の名簿によらなければならない（憲 80 条 1 項）。現在は、諮問機関である下級裁判所裁判官指名諮問委員会の意見を踏まえて、最高裁が任命者数に 1 名をプラスした形の名簿を内閣に提出し、内閣が任命する形で行われている。裁判官の任期は 10 年とされるが、憲法 80 条が「再任されることができる」としていることから、再任されることが権利か原則か、あるいは新任と同様に裁判所の自由裁量に委ねられているとみるかについては争いがある。心身の故障による職務不能や「公の弾劾」による場合（憲 78 条）、そして裁判官として不適格であることが明白であるなど特段の事由がない限り、再任を原則とするのが通説であるが、判例は自由裁量説をとる。

6 最高裁判所規則制定権

　最高裁は、「訴訟に関する手続、弁護士、裁判所の内部規律及び司法事務処理に関する事項」について、規則を定める権限を有する（憲77条）。英米法にならって認められた規則制定権は、裁判所の自主性を確保するとともに、実務に通じた裁判所に規則を定めさせるねらいをもつ。「裁判所の内部規律及び司法事務処理に関する事項」のように、裁判所内部に限られるものもあるが、「訴訟に関する手続、弁護士」に関する事項は一般人をも拘束する点で、実質的意味の立法権を認めたものといえる。その点で、規則事項と法律事項との間で、規則によって定められる範囲及び規則事項に関して法律と規則の効力関係が問題となる。通説は法律優位説をとる。

7 最高裁判所裁判官の国民審査

　(1) 国民審査の目的　最高裁裁判官については、任命後初めての衆議院議員総選挙の際、さらにその後10年を経過するごとに、直近の衆議院議員総選挙に際して国民審査に付される（憲79条2項）。この国民審査制は、アメリカのミズーリー州などでの州民審査にならうもので、法の支配の原理を尊重しつつ、規則制定権などの重要な権限と地位を有し、また違憲審査権を有する終審裁判所である最高裁判所そして最高裁裁判官に対し、民主的なコントロールを及ぼそうとするものである。

　(2) 国民審査の方法と法的性質　国民審査の投票は、罷免を可とする裁判官についてのみ記載欄に×を付ける形で行われ、投票者の多数が罷免を可とするとき、裁判官は罷免される（憲79条3項）。罷免された裁判官は、5年間は最高裁の裁判官に任命されえない（裁審35条2項）。最高裁は、この国民審査の法的性質を解職（リコール）の制度であるとしたが（最大判昭和27・2・20）、任命後最初の国民審査は、任命を国民が確認するという意味を併有するという学説も有力である。なお、最高裁は国民審査では積極的に罷免を可とするか否かが問われているとし、棄権について考慮しない立場をとっている。

　国民審査制度に対しては、コスト面や裁判官に関する情報の不十分さを理由に廃止論も有力に主張されているが、違憲審査権を行使する最高裁裁判官に対

する民主的コントロールの必要性も高いと考えられる。

第2節　司法権の独立

1　司法権の独立の意義

　法の支配の担い手である裁判所によって裁判が公正に行われ、人権とくに少数派の人権が政治的権力から保護されることの重要性はいうまでもない。そのため、裁判に対する内部及び外部からの圧迫・干渉を排除するために、司法権の独立が強く求められる。日本国憲法もそれを手厚く保障する。
　司法権の独立は、司法府の独立と裁判官の独立からなる。司法府の独立は、政治部門のように刀（立法）も財布（行政）も有しない政治的に脆弱な裁判所が、独立して違憲審査権などの重要な権限を行使するために必要とされる。もっとも司法権の独立の中核をなすのは、裁判官が裁判を行うにあたって他のいかなる権力、機関、人からも影響を受けることのないという裁判官の職権の独立であるとされる。裁判官の独立には、裁判官の職権の独立と身分保障による地位の独立が含まれる。

2　裁判官の独立

　裁判官の職権の独立について、憲法76条3項は「すべて裁判官は、その良心に従ひ独立してその職権を行ひ、この憲法及び法律にのみ拘束される」と定める。ここでいう「良心」の意味について、判例（最大判昭和23・12・15）の立場は明確ではないが、通説は、個人の主観的な良心ではなく、裁判官としての客観的良心、職務上の良心であるとする。裁判官の職権の独立に対する侵害には、他者からの指示・命令ばかりでなく、事実上裁判官の自由な判断形成に対して重大な影響を及ぼす行為も含まれると解されている。
　裁判官の職権の独立に対する内部からの侵害として、司法行政監督権の行使による場合が指摘されてきた。例えば、最高裁の「法廷の威信について」と題する通達（吹田黙禱事件）や長沼ナイキ訴訟事件の担当裁判官へ地裁所長が宛てた私信の書簡（平賀書簡問題）などにより、裁判官の職権の独立が侵害され

たのではないかと問題になったことがある。また、裁判所外からのものとして問題になったものとして、国政調査権の行使（浦和事件）や国民の裁判批判があげられる。国民による裁判批判については、表現の自由や国民の知る権利と司法権の独立との調整を表現の自由の意義を踏まえて判断する必要があろう。

3 裁判官の身分保障

(1) 身分保障の意義　裁判官の独立の裏付けとなるのが裁判官の身分保障であり、憲法はそれを強く保障する。ただし、職務不能裁判（憲78条前段）による免官（裁限1条）及び「公の弾劾」による罷免（憲78条、裁弾2条）などの例外が存在する。なお、最高裁裁判官はこのほかに国民審査により罷免されることがある。

弾劾とは、一般に民意を背景とした訴追行為に基づく公権力による罷免手続を意味する。弾劾手続は、「罷免の訴追を受けた裁判官を裁判するため、両議院の議員で組織する弾劾裁判所」（憲64条1項）の裁判によって進められる。罷免の事由は、「職務上の義務に著しく違反し、又は職務を甚だしく怠つたとき」及び「その他職務の内外を問わず、裁判官としての威信を著しく失うべき非行があつたとき」に限られる（裁弾2条）。憲法は、行政機関による裁判官の懲戒処分を禁止する（憲78条後段）。懲戒としての過料は、裁判官の非行に対する懲戒罰であり、減俸とは異なるから憲法に反しない（憲79条6項、80条2項参照）。懲戒の事例として、寺西判事補事件 **判例90** が憲法上注目される。

判例90　**寺西判事補事件**

（最大決平成10年12月1日民集52巻9号1761頁）

事実　判事補である抗告人は、組織的犯罪対策法案反対集会でのシンポジウムにパネリストとしての参加は取りやめたが、集会で「自分としては、仮に法案に反対の立場で発言しても、裁判所法に定める積極的な政治運動に当たるとは考えないが、パネリストとしての発言は辞退する」との趣旨の発言をした。そこで地裁所長が抗告人の分限裁判を申し立て、仙台高裁は抗告人は「積極的に政治運動をすること」（裁52条1号）の禁止に違反したとして戒告処分に付したため、抗告人は最高裁に即時抗告した。

判旨　本件集会に参加し行った抗告人の言動は、参加者に法案の廃案を求め

ることは正当であるという意見を伝える効果を有する。「裁判官は、独立して中立・公正な立場に立ってその職務を行わなければなら〔ず〕……外見上も中立・公正を害さないように自律、自制すべきこと」には、国民の信頼や現憲法下で立法府や行政府の行為の適否を判断する権限を有していることから、強い要請がある。「以上のような見地に立って考えると、『積極的に政治運動をすること』とは、組織的、計画的又は継続的な政治上の活動を能動的に行う行為であって、裁判官の独立及び中立・公正を害するおそれがあるもの」を意味する。

「裁判官に対し『積極的に政治運動をすること』を禁止することは、必然的に裁判官の表現の自由を一定範囲で制約することにはなるが、……禁止の目的が正当であって、その目的と禁止との間に合理的関連性があり、禁止により得られる利益と失われる利益との均衡を失するものでないなら、憲法21条1項に違反しない」。「裁判官が積極的に政治運動をすることは……裁判官の独立及び中立・公正を害し、裁判に対する国民の信頼を損なうおそれが大きいから」それを禁止することとは「禁止目的との間に合理的関連性」がある。また、その禁止は裁判官の「行動のもたらす弊害の防止をねらい」とするものであり、それによる意見表明の自由の制約は「単に行動の禁止に伴う限度での間接的、付随的な制約にすぎず、かつ、積極的に政治運動をすること以外の行為により意見を表明する自由までをも制約するものではない。他面、禁止により得られる利益は、裁判官の独立及び中立・公正を確保し、裁判に対する国民の信頼を維持する」ものであり、禁止は憲法21条1項に違反しない。

本件決定は、最高裁の司法権及び裁判官のあり方についての理解を示す点でも興味深いが、違憲審査権が司法権に与えられたことの意義を踏まえると、裁判所法が「積極的に政治運動をすること」を裁判官に禁じた趣旨を広くとらえすぎのようにも思われる。さらに、表現の自由の箇所で触れたように (**第Ⅱ部第 6 章第 4 節**)、そもそも判決の示すような表現を規制する法律に対する限定解釈は萎縮効果を及ぼすおそれがあるから、憲法上許されるのか疑問といえる。

(2) 経済的身分保障 経済的側面からの裁判官の身分保障として、最高裁及び下級裁判所の裁判官は「すべて定期に相当額の報酬を受け」、「報酬は、在任中、これを減額することができない」(憲79条6項、80条2項)とされる。もっとも、2002年（平14）の国家公務員の給与引下げの人事院勧告に伴い、「裁判官の報酬等に関する法律」の改正によって、裁判官の報酬の減額がなされた。

この法律について、裁判官の報酬の保障は個別の裁判官に対する報酬の減額を禁ずる趣旨であり、したがって裁判官全体の報酬を引き下げる場合はその保障に反しないとされる。しかし、裁判官の職権の独立は外部からの脅威にも向けられているから司法権の独立に反するとして、違憲の疑いも指摘された。

第3節　司法権の概念

1　司法権の意味

　憲法76条1項の司法権は、憲法41条の立法権、65条の行政権と同様に、形式的意味の司法権、すなわち国家機関としての裁判所に属する諸権限ではなく、実質的意味の司法権を意味する。実質的な意味の司法権とは、一般に「具体的な争訟について、法を適用し、宣言することによって、これを裁定する国家の作用である」と定義される。司法権の定義にある「具体的な争訟」とは、これまでアメリカでいう「事件性の要件」、そして裁判所法3条1項にいう「一切の法律上の争訟」と同じものと解されてきた。しかし最近の学説には、後述するように、これらを区別しようとするものも見られる。

2　法律上の争訟の意味

　(1)　判例の見解　「法律上の争訟」の意味について、最高裁は板まんだら事件 判例92 で、それまでの先例（最三判昭和41・2・8）を確認し、①「当事者間の具体的な権利義務ないし法律関係の存否に関する紛争であつて」、かつ、②「それが法令の適用により終局的に解決することができるもの」とした。①について、最高裁は警察予備隊違憲訴訟 判例91 の中で、具体的事件が存在する場合のみ裁判所に判断を求めることができるとし、違憲審査権は具体的事件性の要件をみたしたうえで行使する必要があるとして、訴えを却下した。②について、最高裁は国家試験の合否の判定は、「学問または技術上の知識、能力、意見等の優劣、当否の判断を内容とする行為」であるから、法律上の争訟に当たらないとした（技術士国家試験事件〔最三判昭和41・2・8〕。なお、板まんだら事件 判例92 も参照）。

判例91　警察予備隊違憲訴訟

（最大判昭和27年10月8日民集6巻9号783頁）

事実　1950年（昭25）に自衛隊の前身である警察予備隊が創設された。これに対して、日本社会党を代表して原告は、1951年（昭26）4月1日以降被告（国）がなした警察予備隊の設置ならびに維持に関する一切の行為は、憲法9条に反し違憲無効であることの確認を求めて、直接最高裁に出訴した。

判旨　「わが裁判所が現行の制度上与えられているのは司法権を行う権限であり、そして司法権が発動するためには具体的な争訟事件が提起されることを必要とする。我が裁判所は具体的な争訟事件が提起されないのに将来を予想して憲法及びその他の法律命令等の解釈に対し存在する疑義論争に関し抽象的な判断を下すごとき権限を行い得るものではない。けだし最高裁判所は法律命令等に関し違憲審査権を有するが、この権限は司法権の範囲内において行使されるものであり、この点においては最高裁判所と下級裁判所との間に異るところはない」。

なお、警察予備隊違憲訴訟 判例91 では、最高裁は憲法裁判所としての性格も有するという原告の主張がなされた。これに対し、最高裁は、憲法81条から「最高裁判所が固有の権限として抽象的な意味の違憲審査権を有すること並びにそれがこの種の事件について排他的すなわち第一審にして終審としての裁判権を有するものと推論することを得ない」とした。そして、最高裁は、原告の主張について憲法裁判所のように「法律命令等の抽象的な無効宣言をなす権限を有する」とすると、「最高裁判所はすべての国権の上に位する機関たる観を呈し三権独立し、その間に均衡を保ち、相互に侵さざる民主政治の根本原理に背馳するにいたる恐れ」があり、また現行制度の下では憲法上及び法令上何らの根拠もないとして否定した。

(2) 法律上の争訟と客観訴訟　裁判所法3条1項は、「法律上の争訟」を裁判する権限と区別して、「法律において特に定める権限」を認めているが、それは客観訴訟に対する裁判権であると解されてきた。個人の権利・利益の保護を目的とする主観訴訟に対して、客観訴訟は法令の適用の客観的適正さを保障し、公益を保護するための訴訟であり、行政事件訴訟法における民衆訴訟（行訴5条）や機関訴訟（同6条、地自176条7項、251条の5、252条参照）がそれ

に当たる。客観訴訟では、原告は自己の権利または法律上の利益の侵害を、訴えの利益として主張することは必要とされず、法律の定める場合に法律の定める者に限り提起することができる（行訴42条）。

したがって、客観訴訟は法律上の争訟の要件をみたさないことになるが、最高裁は、民衆訴訟に含まれる選挙訴訟（公選203条、204条、208条）や住民訴訟（地自242条の2）で、法令の憲法適合性に関する数多くの憲法判断を下してきた。この点について、伝統的な見解は、国会は法律によって裁判所に権限を与えることができると解してきたが、客観訴訟で憲法判断を下すことは、従来の法律上の争訟を前提とした憲法判断とはいえないことになる。このことは、司法権の概念の再構成を含めて問題を提起することになる。

この点に関する学説の対応として三つあげられる。第一に、司法権の本質から裁判特有の決定のあり方を導き出し、客観訴訟の内実が裁判による法原理的決定になじみやすくかつその決定に終局性が保障され、事件・争訟性を擬制するに足りるものであれば憲法に反せず、法政策上の問題であると解する有力説がある。この説は、事件性の要件と「法律上の争訟」の要件は司法権の本質を共有するものととらえるものである。

第二の説は、事件性の要件と「法律上の争訟」をその本質を共有しつつも、その範囲において相違が存在するとし、事件性の要件の中に「法律上の争訟」が包含される関係としてとらえるものである。この説は、アメリカの事件性の要件の理解には、憲法上の要請と政策的要請がともに含まれているとし、したがって司法権の対象はもともと「法律上の争訟」ばかりではなく、法律上の根拠がなくても、具体的な国の行為と提訴権者の権利・利益との間に、一定の形での争い（具体的事件）があれば客観訴訟も扱いうるとする。

第三の学説は、憲法上の司法権の定義として「適法な提訴を待って、法律の解釈・適用に関する争いを、適切な手続の下に、終局的に裁定する作用」であるとし、司法権の対象を提訴権の認められる事件と解することによって、事件性の要件を司法権の定義から外すものである。この説によれば、客観訴訟は潜在的に司法権の対象であり、それを対象とするか否かは立法に委ねられることになる。この見解によった場合には、抽象的違憲審査制も許容されることになろう。

司法権の歴史的発展の経緯やアメリカ憲法のとる司法権観念との関係を考慮すると、第二説が適切のように思われる。

第4節　司法権の限界

1　憲法上の明示的限界と国際法上の限界

　法律上の争訟にあたれば原則として司法権が行使されるが、事柄の性質上司法権の及ばない場合が存在する。それが司法権の限界といわれるものである。なお、正確にはここでいう司法権の限界には当たらないが、従来そのように議論されてきたものについてもここで論じる。

　司法権の限界として、まず憲法上及び国際法上の限界があげられる。憲法上明文が定める司法権の限界として、国会議員の資格争訟の裁判（憲55条）と裁判官の弾劾裁判（同64条）があげられる。また、国際法上の限界としては、外交特権の一つとしての治外法権があげられる。外国国家の主権的行為は、原則として法廷地国の民事裁判権に服することを免除されるが、私法的行為ないし業務管理的な行為については、もはやその限りではない（最二判平成18・7・21）。さらに、特別な条約に基づく場合にも裁判所の審査権は制限される（安保協定17条3項(a)）。なお、天皇には民事裁判権が及ばないことについては、すでに述べた（第5章第2節1(3)参照）。

2　憲法解釈による限界

　つぎに、憲法解釈によって導き出されてきた司法権の限界が存在する。

　(1) 自律権に属する事項　国会の各議院や内閣は、それぞれの組織、運営などの内部事項につき自主的に決定する自律権を有するが、それらには司法審査は及ばない。最高裁は、国会内部の議事手続に関して、国会両院の自主性を尊重すべきであり、議事手続の有効無効を判断すべきではないとした（警察法改正無効事件 判例86、国民投票法案不受理事件 判例87）。同様に、内閣との関係では、内閣総理大臣による国務大臣の任免（憲68条）、国務大臣の訴追に対する内閣総理大臣の同意（同75条）、内閣の閣議における議事手続などの内部事項

には司法審査は及ばない。

(2) **立法府及び行政府の裁量事項**　行政府の裁量に委ねられた事項については、裁量権の逸脱や濫用がない限り（行訴30条）、裁判所の審査は及ばないとされてきた。また現代の行政国家化の中で、社会経済政策立法や社会権立法について、広汎な立法裁量論が唱えられており、判例もその立場によっている（租税立法における立法裁量——大島訴訟 判例97、生存権立法——堀木訴訟 判例68）。これに対し、裁量の範囲は法によって認められたものであり、裁量事項について司法審査が直ちに排除されるわけではないとする立場も有力である。行政の裁量判断過程に司法審査が及ぶとする見解も有力になっている。

(3) **統治行為**　「直接国家統治に関する高度に政治性のある国家行為」には、司法権は及ばないとする統治行為論（**第1章第1節3**参照）ないし政治問題の法理に属する事項として、従来の理解では国会、内閣の基本的な組織・運営に関する事項、衆議院の解散などの国会と内閣との相互関係に関する事項、そして国家の安全保障・外交に関する事項などが指摘されてきた。

最高裁も、日米安保条約の合憲性が争われた砂川事件 判例102 で、その合憲性の「法的判断は、純司法的機能をその使命とする司法裁判所の審査には、原則としてなじまない性質のものであり、一見極めて明白に違憲無効であると認められない限りは、裁判所の司法審査権の範囲外」であるとして、裁量論を伴った統治行為論を採用した。その後、最高裁は、苫米地事件 判例73 で、「裁判所の審査権の外にあり、その判断は……政府、国会等の政治部門の判断に委され、最終的には国民の政治判断に委ねられている」として、純粋な統治行為論をとった上で、「この司法権に対する制約は、結局、三権分立の原理に由来し、……司法権の憲法上の本質に内在する制約」であるとした。

統治行為論に対して、日本国憲法の権力分立は、憲法81条により司法審査を裁判所の職務として取り込んだものであること、憲法は徹底した法の支配の立場に立つこと、国家行為はその性質上、元来、政治性を帯びざるをえないことなどをあげて否定する説もあるが、肯定説が有力である。ただし、肯定説もその根拠によって二つに大きく分かれる。一つは、憲法判断を下した場合の裁判所を巻き込んだ政治的に収拾しがたい結果を予想して、司法の自制を説く自制説である。もう一つは、憲法の基本原則である権力分立制の原理や、高度に

政治的な問題は直接選挙によって選ばれた国会や内閣の判断に委ねられるべきことを根拠とする内在的制約説である。判例は内在的制約説の立場をとるが、多くの学説は機能説をとる。機能説は、自制説と内在的制約説の意義を認めつつ、両者の内容と区別のあいまいさから統治行為の概念と範囲を厳格に理解し、個別具体的に検討しようとするものである。統治行為の存在を一切否定することはできないものの、日本国憲法が法の支配の観念を重視している点を踏まえれば、統治行為の範囲はできる限り絞ってとらえるべきであり、その点で折衷説が適切であろう。従来の統治行為とされる事項のうち、自律権や裁量権の問題として判断できる事項については、統治行為としてではなく個別的に考えていくべきであろう。

(4) **団体の内部紛争**　団体の内部紛争に司法権が及ぶのかという点について、部分社会の法理がいわれる。部分社会の法理とは、国家における法秩序は多元的であるとの理解を背景に、地方議会、大学、政党、宗教団体などの自律的法規範をもつ社会ないし団体は、一般社会とは異なる部分社会を構成するから、それら団体の内部紛争については、一般市民法秩序と直接の関係を有することが認められない限り、その団体の「法」による自律的な解決に委ね、司法権の限界に当たるとする考え方である。

　部分社会の法理は判例によって示されたもので、初めてその法理を打ち出した富山大学事件（最三判昭和52・3・15）のほか、地方議会議員出席停止事件（最大判昭和35・10・19）、共産党袴田事件 判例74 などが代表的な事件としてあげられる。例えば、富山大学事件では、大学における単位不認定処分は司法審査の対象にならないと判示した。

　しかし学説は、部分社会の法理に従うと、団体の内部紛争に包括的に司法審査が及ばないとされることになり妥当ではないとして、団体の性格、目的などの多様性を踏まえ、例えば、大学は学問の自由（憲23条）、政党は結社の自由（同21条、地方議会については同93条）というように、各個別の団体ごとに人権保障の根拠と内容を問い、さらにそこでの紛争の性格、紛争の深刻さ、司法的救済の必要性などに応じた判断が求められるとする。

　宗教団体の内部紛争については、信教の自由の意義や政教分離原則（憲20条3項）による制約をどのように解するかが重要となる。この点、従来の判例は、

①宗教上の地位の確認や信仰の対象の価値または宗教上の教義についての判断を求める訴えには、裁判所の審査権は及ばない、②具体的な権利義務関係をめぐる紛争の前提問題として宗教問題が争われているときに、宗教上の教義や信仰の内容に立ち入らずに判断できるときには、裁判所の審査権は及ぶと解していた。その後、最高裁は板まんだら事件 判例92 で、宗教問題が前提問題として争われている場合でも、紛争の実体ないし核心が宗教上の争いであって、紛争が全体として裁判所による解決に適しない場合には、法律上の争訟に当たらないとして訴えを却下した。

判例92　板まんだら事件

（最三判昭和56年4月7日民集35巻3号443頁）

事　実　被告宗教法人の元会員である原告らは、広宣流布達成の時期に御本尊「板まんだら」を安置する「事の戒壇」たる正本堂を建立する資金として寄付をしたところ、後に①「板まんだら」が偽物であったこと、②被告が正本堂完工後、一転して未だ戒壇の完結ではなく、広宣流布はまだ達成されていないと言明したことを理由に、原告らのした寄付行為には要素の錯誤があり無効であるとして、寄付金の返還を求めた。

判　旨　「裁判所がその固有の権限に基づいて審判することのできる対象は、裁判所法3条にいう『法律上の争訟』、すなわち当事者間の具体的な権利義務ないし法律関係の存否に関する紛争であつて、かつ、それが法令の適用により終局的に解決することができるものに限られる……。したがつて、具体的な権利義務ないし法律関係に関する紛争であつても、法令の適用により解決するのに適しないものは裁判所の審判の対象となりえない」。「要素の錯誤があつたか否かについての判断に際しては」、①について「信仰の対象についての宗教上の価値に関する判断が」、また、②についても「『戒壇の完結』『広宣流布の達成』等宗教上の教義に関する判断が、それぞれ必要であり、いずれもことがらの性質上、法令を適用することによつては解決することのできない問題である。本件訴訟は、具体的な権利義務ないし法律関係に関する紛争の形式をとつており、その結果信仰の対象の価値又は宗教上の教義に関する判断は請求の当否を決するについての前提問題であるにとどまるものとされてはいるが、本件訴訟の帰すうを左右する必要不可欠のものと認められ、また、記録にあらわれた本件訴訟の経過に徴すると、本件訴訟の争点及び当事者の主張立証も右の判断に関するものがその核心となつ

ていると認められることからすれば、結局本件訴訟は、その実質において法令の適用による終局的な解決の不可能なものであつて、裁判所法3条にいう法律上の争訟にあたらない」ものであり、不適法なものとして却下すべきである。

　最高裁は、本判決以後、宗教団体の内部紛争には消極的な姿勢をとっている。例えば、宗教法人法上の地位の存否を判断する前提問題として、宗教団体内部の懲戒処分の効力判断が求められるときには、「それが宗教上の教義、信仰の内容に深くかかわっているため」、その内容に立ち入ることなく判断できず、しかも「その判断が訴訟の帰趨を左右する必要不可欠のものである場合には」、「その実質において法令の適用による終局的解決に適しない」として、やはり法律上の争訟に当たらず、訴えは却下されるという立場を示している（蓮華寺事件。最二判平成元・9・8）。また、宗教法人法上の地位をめぐる紛争で、宗教上の地位の存否が前提問題となっているときにも同様な立場がとられている（日蓮正宗管長事件。最三判平成5・9・7）。

　判例の立場は、信教の自由の保障という観点を重視するものと思われる。ただ、宗教団体の内部紛争について、司法権が国家機関として、宗教的中立性の観点から不介入の立場をとることが、事実上当該宗教団体の多数派への肩入れとなる可能性を生みだし、そのことによって宗教的少数派の裁判を受ける権利を侵害する可能性がある点に注意するべきであろう。ただ、どのようにして宗教団体の自律性に配慮しつつ、裁判所が紛争を解決するための実体的判断を示すかという点については、なお一致した見解はみられない。

　最高裁は、政党の内部紛争についても、当初裁判所による手続審査を認める立場を示していたが（共産党袴田事件 **判例74**）、その後日本新党除名事件 **判例75** で、手続審査についても消極的な判断を示すに至っている（**第2章第3節**参照）。

第5節　違憲審査制

1　違憲審査制の類型

(1) 付随的違憲審査制と憲法裁判制　憲法が法律や国家行為などにより侵害されることから守り、憲法の最高規範性を維持することを憲法保障と呼ぶ。違憲審査制は、憲法の最高法規性の観念に基づいて、法律や国家行為の憲法適合性を立法府以外の機関が判断する制度であり、事後的な匡正を図る憲法保障制度の一つである。

違憲審査制の下でどのような機関がその審査にあたるかについては、フランスのように政治的機関が行う例もみられるが（ただし、最近は憲法裁判所的な性格を強めている）、一般的には裁判所による場合がほとんどである。その中でさらに、アメリカのように通常の司法裁判所が、具体的事件の解決に必要な限りで違憲審査を行う付随的違憲審査制と、ドイツのように特別の裁判所として憲法裁判所を設け、具体的事件とは離れて抽象的に法律の憲法適合性を判断することに特色を有する憲法裁判制（抽象的違憲審査制）に分かれる。

わが国の違憲審査制はアメリカ型とされるが、憲法81条は「最高裁判所は、一切の法律、命令、規則又は処分が憲法に適合するかしないかを決定する権限を有する終審裁判所である」と明文で規定しており、判例によって確立されたアメリカの違憲審査制とその点で異なる。なお違憲審査権は、最高裁判所ばかりではなく下級裁判所にも認められている（最大判昭和25・2・1）。

(2) 違憲審査制の合一化傾向　付随的違憲審査制は個人の人権保障を主な目的とするのに対し、憲法裁判制は客観的な憲法秩序の保障を図ることを目的とする。日本国憲法の違憲審査制は、付随的違憲審査制に属する。学説の中には、法律によって最高裁に憲法裁判所としての性格を付与しうるとする説もあるが、最高裁は、警察予備隊違憲訴訟 判例91 で、付随的違憲審査制がとられていることを明らかにした。

ドイツの憲法裁判制は、憲法機関相互の争訟の裁定などの伝統的な制度の上に、アメリカの違憲審査制の影響を受けて成立したものであり、通常の裁判所

の系列からも独立した憲法裁判所に、従来の機関争訟の権限に加えて、抽象的規範統制、具体的規範統制、さらに憲法異議など多面的な権限が与えられている。ただし、ドイツの憲法裁判制において、近年個別的な憲法上の権利侵害に対する救済を目的とする憲法異議の事件数が、憲法裁判所の取り扱う事件数の大部分を占めるようになっている。また、アメリカでも1970年代の環境権訴訟で当事者適格が緩和され、さらに権利侵害に対する救済を広く認めたことなどから、通常の司法裁判所の憲法保障的機能がかなり強くなっている。そのため二つの異なる違憲審査制の果たす機能が類似してきているとして、両者の合一化傾向を指摘する声が強い。

2 違憲審査制の基本的立場

裁判所が法令等の合憲性を審査する場合の基本的立場として、立法府との関係から司法消極主義と司法積極主義が指摘される。司法消極主義は、裁判所は具体的事件の解決をまず優先させるべきであり、必要以上に法令等の違憲審査に立ち入るべきではなく、立法府の裁量を尊重すべきであるとする。人権保障とくに少数派の保護という観点からは積極的な法令の違憲審査を認める司法積極主義も有用であるが、他方民主主義の観点からすれば、国民によって直接選任されていない裁判官からなる裁判所は、議会の多数決の決定を尊重する姿勢を示すことの必要性が指摘される。

そこで、一般に穏健な司法消極主義の立場を示すアメリカの判例でとられた憲法判断回避の準則が参照される。その準則のうちとくに重要とされるのが、ほかに処理できる理由があるなら裁判所は憲法問題を判断しないとする第4準則と複数の憲法解釈のうち合憲となる解釈をとるべきとする第7準則である。第4準則は文字通りの憲法判断回避であり、自衛隊の合憲判断が争われた恵庭事件 判例6 でとられた。しかし、憲法判断を門前払いの形で回避した同判決には批判が強い。重要な憲法上の争点の明確性、人権侵害の可能性などが高い場合には、憲法判断を回避すべきではないであろう。

もっとも、最近のわが国の最高裁について、その違憲審査の活性化が指摘されている。例えば、国籍法判決 判例18 では、従来緩やかな審査と解されてきた平等に関する合理的区分論の厳密化、立法事実の変化を理由とする違憲判断、

そして法令の一部を違憲とする部分違憲という新たな違憲判断の手法などが見られた。今後の動向が注目される。

3 憲法訴訟の諸問題

(1) **違憲主張の適格**　憲法訴訟法という法律は存在しない。憲法訴訟が成り立つためには、民事訴訟、刑事訴訟、行政事件訴訟などの訴訟要件をみたしていることが必要になる。裁判所は訴訟要件が欠けていると認めるときは、訴えを不適法として却下判決を下すことになる。

憲法訴訟の当事者は、他人の憲法上の権利・利益の侵害を理由として、法令や処分が違憲であると主張することは原則としては許されないが、第三者の憲法上の権利に対する現実の侵害を援用して、法令・処分の違憲性を主張できる場合もありうる。最高裁は、当初それを否定していたが、第三者所有物没収事件 判例21 で認めた。また表現の自由を過度に広汎に制約する法律の場合にも、不特定の第三者の憲法上の権利の援用が許されるといわれる。

なお、最高裁は、メーデーの集会のために使用申請した皇居外苑の使用不許可処分が争われた皇居前広場事件（最大判昭和 28・12・23）で、訴訟係属中にメーデーの日が経過した以上、すでに訴えの利益は失われたとしつつ、「なお、念のため」として、公園の管理権と集会の自由との関係について憲法判断を示したことがある。アメリカの判例にいう「紛争が繰り返されるにもかかわらず、司法審査を免れる」場合には、司法審査が認められるという法理と同旨であろう。

(2) **憲法判断の方法**　この点については、**第Ⅰ部第3章第2節**参照。

(3) **違憲審査の対象**　違憲審査の対象は「一切の法律、命令、規則又は処分」であり（憲81条）、立法機関による法律ばかりでなく、行政機関による命令、規則、処分もそこに含まれる。裁判も個々の事件に対して具体的処置をとるものであるから、その本質は一種の処分である（最大判昭和 23・7・7）。

(4) **条約と違憲審査**　この点については、**第Ⅰ部第1章第4節**参照。

(5) **立法不作為と違憲審査**　立法不作為は違憲審査の対象となるのか。憲法上特定の立法をなすことが義務づけられているにもかかわらず、正当な理由もなく相当期間経過した後もなお立法がなされない場合には、その不作為は違

憲審査の対象となりうるとされるが、問題はどのようにそれを争うかである。

立法不作為の違憲性を争う訴訟としては、義務づけ訴訟、違憲確認訴訟、国家賠償訴訟による場合が考えうる。このうち、義務づけ訴訟や違憲確認訴訟については権力分立の観点から難点が指摘され、広く国家賠償訴訟が用いられてきた。しかし最高裁は、在宅投票制事件 判例93 できわめて厳しい要件を課すことによって、立法不作為の違憲性を国家賠償訴訟で争う途もほぼ閉ざした。

判例93 在宅投票制事件

(最一判昭和60年11月21日民集39巻7号1512頁)

(事 実) 身体障害者等に在宅のまま投票を認める在宅投票制度は、制度が悪用され数多くの選挙違反が行われたため、1952年（昭27）に廃止され、その後も復活のための立法は行われなかった。そのため作業中に障害を受けた原告は、8回の選挙で投票をすることができなかった。そこで、原告は、国家賠償法1条1項の規定に基づき、国と法務大臣に損害賠償を請求した。第一審は原告の請求を一部認容したため、国が控訴したが、控訴審は在宅投票制度廃止後の1969年（昭44）以降の立法不作為を違憲としたものの、国会議員の故意・過失を認めなかったため、原告が上告した。

(判 旨)「国会議員は、立法に関しては、原則として、国民全体に対する関係で政治的責任を負うにとどまり、個別の国民の権利に対応した関係での法的義務を負うものではないというべきであつて、国会議員の立法行為は、立法の内容が憲法の一義的な文言に違反しているにもかかわらず国会があえて当該立法を行うというごとき、容易に想定し難いような例外的な場合でない限り、国家賠償法1条1項の規定の適用上、違法の評価を受けない」。「憲法には在宅投票制度の設置を積極的に命ずる明文の規定が存しないばかりでなく、かえつて、その47条は『選挙区、投票の方法その他両議院の議員の選挙に関する事項は、法律でこれを定める。』と規定しているのであつて、これが投票の方法その他選挙に関する事項の具体的決定を原則として立法府である国会の裁量的権限に任せる趣旨である」ことからみて、「本件立法行為につき、……例外的場合に当たると解すべき余地はなく、……国家賠償法1条1項の適用上違法の評価を受けるものではない」。

最高裁はその後、在外邦人選挙権事件 判例71 で、「国会議員の立法行為又は立法不作為」が国家賠償法上違法と判断される基準を実質的に緩める姿勢を

見せた。ただ、最高裁は、その後の精神的原因による投票困難者に関する立法不作為の国家賠償請求事件では、請求を退けた（最一判平成18・7・13）。

　また、在外邦人選挙権事件 判例71 では、選挙権の確認訴訟も提起された。最高裁は、立法不作為が継続する限り選挙権を行使する権利が侵害されるので「確認の利益」に当たり、そのため事件を「公法上の当事者訴訟のうち公法上の法律関係に関する確認の訴え」によって救済を求めることができるとし、原告は「在外選挙人名簿に登録されていることに基づいて投票をすることができる地位にある」と判断し、請求を認容した。重要な権利侵害に対する司法による救済を重視した判断といえる。

(6)　**国の私法上の行為**　　国の私法上の行為は、違憲審査の対象となるのか。この点について、最高裁は、百里基地訴訟（最三判平成元・6・20）で、憲法98条1項の「国務に関するその他の行為」とは、「公権力を行使して法規範を定立する行為を意味」し、本件自衛隊用地の買収などという国の私法上の行為は、それに当たらないと判示した。しかし、実質的に公権力の行使に当たれば「国務に関するその他の行為」といえよう。

(7)　**違憲判断の方法**　　この点については、**第Ⅰ部第3章第2節**参照。

(8)　**違憲審査基準**　　裁判所の違憲審査は、すでに述べた「二重の基準論」を基本枠組みとして行われるとするのが、通説的な見解である。具体的には、精神的自由を規制する立法と経済的自由を規制する立法に分けた上で、前者には厳格な審査基準を適用し、後者には緩やかな審査基準を適用して判断が行われる。その審査では、それぞれ立法目的の重要性と立法目的達成手段選択の適切性、そして目的と手段との関連性の程度をもとに判断が行われる。その際に立法事実の検証が重要となる場合が多い。立法事実とは、合憲性が争われている立法の目的及び目的達成手段を支えている社会的・経済的事実等の一般事実をさし、当該事件に関する事実を意味する司法事実とは区別される。立法事実を踏まえることによって、法律の合憲性についての裁判所の判断は、説得力を増すことになる。この点に関連して、最近見られる立法事実の変化を理由にした違憲判断については、その変化の評価に困難を伴うこともあろう。

　違憲審査の具体的な基準としては、厳格審査基準、厳格な合理性の基準、合理性の基準を基本としつつ、規制の態様、方法、権利の性質に応じて、さまざ

これまでの法令違憲判決

1 尊属殺重罰規定事件 判例3
2 薬局距離制限事件 判例64
3 衆議院議員定数不均衡事件昭和51年判決（最大判昭和51・4・14）
4 衆議院議員定数不均衡事件昭和60年判決（最大判昭和60・7・17）
5 森林法共有林分割請求事件 判例66
6 郵便法事件 判例70
7 在外邦人選挙権事件 判例71
8 国籍法判決 判例18
9 非嫡出子相続分差別事件 判例20
10 再婚禁止期間事件 判例19

まなヴァリエーションが学説上みられる。もっとも、このような「二重の基準論」を基礎とする違憲審査基準論に対しては、「二重の基準論」の示す精神的自由と経済的自由の区分それ自体の適切さが問題とされることに加え（**第Ⅱ部第1章第5節2**（2））、それが判例の明確に採用するところとなっていないために、判例を説明するものとしては不十分であることが批判され、最近では三段階審査論が提唱されている。三段階審査論とは、憲法上の権利と保護領域をまず画定し、つぎに憲法上の権利の侵害を確認した上で、最後に憲法上の権利の侵害が正当化されるか否かを審査しようとするものである。正当化の審査では、形式的（文言の明確性など）・実質的な審査がなされるが、実質的な審査の中でとくに比例原則が重要であり、比例原則では手段の適合性、必要性、そして利益の均衡（狭義の比例原則）といった異なった観点から審査される。三段階審査論はドイツの議論をもとにするものであり、アメリカ型とされる日本の司法権概念の把握とうまく接合していくかが注目される。

(9) 法令違憲と適用違憲 法令違憲とは、法令の規定を全体として違憲とする違憲判断の手法であるが、これまでその例は数少なく、10件9種類の判決をあげうるにすぎない。法令違憲の判断と異なり、法令の一部を違憲とする部分違憲の手法も見られる。例えば、郵便法事件 判例70 や国籍法判決 判例18 などがある。なお、国籍法判決については、国籍法の一部の違憲を認めたうえでなされた合憲解釈であり、法令違憲判決ではないとする見解も有力である。

適用違憲とは、法令の規定自体を違憲・合憲とはせずに、法令を当該事件へ適用する限りで違憲であるとする手法である。それは、合憲限定解釈と異なり、法律の救済ばかりではなく、必ず権利救済の効果を有する。

適用違憲の類型にはいくつかあるが、最高裁は、猿払事件 判例11 判例84 で、第一審判決が示した法令が合憲部分と違憲部分とに分かれておらず、法令

の合憲限定解釈が不可能である場合に、違憲的適用の場合をも含むような広い解釈の下に、法令を当該事件に適用することを違憲とする代表的な類型（旭川地判昭和 43・3・25）について、「法令の一部を違憲とする」に等しいものと断じて否定した。最高裁は、適用違憲判決を下す場合には、法令の合憲性が前提となっているとする立場をとっているようである。なお、適用違憲の類型については、必ずしも学説上一致しているわけではない。

⑽　**違憲判決の効力と先例拘束性の原則**　　法令違憲判決の場合に、法令の効力をどのように解するかについて、法律の定めに従って取り扱うとする法律委任説も有力に主張されているが、学説は大きく個別的効力説と一般的効力説に分かれる。個別的効力説は、法令違憲判決について、法令がその事件に限って無効となるという法的効果を有するにとどまるとする。これに対し、一般的効力説は、法令違憲判決が法令の事件への適用の排除のみならず、法令それ自体を廃止する法的効果をもつと解している。付随的違憲審査制の趣旨、法令違憲判決に一般的効力を認めることは消極的立法作用となり、国会が唯一の立法機関（憲 41 条）であることに反するおそれなどから、個別的効力説が基本的に妥当であろう。もっとも、最高裁の法令違憲判決が下された場合には、内閣はその法律の執行を差し控え、国会は法律の改正ないし廃止を行うことが通例となりつつある。

　なお、個別的効力説をとるアメリカでも、先例拘束性の原則の下で一般的効力説に近い効果も有するとの指摘も見られる。先例拘束性の原則とは、ある判決で明らかにされた法の準則が、将来の同種事件でも原則として裁判所が従うべきものとされる法理であり、先例の判決の中で、判例法として規範的効力をもつ部分は判決理由（ratio decidendi）と呼ばれ、傍論（obiter dictum）と区別される。通説は、最高裁判決について、事実上の拘束力をもつが法的拘束力は有しないと解してきたが、有力な学説は、わが国の司法権の観念がアメリカ流であることなどを理由に、判例に弱い法的拘束力を認めている。

⑾　**憲法判例の変更**　　この点については、**第Ⅰ部第 1 章第 2 節 2** 参照。

⑿　**違憲判決の事後処理**　　違憲判決には、違憲という法規範的評価と違憲状態の是正のための事後処理という二つの要素がある。後者については、法令違憲判決に対する立法部の対応が重要となるが、尊属殺重罰規定事件 **判例 3**

を除くと、その対応は速やかになされている。

　ただ、違憲判決に対する事後処理が注目されるきっかけとなったのは、衆議院議員定数不均衡事件昭和51年判決（最大判昭和51・4・14）で事情判決の法理が現れてからである。最高裁は、この事件で、公選法219条1項が準用を否定していたにもかかわらず、行訴法31条の事情判決の制度に言及し、事情判決の法理という法創造的な訴訟の出口論を展開し、定数配分規定は違憲ではあるが、選挙を無効とすることは公共の利益に反し、「憲法の所期しえない結果」を生み出すとして、主文では違法を宣言するにとどめると判示した。

　事情判決に対しては、違憲審査の意義としての憲法秩序の維持及び人権保障という観点から見て不十分であるなどの批判的な評価が加えられているが、裁判所と立法府の権力間の調整という観点からは、一概には否定できないものがあるといえよう。

　そのほか、違憲状態の是正方法としては、将来効判決などが指摘されてきた。将来効判決とは、違憲無効の判決の効果を将来の一定の時点から発生させようとするものである。国会に対する判決の効果としては直接的ではないが、かなり強い判決方法である。救済の必要性がかなり高い場合に検討の対象となるものであろう。この点で、高裁判決の中に将来効判決を下したものがあることが注目される（例えば、広島高判平成25・3・25）。

第6節　裁判の公開の意義

(1) 沿革　　近代の憲法では、多くの冤罪が生じた密室裁判の弊害を踏まえて、裁判の公正と裁判に対する国民の信頼を確保するために、裁判の公開の原則がとられている。日本国憲法も「裁判の対審及び判決は、公開法廷でこれを行ふ」と定める（憲82条1項）。「対審」とは、裁判官の面前で訴訟当事者が口頭で自己の主張を述べあうことであり、民事訴訟における口頭弁論、刑事訴訟における公判手続がそれにあたる。訴訟手続のうちで最も重要な部分を占める。「判決」とは、両当事者の申立てに対して下す裁判官の判断をさす。

(2) 裁判の公開と法廷警察権　　裁判の「公開」は、具体的には誰でも傍聴できる状態で裁判が行われることを意味する。裁判の傍聴の自由に関しては二

つの重要な点があげられる。まず、傍聴の自由には裁判に関する報道の自由が含まれるが、国民の知る権利に奉仕する報道の自由・取材の自由と、法廷における秩序を維持するために行使される法廷警察権との調整が求められるということである。最高裁は、公判廷における写真撮影、録音または放送について裁判所の許可を求める刑事訴訟規則215条を、法廷の秩序維持、被告人等の利益の保護を理由に合憲とした（北海タイムス事件。最大決昭和33・2・17）。現在、公判廷の放送については冒頭の数分間の映像が流されている。

つぎに、表現の自由との関係で法廷における傍聴人のメモ行為の自由が問題となる。レペタ法廷メモ事件 判例94 で、最高裁は、裁判の公開を制度的保障と解しつつ、傍聴人のメモを取る行為について、特段の事情のない限り、傍聴人の自由に任せるべきであるとし、現在はメモを取ることは原則として許されている。

判例94 レペタ法廷メモ事件

（最大判平成元年3月8日民集43巻2号89頁）

事実 アメリカ人弁護士の原告は、わが国経済法の研究の一環として、東京地方裁判所における所得税法違反被告事件の公判を傍聴した。原告は、メモを取ることの許可を求めたが、許されなかった。そこで、原告は、メモ採取不許可はメモを取る権利を侵害し、憲法21条、82条等に違反するとして、国に対し損害賠償を請求した。第一審と控訴審でともに敗訴したため、上告した。

判旨 憲法82条1項は、「裁判を一般に公開して裁判が公正に行われることを制度として保障」するものであり、それに伴い「各人は、裁判を傍聴することができる」が、「傍聴することを権利として要求できることまでを認めたものでないことはもとより、傍聴人に対して法廷においてメモを取ることを権利として保障しているもの」でもない。

「憲法21条1項の保障の下で、『情報等に接し、これを摂取する自由は、右規定の趣旨、目的から、いわばその派生原理として当然に導かれるところである』。「さまざまな意見、知識、情報に接し、これを摂取することを補助するものとしてなされる限り、筆記行為の自由は、憲法21条1項の規定の精神に照らして尊重される」。「裁判の公開が制度として保障されていることに伴い、傍聴人は法廷における裁判を見聞することができるのであるから、傍聴人が法廷においてメモを取ることは、その見聞する裁判を認識、記憶するためになされるものである限

> り、尊重に値し、故なく妨げられてはならない」。もっとも、その「筆記行為の自由は、憲法21条1項の規定によつて直接保障されている表現の自由そのものとは異なるものであるから、その制限又は禁止には、表現の自由に制約を加える場合に一般に必要とされる厳格な基準が要求されるものではない」。「メモを取る行為がいささかでも法廷における公正かつ円滑な訴訟の運営を妨げる場合には、それが制限又は禁止されるべきことは当然である」が、「傍聴人のメモを取る行為が公正かつ円滑な訴訟の運営を妨げるに至ることは、通常はあり得ないのであつて、特段の事情のない限り、これを傍聴人の自由に任せるべき」である。裁判長は「特に具体的に公正かつ円滑な訴訟の運営の妨げとなるおそれがある場合」のみ、法廷警察権によりメモを取る行為を制限または禁止することが望ましい。本件で裁判長がメモを取る行為を許可しなかった措置は合理的根拠を欠くが、法廷警察権の目的範囲を著しく逸脱するなど特段の事情は認められないから、国家賠償法1条1項にいう違法な公権力の行使に当たらない。

　最近の有力説は、公開の裁判の場である法廷での取材活動やメモ行為の制限について、表現の自由の保障の観点から、厳格に判断すべきとする。なお、裁判の公開との関係で、訴訟記録へのアクセスが認められるべきかが問題となるが、最高裁は権利としての刑事確定訴訟記録の閲覧を認めていない（最大判平成2・2・16）。

(3) 公開を要する「裁判」　最高裁は、純然たる訴訟事件については、「当事者の主張する権利義務の存否を確定するような裁判が」公開の法廷における対審及び判決によらなければ、憲法82条に違反するとともに、32条の趣旨を没却することになるとする（最大決昭和35・7・6）。憲法82条1項にいう「裁判」とは、訴訟事件のみであり（最大決昭和45・6・24）、訴訟事件の対立概念である非訟事件はそれに含まれず、裁判公開原則は適用されないとする。

　学説は、事件の性質と内容に応じて、非訟事件についても適切な手続的保障を加味し、できる限り公開・対審の原則を導入していくべきであるとする。

(4) 裁判公開原則の例外　憲法82条2項は、公開原則の例外として「裁判所が、裁判官の全員一致で、公の秩序又は善良の風俗を害する虞があると決した場合には、対審は、公開しないでこれを行ふことができる」とする。ただし、「政治犯罪、出版に関する犯罪又はこの憲法第3章で保障する国民の権利

が問題となつている事件の対審は、常にこれを公開しなければならない」とする。このように公開原則の例外の場合を厳しく定めているのは、かつて歴史的に不公正な秘密裁判が数多く見られてきたからである。なお、最高裁は、刑事訴訟法157条の3（証人尋問の際の証人の遮蔽措置）、157条の4（ビデオリンク方式による証人尋問）について、審理が公開されていることに変わりはなく、また、遮蔽措置やビデオリンク方式がとられても、被告人は証人の供述を聞くことができ、自ら尋問することもできるから、証人審問権の保障に反しないと判示した（最一判平成17・4・14）。また人事訴訟法は、公開裁判の原則の例外として、当事者等の私生活上の重大な秘密についての尋問を行うときは尋問の非公開を決定で行えるとする（人訴22条1項）。さらに、営業秘密に関して、2004年（平16）の特許法の改正（特許105条の4～105条の7）及び不正競争防止法（不正競争10条～13条）により、公開原則に対する制約が規定されている。

なお、最高裁は、情報公開法に基づき開示請求がなされた行政文書の不開示決定の取消訴訟において、実質的にインカメラ審理（裁判所だけが文書等を直接見分する方法により行われる非公開の審理）が求められた事件で、インカメラ審理が現行法上許されていないとして、それを許容した原判決を破棄したが、情報公開訴訟にインカメラ審理を導入することが望ましいとする補足意見が付されている（最一決平成21・1・15）。

第7節　国民の司法参加と裁判員制度

1　国民の司法参加

司法への国民の信頼の確保という観点から、国民に身近な司法をめざし、国民の司法参加が重視され、2009年（平21）5月から裁判員制度が施行されている。諸外国ではこれまで司法への国民参加として、陪審制と参審制がとられてきた。陪審制は、一般市民から選ばれた陪審員が刑事事件における起訴の決定をする大陪審と、民事事件及び刑事事件における事実問題の評決を行う狭義の意味の陪審である小陪審からなる制度である。参審制とは、一般国民の中から選出された参審員が、裁判官と同席して裁判の合議に参加するもので、ドイ

ツなどにその例がみられる。

2 裁判員制度の内容

このような各国の国民の司法参加への制度を検討して、わが国に取り入れられたのが、参審制を基本とする裁判員制度である。裁判員制度の下では、裁判体は裁判官3名と裁判員6名で構成される（裁判員2条2項・3項）。裁判員の選任は、選挙権を有する者の中から裁判所ごとに裁判員候補者名簿を作成したうえで（同20条～25条）、事件ごとに裁判員が選出される（同26条～28条、32条～34条）。また対象となる刑事事件は、殺人や強盗致死傷などの法定刑の重い一定の事件である。裁判員は、これらの事件で公判に立ち会い、証拠書類を取り調べるほか、証人等に質問するなどした後、事実の認定、法令の適用、刑の量定について、裁判体で合議する。法令の解釈及び訴訟手続に関する判断は裁判官が行う（同6条）。裁判官と裁判員の評議は対等の権限を前提に行われる（同6条1項、66条1項）。評決及び刑の量定は、多数決により行われるが、裁判官、裁判員のそれぞれ1名以上の賛成が必要とされる（同67条）。評議の内容については、裁判員に守秘義務が課されるとともに（同70条1項）、裁判員に対する請託、威迫等には罰則が科される（同106条、107条）。

裁判員制度については、「公平な裁判所」（憲37条1項）といえるのか、裁判官の職権行使の独立（同76条3項）に反しないかなど、多くの憲法上の問題が指摘され、実務家などからも違憲論が強く主張されてきたが、最高裁は合憲判断を示している。

判例95　裁判員制度違憲訴訟

（最大判平成23年11月16日刑集65巻8号1285頁）

事　実　被告人が覚醒剤の入ったスーツケースを密輸入しようとしたため、覚せい剤取締法及び関税法違反として起訴され、地裁での裁判員裁判で有罪判決を受けた。そこで被告人は、裁判員制度を定める裁判員法（裁判員の参加する刑事裁判に関する法律）は憲法32条、37条1項、76条3項などに違反するとして控訴したが退けられたため、上告した。

判　旨　憲法に国民の司法参加を定める規定が置かれていないことは、国民の司法参加を直ちに禁じるものではない。そうすると「国民の司法参加に係る制度

の合憲性は、具体的に設けられた制度が、適正な刑事裁判を実現するための諸原則に抵触するか否かによって決せられるべきものである」。憲法は、それら諸原則が確保される限り、「その内容を立法政策」に委ねている。「裁判員制度の仕組みを考慮すれば、公平な『裁判所』における法と証拠に基づく適正な裁判が行われること……は制度的に十分保障されている上、裁判官は刑事裁判の基本的な担い手とされている」から、刑事裁判の諸原理は確保されている。したがって憲法31条、32条、37条1項、76条1項、80条1項に違反しない。「憲法が一般的に国民の司法参加を許容しており、裁判員法が憲法に適合するようにこれを法制化したものである以上、裁判員法が規定する評決制度の下で、裁判官が時に自らの意見と異なる結論に従わざるを得ない」としても、それは合憲の法律に拘束される結果であるから、憲法76条3項に反しない。「裁判官と裁判員によって構成された裁判体」は、憲法76条2項の禁ずる特別裁判所に当たらない。「裁判員の職務等は、司法権の行使に対する国民の参加という点で参政権と同様の権限を国民に付与」などするものであり、憲法18条後段にいう「苦役」に当たらない。

　本判決は、裁判員制度に対する違憲論を包括的に取り上げて、それを裁判官全員一致の判決で退け、裁判員制度の合憲性を明確にしたものである。

参 考 文 献

　芦部信喜『憲法判例を読む』（岩波書店、1987年）
　伊藤正己『裁判官と学者の間』（有斐閣、1993年）
　大沢秀介『司法による憲法価値の実現』（有斐閣、2011年）
　奥平康弘『憲法裁判の可能性』（岩波書店、1995年）
　阪口正二郎『立憲主義と民主主義』（日本評論社、2001年）
　笹田栄司『司法の変容と憲法』（有斐閣、2008年）
　渋谷秀樹『憲法訴訟要件論』（信山社、1995年）
　高橋和之『憲法判断の方法』（有斐閣、1995年）
　戸松秀典『憲法訴訟（第2版）』（有斐閣、2008年）
　野中俊彦『憲法訴訟の原理と技術』（有斐閣、1995年）
　松井茂記『裁判を受ける権利』（日本評論社、1993年）
　柳瀬昇『裁判員制度の立法学』（日本評論社、2009年）

第7章 財　政

　この章では、財政の問題について検討する。およそ国家が活動をするためには経済的な裏付けを必要とするが、現代国家では国家の活動は福祉や教育など様々な分野にわたっており、財政のあり方が私たちの生活に与える影響は大きい。なお、日本国憲法が直接に定めているのは国の財政作用についてであることから、ここでは主として国の財政の問題を取り扱うこととする。

第1節　財政民主主義

　財政とは、国または地方公共団体がその存立を維持し、その目的を達成するために必要な財貨を入手し、使用しまたは管理する作用をいう。先に述べたように、国家の活動を支える財政のあり方は国政の方向と性格とを規定する基盤となることから、一般に、財政については、国民の代表機関である議会の統制の下におくという原則がとられる。この点、日本国憲法は、「財政」の章の冒頭で「国の財政を処理する権限」を「国会の議決」の下におく旨を定め（憲83条）、財政民主主義の原則によることを明らかにしている。

　なお、財政民主主義の語に代えて「財政立憲主義」の語が用いられることがある。ただ、財政立憲主義という観念は、責任政治の原則を財政作用に適用し、議会または国民による責任追及を実効的に確保することに力点を置いたものであって、財政民主主義の原則とは一応は区別される。

　実際、内閣が国会・国民に対して定期に、少なくとも毎年1回、国の財政状況について報告すべき旨を定めた憲法91条は、財政民主主義の原則を敷衍したものというよりは、国会・国民に対する説明責任を含めた責任の追及を可能にするために定められたものだと説明される。

第2節　租税制度

1　租税法律主義

　憲法84条は、国費の徴収について、租税を新設・変更するためには法律の形式で国会の議決が必要であるとする、いわゆる租税法律主義の原則を定めている。ただ、「法律又は法律の定める条件による」という文言からも分かるように、法律以外の法令による課税も認められないわけではない（関税3条及び地税3条参照）。

　この原則により、租税の種類ないし課税の根拠のみならず、納税義務者、課税物件、課税標準、税率などの課税要件ならびに租税の賦課・徴収の手続を法律によって定めることが要求される。

　法律で定めなければならない「租税」とは、国や地方公共団体がその経費にあてるため国民から強制的に徴収する金銭を意味する。このほか、負担金（都市計画負担金、道路負担金、河川負担金など）や手数料（旅券発給手数料など）も、ここでいう「租税」に含まれ、または「租税」に準じた取扱いが必要であると説かれることがある。この見解によれば、狭い意味での「租税」のほか、「国が国権に基づいて収納する課徴金及び法律上又は事実上国の独占に属する事業における専売価格若しくは事業料金」も「法律又は国会の議決に基づいて」定めなければならないと定める財政法3条の規定は、憲法84条の要請を確認したものということになろう。

　この点、社会保険料が「租税」に当たるかどうかが争われたのが、つぎの事件である。

判例96　旭川国保事件

（最大判平成18年3月1日民集60巻2号587頁）

事　実　北海道旭川市では、国民健康保険事業の費用を保険料方式で徴収することとし、保険料率の算定の基礎とされる保険料の賦課総額の算出の基準を条例で定め、具体的な保険料率の決定・告示を市長に委ねていた。原告は、旭川市に

よる保険料賦課処分に対し、保険料の減免を申請したが、減免事由非該当の通知を受けたので、条例の賦課総額の算定基準が不明確であり、条例が保険料率を定めずに告示に委任することが租税法律主義に反するなどとして、賦課処分の取消しを求めて出訴した。

判旨　「国又は地方公共団体が、課税権に基づき、その経費に充てるための資金を調達する目的をもって、特別の給付に対する反対給付としてでなく、一定の要件に該当するすべての者に対して課する金銭給付は、その形式のいかんにかかわらず、憲法84条に規定する租税に当たる」が、保険料は、「被保険者において保険給付を受け得ることに対する反対給付として徴収されるものであ」り、「憲法84条の規定が直接に適用されることはない」。

憲法84条は「国民に対して義務を課し又は権利を制限するには法律の根拠を要するという法原則を租税について厳格化した形で明文化したもの」であるから、租税以外の公課であっても、「賦課徴収の強制の度合い等の点において租税に類似する性質を有するものについては、憲法84条の趣旨が及ぶ」。ただ、租税以外の公課は「賦課徴収の目的に応じて多種多様であるから、賦課要件が法律又は条例にどの程度明確に定められるべきかなどその規律の在り方については、当該公課の性質、賦課徴収の目的、その強制の度合い等を総合考慮して判断すべき」である。

保険料にも憲法84条の趣旨が及ぶが、その「賦課要件がどの程度明確に定められるべきかは、賦課徴収の強制の度合いのほか、社会保険としての国民健康保険の目的、特質等をも総合考慮して判断する必要がある」。

本件条例は、「賦課総額の算定基準を明確に規定した上で、……専門的及び技術的な細目にかかわる事項を、旭川市長の合理的な選択にゆだね」ており、それらについては、「国民健康保険事業特別会計の予算及び決算の審議を通じて議会による民主的統制が及ぶ」。それゆえ、本件条例が市長に保険料率の決定・告示を委任したことは、憲法84条の趣旨に反するとはいえない。

このように、最高裁は、「租税」の意味を狭く解し、国民健康保険料は「租税」に含まれず、「憲法84条の規定が直接に適用されることはない」と判断した。しかし、最高裁は、国民健康保険が強制加入であり、保険料が強制徴収されることから、国民健康保険料は「賦課徴収の強制の度合いにおいては租税に類似する性質を有する」として、「憲法84条の趣旨が及ぶ」と判断したのである。

2 課税作用に対する憲法的制約

具体的にどのような租税制度を構築するかは、「法律又は法律の定める条件」によって定める限り、国会の政策的・技術的な判断に委ねられる。しかし、憲法は、この国会の裁量に対して、一定の制約を課している。

まず、憲法14条1項は、国民が「経済的……関係において、差別されない」ことを保障しており、ここから租税平等原則が導かれる。それゆえ、租税法の内容が不合理な根拠に基づく区別をするものであるときには、憲法違反となる。そして、所得税法上の給与所得と事業所得との取扱いの違いが給与所得者に不公平な税負担を負わせるものではないかということが争われたのが、つぎの事例である。

判例97　大島訴訟

(最大判昭和60年3月27日民集39巻2号247頁)

事　実　私立大学教授である原告は、1964年〔昭39〕分の所得税の確定申告をしなかったところ、税務署長は、納付すべき税額を5万5250円とする更正決定をするとともに、無申告加算税の賦課決定をした。そこで、原告は、給与所得控除制度が必要経費の実額控除を認めておらず、給与所得者に対し他の所得者に比べて不公平な税負担を課しているなどとして、所得税法（1965年〔昭40〕改正前のもの）の給与所得に係る課税規定が全体として憲法14条1項に違反し、その課税規定を根拠とする当該課税処分は違法であるとして、その取消しを求める訴えを提起した。

判　旨　「租税法の定立については、国家財政、社会経済、国民所得、国民生活等の実態についての正確な資料を基礎とする立法府の政策的、技術的な判断にゆだねるほかはなく、裁判所は、基本的にはその裁量的判断を尊重せざるを得ない」。それゆえ、「租税法の分野における所得の性質の違い等を理由とする取扱いの区別は、その立法目的が正当なものであり、かつ、当該立法において具体的に採用された区別の態様が右目的との関連で著しく不合理であることが明らかでない限り、その合理性を否定することができず、これを憲法14条1項の規定に違反するものということはできない」。

「憲法14条1項の規定の適用上、……給与所得に係る必要経費の控除のあり方が均衡のとれたものであるか否かを判断するについては、給与所得控除を専ら給

与所得に係る必要経費の控除ととらえて事を論ずるのが相当である。しかるところ、給与所得者の職務上必要な諸設備、備品等に係る経費は使用者が負担するのが通例であり、また、職務に関し必要な旅行や通勤の費用に充てるための金銭給付、職務の性質上欠くことのできない現物給付などがおおむね非課税所得として扱われていることを考慮すれば、本件訴訟における全資料に徴しても、給与所得者において自ら負担する必要経費の額が一般に旧所得税法所定の前記給与所得控除の額を明らかに上回るものと認めることは困難であつて、右給与所得控除の額は給与所得に係る必要経費の額との対比において相当性を欠くことが明らかであるということはできないものとせざるを得ない」。

　租税法律主義は、課税要件の法定だけでなく、課税手続の法定も要求するものであるが、その手続は適正なものでなければならない。ただ、この問題は、適正行政手続の問題として、すでに**第Ⅱ部第2章第3節**で扱った。

第3節　国費の支出・債務負担・財産の管理処分

1　国費の支出等に対する国会の統制

　憲法85条は、国費の支出及び国の債務負担が国会の議決に基づくべきことを規定している。これは、憲法83条の財政民主主義の原則を支出面で具体化したものである。

　ここにいう「国会の議決」の形式について、国費の支出に関しては、一般的には憲法86条との関連から「予算」と解され、財政法も「予算」によるものと規定している（予算制度については、**第4節**を参照）。債務負担のための国会の議決に関しては、財政法は、法律と予算の二つの形式を認めている（財15条1項参照）。

　さらに、財政処理に対する国会の統制は、財産の管理処分にも及び、財産の管理処分については、会計法・国有財産法・物品管理法といった法律による規律がなされている。

2 宗教団体への公金支出等の禁止

　国費の支出及び財産の管理処分には、憲法89条による重要な制約がある。すなわち、同条は、「公金その他の公の財産」について、①「宗教上の組織若しくは団体の使用、便益若しくは維持のため」に「支出し、又はその利用に供してはならない」こと（前段）、及び②「公の支配に属しない慈善、教育若しくは博愛の事業」に対して「支出し、又はその利用に供してはならない」こと（後段）を定めている。

　前者は、憲法20条の政教分離原則（**第Ⅱ部第6章第3節**参照）を財政面から裏付けるものである。ここにいう「宗教上の組織若しくは団体」について、「宗教の信仰・礼拝ないし普及を目的とする事業ないし活動をひろく意味する」と説く学説もあるが、判例は、「特定の宗教の信仰、礼拝又は普及等の宗教的活動を行うことを本来の目的とする組織ないし団体」をさすものと解している（箕面忠魂碑事件 **判例39** 参照）。

　いずれにせよ、憲法89条前段によって、そのような「宗教上の組織若しくは団体」に対する公金の支出または公的財産の貸付・売払・譲与は禁止される。

　本条との関係が問われる場面として、文化財を所蔵する社寺等への保存修繕費の補助（文化財35条）がある。ただ、これは、わが国の歴史、文化等の正しい理解のため不可欠であり、将来の文化の向上発展の基礎をなす文化財を保存するという非宗教的な目的によるものであって、一般的に合憲と解されている。

　また、憲法89条前段をめぐるアクチュアルな問題として、宗教施設が大規模な自然災害で被災した場合に、その再建に対して公的な支援を行うことができるかという問題がある。実際、東日本大震災でも少なからぬ神社・寺院・教会が被害を受け、その再建が課題となっているが、その多くは憲法89条前段を理由に公的支援を受けられないでいる。確かにこれらの施設の宗教的な性格に着目して公的な支援を行うとすれば、憲法上問題があろう。しかし、宗教施設であるからといって直ちに国・地方公共団体の施策の対象外になるわけではなく、例えば地域の伝統や文化、コミュニティの再生等の面から地域の復旧・復興施策の対象とすることはできると考えるべきであるように思われる。

　さらに、市有地を神社の敷地として無償で使用させ続けることの合憲性が争

第Ⅲ部　第7章　財　　政

われた事例として、つぎの事件がある。

判例98　砂川政教分離訴訟（空知太神社事件）

（最大判平成22年1月20日民集64巻1号1頁）

事　実　北海道砂川市の住民であるXらは、同市がその所有地を空知太神社の建物等の敷地として無償で使用させていることは政教分離原則に違反し、同建物等の撤去及び土地の明渡しを請求しないことが違法に財産管理を怠るものであるとして、地方自治法242条の2第1項3号に基づく訴えを提起した。第一審は請求を一部認容し、原審も控訴を棄却した。

判　旨　「憲法89条も、公の財産の利用提供等における宗教とのかかわり合いが、我が国の社会的、文化的諸条件に照らし、信教の自由の保障の確保という制度の根本目的との関係で相当とされる限度を超えるものと認められる場合に、これを許さないとするもの」であるところ、「国公有地が無償で宗教的施設の敷地としての用に供されている状態が、……憲法89条に違反するか否かを判断するに当たっては、当該宗教的施設の性格、当該土地が無償で当該施設の敷地としての用に供されるに至った経緯、当該無償提供の態様、これらに対する一般人の評価等、諸般の事情を考慮し、社会通念に照らして総合的に判断すべき」である。

そして、「本件神社物件は、神社神道のための施設であ」ること、本件神社物件を管理している「氏子集団は、……憲法89条にいう『宗教上の組織若しくは団体』に当た」り、「本件利用提供行為は、……氏子集団が神社を利用した宗教的活動を行うことを容易に」するものであること、本件利用提供行為は「一般人の目から見て、市が特定の宗教に対して特別の便益を提供し、これを援助」するものであることから、本件利用提供行為は、「憲法89条の禁止する公の財産の利用提供に当た」ると解するのが相当である。

しかし、本件のような「違憲状態の解消には、神社施設を撤去し土地を明け渡す以外にも適切な手段があり得」、例えば、本件土地の「全部又は一部を譲与し、有償で譲渡し、又は適正な時価で貸し付ける等の方法によっても上記の違憲性を解消することができる」。砂川市には、「本件各土地、本件建物及び本件神社物件の現況、違憲性を解消するための措置が利用者に与える影響、関係者の意向、実行の難易等、諸般の事情を考慮に入れて、相当と認められる方法を選択する裁量権」があるから、「原審において、本件利用提供行為の違憲性を解消するための他の合理的で現実的な手段が存在するか否かについて適切に審理判断するか、当事者に対して釈明権を行使する必要があった」。したがって、「本件利用提供行為

を違憲とした原審の判断は是認することができる」が、「本件利用提供行為の違憲性を解消するための他の手段の存否等について更に審理を尽くさせるため、本件を原審に差し戻す」。

この判決で注目すべきは、つぎの2点である。第一に、最高裁は、かつて憲法89条前段で禁止される公金支出・財産供用に当たるかどうかについても目的効果基準（**第Ⅱ部第6章第3節4**参照）によって判断しなければならないと説いたことがあるが（愛媛玉串料事件 **判例38**）、本件では、目的効果基準を用いずに、本件利用提供行為を違憲であると判断している。

第二に、最高裁は、「違憲状態の解消には、神社施設を撤去し土地を明け渡す以外にも適切な手段があり得る」として、無償譲与、有償譲渡、有償貸付といった方法を例示している。これは、「仮に市が本件神社との関係を解消するために本件神社施設を撤去させることを図るとすれば、……地域住民の集団によって守り伝えられてきた宗教的活動を著しく困難なものにし、その信教の自由に重大な不利益を及ぼす」からである（富平神社事件〔最大判平成22・1・20〕参照）。

信教の自由と政教分離原則が対立するときに信教の自由に配慮して政教分離原則を後退させる必要がある場合があることはすでに触れたが（**第Ⅱ部第6章第2節**参照）、本件のような場合においても、信教の自由と政教分離原則との合理的調整を図る解決が求められるのである。

3 慈善・教育・博愛事業に対する公金支出

憲法89条後段は、「公の支配に属しない慈善、教育若しくは博愛の事業」に対して公金を支出しまたは公の財産を提供することを禁止しており、例えば、幼児の母親らによって運営される幼児教室に対し地方公共団体が土地・建物等を無償で提供し、補助金を交付したことがこの規定に違反しないかが争われたことがある（東京高判平成2・1・29参照）。この規定は、その趣旨が必ずしも明らかではないが、安易な公金支出や財産の供用を抑制しようとするためのものであることは確かであろう。

憲法89条後段については、「公の支配」をどのように解するかによって二通

りの解釈が存在する。一方では、「公の支配」とは、公的機関が事業内容や人事等について決定的な支配力をもつことを意味するとし、それに服しないものは「公の支配に属しない」事業として、公金支出・財産供用の禁止の対象となるとする見解（厳格解釈説）が存在する。この見解によれば、例えば、私立学校振興助成法に基づく私立学校への公的助成は違憲と判断されることになる。

これに対し、「公の支配」とは、公金支出にともなう使途の統制に服することを意味し、そのための措置が講じられていれば、「公の支配」に服するものとして、憲法上許容されるとする見解が存在する（緩和解釈説）。これによれば、私立学校振興助成法は、会計報告・質問検査・予算変更勧告などの措置を定めていることから（私学助成12条及び14条）、「公の支配」に服するものとして合憲ということになろう。

なお、私立学校振興助成法により、いわゆる宗教系私立学校に対して経常的経費の補助（同9条）を行う場合、憲法89条後段との関係だけでなく、先に触れた89条前段との関係も問題となる。とりわけ、宗教系私立幼稚園については、学校法人が設立するものだけでなく、宗教法人が設立または宗教家が経営するものに対しても助成金が交付されており（私学助成附則2条）、問題が多いとされる。一般的には、宗教系私立学校に対する助成も、それらの学校に通う子どもの教育を受ける権利（憲26条）や学校間の平等取扱いの要求などから合憲と解されているが、少なくとも補助金の具体的支払いを、子どもを受益者とするような形式において行う配慮が必要ではないかとの指摘がある。

第4節　予算制度

1　予　算

予算とは、歳入歳出の見積もりを内容とする財政行為の準則である。一会計年度について作成されるものを本予算といい、経済情勢の変動、大災害の発生などにより当初の見込み通りに本予算を執行することが不可能または不適当となった場合に、本予算に追加またはその他の変更を行うために作成されるものを補正予算（財29条）、本予算が年度開始までに成立しない場合に会計年度の

第 4 節 予 算 制 度

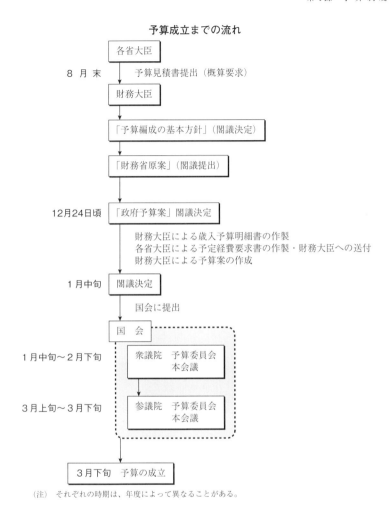

予算成立までの流れ

(注) それぞれの時期は、年度によって異なることがある。

定期間について作成されるものを暫定予算（同 30 条）という。

2 予算の国会議決の形式

国会が議決した予算をどのような法形式のものととらえるのかについては、今日、予算は「予算」という独自の法形式であるとする考え方（予算法形式説）が通説の地位を占めている。この見解は、予算が法律とは異なる理由として、

①憲法上、予算は内閣が作成し、国会に提出するものとされていること（憲86条及び73条5号）、②予算と法律とでは議決方法が異なっていること（同60条1項及び2項）、③予算には公布についての規定がないこと、④予算の効力が一会計年度に限られていることなどをあげる。

これに対し、諸外国では一般に予算は法律として議決されているとして、予算をもって端的に法律であるとする見解（予算法律説）も有力に主張されている。

3　予算の審議

(1) 予算の編成・審議の手続　予算案の編成権は内閣にあり（憲73条5号）、その作成・提出手順は、財政法と予算決算会計令で定められているほか、多くの慣習によっている（図「**予算成立までの流れ**」を参照）。内閣で作成された予算案は、常会（通常国会）の始めに国会に提出される（憲86条、財27条）。予算は、必ず衆議院が先に審議を行う（憲60条1項）。

予算は、まず、常任委員会である予算委員会で審議され、予算委員会で承認された予算は、本会議で審議される。衆議院が議決した予算を参議院が否決した場合、必ず両院協議会が開かれ、ここで成案が得られなかったときまたは成案について両議院の可決が得られなかったときは、衆議院の議決が国会の議決とされる。さらに、参議院が衆議院から予算案の送付を受けた後、30日以内になんら議決しないときも、衆議院の議決のみで国会の議決が完成するものとされている（同条2項）。

(2) 予算の修正　国会における予算審議に関して、憲法解釈上最も激しく争われてきたのが、予算案に対する国会の修正権の問題である。すでに述べたように、日本国憲法が国会中心の財政処理という原理（憲83条）をとっていることからすれば、国会が修正権をもつこと自体は否定することができず、問題は、国会が有する修正権の程度または範囲である。

かつては、国会は減額修正については自由に行うことができるが、増額修正については、新規支出の追加（項の新設）はできないという意味において限界があると説かれていた。今日、「国会の予算修正については、それがどの範囲で行いうるかは、内閣の予算提案権と国会の審議権の調整の問題であり、憲法の規定からみて、国会の予算修正は内閣の予算提案権を損なわない範囲にお

第4節 予算制度

平成27年度一般会計予算
予 算 総 則

(歳入歳出予算)
第1条 平成27年度歳入歳出予算は、歳入歳出それぞれ96,341,950,970千円とし、「甲号歳入歳出予算」に掲げるとおりとする。

(継続費)
第2条 「財政法」第14条の2の規定による既定の継続費の総額及び年割額の改定並びに新規の継続費は、「乙号継続費」に掲げるとおりとする。

(繰越明許費)
第3条 「財政法」第14条の3の規定により翌年度に繰り越して使用することができる経費は、「丙号繰越明許費」に掲げるとおりとする。

(国庫債務負担行為)
第4条 「財政法」第15条第1項の規定により平成27年度において国が債務を負担する行為は、「丁号国庫債務負担行為」に掲げるとおりとする。

(歳入歳出予算等の内訳)
第5条 「財政法」第28条の規定による「歳入予算明細書」、各省各庁の「予定経費要求書」、「継続費要求書」、「繰越明許費要求書」及び「国庫債務負担行為要求書」は、別に添付する。

(公債発行の限度額)
第6条 「財政法」第4条第1項ただし書の規定により平成27年度において公債を発行することができる限度額は、6,003,000,000千円とする。〔本条第2項以下、省略〕

甲号　歳入歳出予算
歳　　入

主　管	部	款	項	金額（千円）	
…… 財務省 ……	租税及印紙収入	租　税 所得税 法人税 消費税		54,525,000,000 53,498,000,000 16,442,000,000 10,990,000,000 17,112,000,000	
	歳入総計			96,341,950,970	

歳　　出

所　管	組　織	項	金額（千円）	
…… 文部科学省 …… 厚生労働省	文部科学本省 厚生労働本省	…… 義務教育費国庫負担金 私立学校振興費 …… 医療保険給付諸費 生活保護等対策費 ……	1,528,404,000 553,225,358 9,654,332,161 2,954,697,772	
	歳出総計		96,341,950,970	

乙号　継続費　〔省略〕
丙号　繰越明許費　〔省略〕
丁号　国庫債務負担行為　〔省略〕

いて可能と考えられる」というのが、政府の立場である（1977年〔昭52〕2月22日衆議院予算委員会における政府統一見解）。

これに対し、学説上は、国会中心の財政処理という原理を強調して、国会は減額修正・増額修正のいずれについても自由に行うことができるとする見解が多数を占めている。

4 予算の拘束力

国会の議決を経て成立した予算は、一定の法的効力を有する。これは、予算法律説からすれば当然のことであるが、予算法形式説に立つ場合、予算それ自体としては法律としての効力をもたないため、財政法によって法的効力を与えるという構成をとることになる。

いずれにせよ、歳入予算については、性質上、単なる見積もりにすぎないが、歳出予算については、財政法上、各「項」に定める目的に反する使用の禁止（財32条）及び経費の金額を「項」の間で移用することの原則的禁止（同33条）という形で、経費充当の目的と限度額とを指示する効力が定められている（「項」とは具体的にどのようなものかについては、図「**平成27年度一般会計予算**」を参照されたい）。

5 予 備 費

憲法87条は、予備費の制度を設けている。予備費とは、本来、予算とは別に設けられる恒常的基金を意味していたようである。そのように理解すれば、つぎの会計年度の開始までに予算が成立しない場合、予備費の制度は、「予算の空白」問題に対する有効な解決策となっていたであろう。

しかし、現在の予備費制度は、本来の意図から離れて、毎年度「一般会計予算」中に財務省を所管として設けられる使途未定の予備的経費として運用されている。このような運用に対しては、暫定予算すら成立しない、予算の空白という異例の事態に対処する方策をまったく欠くことになってしまったという批判がある。

第5節　決　　　算

　決算とは、一会計年度における国の収入支出の実績を示す確定的計数書である。憲法は、予算執行の事後的な統制のため、決算の審査を会計検査院の検査と国会の審査に委ねている（憲90条）。

　会計検査院は、「内閣に対し独立の地位を有する」（会検1条）機関であって、その組織は、3人の検査官で構成される検査官会議と事務総局から成り（同2条）、検査官は、両議院の同意を経て内閣が任命し、その任免は天皇が認証する（同4条）。

　会計検査院は、国の収入支出の決算の確認、違法・不当な事項の有無などを含む検査報告を作成し（同29条）、内閣は、「歳入歳出決算」を、この検査報告とともに、翌年度の常会において国会に提出する（財40条）。

　決算と検査報告は、両議院それぞれに提出され、その審査は、両議院においてそれぞれ別個に行われている。

参　考　文　献

碓井光明「財政制度」ジュリスト1192号（2001年）189頁

大石眞「いわゆる国有境内地処分法の憲法史的考察——その合憲性の問題に寄せて」同『憲法史と憲法解釈』（信山社、2000年）201頁

大石眞「再び国有境内地処分法について——占領体制下の改正問題を中心に」同上235頁

大沢秀介「公金支出の制限」ジュリスト1192号（2001年）197頁

河野一之『新版 予算制度』（学陽書房、1987年）

片桐直人「財政」佐々木弘通＝宍戸常寿編著『現代社会と憲法学』（弘文堂、2015年）151頁

小嶋和司「予算制度」同『憲法学講話』（有斐閣、1982年、復刊2007年）127頁

野中俊彦「国会の予算修正権」佐藤幸治ほか『ファンダメンタル憲法』（有斐閣、1994年）184頁

第Ⅲ部

第8章　地方自治

　地方自治は、「民主主義の学校」と称されるように、住民の意思に基づく政治運営を実現する模範的な場面である一方で、中央政府と地方政府との権力分立の一形態という性格も有する。以下、日本国憲法第8章の「地方自治の本旨」に基づく地方自治について、地方自治制度や地方公共団体についての基本事項を確認したうえで、近年の地方分権をめぐる論点に言及しつつ、条例制定権の範囲、自主財政について説明する。

第1節　地方自治制度

1　地方自治制度

　日本の近代的な地方制度は、1878年の新三法（郡区町村編制法、府県会規則、地方税規則）の制定によって始まり、1888年に市制・町村制、1890年に府県制・郡制が導入された以降は、府県、郡、市町村の三段階の制度となった。もっとも、1889年（明22）に制定された明治憲法には、地方自治に関して正面から定めた規定はなく、中央政府の統制が地方行政に広く及び、住民参加の機会は限られていた。

　第二次大戦後、地方政治の民主化と地方分権が目標とされ、日本国憲法では、新たに地方自治の保障に関する章が設けられ、地方自治は「地方自治の本旨」に基づいて実施されることとなり（憲92条）、「地方公共団体」の首長と議会の公選制や条例制定権が憲法上の要請となった。また、1947年（昭22）に制定された地方自治法では、都道府県が完全な自治体として位置づけられたうえ、

明治・昭和・平成の大合併と市町村の数

	年 月	市	町	村	計
明治の大合併	明治21年 22年	− 39	71,314 15,820		71,314 15,859
昭和の大合併	昭和28年10月 36年6月	286 556	1,966 1,935	7,616 981	9,868 3,472
平成の大合併	平成11年4月 26年4月	671 790	1,990 745	568 183	3,229 1,718

(出典) 総務省市町村合併資料集（http://www.soumu.go.jp/gapei/gapei.html）より作成

都道府県と市町村の二段階の地方自治制度が整えられた。

その後、1995年（平7）になると、地方公共団体の権限強化を進める動きの中で、地方分権推進法（現・地方分権改革推進法）が制定され、中央政府からの権限及び財源の移譲を含む、地方自治制度の大規模な改革の検討が始まった。そして、地方自治法が改正され、機関委任事務の廃止を含めた地方公共団体の権限の拡大強化がはかられた。

また、少子高齢化や地方の過疎化への対策として、基礎自治体の能力や規模の強化拡大がはかられ、1999年（平11）以降、地方分権一括法、合併関連3法（市町村の合併の特例等に関する法律ほか2法）が制定された結果、小規模な地方公共団体の統廃合が一気に実施される「平成の大合併」を迎えた。そして合併の推進とあわせて、一定規模以上の基礎自治体の権限強化のため、それまでの指定都市・中核市制度に加え、新たに特例市制度が創設された（地自252条の26の3）。さらに、その後、2006年（平18）の地方分権改革推進法や2011年（平23）の地方主権改革関連法（地域の自主性及び自立性を高めるための改革の推進を図るための関係法律の整備に関する法律ほか）の制定を経て、条例制定権の拡大や国から地方への義務づけ・枠づけの見直しが図られるなど、地方分権を進める動きは続いている。

2 地方自治の本旨

(1) **地方自治の本旨** 憲法92条は、「地方自治の本旨」に基いて地方自治を実施すべきであると定める。地方自治の本旨には住民自治と団体自治の二要

素が含まれる。住民自治とは、地域住民が自らの意思に基づいて自主的に地域の政治を行うという民主主義的な側面であり、団体自治とは、国家から独立した団体が地方の自治を自らの責任によって処理するという地方分権的な側面である。住民自治を具体化した憲法93条2項は、地方公共団体の議会の議員及び長を住民が選挙で直接選出することを定め、95条は、一つの地方公共団体のみに適用される法律の制定時に住民投票を実施するよう義務付ける。一方、団体自治を具体化した憲法93条1項及び94条は、地方行政を執行する権能及び条例制定権を地方公共団体に付与する。

（2）　**地方自治の保障の法的性格**　日本国憲法の地方自治の保障の法的性格について、通説は制度的保障であるとしている。つまり、憲法第8章で「地方自治の本旨」に基づく地方自治制度を保障することによって、地方自治制度の本質的内容や核心部分を害する立法が禁止されると解する。したがって、地方公共団体をすべて廃止することや、議員や首長の公選制を廃止することは許されないということになる。一方、道州制導入を含めた二段階自治の改編が許されるかどうかについては、後述の通り議論がある。

3　地方公共団体

（1）　**普通地方公共団体と特別地方公共団体**　憲法第8章は、地方公共団体が地方自治を行うものと規定する。これを受け、地方自治法では、地方公共団体として普通地方公共団体と特別地方公共団体を規定し、さらに、前者として都道府県と市町村の2種類を、後者として特別区、地方公共団体の組合、財産区の3種類を規定する（地自1条の3）。憲法上では地方公共団体は定義されていないが、地方自治法上の普通地方公共団体のみが、憲法第8章にいう地方公共団体に該当するものと解されている。そこで問題となるのが、地方自治法上で特別地方公共団体として規定された特別区（東京都の23区）の位置づけであった。

（2）　**東京都の特別区**　東京都制は第二次大戦中の1943年に施行され、戦後の1946年には特別区長の公選制が始まったが、1952年（昭27）の地方自治法改正によって区長の公選制は廃止され、区長は区議会が都知事の同意を得て選任することとなった。しかし、特別区が憲法上の地方公共団体の地位を有す

ると解するのであれば、公選制廃止は、長の公選制を定めた憲法93条2項に反することになる。この点が争われたのがつぎの特別区長公選廃止事件 **判例99** である。

判例99　特別区長公選廃止事件

（最大判昭和38年3月27日刑集17巻2号121頁）

事　実　渋谷区議会議員が、区長を選任するに際して当選を誘引するために金員の授受等を行ったことで、刑法197条1項の贈収賄罪で起訴された。当該議員は、特別区の区長を公選ではなく議会議員の選任で選出することを定めた地方自治法281条の2（当時）は憲法93条2項に反するゆえに、区議会議員には区長を選任する権限はなく、贈収賄罪は成立しないと主張し、東京地裁がこの主張を認めて無罪を言い渡したため、検察が最高裁に飛躍上告した。

判　旨　憲法93条2項にいう「地方公共団体といい得るためには、単に法律で地方公共団体として取り扱われているということだけでは足らず、事実上住民が経済的文化的に密接な共同生活を営み、共同体意識をもっているという社会的基盤が存在し、沿革的にみても、また現実の行政の上においても、相当程度の自主立法権、自主行政権、自主財政権等地方自治の基本的権能を附与された地域団体であることを必要とするものというべきである」。

東京都の特別区は、「未だ市町村のごとき完全な自治体としての地位を有していたことはなく、そうした機能を果たしたこともなかつた。……区長は市長の任命にかかる市の有給吏員とされ、区は課税権、起債権、自治立法権を認められず、単にその財産および営造物に関する事務その他法令により区に属する事務を処理し得るにとどまり、殊に、……昭和18年7月施行の東京都制の下においては、全く都の下部機構たるに過ぎなかつた」。なお、1946年（昭21）の東京都制の改正によって区に事務処理、条例制定権、税金賦課徴収権、区長公選制が認められ、1947年（昭22）の地方自治法の制定によって特別区を「『特別地方公共団体』とし、原則として市に関する規定が適用されることとなつた」が、「政治の実際面においては、区長の公選が実施された程度で、その他は都制下におけるとさしたる変化はなく、特別区は区域内の住民に対して直接行政を執行するとはいえ、その範囲および権限において、市の場合とは著しく趣きを異にするところが少なくなかつた」。

「特別区は、その長の公選制が法律によつて認められていたとはいえ、憲法制定当時においてもまた昭和27年8月地方自治法改正当時においても、憲法93条

2 項の地方公共団体と認めることはできない」。

　この判決に対し、共同体意識や権限の面において特別区は市町村と同等であるとして、憲法上の地方公共団体に該当するとする主張も有力に唱えられた。また、都道府県・市町村の二層制の地方自治が憲法によって保障されると解するならば、特別区の首長のみを非公選制とすることは、憲法上の地方自治の保障及び法の下の平等に反するとも考えられる。このような議論を呼んだ制度であったが、1975 年（昭 50）、地方自治法の改正により、特別区長も市町村長と同様に住民が直接選挙で選出することが定められたため、今日では問題は解消されている。さらに、1997 年（平 9）の地方自治法改正により、特別区は市に準じた地位に位置づけられ、基礎的な地方公共団体として事務処理にあたることなどが定められた。

(3) 二層制の保障、都道府県の廃止と道州制の導入　　特別区の位置づけをめぐる議論にみられるように、日本国憲法が地方自治における「地方公共団体」のあり方を具体的に定めていないがために、憲法がどのような構造の地方自治を要請するのかについて議論が生じる。

　第一の問題は、広域自治体（都道府県）と基礎自治体（市町村）という二層制の地方自治制度を廃止して一層制の制度を導入することの可否である。憲法が単に地方自治の本旨に基づく地方自治制度を保障するだけであると解すると、地方自治の本旨が実現される限りにおいて、二層制の維持・廃止の判断は立法府に委ねられることになるが、憲法が二層制を保障すると解すると、一層制の導入は憲法違反となる。

　第二の問題は、都道府県制を廃止して、都道府県に代替する制度を導入しうるのか否かである。憲法が二層制を保障すると解した上で、憲法が都道府県と市町村という固定的な二層制の制度を保障すると解すると、都道府県制の廃止は許されない。しかし、現在では、憲法が二層制を保障すると解した上で、憲法の要請は地方自治の本旨に基づく制度の実現であると解し、住民自治と団体自治を実現した市町村が維持される限りにおいて、都道府県に代替する制度を導入するか否かの判断は立法府に委ねられると説く見解が有力である。

近年、全国を最大10程度のブロックに分けて道州制を導入することの可否が議論されており、広域行政については、2006年（平18）に、道州制特別区域における広域行政の推進に関する法律が制定され、既存の都道府県制度を維持しつつ広域行政主体を設ける法制が整えられた。道州制のブロックが広範になると地域性に欠けて住民自治を実現できないとする見解もあるが、地域の一体性を確保しうる範囲及び規模のブロックによる道州制であれば地方自治の本旨には反しないとする見解が有力である。

4 地方公共団体の組織

(1) 93条の趣旨、二元代表制　地方公共団体には議事機関として議会が置かれ、その議員は住民の直接選挙で選出される（憲93条1項・2項）。また、執行機関として、都道府県には知事、市町村には市町村長が置かれ、これらも住民の直接選挙の対象となる（同条2項）。このように、地方公共団体の議事機関たる議会と執行機関たる首長とがともに直接選挙の対象であることから、現行の地方自治制度は国とは異なり二元代表制をとっているといえる。もっとも、議会による長の不信任決議権に対する長による議会解散権が認められるなど、議院内閣制に類似した性格も有している。

(2) 長　長は、地方公共団体を統轄して代表する（地自147条）。地方公共団体の事務の管理及び執行の責任は、首長に集約される（同147条、148条）。長の任期は4年であるが（同140条）、住民による解職請求の対象や（同81条）、議会による不信任決議の対象になりうる（同178条）。なお、長の長期在職を防止するために多選禁止制度を導入することは、住民自治の原則に反するとする説が有力である。

(3) 議会　議会は、議決機関であり、条例の制定・改廃や予算の議決のほか、法定の事項に関する議決を行う（地自96条）。議員の任期は4年であるが（同93条）、住民による解職請求の対象になりうる（同80条）。また、議会は、住民及び長による解散請求の対象となりうる。

(4) 住民　憲法第8章にいう「住民」とは、日本国民たる住民をさす（地自11条）。しかし、参政権以外については、国籍を問わず「市町村の区域内に住所を有する者」であれば当該市町村及びこれを包括する都道府県の住民と

して、自己の属する普通地方公共団体のサービスを受ける権利と負担を分任する義務を負うものとされる（同10条）。

有権者である住民は、憲法上の権利として、先に述べた長・議会議員の直接選挙権（憲93条2項）のほか、地方自治法で定められた直接請求権として、条例の制定改廃請求権、事務の監査請求権、議会の解散請求権、議員・長等の解職請求権（地自74条〜88条）を有する。なお、解職請求の代表者資格を制限していた地方自治法施行令の規定が無効とされた事例として、地方自治法施行令事件（最大判平成21・11・18）がある。

なお、住民の憲法上の権利として、特定の地方公共団体のみに適用される法律に対する住民投票権（憲95条）もある。これに関連して、住民自治の充実を図る観点から、近年、地方公共団体が住民投票条例を制定する例がみられる。こうした住民投票のうち、法律上の根拠のないものについては、法的拘束力のない諮問型であれば許容されると考えられている。

第2節　条例制定権

1　地方公共団体の権能

(1) 現行制度　憲法94条は、地方公共団体に対し、財産管理、事務処理、行政執行の権限を付与すると同時に、法律の範囲内での条例制定権も付与する。同条を受け、地方自治法では、地方公共団体の行う事務として法定受託事務と自治事務の2種類を規定する（地自2条8項・9項）。法定受託事務とは、法律や政令で定められた事務をさすが、本来的に国の役割であって法律によって地方自治体に委託されている第1号法定受託事務と、本来的に都道府県の役割であって法律によって定められた第2号法定受託事務との2種に分類される。一方、自治事務とは、法定受託事務以外の事務全体をさす。

(2) 機関委任事務の廃止　かつて、地方公共団体の事務は、自治事務と機関委任事務に分類されており、機関委任事務が圧倒的な割合を占めていたうえに、同事務は国の事務を地方に委任するものと位置づけられており、これに対する地方公共団体の主体的な統制は認められなかった。このように、地方公共

団体の事務の大部分が、国の下部機関として実施する機関委任事務であったことについては、地方自治の本旨に反するとの批判が強かった。そこで、地方分権の観点から大幅な改革が求められ、1999年、機関委任事務は廃止されて現行の分類になり、機関委任事務のうち、国が直接実施すべきものを除き、大多数の事務が地方公共団体の自治事務に移行されたほか、国の一定の関与が求められる事務については法定受託事務となった。さらに、法定受託事務についても、法律に基づかない国の関与が原則的に禁じられた。

2　条例制定権の法的性格と範囲

(1)　条例の意味　地方公共団体は、自治事務の実施に際して「法律の範囲内」で条例を制定することができる（憲94条）。同条を受け、地方自治法14条は、「地域における事務」及び「法律又はこれに基づく政令」により委ねられた事務の範囲内での条例制定権を地方公共団体に付与する。

ここでいう「条例」の意味については、地方公共団体の議会で制定される条例に限定されるとする見解もあるが、議会で制定される条例のみならず長や委員会の制定する規則等も含まれるとする見解が有力である。

(2)　条例の法的性格　地方自治体の条例制定権は、国会を「国の唯一の立法機関」（憲41条）と位置づける憲法自身が、第94条を通して例外的に地方公共団体に付与した権限であると理解されている。この点につき、最高裁は、「地方公共団体の制定する条例は、憲法が特に民主主義政治組織の欠くべからざる構成として保障する地方自治の本旨に基づき（同92条）、直接憲法94条により法律の範囲内において制定する権能を認められた自治立法に外ならない」と述べている（最大判昭和37・5・30）。

条例制定権の範囲をめぐっては、①法律と競合するような内容の規制を条例で設けることが可能であるのか、②憲法が法律で定めるべきと明文で規定した事項について条例で定めることが可能であるのかどうか、といった点が問題とされる。①の問題については、**第Ⅰ部第3章第1節**で述べたため、以下、それ以外の論点について述べる。

第Ⅲ部　第8章　地方自治

3　条例の地域的効力

(1)　条例の及ぶ範囲　　条例は地方議会の制定する自主法であると理解するとして、ある地方公共団体の条例は、当該地方公共団体の領域内において、他の地方公共団体の住民にも及ぶのか。通説・判例では、条例の効力を属地的なものと解している。

判例100　新潟県条例違反事件

（最大判昭和29年11月24日刑集8巻11号1866頁）

事実　長野県の住民が、新潟県内で新潟県条例違反のデモ活動を行ったことで起訴されたため、県外住民への条例適用の違憲性を主張した。

判旨　「(地方公共団体の制定する条例は、憲法が特に民主主義政治組織の欠くべからざる構成として保障する地方自治の本旨に基き〔憲法92条〕、直接憲法94条により法律の範囲内において制定する権能を認められた自治立法にほかならない。従つて条例を制定する権能もその効力も、法律の認める範囲を越えることを得ないとともに、法律の範囲内に在るかぎり原則としてその効力は当然属地的に生ずるものと解すべきである。それゆえ本件条例は、新潟県の地域内においては、この地域に来れる何人に対してもその効力を及ぼすものといわなければならない。なお条例のこの効力は、法令また条例に別段の定めある場合、若しくは条例の性質上住民のみを対象とすること明らかな場合はこの限りでないと解すべきところ、本件条例についてはかかる趣旨は認められない)」。

---

(2)　条例による較差　　地方公共団体は、法律の範囲内で自由や権利を制約する条例や刑罰を科す条例を制定できるため、結果として、地域によって規制の程度に較差が生じることがある。最高裁は、地方公共団体の条例の罰則規定の差異によって生じる較差は、地方公共団体に条例制定権を付与した憲法94条によって許容されるとした（東京都売春取締条例事件。最大判昭和33・10・15）。学説もこれを支持している。

4　条例制定権の限界

憲法が明文で法律に委任している刑罰の賦課（憲31条）、財産権の内容（同

29条)、租税の賦課(同30条)について、条例で規制を設けうるのか。

(1) 刑罰の賦課 憲法は、法律で罰則を定めることを要求する一方で(憲31条)、条例による罰則設定を禁止または制約する規定を設けていない。一方、憲法は、内閣の政令による罰則設定については、法律によって個別具体的に委任された場合のみ可能であると規定する(同73条6号)。このような状況を踏まえ、憲法31条の「法律」に条例も含まれると解釈しうるのかが論点となる。また、地方自治法14条が包括的な罰則制定権を地方公共団体に付与していることにつき、憲法73条6項との関係で、このような包括的な委任のみで条例に罰則を設けることが可能であるのかも論点となる。

これらの問題について、最大判昭和37年5月30日は、地方公共団体の条例は「公選の議員をもつて組織する地方公共団体の議会の議決を経て制定される自治立法」であって「国民の公選した議員をもつて組織する国会の議決を経て制定される法律に類するもの」であると位置づけたうえで、地方自治法による刑罰制定権の委任は範囲も限定されており「相当に具体的」であるゆえに合憲であると述べた。

(2) 財産権の内容 憲法29条は、「財産権の内容」を法律で定めることを要求するが、学説では、条例による財産権の規制を認める説が有力である。一方、条例で制約できるのは財産権の行使のみであり、財産権の内容は制約できないとする見解もある。最高裁は、条例による財産権行使の制限の可否が争われた事件において、この論点に直接言及せず、次のように判示した。

> **判例101** 奈良県ため池条例事件
>
> (最大判昭和38年6月26日刑集17巻5号521頁)
>
> **(事 実)** 被告人らは、奈良県の「ため池の保全に関する条例」4条で耕作を禁じられていたため池の堤とうにおいて農作物を栽培したことから、同条例の罰則規定を適用され、一審で罰金判決を受けたため、同条例は憲法29条に違反すると主張して控訴した。二審は当該主張を認めて一審判決を破棄したため、検察が上告した。
>
> **(判 旨)** 本条例4条2号は、「ため池の堤とうの使用に関し制限を加えているから、ため池の堤とうを使用する財産上の権利を有する者に対しては、その使用を殆んど全面的に禁止することとなり、同条項は、結局右財産上の権利に著しい

制限を加えるものである」。
　「しかし、その制限の内容たるや、立法者が科学的根拠に基づき、ため池の破損、決かいを招く原因となるものと判断した、ため池の堤とうに竹木若しくは農作物を植え、または建物その他の工作物（ため池の保全上必要な工作物を除く）を設置する行為を禁止することであり」、その目的は「ため池の破損、決かい等による災害を未然に防止するにあると認められ」る。「ため池の提とうを使用する財産上の権利を有する者は」、「その財産権の行使を殆んど全面的に禁止されることになるが、それは災害を未然に防止するという社会生活上の已むを得ない必要から来ることであつて、ため池の提とうを使用する財産上の権利を有する者は何人も、公共の福祉のため、当然これを受忍しなければならない責務を負うというべきである。すなわち、ため池の破損、決かいの原因となるため池の堤とうの使用行為は、憲法でも、民法でも適法な財産権の行使として保障されていないものであつて、憲法、民法の保障する財産権の行使の埒外にあるものというべく、従つて、これらの行為を条例をもつて禁止、処罰しても憲法および法律に牴触またはこれを逸脱するものとはいえないし、また右条項に規定するような事項を、既に規定していると認むべき法令は存在していないのであるから、これを条例で定めたからといつて、違憲または違法の点は認められない」。

　最高裁は、本件で争われた権利が憲法上も民法上も保護の対象外にあるがゆえに合憲という論法をとっている。前述の最大判昭和37年5月30日では、地方議会の条例を自主立法と位置づけたうえで条例による刑罰賦課が正当化されたが、本件ではこのような論法はとられていない点に留意が必要である。

(3) 租税法律主義　　憲法84条の租税法律主義についても、その趣旨が課税権の民主的統制であることに照らし、条例を含むものと解される。最高裁は、地方公共団体で徴収する国民健康保険の保険料についても、租税に類似するゆえに憲法84条の租税法律主義の趣旨が及ぶとした（旭川国保事件　判例96）。もっとも、条例による課税の範囲について、最高裁は、「法律において準則が定められた場合には、普通地方公共団体の課税権は、これに従ってその範囲内で行使されなければならない」としている（最一判平成25・3・21）。

第3節 財政自主権

1 財政自主権

　憲法の地方自治の保障には、財政に関する自治も含まれる。したがって、本来は、地方財政の計画はすべて当該地方公共団体が自主的に策定・執行し、行政に必要な財源は住民が負担すべきものである。しかし、現実には、地方公共団体の規模は一様でなく、地方ごとの税収規模にも較差があることから、先に述べたように基礎自治体の合併が推進されるとともに、全国一定水準の地方行政運営をするための財源調整が行われている。

　このような現状を踏まえ、現行法では、地方公共団体に予算調製・執行権を付与し（地自96条、249条）、法定の地方税の課税徴収権を付与するほか（地税4条、5条）、地方税法に定められた税目以外に総務大臣の同意の下で独自の課税を行うことも認めるなど（同731条）、一応の財政自主権を認める。しかし、法定外課税に対して総務大臣が同意を拒む例もあるほか、条例による課税が地方税法の趣旨と目的に反して法律の効果を阻害するものとして最高裁で違法・無効とされた例もある（最一判平成25・3・21）。また、現行法では、地方債の発行制限など（地財5条）、財源確保や予算執行等に関する制限を設けているほか、地方公共団体の財政の健全化を図るために国に関与させる制度（財政健全化法）もある。

　一方、地方財政の財源補填のための制度として、地方の一般財源に対して国税の一定割合を交付する地方交付税（地方交付税法）や地方の特定財源に対して特定の事業の助成のために国庫から支出金を交付する国庫補助金（地方財政法等）等を設けている。

2 財源移譲

　地方公共団体の収入は、主に、一般財源である地方税と地方交付税、特定財源である国庫補助金と地方債のほか、事業収入等の雑収入で成り立ってきた。しかし、地方公共団体の歳出規模に対する地方税収の割合は概して低く、財源

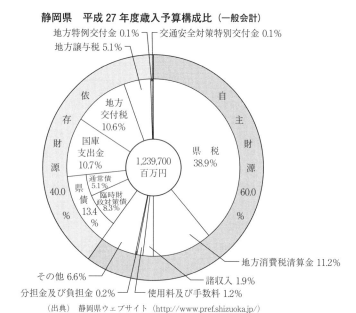

静岡県　平成 27 年度歳入予算構成比（一般会計）

（出典）　静岡県ウェブサイト（http://www.pref.shizuoka.jp/）

不足及び地方債依存の状況が深刻化してきたことから、先に述べた通り、地方分権にあわせて地方財政の拡充もはかられている。これまでに、地方公共団体の自主性を阻害するものとされてきた国庫補助金について、その縮減がはかられたほか、地方税の拡充や地方交付税の見直しを通した税源移譲が進められている。

参　考　文　献

宇賀克也『地方自治法概説（第 6 版）』（有斐閣、2015 年）
大橋洋一「地方分権と道州制」ジュリスト 1289 号（2005 年）59 頁
小林武＝渡名喜庸安『憲法と地方自治』（法律文化社、2007 年）
杉原泰雄『地方自治の憲法論――「充実した地方自治」を求めて（補訂版）』（勁草書房、2008 年）
吉田善明『地方自治と日本国憲法』（三省堂、2004 年）

第Ⅲ部

第9章　平和主義

　この章では、憲法前文及び9条が示す平和主義に関わる諸問題を取り上げる。人類は、これまで、様々な形で、平和を実現するための努力を積み重ねてきたが、とりわけ第二次世界大戦は、戦争というものが人間の自由と生存にとって悲惨な結果を引き起こすものであるということを痛感させた。日本国憲法は、こうした体験を踏まえ、新しくできたばかりの国際連合への信頼を基盤として、平和主義を基本原理として採用したのである。

第1節　平和主義と憲法

1　平和主義の理念

　日本国憲法は、前文で、「政府の行為によつて再び戦争の惨禍が起こることのないやうにする」ことを憲法制定の動機の一つとして掲げ（1段）、「平和を愛する諸国民の公正と信義に信頼して、われらの安全と生存を保持しようと決意した」と述べている（2段1文）。憲法は、このように平和主義を基本原理として採用し、これを具体化するため、9条1項で戦争の放棄を定め、同条2項で戦力の不保持及び交戦権の否認を宣言している。

　なお、前文2段3文にいう「平和のうちに生存する権利」について、これをもって直接裁判で実現することのできる権利であると主張する見解もある。しかし、この権利はその内容が必ずしも明確ではなく、人権の基礎にあってそれを支える理念的権利ということはできるが、裁判で争うことのできる具体的な法的権利ととらえることは難しいと一般には考えられている。

2 第9条成立の経緯

日本国憲法の平和主義の起源はなにかについては、「無責任なる軍国主義」の駆逐（6項）や日本国軍隊の完全な武装解除（9項）などを謳ったポツダム宣言（1945年〔昭20〕7月）にみられる連合国及びGHQの戦後処理政策のほか、当時の幣原喜重郎外相の平和主義思想があげられるなど、諸説がある。ただ、現在の9条の直接の契機となったのは、連合国軍最高司令官がGHQ民政局長に対して憲法改正の必須要件として手渡したマッカーサー・ノート（1946年2月4日）であり、そこでは、「国権の発動たる戦争は、廃止する。日本は、紛争解決の手段としての戦争、さらに自己の安全を保持するための手段としての戦争をも、放棄する。日本は、その保護と防衛を、今や世界を動かしつつある崇高な理想に委ねる。日本が陸海空軍をもつ権能は、将来も与えられることはなく、交戦権が日本軍に与えられることもない」と、戦争の放棄、軍隊の不保持及び交戦権の否認が掲げられていた。これを受けて、民政局内部で作成され、日本政府に手交されたマッカーサー草案（同年2月13日）も、「国権の発動たる戦争は、廃止する。武力による威嚇又は武力の行使は、他の国民との紛争解決の手段としては、永久に放棄される。陸軍、海軍、空軍又はその他の戦力は、将来も与えられることなく、交戦権が日本国に与えられることもない」（8条）と定めていた。このマッカーサー草案の規定は、その後、衆議院での修正（芦田修正）を経て、現在の9条となったのである。

第2節　自衛権と憲法9条

1 個別的自衛権

自国に対する攻撃に対して防衛する権利を個別的自衛権という。個別的自衛権は、独立国家であれば当然有する権利であり、わが国もこの自衛権を有するというのが多数説である。砂川事件 判例102 において最高裁も、「わが国が主権国として持つ固有の自衛権は何ら否定されたものではな」いと述べている。

しかし、自衛権が存在するということと、自衛権を現実にどのような手段で

行使するかは別の問題であるとされ、憲法上どのような手段をとりうるかをめぐって9条の解釈が分かれるのである。

2　第9条の解釈

かつては、憲法9条の法的効力を否定する見解もあったが、今日、その法的効力を肯定するのが通説である。

そのうえで、まず、1項の「国際紛争を解決する手段」には侵略を目的とするものだけでなく、自衛を目的とするものも含まれると解し、あらゆる戦争が放棄されるとともに、2項において一切の戦力の保持が禁止されているという見解（全面放棄・完全非武装説）がある。

これに対し、1項の「国際紛争を解決する手段として」という文言について、国際法上の用例に従い（不戦条約1条参照）、侵略を目的とするもののみを意味すると解し、自衛を目的とするものは放棄されていないと説く見解がある（限定放棄説）。この見解は、さらに、「国際紛争を解決する手段として」という文言がどの部分を修飾するかで、二つの説に分かれる。

ある見解は、その文言は「国権の発動たる戦争と、武力による威嚇又は武力の行使」すべてを修飾すると説く。この見解によれば、憲法上放棄されているのは、侵略を目的とする戦争・武力による威嚇・武力の行使であり、裏を返せば、侵略を目的としない（自衛のための）戦争・武力による威嚇・武力の行使は放棄されていないことになる。そして、この見解は、2項はそうした「前項の目的」を達する限りで戦力の保持を禁止したものであると解し、自衛のための戦力の保持は禁止されないとするのである（限定放棄・自衛戦力留保説）。

別の見解は、「国際紛争を解決する手段として」という文言は、「武力による威嚇又は武力の行使」のみを修飾すると説く。つまり、「国権の発動たる戦争」は「国際紛争を解決する手段」であるか否かを問わずおよそ放棄されており、侵略を目的としない武力による威嚇・武力の行使のみが憲法上許されていると解釈するのである。そして、この見解は、2項にいう「前項の目的」はおよそ戦争を放棄すること及び「国際紛争を解決する手段として」の「武力による威嚇又は武力の行使」を放棄することを意味し、したがって、「戦力」に至らない武力を自衛のために保持することは禁止されないと主張する（限定放棄・自

第Ⅲ部　第9章　平和主義

憲法9条の解釈

全面放棄・完全非武装説
　日本国民は、正義と秩序を基調とする国際平和を誠実に希求し、
国権の発動たる戦争と、武力による威嚇又は武力の行使は、国際紛争を解決する手段としては、
　　　　　　　　　　　　　　　　　　　　　　　　　（放棄の範囲を限定する意味をもたない）
永久にこれを放棄する。
　前項の目的を達するため、陸海空軍その他の戦力は、これを保持しない。国の交戦権は、これを認めない。

限定放棄・自衛戦力留保説
　日本国民は、正義と秩序を基調とする国際平和を誠実に希求し、
国権の発動たる戦争と、武力による威嚇又は武力の行使は、国際紛争を解決する手段としては、
　　　　　　　　　　　　　　この部分全体を修飾　　　　　　　　　（＝侵略の手段としては）
永久にこれを放棄する。
　前項の目的を達するため、陸海空軍その他の戦力は、これを保持しない。国の交戦権は、
　（＝侵略を目的とする戦争・武力による威嚇・武力の行使を放棄するため）
これを認めない。

限定放棄・自衛武力留保説
　日本国民は、正義と秩序を基調とする国際平和を誠実に希求し、
国権の発動たる戦争と、武力による威嚇又は武力の行使は、国際紛争を解決する手段としては、
（戦争は無条件に放棄）　　　　この部分のみを修飾　　　　　　　　（＝侵略の手段としては）
永久にこれを放棄する。
　前項の目的を達するため、陸海空軍その他の戦力は、これを保持しない。国の交戦権は、
　（＝およそ戦争と、侵略を目的とする武力による威嚇・武力の行使を放棄するため）
これを認めない。

限定放棄・完全非武装説
　日本国民は、正義と秩序を基調とする国際平和を誠実に希求し、
国権の発動たる戦争と、武力による威嚇又は武力の行使は、国際紛争を解決する手段としては、
　　　　　　　　　　　　　　この部分全体を修飾　　　　　　　　　（＝侵略の手段としては）
永久にこれを放棄する。
　前項の目的を達するため、陸海空軍その他の戦力は、これを保持しない。国の交戦権は、
　（戦争を放棄するに至った動機一般を指す。保持が禁じられる戦力を限定する意味をもたない）
これを認めない。

衛武力留保説）。

　また、1項については限定放棄説と同様に理解しつつも、2項の「前項の目的を達するため」という文言は戦争を放棄するに至った動機を一般的に述べたものにすぎず、目的を問わず戦力の保持は禁止されていることから、実際には自衛戦争を遂行することができず、結果的にすべての戦争等が放棄されているのと同じことになるとする見解（限定放棄・完全非武装説）も存在する。

3 政府見解の動き

　政府見解は、当初は全面放棄説に立っていたようにみえる。しかし、米ソの冷戦が激化する中、朝鮮戦争の勃発（1950年〔昭25〕）を受けて、同年、警察予備隊が創設され（1952年に保安隊、1954年に自衛隊と改称）、1954年以来、政府見解は、わが国も国家固有の自衛権を有する以上、自衛のため必要最小限度の実力（自衛力）を有することは許されるという立場をとっている。

　なお、自衛隊の合憲性は、恵庭事件 判例6 、長沼ナイキ基地訴訟（札幌高判昭和51・8・5）、百里基地訴訟（最三判平成元・6・20）において争われてきた。下級審裁判例の中には、長沼ナイキ基地訴訟第一審判決（札幌地判昭和48・9・7）のように、自衛隊は憲法で禁止されている「陸海空軍その他の戦力」に当たるとしたものもあるが、この問題に正面から答える最高裁の判例はない。

4 集団的自衛権

　個別的自衛権のほか、国連憲章は、集団的自衛権を認めている（国連憲章51条）。集団的自衛権とは、自国が直接攻撃されていないにもかかわらず、自国と密接な関係にある外国に対して武力攻撃があったときに、実力をもってこれを阻止する権利をいう。集団的自衛権も国家固有の権利であり、わが国も当然これを有するとされるが、政府見解は、長らく、その行使は憲法で許容された自衛権の行使の範囲を超えるもので認められないとの立場をとってきた。

　しかし、2014年（平26）、閣議決定によって、一定の条件の下で集団的自衛権の行使が可能になるように政府見解が変更され、2015年（平27）、平和安全法制整備法（平成27年法律76号）によって、関連法の整備が行われた。その結果、自衛隊は、「我が国に対する武力攻撃が発生した事態又は武力攻撃が発生する明白な危険が切迫していると認められるに至った事態」（武力攻撃事態。この場合の防衛出動は個別的自衛権の行使と位置づけられる）だけでなく、「我が国と密接な関係にある他国に対する武力攻撃が発生し、これにより我が国の存立が脅かされ、国民の生命、自由及び幸福追求の権利が根底から覆される明白な危険がある事態」（存立危機事態）にも、防衛出動をし、必要な武力を行使することができることとなった（自衛76条、88条）。

閣議決定によって憲法解釈が変更されたことも含めて、平和安全法制整備法に対しては、違憲であるとの厳しい批判がなされている。同法は集団的自衛権の行使の容認ばかりが注目を集めたが、同法には、在外邦人の保護措置や、アメリカ合衆国軍隊等に対して後方支援活動等を行う地理的制限の撤廃といった、集団的自衛権の問題とは異なる内容も含まれており（もちろん、性格が異なる内容の法改正を単一の法律で行うことの是非は問題となりうる）、それらの合憲性は、集団的自衛権の問題とは区別して、個々に精査しなくてはならない。

同法は、国際法上の集団的自衛権の概念とは異なり、わが国の集団的自衛権の行使について、「我が国の存立が脅かされ、国民の生命、自由及び幸福追求の権利が根底から覆される明白な危険がある」ことという要件を付している。これは、従来の憲法解釈と一応の整合性を図りつつ、日本国憲法の下で許される集団的自衛権の行使の条件を模索した結果ということであろう。

ただ、この要件の解釈次第では、集団的自衛権の名の下にわが国が外国の戦争・紛争に関与することに対して歯止めが効かなくなるおそれがある。それゆえ、この要件の安易な拡大解釈がなされないよう、国会、さらには国民が内閣の活動を監視し続けることが重要である。

5 自衛隊の組織・活動に関する原則

(1) 組織に関する原則　自衛のための戦力または必要最小限度の自衛力をもつことが憲法上許されると考える場合、軍権は政権（民権）に服従すべきだという立憲的な政軍関係を構築することが強く求められ、軍事部門の組織や活動は常に国民生活に責任を負う政治部門の指示や監督に服さなければならないとする文民統制の原則が導かれる。

実際、現行の防衛制度はこの原理に沿った形で整備されている。例えば、内閣は文民のみで組織されなければならず（憲66条2項）、自衛隊の最高指揮監督権は文民たる内閣総理大臣に属するものとされている（自衛7条）。

(2) 活動に関する原則　先に触れた集団的自衛権の行使の容認を受けて、今日、わが国が自衛権を行使するためには、①わが国に対する武力攻撃が発生したこと、またはわが国と密接な関係にある他国に対する武力攻撃が発生し、これによりわが国の存立が脅かされ、国民の生命、自由及び幸福追求の権利が

根底から覆される明白な危険があること、②これを排除し、わが国の存立を全うし、国民を守るために他に適当な手段がないこと、③必要最小限度の実力行使にとどまるべきことという三つの要件をみたすことが必要だとされている。

6 外国軍隊の駐留

連合国によるわが国の占領は1952年（昭27）に終了したが、その後もアメリカ軍がわが国に駐留することができるようにするため、1951年、「日本国とアメリカ合衆国との間の安全保障条約」が結ばれた。これを改定した「日本国とアメリカ合衆国との間の相互協力及び安全保障条約」（1960年）も、日米の相互防衛の体制を確立し、一方への武力攻撃に共同して対処することを約し、「日本国の安全」ならびに「極東における国際の平和及び安全の維持」に寄与するため、アメリカ軍がわが国に駐留することを定めている。

この日米安全保障条約とアメリカ軍の駐留の合憲性が争われたのが、つぎの事件である。

判例102　砂川事件

（最大判昭和34年12月16日刑集13巻13号3225頁）

〔事　実〕　国は、米軍立川飛行場の拡張計画を内示し、1957年（昭32）、測量を開始したところ、これに反対する基地拡張反対同盟員、各種労働組合員、学生等1000人以上が周辺で抗議行動を行い、その一部の者が境界柵を破壊した。被告人らは、この集団に参加していた者であるが、他の300名ほどとともに約1時間にわたって基地内に立ち入ったため、「日本国とアメリカ合衆国との間の安全保障条約第3条に基づく刑事特別法」2条（合衆国軍隊が使用する施設又は区域を侵す罪）違反に問われて起訴された。第一審判決は、合衆国軍隊の駐留は憲法9条2項に反し、合衆国軍隊が使用する施設または区域を侵した者に対し軽犯罪法所定の刑罰よりも重い刑罰を科す刑事特別法の規定は憲法31条に反するとして、無罪の判決を言い渡していた。

〔判　旨〕　憲法9条は「いわゆる戦争を放棄し、いわゆる戦力の保持を禁止しているのであるが、しかしもちろんこれによりわが国が主権国として持つ固有の自衛権は何ら否定されたものではなく、わが憲法の平和主義は決して無防備、無抵抗を定めたものではない」。

憲法9条2項が「保持を禁止した戦力とは、わが国がその主体となつてこれに

指揮権、管理権を行使し得る戦力をいうものであり、結局わが国自体の戦力を指し、外国の軍隊は、たとえそれがわが国に駐留するとしても、ここにいう戦力には該当しないと解すべきである」。

「本件安全保障条約は、……主権国としてのわが国の存立の基礎に極めて重大な関係をもつ高度の政治性を有するものというべきであつて、その内容が違憲なりや否やの法的判断は、その条約を締結した内閣およびこれを承認した国会の高度の政治的ないし自由裁量的判断と表裏をなす点がすくなくない。それ故、右違憲なりや否やの法的判断は、純司法的機能をその使命とする司法裁判所の審査には、原則としてなじまない性質のものであり、従つて、一見極めて明白に違憲無効であると認められない限りは、裁判所の司法審査権の範囲外のものであつて、それは第一次的には、右条約の締結権を有する内閣およびこれに対して承認権を有する国会の判断に従うべく、終局的には、主権を有する国民の政治的批判に委ねらるべきものである」。

このように最高裁は、憲法9条で禁止される「戦力」とは、わが国の戦力を意味し、外国軍隊はこれに当たらないと説き、安全保障条約の合憲性については、統治行為論（**第6章第4節を参照**）を用いて判断を回避している。

第3節　自衛隊の海外派遣

1　国連平和維持活動への参加

平和維持活動（PKO）とは、紛争地域の平和の維持もしくは回復を助けるために国際連合によって行われる、軍事要員をともなうが、強制力をもたない活動をいい、通常、①平和維持軍（PKF）本体業務、②平和維持軍後方支援業務、③選挙監視等、④人道的な国際救援活動（被災民の救出、生活関連物資の配布等）に分けられる。

第一次湾岸戦争後、日本も国際社会の平和に対して人的貢献をすべきだとされ、1992年（平4）に制定された「国際連合平和維持活動等に関する協力に関する法律」（PKO協力法）に基づき、自衛隊が平和維持活動に参加している。

平和維持活動が武力行使をともなう場合、自衛隊がこれに参加することは憲

法9条1項に反するのではないかという批判もある。しかし、2001年（平13）の法改正で、停戦監視や緩衝地帯における駐留・巡回などの本隊業務にも自衛隊が参加しうるものとされ、さらに、先に触れた平和安全法制整備法によって、PKOに参加する自衛隊の業務に、いわゆる安全確保業務や駆け付け警護等が追加された（国連平和維持3条5号ト・ラ）。

2　国際平和支援法

　集団的自衛権の行使の容認と同様に憲法9条との関係が問題となるのが、平和安全法制整備法と同時に制定された、「国際平和共同対処事態に際して我が国が実施する諸外国の軍隊等に対する協力支援活動等に関する法律」である。同法によって、「国際社会の平和及び安全を脅かす事態であって、その脅威を除去するために国際社会が国際連合憲章の目的に従い共同して対処する活動を行い、かつ、我が国が国際社会の一員としてこれに主体的かつ積極的に寄与する必要があるもの」（国際平和共同対処事態）に際し、国際連合の総会または安全保障理事会の決議が存在し、国会の事前承認が得られることを条件として、自衛隊が諸外国の軍隊に対して物品・役務の提供といった協力支援活動等を行うことができるものとされた。

参　考　文　献

　安念潤司「日本国憲法における『武力の行使』の位置づけ」ジュリスト1343号（2007年）27頁

　浦田一郎「戦後憲法政治における9条の意義」ジュリスト1260号（2004年）50頁

　大石眞「日本国憲法と集団的自衛権」ジュリスト1343号（2007年）37頁

　小針司『防衛法概観』（信山社、2002年）

　小針司「国際協調主義とPKO」大石眞＝石川健治編『憲法の争点』（有斐閣、2008年）58頁

　佐々木高雄「戦力と自衛隊」同上52頁

　長谷部恭男『憲法と平和を問いなおす』（ちくま新書、2004年）

判例索引

＊本書内の判例欄で紹介したものは太字としてある。
＊「百」は『憲法判例百選Ⅰ・Ⅱ（第6版）』の、「判」は『憲法判例（第7版）』の判例番号である。
＊裁判所、判例掲載誌等の略記については巻頭の「略語表」を参照。

■ 最高裁判所

最大判昭和23・3・12刑集2巻3号191頁〔百Ⅱ120・判Ⅲ-6-34〕 ················· *90*
最大判昭和23・5・5刑集2巻5号447頁〔判Ⅲ-6-19〕 ····················· *93*
最大判昭和23・7・7刑集2巻8号801頁〔百Ⅱ195・判Ⅵ-18〕 ················ *349*
最大判昭和23・9・29刑集2巻10号1235頁〔食管法違反事件：判Ⅲ-7-1〕 ······· *230,231*
最大判昭和23・12・15刑集2巻13号1783頁 ·························· *336*
最大判昭和24・5・18刑集3巻6号839頁〔百Ⅰ53・判Ⅲ-4-24〕 ················ *165*
最大判昭和25・2・1刑集4巻2号73頁〔判Ⅵ-16〕 ······················· *17,347*
最大判昭和25・9・27刑集4巻9号1799頁〔百Ⅱ132〕 ······················· *283*
最大判昭和25・10・11刑集4巻10号2037頁〔判Ⅲ-3-12〕 ··················· *18*
最大判昭和25・10・25刑集4巻10号2126頁 ···························· *19*
最大判昭和25・11・22刑集4巻11号2380頁〔百Ⅰ17・判Ⅲ-2-1〕 ·············· *56*
最一判昭和26・5・10刑集5巻6号1026頁 ····························· *160*
最大判昭和27・2・20民集6巻2号122頁〔百Ⅱ184・判Ⅵ-11〕 ················ *336*
最大判昭和27・8・6刑集6巻8号974頁〔石井記者事件：百Ⅰ77〕 ········· *96,177,179*
最大判昭和27・10・8民集6巻9号783頁〔警察予備隊違憲訴訟 **判例91** ：百Ⅱ193・判Ⅵ-17〕
 ·· *339,**340**,347*
最大判昭和28・6・24刑集7巻6号1366頁 ····························· *78*
最大判昭和28・12・23民集7巻13号1523頁〔農地改革事件 **判例67** ：百Ⅰ106・判Ⅲ-5-20〕
 ·· ***227***
最大判昭和28・12・23民集7巻13号1561頁〔皇居前広場事件：百Ⅰ85・判Ⅲ-4-15〕
 ··· *29,196,349*
最大判昭和29・11・24刑集8巻11号1866頁〔新潟県条例違反事件 **判例100** ：百Ⅰ87・
 判Ⅲ-4-19〕 ·· *198,**382***
最大判昭和30・1・26刑集9巻1号89頁〔公衆浴場適正配置規制事件 **判例65** ：百Ⅰ94・
 判Ⅲ-5-8〕 ·· ***221***
最大判昭和30・2・9民集9巻2号217頁〔百Ⅱ151・判Ⅲ-8-1〕 ················ *285*
最大判昭和30・3・30刑集9巻3号635頁〔百Ⅱ161〕 ······················· *170*
最大判昭和30・4・6民集9巻4号663頁 ······························· *90*
最大判昭和30・4・6民集9巻4号819頁 ······························· *282*
最三判昭和30・4・19民集9巻5号534頁 ······························ *240*
最大判昭和30・12・14刑集9巻13号2760頁〔森林法違反事件 **判例25** ：百Ⅱ116・判Ⅲ-6-9〕

…………………………………………………………………………	*103*
最大判昭和31・5・30 刑集10巻5号756頁〔百Ⅱ A8・判Ⅵ-8〕 ……………	*332*
最大判昭和31・7・4 民集10巻7号785頁〔謝罪広告事件 判例32 ：百Ⅰ 36・判Ⅲ-4-1〕 ……………………………………………………… *125*,*127*,188
最大判昭和32・2・20 刑集11巻2号802頁〔判Ⅲ-6-27〕 ……………………… *96*
最大判昭和32・2・20 刑集11巻2号824頁 ………………………………………… *19*
最大判昭和32・3・13 刑集11巻3号997頁〔チャタレー事件 判例43 ：百Ⅰ 56・判Ⅲ-4-26〕 ………………………………………………………………… *160*
最大判昭和32・6・19 刑集11巻6号1663頁〔判Ⅲ-5-2〕 …………………… *37*
最大判昭和32・12・25 刑集11巻14号3377頁〔百Ⅰ A1・判Ⅲ-1-1〕 …… *37*
最大決昭和33・2・17 刑集12巻2号253頁〔北海タイムス事件：百Ⅰ 76・判Ⅲ-4-34〕 *355*
最大判昭和33・4・30 民集12巻6号938頁〔追徴金併科事件 判例24 ：百Ⅱ 127〕 ……… *100*,**101**
最大判昭和33・5・28 民集12巻8号1224頁 ……………………………………… *117*
最大判昭和33・5・28 刑集12巻8号1718頁〔練馬事件：判Ⅲ-6-32〕 …… *100*
最大判昭和33・9・10 民集12巻13号1969頁〔帆足計事件 判例31 ：百Ⅰ 111・判Ⅲ-5-1〕 … **121**
最大判昭和33・10・15 刑集12巻14号3305頁〔東京都売春取締条例事件：百Ⅰ 34・判Ⅲ-3-25〕 …………………………………………………… *382*
最大判昭和33・10・15 刑集12巻14号3313頁〔覚せい剤取締法事件 判例88 ：百Ⅱ 209・判Ⅴ-5〕 …………………………………………………… *317*
最大判昭和34・12・16 刑集13巻13号3225頁〔砂川事件 判例102 ：百Ⅱ 169・判Ⅱ-2〕 ……………………………………………………… *11*,*343*,*388*,**393**
最一判昭和35・3・10 刑集14巻3号326頁 ……………………………………… *101*
最大判昭和35・6・8 民集14巻7号1206頁〔苫米地事件 判例73 ：百Ⅱ 196・判Ⅵ-21〕 …………………………………………………… *256*,**257**,*316*,*343*
最大決昭和35・7・6 民集14巻9号1657頁〔百Ⅱ 129・判Ⅲ-8-13〕 ……… *356*
最大判昭和35・7・20 刑集14巻9号1243頁〔東京都公安条例事件 判例57 ：百Ⅰ A4・判Ⅲ-4-20〕 ………………………………………………………… *156*,**197**
最大判昭和35・10・19 刑集14巻12号1611頁 …………………………………… *91*
最大判昭和35・10・19 民集14巻12号2633頁〔百Ⅱ 187・判Ⅵ-3〕 ……… *344*
最大判昭和36・2・15 刑集15巻2号347頁〔あん摩師等の広告制限事件 判例46 ：百Ⅰ 59・判Ⅲ-4-33〕 ………………………………………………… *166*,**167**
最大判昭和36・6・7 民集15巻6号915頁〔麻薬取締法事件：判Ⅲ-6-12〕 ……… *109*
最大判昭和36・9・6 民集15巻8号2047頁〔百Ⅰ 33・判Ⅶ-4〕 …………… *84*
最大判昭和37・3・7 民集16巻3号445頁〔警察法改正無効事件 判例86 ：百Ⅱ 186・判Ⅳ-7〕 …………………………………………………… *308*,*309*,*342*
最大判昭和37・3・14 民集16巻3号530頁 ……………………………………… *285*
最大判昭和37・3・14 民集16巻3号537頁〔判Ⅲ-8-8〕 ……………………… *285*
最大判昭和37・5・2 刑集16巻5号495頁〔交通事故報告義務事件 判例23 ：百Ⅱ 122・判Ⅲ-6-28〕 ………………………………………………………… **97**,*99*
最大判昭和37・5・30 刑集16巻5号577頁〔百Ⅱ 215・判Ⅷ-4〕 ………… *381*,*383*,*384*

判例索引

最大判昭和 37・11・28 刑集 16 巻 11 号 1593 頁〔第三者所有物没収事件 判例21 : 百Ⅱ 112・
百Ⅱ 194・判Ⅲ-6-2〕……………………………………………………… 71, **91**, 349
最大判昭和 38・3・27 刑集 17 巻 2 号 121 頁〔特別区長公選廃止事件 判例99 : 百Ⅱ 207・判Ⅷ-1〕
……………………………………………………………………………………… **377**
最大判昭和 38・5・15 刑集 17 巻 4 号 302 頁〔加持祈禱事件:百Ⅰ 41・判Ⅲ-4-5〕……… *133*
最大判昭和 38・5・22 刑集 17 巻 4 号 370 頁〔東大ポポロ事件 判例58 : 百Ⅰ 91・判Ⅲ-4-64〕
……………………………………………………………………………… *200*, **201**
最大判昭和 38・6・26 刑集 17 巻 5 号 521 頁〔奈良県ため池条例事件 判例101 : 百Ⅰ 103・
判Ⅲ-5-15〕………………………………………………………………… *227*, **383**
最大判昭和 39・2・5 民集 18 巻 2 号 270 頁〔参議院議員定数不均衡事件昭和 39 年判決〕…… *279*
最大判昭和 39・2・26 民集 18 巻 2 号 343 頁〔百Ⅱ A6・判Ⅲ-7-16〕………………… *238*
最大判昭和 39・5・27 民集 18 巻 4 号 676 頁〔町職員待命事件:判Ⅲ-3-8〕…… *74, 75, 77, 78*
最三判昭和 41・2・8 民集 20 巻 2 号 196 頁〔技術士国家試験事件〕……………………… *339*
最一判昭和 41・6・23 民集 20 巻 5 号 1118 頁…………………………………… *185, 186*
最大判昭和 41・10・26 刑集 20 巻 8 号 901 頁〔全逓東京中郵事件:百Ⅱ 144・判Ⅲ-7-21〕… *7, 47, 49*
最大判昭和 42・5・24 民集 21 巻 5 号 1043 頁〔朝日訴訟:百Ⅱ 136・判Ⅲ-7-3〕………… *29, 232*
最大判昭和 43・11・27 刑集 22 巻 12 号 1402 頁〔河川附近地制限令事件:百Ⅰ 108・判Ⅲ-5-19〕
……………………………………………………………………………… *20, 227*
最大判昭和 43・12・4 刑集 22 巻 13 号 1425 頁〔三井美唄労組事件 判例62 : 百Ⅱ 149・判Ⅲ-7-17〕
……………………………………………………………………………… ***213***, *251*
最大判昭和 43・12・18 刑集 22 巻 13 号 1549 頁〔大阪市屋外広告物条例事件 判例47 : 百Ⅰ 60・
判Ⅲ-4-42〕…………………………………………………………………………… **169**
最大判昭和 44・4・2 刑集 23 巻 5 号 305 頁〔都教組事件:百Ⅱ 145・百Ⅱ 199・判Ⅲ-7-23〕
………………………………………………………………………………… *7, 25, 47*
最大判昭和 44・4・2 刑集 23 巻 5 号 685 頁〔全司法仙台事件:判Ⅲ-7-22〕………………… *7*
最大判昭和 44・4・23 刑集 23 巻 4 号 235 頁〔判Ⅲ-4-52〕……………… *170, 269, 282, 283*
最大判昭和 44・6・25 刑集 23 巻 7 号 975 頁〔夕刊和歌山時事事件 判例53 : 百Ⅰ 68・判Ⅲ-4-29〕
…………………………………………………………………………………… **186**, *193*
最大判昭和 44・10・15 刑集 23 巻 10 号 1239 頁〔「悪徳の栄え」事件 判例44 : 百Ⅰ 57・
判Ⅲ-4-27〕………………………………………………………………… **161**, *162*
最大決昭和 44・11・26 刑集 23 巻 11 号 1490 頁〔博多駅TVフィルム事件 判例48 : 百Ⅰ 78・
判Ⅲ-4-35〕……………………………………… *38, 49, 151,* ***172****, 173, 174, 176*
最大判昭和 44・12・24 刑集 23 巻 12 号 1625 頁〔京都府学連事件 判例13 ・百Ⅰ 19, 判Ⅲ-2-6〕
…………………………………………………………………………… *53,* ***61****, 188*
最大決昭和 45・6・24 民集 24 巻 6 号 610 頁〔判Ⅲ-6-18〕……………………………… *356*
最大決昭和 45・6・24 民集 24 巻 6 号 625 頁〔八幡製鉄事件 判例8 : 百Ⅰ 9・判Ⅲ-1-3〕
…………………………………………………………………………… *38,* ***39****, 130, 263*
最三判昭和 45・7・28 刑集 24 巻 7 号 569 頁……………………………………………… *97*
最二判昭和 45・9・11 刑集 24 巻 10 号 1333 頁〔判Ⅲ-6-39〕…………………………… *101*
最大判昭和 45・9・16 民集 24 巻 10 号 1410 頁〔百Ⅰ 15・判Ⅲ-1-6〕…………………… *56*

399

最大判昭和46・1・20 民集25巻1号1頁〔農地法施行令事件 判例85〕……… *299*,**300**
最大判昭和47・11・22 刑集26巻9号554頁〔川崎民商事件 判例16：百Ⅱ119・判Ⅲ-6-13〕
　……………………………………………………………… 69,**70**,*96*,*109*
最大判昭和47・11・22 刑集26巻9号586頁〔小売市場事件 判例63：百Ⅰ96・判Ⅲ-5-7〕
　……………………………………………………………………… *216*,**217**,*222*
最大判昭和47・12・20 刑集26巻10号631頁〔高田事件 判例22：百Ⅱ121・判Ⅲ-6-20〕
　……………………………………………………………………………… *94*,**95**
最大判昭和48・4・4 刑集27巻3号265頁〔尊属殺重罰規定事件 判例3：百Ⅰ28・判Ⅲ-3-13〕
　……………………………………………………… **17**,*75*,**77**,*88*,*352*,*353*
最大判昭和48・4・25 刑集27巻4号547頁〔全農林警職法事件 判例1：百Ⅱ146・判Ⅲ-7-24〕
　……………………………………………………………………………… *7*,**8**,*47*
最一判昭和48・10・18 民集27巻9号1210頁〔土地収用法事件 判例4：百Ⅰ107〕……… **19**
最大判昭和48・12・12 民集27巻11号1536頁〔三菱樹脂事件 判例10：百Ⅰ10・判Ⅲ-1-8〕
　……………………………………………………………………… **42**,*77*,*130*,*211*
最三判昭和49・7・19 民集28巻5号790頁〔昭和女子大事件：百Ⅰ11・判Ⅲ-1-9〕……… *43*
最大判昭和49・11・6 刑集28巻9号393頁〔猿払事件 判例11 判例84：百Ⅰ13・判Ⅲ-4-49〕
　……………………………………………………… *45*,*283*,*284*,*298*,**299**,*352*
最三判昭和50・1・21 刑集29巻1号1頁 ………………………………………………… *97*
最大判昭和50・4・30 民集29巻4号572頁〔薬局距離制限事件 判例64：百Ⅰ97・判Ⅲ-5-10〕
　……………………………………………………………………… *215*,*216*,**218**,*352*
最大判昭和50・9・10 刑集29巻8号489頁〔徳島市公安条例事件 判例5 判例42：百Ⅰ88・
　判Ⅲ-4-21・判Ⅲ-6-4〕………………………………………… *23*,*88*,**157**,*198*
最大判昭和51・4・14 民集30巻3号223頁〔衆議院議員定数不均衡事件昭和51年判決：
　百Ⅱ153・判Ⅲ-3-16〕……………………………… *7*,*269*,*277*,*279*,*352*,*354*
最大判昭和51・5・21 刑集30巻5号615頁〔旭川学力テスト事件 判例59：百Ⅱ140・判Ⅲ-7-14〕
　……………………………………………………………………… *202*,**203**,*237*
最三判昭和52・3・15 民集31巻2号234頁〔富山大学事件：百Ⅱ188〕………………… *344*
最大判昭和52・7・13 民集31巻4号533頁〔津地鎮祭事件 判例37：百Ⅰ46・判Ⅲ-4-10〕
　……………………………………………………………………… *142*,**143**,*145*,*146*
最二決昭和52・8・9 刑集31巻5号821頁〔狭山事件 判例26：判Ⅲ-6-10〕…………… **104**
最一決昭和53・5・31 刑集32巻3号457頁〔西山記者沖縄密約事件 判例49：百Ⅰ80・
　判Ⅲ-4-37〕…………………………………………………………………… **174**,*175*
最三判昭和53・6・20 刑集32巻4号670頁〔判Ⅲ-6-14〕…………………………………… *71*
最一判昭和53・9・7 刑集32巻6号1672頁〔ポケット所持品検査事件 判例28：判Ⅲ-6-15〕
　……………………………………………………………………………… *109*,**110**
最大判昭和53・10・4 民集32巻7号1223頁〔マクリーン事件 判例7：百Ⅰ1・判Ⅲ-1-2〕…… **36**
最二判昭和53・10・20 民集32巻7号1367頁 ……………………………………………… *240*
最一判昭和53・12・21 民集32巻9号1723頁 ………………………………………………… *24*
最一判昭和55・2・7 民集34巻2号15頁〔峯山事件：判Ⅲ-6-21〕…………………………… *94*
最二判昭和55・11・28 刑集34巻6号433頁〔百Ⅰ58・判Ⅲ-4-28〕…………………… *162*

最三判昭和 56・3・24 民集 35 巻 2 号 300 頁〔日産自動車男女別定年制事件：百Ⅰ12・判Ⅲ-1-10〕
.... *44,78*

最三判昭和 56・4・7 民集 35 巻 3 号 443 頁〔板まんだら事件 判例92：百Ⅱ190・判Ⅵ-2〕
.... 339,***345***

最三判昭和 56・4・14 民集 35 巻 3 号 620 頁〔前科照会事件 判例14：百Ⅰ19・判Ⅲ-2-5〕 ***64***

最一判昭和 56・4・16 刑集 35 巻 3 号 84 頁〔「月刊ペン」事件：百Ⅰ69・判Ⅲ-4-30〕 *185*

最二判昭和 56・6・15 刑集 35 巻 4 号 205 頁〔戸別訪問禁止事件 判例80：判Ⅲ-4-55〕 *170,***283***

最三判昭和 56・7・21 刑集 35 巻 5 号 568 頁〔百Ⅱ163〕 *284*

最大判昭和 57・7・7 民集 36 巻 7 号 1235 頁〔堀木訴訟 判例68：百Ⅱ137・判Ⅲ-7-6〕
.... *232,***233***,343

最三判昭和 57・11・16 刑集 36 巻 11 号 908 頁〔エンタープライズ寄港事件：百Ⅰ90・判Ⅲ-4-22〕
.... *196*

最二判昭和 57・12・17 訟月 29 巻 6 号 1074 頁〔岡田訴訟〕 *232*

最二判昭和 57・12・17 訟月 29 巻 6 号 1121 頁〔森井訴訟〕 *232*

最大判昭和 58・4・27 民集 37 巻 3 号 345 頁〔参議院議員定数不均衡事件昭和 58 年判決：
判Ⅲ-3-22〕 *279*

最大判昭和 58・6・22 民集 37 巻 5 号 793 頁〔「よど号」ハイジャック新聞記事抹消事件：百Ⅰ16・
判Ⅲ-4-39〕 *49*

最大判昭和 58・11・7 民集 37 巻 9 号 1243 頁〔衆議院議員定数不均衡事件昭和 58 年判決：
判Ⅲ-3-17〕 *279*

最三判昭和 59・3・27 刑集 38 巻 5 号 2037 頁〔百Ⅱ124〕 *71*

最大判昭和 59・12・12 民集 38 巻 12 号 1308 頁〔札幌税関事件 判例40：百Ⅰ73・判Ⅲ-4-60〕
.... *26,27,***152***,153,158

最三判昭和 60・1・22 民集 39 巻 1 号 1 頁 *122*

最大判昭和 60・3・27 民集 39 巻 2 号 247 頁〔大島訴訟 判例97：百Ⅰ32・判Ⅲ-3-9〕
.... *75,77,343,***363***

最大判昭和 60・7・17 民集 39 巻 5 号 1100 頁〔衆議院議員定数不均衡事件昭和 60 年判決：
百Ⅱ154・判Ⅲ-3-18〕 *279,352*

最大判昭和 60・10・23 刑集 39 巻 6 号 413 頁〔福岡県青少年保護育成条例事件：百Ⅱ113・
判Ⅲ-6-3〕 *26*

最一判昭和 60・11・21 民集 39 巻 7 号 1512 頁〔在宅投票制事件 判例93：百Ⅱ197・判Ⅲ-8-4〕
.... *83,***350***

最大判昭和 61・6・11 民集 40 巻 4 号 872 頁〔北方ジャーナル事件 判例41・百Ⅰ72・判Ⅲ-4-31〕
.... ***154***,155,188,193

最大判昭和 62・4・22 民集 41 巻 3 号 408 頁〔森林法共有林分割請求事件 判例66：百Ⅰ101・
判Ⅲ-5-13〕 *222,***224***,352

最二判昭和 62・4・24 民集 41 巻 3 号 490 頁〔サンケイ新聞意見広告事件 判例51：百Ⅰ82・
判Ⅲ-4-40〕 ***180***,188

最大判昭和 63・6・1 民集 42 巻 5 号 277 頁〔自衛官合祀事件 判例35：百Ⅰ47・判Ⅲ-4-7〕
.... ***136***,144,145

最二判昭和 63・7・15 判時 1287 号 65 頁〔麹町中学内申書事件：百Ⅰ 37〕 ……………… *126*
最三判昭和 63・12・20 判時 1307 号 113 頁〔共産党袴田事件 判例74 ：百Ⅱ 189・判Ⅵ-4〕
　………………………………………………………………………………… ***266***, *268, 344, 346*
最二判平成元・1・20 刑集 43 巻 1 号 1 頁 ………………………………………………… *222*
最二決平成元・1・30 刑集 43 巻 1 号 19 頁〔日本テレビ事件〕 ………………………… *176*
最一判平成元・3・2 判時 1363 号 68 頁〔百Ⅰ 6〕 …………………………………………… *38*
最三判平成元・3・7 判時 1308 号 111 頁〔判Ⅲ-5-9〕 ……………………………… *220, 222*
最大判平成元・3・8 民集 43 巻 2 号 89 頁〔レペタ法廷メモ事件 判例94 ：百Ⅰ 77・判Ⅲ-4-41〕
　……………………………………………………………………………………………… ***355***
最三判平成元・6・20 民集 43 巻 6 号 385 頁〔百里基地訴訟：百Ⅱ 172・判Ⅱ-5〕 ……… *351, 391*
最二判平成元・9・8 民集 43 巻 8 号 889 頁〔蓮華寺事件〕 ……………………………… *346*
最三判平成元・9・19 刑集 43 巻 8 号 785 頁〔岐阜県青少年保護育成条例事件 判例45 ：百Ⅰ 55・
　判Ⅲ-4-58〕 ……………………………………………………………… *35, 155,* ***163***, *170*
最二判平成元・11・20 民集 43 巻 10 号 1160 頁〔百Ⅱ 168・判Ⅰ-3〕 …………………… *316*
最一判平成元・12・14 民集 43 巻 12 号 2051 頁 …………………………………………… *213*
最一判平成元・12・14 刑集 43 巻 13 号 841 頁〔百Ⅰ 24・判Ⅲ-2-2〕 ……………………… *56*
最一判平成元・12・21 民集 43 巻 12 号 2252 頁〔長崎教師批判ビラ事件：百Ⅰ 70〕 …… *187*
最一判平成元・12・21 判時 1340 号 135 頁 ………………………………………………… *213*
最一判平成 2・1・18 民集 44 巻 1 号 1 頁〔伝習館高校事件 判例61 ：百Ⅱ 141〕 ***207***
最大判平成 2・2・16 判時 1340 号 145 頁 …………………………………………………… *356*
最三判平成 2・3・6 判時 1357 号 144 頁〔横浜医療法人事件〕 ………………………… *127*
最三判平成 2・4・17 民集 44 巻 3 号 547 頁〔百Ⅱ 162・判Ⅲ-4-62〕 …………………… *182*
最二決平成 2・7・9 刑集 44 巻 5 号 421 頁〔TBS 事件：百Ⅰ 79・判Ⅲ-4-36〕 ………… *176*
最二判平成 2・9・28 刑集 44 巻 6 号 463 頁〔百Ⅰ 54・判Ⅲ-4-25〕 ……………………… *165*
最三判平成 3・7・9 民集 45 巻 6 号 1049 頁〔監獄法施行規則事件〕 …………………… *301*
最三判平成 3・9・3 判時 1401 号 56 頁〔「バイク三ない原則」違反事件：百Ⅰ 25・判Ⅲ-2-13〕 …… *58*
最大判平成 4・7・1 民集 46 巻 5 号 437 頁〔成田新法事件 判例15 ：百Ⅱ 115・判Ⅲ-4-16・
　判Ⅲ-6-8〕 ……………………………………………………… *26,* ***67***, *68, 72, 159, 193*
最一判平成 4・11・16 集民 166 号 575 頁〔百Ⅰ 2〕 ………………………………………… *37*
最三判平成 4・12・15 民集 46 巻 9 号 2829 頁〔百Ⅰ 99・判Ⅲ-5-11〕 …………………… *220*
最大判平成 5・1・20 民集 47 巻 1 号 67 頁〔衆議院議員定数不均衡事件平成 5 年判決〕 ……… *279*
最三判平成 5・2・16 民集 47 巻 3 号 1687 頁〔箕面忠魂碑事件 判例39 ：百Ⅰ 51・判Ⅲ-4-11〕
　………………………………………………………………………………………… *144,* ***147***, *365*
最二判平成 5・2・26 判時 1452 号 37 頁〔判Ⅲ-3-2〕 ……………………………………… *249*
最三判平成 5・3・16 民集 47 巻 5 号 3483 頁〔第一次教科書検定事件 判例60 ：百Ⅰ 93〕
　…………………………………………………………………………………… *155, 205,* ***206***
最三判平成 5・9・7 民集 47 巻 7 号 4667 頁〔日蓮正宗管長事件：百Ⅱ 191〕 ………… *346*
最三判平成 5・10・19 民集 47 巻 8 号 5099 頁〔人身保護請求事件 判例30 〕 ………… ***118***
最三判平成 6・2・8 民集 48 巻 2 号 149 頁〔「逆転」事件：百Ⅰ 66〕 …………………… *61, 189*
最三判平成 6・4・26 民集 48 巻 3 号 992 頁 ………………………………………………… *119*

判例索引

最一判平成 6・10・27 判時 1513 号 91 頁·· *113*
最大判平成 7・2・22 刑集 49 巻 2 号 1 頁〔ロッキード事件 判例89 ：百Ⅱ180・判Ⅴ-3〕
·· *93,256*,**323**
最三判平成 7・2・28 民集 49 巻 2 号 639 頁〔外国人地方選挙権事件 判例72 ：百Ⅰ4・判Ⅲ-3-3〕
·· *37*,**249**
最三判平成 7・3・7 民集 49 巻 3 号 687 頁〔泉佐野市民会館事件 判例56 ：百Ⅰ86・判Ⅲ-4-17〕
··· *26,166*,**194**
最一判平成 7・5・25 民集 49 巻 5 号 1279 頁〔日本新党除名事件 判例75 ：百Ⅱ160・判Ⅵ-5〕
··· *267*,**346**
最大決平成 7・7・5 民集 49 巻 7 号 1789 頁〔非嫡出子相続分差別事件〕················· *85*
最三判平成 7・12・15 刑集 49 巻 10 号 842 頁〔外国人指紋押捺事件：百Ⅰ3〕········· *62,66*
最一決平成 8・1・30 民集 50 巻 1 号 199 頁〔宗教法人オウム真理教解散事件 判例36 ：百Ⅰ42・判Ⅲ-4-8〕
··· **139**
最二判平成 8・3・8 民集 50 巻 3 号 469 頁〔剣道受講拒否事件 判例34 ：百Ⅰ45・判Ⅲ-4-9〕
·· **135**
最二判平成 8・3・15 民集 50 巻 3 号 549 頁·· *195*
最三判平成 8・3・19 民集 50 巻 3 号 615 頁〔南九州税理士会事件 判例9 ：百Ⅰ39・判Ⅲ-1-4〕
·· *40*,**130**
最一判平成 8・7・18 判時 1580 号 92 頁··· *251,286*
最一判平成 8・7・18 判時 1599 号 53 頁〔修徳高校パーマ退学事件〕························ *59*
最大判平成 8・9・11 民集 50 巻 8 号 2283 頁〔参議院議員定数不均衡事件平成 8 年判決〕·····*279,280*
最三判平成 8・10・29 刑集 50 巻 9 号 683 頁·· *110*
最一判平成 9・1・30 刑集 51 巻 1 号 335 頁·· *96*
最一判平成 9・3・13 民集 51 巻 3 号 1453 頁〔百Ⅱ165〕································· *251,287*
最二判平成 9・3・28 判時 1608 号 43 頁〔国税犯則強制調査事件〕························· *109*
最大判平成 9・4・2 民集 51 巻 4 号 1673 頁〔愛媛玉串料事件 判例38 ：百Ⅰ48・判Ⅲ-4-13〕
··· *144*,**145**,*367*
最三判平成 9・7・15 判時 1617 号 47 頁··· *287*
最三判平成 9・9・9 民集 51 巻 8 号 3850 頁〔病院長自殺事件 判例83 ：百Ⅱ176・判Ⅳ-6〕·····**295**
最二判平成 10・4・10 民集 52 巻 3 号 677 頁··· *37*
最二判平成 10・4・24 集民 188 号 141 頁··· *113*
最二決平成 10・5・1 刑集 52 巻 4 号 275 頁〔過激派 FD 差押事件〕························ *109*
最大判平成 10・9・2 民集 52 巻 6 号 1373 頁〔参議院議員定数不均衡事件平成 10 年判決〕········ *279*
最三判平成 10・10・13 判時 1662 号 83 頁〔罰金刑と課徴金との関係〕····················· *101*
最三判平成 10・11・17 判時 1662 号 74 頁〔拡大連座制事件 判例81 〕················· *251*,**287**
最大決平成 10・12・1 民集 52 巻 9 号 1761 頁〔寺西判事補事件 判例90 ：百Ⅱ183・判Ⅵ-13〕
··· **337**
最大判平成 11・3・24 民集 53 巻 3 号 514 頁〔接見交通指定事件 判例27 ：百Ⅱ125・判Ⅲ-6-26〕
·· *105,106*,**107**
最二判平成 11・9・17 訟月 46 巻 6 号 2992 頁〔国民投票法案不受理事件〕················· *309*

403

最大判平成 11・11・10 民集 53 巻 8 号 1441 頁〔衆議院議員定数不均衡事件平成 11 年判決：判Ⅲ-3-19〕……278,279

最大判平成 11・11・10 民集 53 巻 8 号 1577 頁〔衆議院議員選挙制度事件：百Ⅱ157 ①・判Ⅲ-8-9 Ⅰ判決〕……264,265,274

最大判平成 11・11・10 民集 53 巻 8 号 1704 頁〔衆議院議員選挙制度事件 判例76：百Ⅱ157 ②・判Ⅲ-8-9 Ⅱ判決〕……264,**273**

最三決平成 11・12・16 刑集 53 巻 9 号 1327 頁〔電話傍受事件 判例29：百Ⅰ64・判Ⅲ-4-63〕……**114**

最三判平成 12・2・29 民集 54 巻 2 号 582 頁〔輸血拒否事件 判例12：百Ⅰ26・判Ⅲ-2-12〕……**57**

最三判平成 12・6・13 民集 54 巻 5 号 1635 頁〔国家賠償請求事件〕……*106*

最大判平成 12・9・6 民集 54 巻 7 号 1997 頁〔参議院議員定数不均衡事件平成 12 年判決〕……*279*

最一判平成 12・9・7 判時 1728 号 17 頁〔接見制限事件 判例2〕……**13**

最三判平成 13・9・25 判時 1768 号 47 頁……*38*

最三判平成 14・1・29 民集 56 巻 1 号 185 頁〔ロス疑惑報道〕……*187*

最一判平成 14・1・31 民集 56 巻 1 号 246 頁〔児童扶養手当法施行令事件：百Ⅱ213・判Ⅳ-1〕……*301*

最大判平成 14・2・13 民集 56 巻 2 号 331 頁〔証券取引法合憲判決：百Ⅰ102・判Ⅲ-5-17〕……*225*

最一判平成 14・4・25 判時 1785 号 31 頁〔群馬県司法書士会事件：判Ⅲ-1-5〕……*40*

最三判平成 14・6・11 民集 56 巻 5 号 958 頁……*229*

最一判平成 14・7・11 民集 56 巻 6 号 1204 頁〔百Ⅰ50〕……*146*

最一判平成 14・7・30 民集 56 巻 6 号 1362 頁……*251*

最大判平成 14・9・11 民集 56 巻 7 号 1439 頁〔郵便法事件 判例70：百Ⅱ133・判Ⅲ-8-18〕……240,**241**,352

最三判平成 14・9・24 判時 1802 号 60 頁〔「石に泳ぐ魚」事件 判例55：百Ⅰ67〕……60,156,189,**192**

最二判平成 15・2・14 刑集 57 巻 2 号 121 頁……*110*

最二判平成 15・3・14 民集 57 巻 3 号 229 頁〔少年犯罪推知報道事件 判例54：百Ⅰ71・判Ⅲ-1-7〕……**190**

最二判平成 15・9・12 民集 57 巻 8 号 973 頁〔早稲田大学講演会参加者名簿事件：百Ⅰ20〕……*62*

最大判平成 16・1・14 民集 58 巻 1 号 1 頁〔参議院議員選挙制度事件 判例77：百Ⅱ159 ①・判Ⅲ-8-10〕……265,**275**

最大判平成 16・1・14 民集 58 巻 1 号 56 頁〔参議院議員定数不均衡事件平成 16 年判決：百Ⅱ159 ②〕……*279*

最三判平成 16・3・16 民集 58 巻 3 号 647 頁〔生活保護学資保険事件 判例69〕……**235**

最三判平成 16・4・13 刑集 58 巻 4 号 247 頁……*99*

最二判平成 16・6・28 判時 1890 号 41 頁……*146*

最一判平成 16・11・25 民集 58 巻 8 号 2326 頁〔生活ほっとモーニング事件 判例52〕……**183**

最大判平成 17・1・26 民集 59 巻 1 号 128 頁〔東京都管理職試験判決 判例17：百Ⅰ5・判Ⅲ-3-4〕……38,75,**76**,244

最一判平成 17・4・14 刑集 59 巻 3 号 259 頁〔百Ⅱ192・判Ⅲ-6-22〕……*357*

判例索引

最三判平成 17・4・26 判時 1898 号 54 頁 ·· *220*

最大判平成 17・9・14 民集 59 巻 7 号 2087 頁〔在外邦人選挙権事件 判例71：百Ⅱ 152・
　判Ⅲ-8-5〕·· *247,* **248,** *350, 352*

最二判平成 18・1・31 民集 60 巻 1 号 1 頁 ·· *301*

最大判平成 18・3・1 民集 60 巻 2 号 587 頁〔旭川国保事件 判例96：百Ⅱ 203・判Ⅶ-3〕
　·· **361,** *384*

最二判平成 18・3・17 民集 60 巻 3 号 773 頁〔判Ⅲ-1-11〕···························· *44, 78*

最二判平成 18・3・17 判時 1937 号 87 頁 ·· *301*

最二判平成 18・6・23 判時 1940 号 122 頁 ··· *138*

最一判平成 18・7・13 判時 1946 号 41 頁 ·· *351*

最二判平成 18・7・21 民集 60 巻 6 号 2542 頁 ·· *342*

最三決平成 18・10・3 民集 60 巻 8 号 2647 頁〔NHK 記者取材源秘匿事件 判例50：百Ⅰ 75・
　判Ⅲ-4-38〕··· **177,** *179*

最大判平成 18・10・4 民集 60 巻 8 号 2696 頁〔参議院議員定数不均衡事件平成 18 年判決〕 ······ *279*

最二判平成 19・2・2 民集 61 巻 1 号 81 頁 ··· *213*

最三判平成 19・2・27 民集 61 巻 1 号 291 頁〔君が代訴訟：判Ⅲ-4-3〕························ *129*

最大判平成 19・6・13 民集 61 巻 4 号 1617 頁〔衆院議員定数不均衡事件平成 19 年判決〕 ······ *279*

最三判平成 19・9・18 刑集 61 巻 6 号 601 頁〔広島市暴走族追放条例事件：百Ⅰ 89・判Ⅲ-4-18〕
　··· *27, 159, 196*

最二判平成 19・9・28 民集 61 巻 6 号 2345 頁〔学生無年金障害者訴訟：百Ⅱ 139・判Ⅲ-7-9〕
　··· *234*

最一判平成 20・3・6 民集 62 巻 3 号 665 頁〔住基ネット訴訟：百Ⅰ 21・判Ⅲ-2-8〕··········· *63*

最一決平成 20・4・3 判例集未登載 ·· *41*

最二判平成 20・4・11 刑集 62 巻 5 号 1217 頁〔百Ⅰ 63・判Ⅲ-4-46〕······················ *171*

最三決平成 20・5・8 判時 2011 号 116 頁 ·· *243*

最大判平成 20・6・4 民集 62 巻 6 号 1367 頁〔国籍法判決 判例18：百Ⅰ 35・判Ⅲ-3-15〕
　··· *26, 34, 75,* **79,** *84, 348, 352*

最一判平成 20・6・12 民集 62 巻 6 号 1656 頁〔「女性たちの法廷」事件〕···················· *179*

最一決平成 21・1・15 民集 63 巻 1 号 46 頁〔判Ⅵ-19〕·· *357*

最一判平成 21・4・23 判時 2045 号 116 頁 ·· *223*

最大判平成 21・9・30 民集 63 巻 7 号 1520 頁〔参議院議員定数不均衡事件平成 21 年判決〕
　··· *279, 280*

最大判平成 21・11・18 民集 63 巻 9 号 2033 頁 ······································ *301, 380*

最二判平成 21・11・30 刑集 63 巻 9 号 1765 頁 ·· *171*

最大判平成 22・1・20 民集 64 巻 1 号 1 頁〔砂川政教分離訴訟（空知太神社事件）判例98：
　百Ⅰ 52・判Ⅲ-4-14〕·· *136,* **366**

最大判平成 22・1・20 民集 64 巻 1 号 128 頁〔富平神社事件〕·································· *367*

最三判平成 22・2・23 判時 2076 号 40 頁〔Ⅲ-5-21〕··· *227*

最一判平成 22・7・22 時 2087 号 26 頁 ··· *146*

最大判平成 23・3・23 民集 65 巻 2 号 755 頁〔衆院議員定数不均衡事件平成 23 年判決 判例78〕：

405

百Ⅱ 158〕……………………………………………………………………………… ***277***,279
最二判平成 23・5・30 民集 65 巻 4 号 1780 頁〔国歌斉唱事件 判例33 ：百Ⅰ 40・判Ⅲ-4-4〕…… ***129***
最三判平成 23・10・25 民集 65 巻 7 号 2923 頁 ……………………………………………… ***234***
最大判平成 23・11・16 刑集 65 巻 8 号 1285 頁〔裁判員制度違憲訴訟 判例95 ：百Ⅱ 181・
　　判Ⅵ-14〕 ………………………………………………………………………………… ***358***
最三判平成 24・2・28 民集 66 巻 3 号 1240 頁 ……………………………………………… ***235***
最二判平成 24・4・2 民集 66 巻 6 号 2367 頁 ………………………………………………… ***235***
最三決平成 24・10・9 判例集未登載 …………………………………………………………… ***246***
最大判平成 24・10・17 民集 66 巻 10 号 3357 頁〔参議院議員定数不均衡事件平成 24 年判決：
　　百Ⅱ 155・判Ⅲ-3-23〕 ……………………………………………………………… ***279***,280
最二判平成 24・12・7 刑集 66 巻 12 号 1337 頁〔堀越事件：百Ⅰ 14・判Ⅲ-4-51〕 ……… ***26***,47
最二判平成 24・12・7 刑集 66 巻 12 号 1722 頁〔宇治橋事件〕 ……………………………… ***47***
最二判平成 25・1・11 民集 67 巻 1 号 1 頁〔百Ⅱ A11・判Ⅳ-2〕 ………………………… ***301***
最一判平成 25・3・21 民集 67 巻 3 号 438 頁〔百Ⅱ 208〕 ……………………………… ***384***,385
最大決平成 25・9・4 民集 67 巻 6 号 1320 頁〔非嫡出子相続分差別事件 判例20 ：百Ⅰ 29・
　　判Ⅲ-3-14〕 ……………………………………………………………… ***75***,79,***85***,352
最大判平成 25・11・20 民集 67 巻 8 号 1503 頁〔衆議院議員定数不均衡事件平成 25 年判決：
　　判Ⅲ-3-20〕 ………………………………………………………………………………… ***279***
最一判平成 26・1・16 刑集 68 巻 1 号 1 頁 …………………………………………………… ***164***
最大判平成 26・11・26 民集 68 巻 9 号 1363 頁〔参議院議員定数不均衡事件平成 26 年判決
　　判例79 〕 ……………………………………………………………………………… ***279***,280
最三決平成 26・12・9 判例集未登載 ……………………………………………………………… ***168***
最大判平成 27・11・25 裁判所ウェブサイト〔衆議院議員定数不均衡事件平成 27 年判決〕……… ***279***
最大判平成 27・12・16 裁判所ウェブサイト〔再婚禁止期間事件 判例19 〕 ……… ***75***,***82***,352
最大判平成 27・12・16 裁判所ウェブサイト〔夫婦同氏制度事件〕 ………………………… ***58***,84

■ 高等裁判所

名古屋高判昭和 42・3・16 訟月 13 巻 5 号 551 頁〔農地法施行令事件〕 …………………… ***300***
札幌高判昭和 44・6・24 判時 560 号 30 頁 …………………………………………………… ***45***
東京高判昭和 44・12・17 高刑 22 巻 6 号 924 頁〔第二次国会乱闘事件：判Ⅳ-5〕 ……… ***294***
東京高決昭和 45・4・13 高民 23 巻 2 号 172 頁〔「エロス＋虐殺」事件〕 ………………… ***192***
名古屋高判昭和 46・5・14 行集 22 巻 5 号 680 頁 …………………………………………… ***132***
札幌高判昭和 51・8・5 行集 27 巻 8 号 1175 頁〔長沼ナイキ基地訴訟：判Ⅱ-4〕 ………… ***391***
広島高松江支判昭和 55・4・28 判時 964 号 134 頁〔戸別訪問禁止事件：判Ⅲ-4-54〕 …… ***283***
東京高判平成 2・1・29 判時 1351 号 47 頁〔百Ⅱ 206・判Ⅶ-7〕 ………………………… ***367***
大阪高判平成 4・7・30 判時 1434 号 38 頁〔百Ⅰ 49〕 ………………………………… ***138***,146
札幌高判平成 6・3・15 民集 51 巻 8 号 3881 頁〔病院長自殺事件〕 ……………………… ***295***
大阪高判平成 6・10・28 判時 1513 号 71 頁 …………………………………………………… ***13***
東京高判平成 9・6・18 判時 1618 号 69 頁〔国民投票法案不受理事件 判例87 〕 …… ***308***,***309***,342
大阪高判平成 9・10・15 判タ 982 号 300 頁 …………………………………………………… ***91***

高松高判平成 9・11・25 判時 1653 号 117 頁 ･･･ *13*
大阪高判平成 12・2・29 判時 1710 号 121 頁〔堺市通り魔殺人事件報道〕･････････････････････ *191*
名古屋高判平成 12・6・29 判時 1736 号 35 頁〔少年犯罪推知報道事件〕･･･････････････････････ *191*
名古屋高判平成 13・1・25 判例集未登載〔選挙公約違反事件〕･･･････････････････････････････････ *292*
大阪高判平成 17・9・30 訟月 52 巻 9 号 2979 頁･･ *146*
大阪高判平成 19・8・24 判時 1992 号 72 頁 ･･ *41*
東京高判平成 21・1・29 判タ 1295 号 193 頁 ･･･ *63*
名古屋高判平成 24・4・27 判時 2178 号 23 頁 ･･ *246*
広島高判平成 25・3・25 判時 2185 号 36 頁 ･･･ *354*

■ **地方裁判所・簡易裁判所**
東京地決昭和 29・3・6 判時 22 号 3 頁〔百Ⅱ 174・判Ⅳ-3〕 ･･････････････････････････････････ *294*
東京地判昭和 34・8・8 裁時 286 号 6 頁〔東京都公安条例事件〕 ････････････････････････････ *197*
東京地判昭和 37・1・22 判時 297 号 7 頁〔第一次国会乱闘事件:百Ⅱ 175・判Ⅳ-4〕 ････････ *294*
東京地判昭和 39・9・28 下民 15 巻 9 号 2317 頁〔「宴のあと」事件:百Ⅰ 65・判Ⅲ-2-4〕 ････ *59, 188*
名古屋地判昭和 41・11・29 民集 25 巻 1 号 13 頁〔農地法施行令事件〕 ････････････････････ *300*
札幌地判昭和 42・3・29 下刑 9 巻 3 号 359 頁〔恵庭事件 判例6 :百Ⅱ 170・判Ⅵ-22〕
 ･･･ ***28**, 348, 391*
旭川地判昭和 43・3・25 下刑 10 巻 3 号 293 頁〔猿払事件:百Ⅱ 200・判Ⅲ-4-48〕 ････････ *45, 353*
東京地判昭和 43・7・15 行集 19 巻 7 号 1196 頁〔牧野訴訟:判Ⅲ-7-4〕 ････････････････････ *232*
東京地決昭和 45・3・14 下民 21 巻 3・4 号 413 頁〔「エロス+虐殺」事件〕････････････････ *192*
東京地判昭和 45・7・17 行集 21 巻 7 号別冊 1 頁〔第二次家永訴訟〔杉本判決〕:百Ⅰ 92・
 判Ⅲ-7-10〕 ･･ *202*
神戸地判昭和 47・9・20 行集 23 巻 8・9 号 711 頁〔堀木訴訟〕 ･･･････････････････････････ *232*
札幌地判昭和 48・9・7 行集 27 巻 8 号 1385 頁〔長沼ナイキ基地訴訟:百Ⅱ 171・判Ⅱ-3〕 ･････ *391*
神戸簡判昭和 50・2・20 判時 768 号 3 頁〔牧会活動事件:百Ⅰ 43・判Ⅲ-4-6〕 ･･････････････ *134*
松江地出雲支判昭和 54・1・24 判時 923 号 141 頁〔戸別訪問禁止事件〕 ･･･････････････････ *283*
東京地判昭和 62・11・20 判時 1258 号 22 頁〔「逆転」事件〕 ････････････････････････････････ *189*
名古屋地判平成 12・8・7 判時 1736 号 106 頁〔選挙公約違反事件 判例82 〕 ････････････ ***292***
熊本地判平成 13・5・11 判時 1748 号 30 頁〔ハンセン病国家賠償訴訟第一審判決:百Ⅱ 198・
 判Ⅲ-2-3〕 ･･ *120*
東京地判平成 13・6・13 判時 1755 号 3 頁 ･･ *199*
福岡地判平成 16・4・7 判時 1850 号 136 頁 ･･･ *146*
東京地判平成 18・9・21 判時 1952 号 44 頁 ･･･ *129*
岐阜地判平成 22・11・10 判時 2100 号 119 頁 ･･･ *246*
東京地判平成 25・3・14 判時 2178 号 3 頁〔判Ⅲ-8-6〕 ･･･････････････････････････････････････ *270*

事項索引

■あ 行

アクセス権·················180, 188
新しい人権·······················52
委員会中心主義···················305
違憲確認訴訟·····················350
違憲主張の適格···················349
違憲審査基準·····················351
違憲審査権の根拠·················258
違憲審査制·······················347
違憲判決
　――の効力····················353
　――の事後処理················353
萎縮効果··············27, 156, 157
異状届出義務（医師法の）·········98
一般権力関係·····················44
一票の較差······················276
イニシアティブ··················245
委任命令····················21, 298
委任立法························298
違法収集証拠····················109
インターネット·······115, 164, 183
　――による選挙運動···········282
浦和事件························310
営業の自由······················215
営利的表現······················166
公の支配························367
おことば························317

■か 行

海外移住の自由··················120
海外渡航の自由··················121
会　期··························304
　――不継続の原則·············305
会議公開の原則··················305
会計検査院······················373
外国人···························35
解散権······················313, 314
解釈宣言·························12
解職請求権······················245
会　派··························263
下級裁判所······················332
　――の裁判官の任命···········334
下級裁判所裁判官指名諮問委員会·····334
閣　議··························326
学習権··························204
学習指導要領····················207
学問の自由······················199
確立された国際法規···············11
家　族······················81, 116
家庭裁判所······················332
間接選挙························270
官　報··························319
議院規則·························22
　――制定権···················307
議員歳費························293
議院自律権······················307
　――（衆議院）···············277
　――（参議院）···············279
議員懲罰権······················307
議院内閣制··················312, 322
　一元型――···················313
　新二元型――·················313
議会支配制······················313
議会制民主主義··················262
機関委任事務の廃止··············380
機関訴訟························340
企業献金························265
規制目的二分論··············216, 220
規　則··························298
基本権···························32
　――の享有主体···············34
基本的人権······················32
義務教育························237
義務づけ訴訟····················350

事項索引

客観訴訟	340
教育基本法	205
教育の自由	202, 203
教育を受ける権利	237
教科書検定	206
行政各部	326
行政機関による終審裁判の禁止	333
行政権	319
行政控除説	319
行政組織	329
行政組織法定主義	328
行政調査	69
行政手続法	71
共和制	255
許可制	216
虚偽誇大広告	167
居住・移転の自由	119
緊急事態	50
緊急集会	320
緊急逮捕	103, 109
勤労の権利	212
具体的事件性の要件	339
君主主権	259
形式的法治主義	258
刑事施設被収容者	47
刑事手続	89, 102
刑罰法規の不遡及	88
契約の自由	211
決算	373
結社の自由	198, 263
ゲリマンダー	271
検閲	152
厳格な合理性の基準	220
憲法	2
——上の条理	7
近代的意味の——	3
形式的意味の——	3
実質的意味の——	2
憲法異議	348
憲法改正	7
——のための国民投票	260
——の発議・提案権	301
憲法改正権	260
憲法改正手続法	9
憲法慣習法	256
憲法裁判所	340
憲法習律	256
憲法審査会	9
憲法制定権力	260
憲法訴訟	349
憲法尊重擁護義務	128
憲法秩序	3
憲法的刑事手続	89
憲法典	3, 5
憲法判断回避原則	28
憲法判例	5, 7
憲法附属法	6
憲法法規	3
憲法法源	4
憲法保障	347
憲法優位説	11
権利保障の理念	3
権力分立（原理）	3, 254, 256
垂直的——	255
水平的——	255
公安条例	197
公共の福祉	48, 133, 223
合憲解釈（原則）	7, 16, 25, 97
合憲限定解釈	7, 25, 196, 353
皇室典範	315
公職選挙法	282, 285
硬性憲法	3
公正取引委員会	330
公正な論評の法理	187
皇族	35
拘束名簿方式	272
交通事故報告義務	96
公的収用権	225
幸福追求権	53, 54
「公平な」裁判所	93

公民団	10
公務員	45, 128
公務就任権	37, 244
拷問及び残虐な刑罰	90
公用収用	226
公用制限	226
合理的な区別	75
国際慣習法	12
国際平和支援法	395
国際法	10
国事行為	316, 320, 321
国政調査権	309, 314
国籍	34, 122
国籍離脱の自由	122
告知、弁解、防禦の機会	91
国内法と国際法	10
国民	34
——の司法参加	357
国民主権	10, 37, 254, 259, 260
——と憲法改正	10
国民投票	9
国民発案	245
国民表決	245
国務請求権	33, 230
国務大臣	322
国会	289
国会議員	291
——の不逮捕特権	294
——の免責特権	294
国会単独立法の原則	297
国会中心立法の原則	297
国会法	307
国家行政組織法	328
国家主権説	259
国家賠償請求権	238
国家賠償訴訟	350
国権の最高機関	310
個別的自衛権	388
戸別訪問	170, 283
婚姻の自由	116
混合診療	234

■さ 行

在外邦人	247
罪刑の均衡	88
罪刑法定主義	88
財源移譲	385
最高裁判所	333
——の司法行政監督権	334
最高裁判所規則制定権	335
最高裁判所裁判官	320, 333
——の国民審査	245, 335
最高法規（国の）	5, 21
再婚禁止期間	81
財産権	222
財政監督権	304
財政民主主義	360
裁判	
——の公開	354
——の傍聴の自由	354
——を受ける権利	90, 243
裁判員制度	358
裁判官	336, 337
——の独立	336
——の良心	336
裁判規範性（人権条約の）	13
裁判所	331
——による懲戒	337
裁判所規則	22
裁判迅速化法	94
差別的表現	167, 182
参議院	290
——の緊急集会	306
参議院規則	307, 308
参審制	357
参政権	33, 37, 244
三段階審査	352
自衛権	388
資格制	216
事件性の要件	339

事項索引

自己帰罪拒否特権	96
自己決定権	56
自己情報コントロール権	60
事後法の禁止	88
自主立法	22, 384
事情判決	277, 354
私人間の問題	41
事前抑制	155
思想・良心の自由	124
自治事務	380
執行命令	21, 298
実質的法治主義	259
私的自治の原則	41
自動執行条約	13
自白	99
司法権	339
——の限界	342
——の独立	336
私法行為（国の）	351
司法消極主義	348
司法積極主義	348
司法府の独立	336
社会的身分	78
謝罪広告	125, 127, 188
集会の自由	193
衆議院	290
——の優越	290, 303, 304, 306, 370
衆議院解散権	321
衆議院規則	307, 308
住基ネット	63
宗教教育	142
宗教団体内部の紛争	344, 346
宗教的結社の自由	133
宗教的行為の自由	132
宗教的人格権	136
宗教的中立性	141
宗教法人	138, 148
住居の不可侵	108, 123
自由権	33
自由権規約	12
自由主義	254
自由選挙	270, 282
集団行進	156, 193, 196
集団的自衛権	391
住民自治	376
住民訴訟	341
習律	322
主観訴訟	340
主権	259
主権無答責の原則	239
取材源の秘匿	176
取材の自由	173
出版差止め	155
受任命令	21
常会	305
消極目的規制	216, 220
証拠法則	99
少数代表制	272
小選挙区	271
小選挙区制	264, 271
——の合憲性	273
小選挙区比例代表併用制	272
小選挙区比例代表並立制	272
肖像権	62
象徴	314
象徴的表現	171
象徴天皇制	314, 316
常任委員会	306
証人審問権	93
——の保障	357
少年法	190
情報公開	151
情報の自由	150
条約	7
——に対する違憲審査	11
国内法化された——	12
条約優位説	11
将来効判決	354
省令	21, 298
条例	22, 381, 383, 384

——の地域的効力	382	接見交通権	105
条例制定権	381, 382	選挙運動	170, 282
職業選択の自由	215	選挙区	271
所持品検査	71	選挙権	246
私立学校振興助成法	368	選挙争訟	286
自律的規則	6	選挙訴訟	341
知る権利	151	全国民代表	291
審級制度	332	先端科学技術研究	202
信教の自由	131	煽　動	165
人権条約	7, 12	先例拘束性の原則	353
信仰の自由	132	争議行為	213
人事院	325, 329	捜索令状主義	108
人事訴訟法	357	ソールズベリー・ドクトリン	291
人　種	77	遡及処罰の禁止	88
信　条	77	訴訟事件	356
人身の自由	87	租税平等原則	363
人身保護規則	118	租税法律主義	361
迅速な裁判を受ける権利	92		
請願権	246	■た　行	
政教分離原則	134, 140, 365	大学の自治	200
政策的制約	223	第三者所有物没収手続	91
政治資金規正法	265	対　審	354
政治上の権力（宗教団体による）	149	大審院	332
青少年保護育成条例	162	大臣政務官	328
生存権	231	大選挙区	271
政　党	262	大統領制	312
——と結社の自由	263, 266	逮捕令状主義	102
——の内部事項	266, 346	多数代表制	272
候補者届出——	264	多選禁止	251
任意的な結社としての——	266	弾　劾	337
政党助成法	265	弾劾裁判所	304
正当な補償	226, 227	単記移譲式	272
制度後退禁止原則	235	団結権	212
制度的保障	141, 222, 355, 376	男女別定年制	78
成文憲法	3	団体交渉権	212
性　別	77	団体行動権	212
政　令	21, 298	団体自治	376
世襲制	315	治外法権	342
積極的差別是正措置	81	知的財産高等裁判所	332
積極目的規制	216, 220	地方公共団体	376

事項索引

――の議会	379
――の財政自主権	385
――の住民	379
――の長	379
地方自治	374
――の本旨	375
地方分権推進法	375
嫡出子	84
抽象的違憲審査制	347
中選挙区制	271
重複立候補	264
聴聞・弁明の機会	71
直接選挙	270
通信の秘密	112
定住外国人	249
適正手続	66, 90
適正配置規制	221
適用違憲	352
デ　モ	156, 193, 196
天　皇	35, 314
――の権能	316
天皇機関説事件	199
電話傍受	114
道州制	378
統治行為	256, 343
投票価値の平等	270, 276, 281
登録制	216
特定秘密保護法	175
特別会	305
特別区	376
特別権力関係	44
特別裁判所	332
特別地方公共団体	376
特別の犠牲	227
独立行政委員会	329
特許制	216
届出制	216
ドント式	272

■ な　行

内　閣	319
――の活動方法	326
――の首長	322
――の責任	326
――の法案提出権	297
内閣官房	324
内閣官房長官	324
内閣総理大臣	322
――の指揮監督権	323
内閣総理大臣指名権	304
内閣府	325, 328
内閣不信任決議	321
内閣府令	298
内閣法制局	325
内在的制約	223
内容規制	159
内容中立規制	159, 169
軟性憲法	3
二重処罰の禁止	100
二重の基準論	49, 150, 166
日米安全保障条約	393
ねじれ国会（ねじれ現象）	282, 291, 306
農地改革	228

■ は　行

陪審制	357
破壊活動防止法	199
パターナリスティックな制約（制限）	164
番組編集準則	182
判　決	354
判決理由	353
犯罪捜査権	102
半大統領制	313
判例変更	7
反論権	180, 188
PKO協力法	394
比較衡量論	49
非拘束名簿方式	264, 272
被災者生活再建支援法	229

非訟事件	356
被選挙権	250
非嫡出子	84
一人一票原則	270
一人別枠方式	277
表現内容規制	159
表現内容中立規制	159, 169
表現の自由	149
平　等	73
平等選挙	270, 276
比例代表制	264, 272
非拘束名簿式――	274
名簿式――	276
夫婦の平等	81
副大臣	328
付随的違憲審査制	28, 347
普通選挙	247, 270, 285
普通地方公共団体	376
不文憲法	3
部分社会の法理	344
プライバシー外延情報	65
プライバシー権	59, 188
プライバシー固有情報	65
フランス人権宣言16条	255
不利益供述拒否権	96
文　民	322, 392
ヘイト・スピーチ	167
平和安全法制整備法	391
平和維持活動	394
平和主義	254, 388
平和的生存権（平和のうちに生存する権利）	
	5, 387
別件逮捕	104
弁護人依頼権	105
編集権	179
包括的基本権	52
法　規	21, 297
法　人	38
放送の自由	181
傍聴人のメモ行為の自由	355

法廷警察権	354
法定受託事務	380
報道の自由	171
法の一般原理	7
法の支配	258
法の下の平等	73, 276
法　律	21
――の解釈	24
法律議決権	303
法律上の争訟	339, 340
法令違憲	352
法令の公布	318
――の方法	319
傍　論	353
ポスト・ノーティス命令	127
ポツダム宣言	388

■ま　行

マイナンバー制	63
マッカーサー草案	388
マッカーサー・ノート	388
未成年者	34
民衆訴訟	340
明確性の原理	88, 156
明白の原則	220
名簿式	272
名誉権	184
命　令	21, 298
目的効果基準	143
目的・手段審査	288
黙秘権	96
門　地	80
モンテスキュー	255

■や　行

靖国神社（公式）参拝	146
唯一の立法機関	296
有権者団	260
ユニオン・ショップ協定	213
予　算	364, 368

事項索引

予算議決権……………………………303
予備的調査制度………………………310
予備費…………………………………372

■ら行・わ行

利益衡量論……………………………49
立憲主義………………………………4
立候補の自由…………………………251
立　法…………………………………296
立法事実………………………220, 225, 288
立法不作為……………………………83, 350
留　保…………………………………12
両院協議会……………………304, 306, 370

両院制…………………………………290
良心的兵役拒否………………………126
臨時会…………………………………305
令状主義………………………………69, 108
レファレンダム………………………245
連座制…………………………251, 285, 286
労働基本権……………………………47, 212
労働組合………………………………213
労働契約法……………………………212
老齢加算………………………………235
ロック…………………………………255
ワイマール憲法………………………230

415

■編者紹介

大石　眞　京都大学名誉教授
大沢秀介　国士舘大学法学部特任教授、慶應義塾大学名誉教授、武蔵野大学客員教授

判例憲法〔第3版〕
Constitutional Law: Selected Cases, 3rd ed.

2009年4月30日　初　版第1刷発行
2012年9月30日　第2版第1刷発行
2016年4月1日　第3版第1刷発行
2023年3月10日　第3版第5刷発行

編　者	大　石　　　眞
	大　沢　秀　介
発行者	江　草　貞　治
発行所	株式会社　有　斐　閣

郵便番号　101-0051
東京都千代田区神田神保町2-17
https://www.yuhikaku.co.jp/

印刷・製本　中村印刷株式会社
©2016, Makoto OISHI, Hideyuki OSAWA. Printed in Japan
落丁・乱丁本はお取替えいたします
★定価はカバーに表示してあります
ISBN 978-4-641-22703-3

JCOPY　本書の無断複写(コピー)は、著作権法上での例外を除き、禁じられています。複写される場合は、そのつど事前に(一社)出版者著作権管理機構(電話03-5244-5088, FAX03-5244-5089, e-mail:info@jcopy.or.jp)の許諾を得てください。